Diagnose und Förderung heterogener Lerngruppen

AF280034

Waxmann Verlag GmbH
Steinfurter Straße 555, 48159 Münster
info@waxmann.com

Christoph Selter, Stephan Hußmann,
Corinna Hößle, Christine Knipping,
Katja Lengnink, Julia Michaelis (Hrsg.)

Diagnose und Förderung heterogener Lerngruppen

Theorien, Konzepte und Beispiele
aus der MINT-Lehrerbildung

Waxmann 2017
Münster · New York

Entwicklungsverbund ‚Diagnose und Förderung heterogener Lerngruppen'

 Universität Bremen

 technische universität dortmund

 JUSTUS-LIEBIG-UNIVERSITÄT GIESSEN

 CARL VON OSSIETZKY universität OLDENBURG

initiiert und gefördert durch

Deutsche
Telekom
Stiftung

T · ·

Bibliografische Informationen der Deutschen Nationalbibliothek
Die Deutsche Nationalbibliothek verzeichnet diese Publikation in
der Deutschen Nationalbibliografie; detaillierte bibliografische
Daten sind im Internet über http://dnb.dnb.de abrufbar.

Print-ISBN   978-3-8309-3740-1
E-Book-ISBN   978-3-8309-8740-6

© Waxmann Verlag GmbH, 2017
www.waxmann.com
info@waxmann.com

Umschlaggestaltung: Inna Ponomareva, Düsseldorf
Titelfoto: © contrastwerkstatt – Fotolia.de
Satz: Stoddart Satz- und Layoutservice, Münster

Gedruckt auf alterungsbeständigem Papier,
säurefrei gemäß ISO 9706

Inhalt

Geleitwort des Geschäftsführers der Deutsche Telekom Stiftung

Oft heißt es, zum Lehrer sei man berufen. Wahr ist: Wer Schülerinnen und Schüler unterrichten will, sollte bestimmte Wesensmerkmale wie Einfühlungsvermögen, Begeisterungsfähigkeit und Geduld von vorneherein mitbringen. Doch Lehrer ist eben nicht nur eine Berufung, sondern auch ein Beruf, den man erlernen muss. Für die Vermittlung des nötigen Handwerkszeugs sind die Hochschulen verantwortlich.

Das ist freilich leichter gesagt als getan. Angesichts immer neuer Herausforderungen, denen sich Schule heute stellen muss – von Inklusion über digitale Bildung bis hin zur Integration von Flüchtlingen –, dürfen natürlich auch die Universitäten in ihrer Lehrerausbildung nicht stillstehen. Die entscheidende Frage lautet: Welche fachlichen, fachdidaktischen und pädagogischen Kompetenzen sind notwendig, damit „Lehrersein" in einer sich wandelnden Gesellschaft gelingt?

Die Deutsche Telekom Stiftung hat seit 2009 einen klaren Schwerpunkt in ihrer Unterstützung der MINT-Lehrerausbildung gesetzt. Als eines der ersten Vorhaben wählten wir das DiF-Projekt der Technischen Universität Dortmund aus. Wir waren der festen Überzeugung, dass Kompetenzen in Diagnose und individueller Förderung zu einem professionellen Selbstverständnis angehender Lehrkräfte unbedingt dazugehören. Nicht ohne Grund wurde DiF im neuen nordrhein-westfälischen Lehrerausbildungsgesetz als zentrale Aufgabe hervorgehoben. Auch eine Sonderpublikation des Monitors Lehrerbildung empfiehlt, Lehramtsstudierende müssten „ein pädagogisches Grundverständnis dafür entwickeln […], dass das Kind im Mittelpunkt ihrer Arbeit steht und die Einbindung aller Schülerinnen und Schüler in einen gemeinsamen Unterricht selbstverständlich ist."[1]

2013 haben wir mit der Gründung des Entwicklungsverbundes „Diagnose und Förderung heterogener Lerngruppen" den Kreis rund um die TU Dortmund erweitert: Mit der Justus-Liebig-Universität Gießen, der Universität Bremen und der Carl von Ossietzky Universität Oldenburg kamen exzellente Einrichtungen hinzu. Ein Novum, denn gemeinsame Entwicklungsarbeit von Hochschulen war bis dahin eher selten zu beobachten gewesen. Im Mittelpunkt der Verbundarbeit standen sowohl die Sensibilisierung

---

[1] Quelle: Monitor Lehrerbildung (2015): Inklusionsorientierte Lehrerbildung – vom Schlagwort zur Realität

angehender Lehrkräfte für die individuellen Lernprozesse von Schülern als auch ihre Fähigkeit, auf dieser Grundlage passgenaue Fördermaßnahmen zu entwickeln, zu realisieren und zu evaluieren. Anhand von Leitfragen wurde zum Beispiel erforscht, wie Videovignetten zur Verbesserung der fachbezogenen Diagnosekompetenz der Studierenden genutzt und wie Förderkonzepte systematisch an die Diagnostik angebunden werden können.

So hat sich der Verbund um eine der größten fach- und hochschuldidaktischen Herausforderungen der Zukunft verdient gemacht. Wir hoffen, dass die Erkenntnisse seiner Arbeit, die in dieser Publikation dargestellt sind, lauten Widerhall in der deutschen Hochschullandschaft finden und zu einer weiteren Professionalisierung der (MINT-) Lehrerbildung beitragen. Allen Leserinnen und Lesern wünsche ich eine informative und anregende Lektüre.

Dr. Ekkehard Winter
Geschäftsführer Deutsche Telekom Stiftung

Geleitwort der Leitungen der vier beteiligten Hochschulen

Von Lehrerinnen und Lehrern wird heute erwartet, dass sie sich bewusst und gezielt an ihren Schülerinnen und Schülern orientieren. Dies gilt insbesondere auch mit Blick auf die Vielfalt von individuellen Erfahrungen und unterschiedlichen Lebenssituationen, die Kinder und Jugendliche heute in Schule und Unterricht mitbringen. Gerade der Fachunterricht ist dabei auf besondere Weise gefordert. Die Fähigkeit, unterschiedliche Potenziale und Voraussetzungen von Lernenden zu erkennen und an diese im Fachunterricht gezielt anzuschließen, wird damit zu einer Schlüsselkompetenz für Lehrkräfte. Nicht zuletzt deshalb stellen sich heute die Hochschulen vermehrt und verstärkt darauf ein, zukünftige Lehrerinnen und Lehrer auf diese Herausforderung vorzubereiten.

Das Projekt ‚Diagnose und Förderung heterogener Lerngruppen' stellt hochschuldidaktische Ansätze und Erfahrungen dar, die für die MINT-Fächer illustrieren, wie zukünftige Lehrerinnen und Lehrer lernen können, individuell passende Urteile insbesondere auch bei heterogenen Kenntnisständen und Lernfortschritten von Schülerinnen und Schülern zu treffen. Bei der Planung und beim eigenen Handeln im Unterricht auf diese kontinuierlichen Beurteilungen aufzubauen, zielt auf die Erhöhung der Qualität von Unterricht. Auch deshalb haben sich Wissenschaftlerinnen und Wissenschaftler der Universität Bremen, der Technischen Universität Dortmund, der Justus-Liebig-Universität Gießen und der Carl von Ossietzky Universität Oldenburg dieses zentralen aktuellen hochschuldidaktischen Themas angenommen.

Der Entwicklungs- und Forschungsverbund ist an vier Universitäten angesiedelt, denen die Lehrerausbildung in den MINT-Fächern ein besonderes Anliegen ist. Dank der Unterstützung durch die Deutsche Telekom Stiftung konnte auch das Forschungsfeld ‚Diagnose und Förderung' an diesen universitären Standorten weiter ausgebaut werden. Erkenntnisse aus der ersten Projektphase, dem Projekt dortMINT an der Technischen Universität Dortmund, waren der Ausgangspunkt. Durch die besonderen Profile der Universitäten Bremen, Gießen und Oldenburg konnten in den letzten drei Jahren bereits vorhandene Ansatzpunkte gezielt weiterentwickelt und ergänzt werden. Mit der vorliegenden Publikation werden diese Erkenntnisse nun weiteren Hochschulen zur Verfügung gestellt.

Wir wünschen allen lehrerbildenden Organisationen eine interessante und anregende Lektüre und viel Erfolg bei der eigenen Umsetzung der praktischen Elemente.

Prof. Dr. Dr. Ursula Gather
Rektorin der TU Dortmund

Prof. Dr. Bernd Schulz-Reiter
Rektor der Universität Bremen

Prof. Dr. Joybrato Mukherjee
Präsident der Universität Gießen

Prof. Dr. Dr. Michael Piper
Präsident der Universität Oldenburg

Christoph Selter, Stephan Hußmann, Corinna Hößle, Christine Knipping,
Katja Lengnink & Julia Michaelis für das Team des Entwicklungsverbundes

1. Konzeption des Entwicklungsverbundes ‚Diagnose und Förderung heterogener Lerngruppen'

Das vorliegende Buch beinhaltet Arbeitsergebnisse des Entwicklungsverbundes ‚Diagnose und Förderung heterogener Lerngruppen', in dem vier Universitäten auf Initiative und mit Unterstützung der Deutsche Telekom Stiftung an der Entwicklung und Erforschung von Konzeptionen und Materialien für die MINT-Lehrerbildung zusammenarbeiten. Fachdidaktikerinnen und Fachdidaktiker der Universitäten in Bremen, Dortmund, Gießen und Oldenburg haben hierzu im Zeitraum von 2014 bis 2017 eng kooperiert. Der Entwicklungsverbund hatte seinen Ausgangspunkt im Projekt dortMINT (Hußmann & Selter, 2013) zu Diagnose und Förderung in der Lehrerbildung. Dieses einleitende Kapitel beschreibt Ziele und Fragestellungen des Verbundes, wichtige Aspekte des theoretischen Hintergrunds sowie die einzelnen Teilprojekte und die universitätsübergreifenden Querschnittsthemen, welche in Arbeitsgruppen bearbeitet wurden.

1.1 Ziele und Fragestellungen

‚Diagnose und Förderung heterogener Lerngruppen' ist im Entwicklungsverbund von vier Universitäten ein hochschuldidaktisches Projekt, mit dem es gelingen soll, Studierende des Lehramtes mit mindestens einem MINT-Fach zu befähigen, Heterogenität gezielt wahrzunehmen, Diagnose- und Förderkompetenzen (weiter) zu entwickeln und ihre Kompetenzen in der Unterrichtspraxis einzusetzen. Entsprechende Kompetenzen beinhalten, dass (zukünftige) Lehrkräfte Verfahren der Diagnose adressatenspezifisch auswählen und einsetzen, auf die Befundlagen angepasste Fördermaßnahmen konzipieren und deren Wirkung analysieren. Im Verbund werden Konzeptionen und Materialien für die Arbeit mit Studierenden entwickelt, erprobt und überarbeitet, bei denen folgende Aspekte und zugehörige Leitfragen im Vordergrund stehen:

Sensibilisierung für Heterogenität: Wie kann bei den Studierenden eine Sensibilität für unterschiedliche Dimensionen von Heterogenität hergestellt und als eine Motivation genutzt werden, sich mit fachbezogener Diagnose und Förderung von Lernenden auseinanderzusetzen?

Entwicklung von Diagnose- und Förderkompetenz: Wie können Vignetten (z. B. Videos, Transkripte, schriftliche Schülerprodukte, …) zur Verbesserung der fachbezogenen Diagnosekompetenz von Studierenden genutzt und Förderkonzepte systematisch an die Ergebnisse der Diagnose angebunden werden?

Umsetzung von Diagnose und Förderung in Praxisphasen: Wie können Prozesse des Planens von Unterricht, dessen Durchführung und Reflexion im Rahmen von Praxisphasen mit Aspekten der Diagnose und Förderung so gestaltet werden, dass Studierende selbstständig diagnosegeleitete Förderkonzepte entwickeln und erproben (z. B. in inklusiven Lerngruppen)?

Diese Aspekte werden im Studium immer wieder angesprochen und miteinander verzahnt, sie sind daher als Teilbereiche eines Kompetenzprofils anzusehen, das die Studierenden vernetzt und reflektiert auf- und ausbauen.

1.2 Theoretischer Hintergrund

Im Folgenden wird der theoretische Hintergrund der drei Zielsetzungen des Entwicklungsverbundes kurz dargestellt.

Sensibilisierung für Heterogenität: Das zugrundeliegende Verständnis von Heterogenität erkennt an, dass sich die Disparität der Milieus von Lernenden zunehmend verstärkt und ausdifferenziert. Das gilt insbesondere für die nationale, sprachliche, kulturelle und religiöse Herkunft. Heterogenität schafft für schulisches und fachliches Lernen differente Lernvoraussetzungen, die sich auch hinsichtlich der ‚Wissensbasis‘, ‚Intelligenz‘, ‚Motivation‘ und ‚Meta-Kognition‘ manifestieren (vgl. Roßbach & Wellenreuther, 2002).

Diese Vielfalt als Chance für die Weiterentwicklung und Verbesserung von Unterricht zu begreifen (vgl. Abels & Markic, 2013; Prediger, 2004), ist ein zentraler Schlüssel für einen produktiven Umgang mit Heterogenität (vgl. Leuders & Prediger, 2012). Insbesondere entsteht daraus die Notwendigkeit adaptiver Lernangebote, d. h. das Herstellen einer Passung des Unterrichts zu den individuellen Lernvoraussetzungen von Schülerinnen und Schülern, um die Fähigkeiten, Kenntnisse und Einstellungen aller Lernenden möglichst optimal weiterzuentwickeln.

In der universitären Lehrerbildung muss es deshalb Ziel sein, Studierende zu befähigen, auf Grundlage geeigneter Diagnoseinstrumente fachliche Lernumgebungen zu gestalten, in denen Lernende in Formen ‚Offener Differenzierung‘ (vgl. Heymann, 1991; oder ‚Natürlicher Differenzierung‘ bei Wittmann & Müller, 2004) gemeinsam erfolgreich lernen können. ‚Offene Differenzierung‘ meint in diesem Zusammenhang, dass „ein gemeinsames Lernangebot für alle so gestaltet wird, dass die Lernenden es auf unterschiedlichen Wegen und Niveaus bearbeiten können" (Leuders & Prediger, 2012, S. 39). Ein entscheidendes Merkmal eines solchen differenzierenden Fachunterrichts ist zudem der „kommunikative Austausch und das kollektive Reflektieren der Lernenden zu ihren in Eigenaktivität (individuell oder kooperativ) entwickelten Ideen" (Leuders & Prediger, 2012, S. 39).

Die Diagnose und Förderung heterogener Lerngruppen im Kontext von fachlichen Unterrichtsprozessen erfordern somit eine hohe fachdidaktische Professionalität und inhaltlich adaptive Handlungsfähigkeit. Diese werden derzeit in der Praxis zuweilen auf den Einsatz unterrichtsmethodischer Individualisierung (Wochenplanarbeit, Lernbüros etc.) reduziert. Individualisierung und Förderung in diesem Sinne läuft jedoch Gefahr, die fachlichen Potenziale, die im sozialen Miteinander entstehen, nicht ausreichend zu nutzen und zu fördern. Daher wird diese Problematik bereits in der Ausbildung von MINT-Lehrpersonen thematisiert. Dies betrifft insbesondere die Qualifizierung, Sensibilisierung und Reflexion des lernförderlichen Umgangs mit zunehmend heterogenen Lerngruppen, gerade auch unter Berücksichtigung inklusiven Unterrichts.

Entwicklung von Diagnose- und Förderkompetenz: Es ist unstrittig, dass die Entwicklung von Diagnose- und Förderkompetenz im Lehramtsstudium einen großen Stellenwert einnehmen muss (vgl. u. a. Hascher, 2008; Lazarides & Ittel, 2012). Obwohl im Detail diagnostische Kompetenz unterschiedlich beschrieben wird, herrscht Einigkeit darüber, dass sie die Fähigkeit umfasst, Merkmale von Lernenden wie sprachliche und kulturelle Voraussetzungen, Leistungsstand, Motivation und Interessen oder Lernentwicklung und Lernbeeinträchtigungen angemessen genau zu erfassen und aus den Ergebnissen adressatenspezifische Fördermaßnahmen abzuleiten (vgl. u. a. v. Aufschnaiter, Cappell, Dübbelde, Ennemoser, Mayer, Stiensmeier-Pelster, Sträßer & Wolgast, 2015).

Zur Frage, welche hochschuldidaktischen Settings neben den Praxisphasen die Verknüpfung von theoretischem Wissenschaftswissen und Praxisanforderungen fördern, sprechen erste Befunde für die Wirksamkeit fallbasierten Lernens und simulierter ‚Laborerfahrungen' (vgl. Überblick bei Hascher, 2011, S. 426f.). Eine Möglichkeit zum Aufbau von Diagnose- und Förderkompetenz wird im Einsatz von authentischen Dokumenten zu Lehr-/Lernsituationen gesehen wie etwa Unterrichtsvideos, Transkripte und Schülerdokumente. Die vorhandene Literatur aus der Lehrerbildung zeigt, wie sich diese im Rahmen der Professionalisierung angehender Lehrkräfte einsetzen lassen (vgl. u. a. Dorlöchter, Krüger & Wiebusch, 2013; Mühlhausen, 2005; Welzel & Stadler, 2005). Dabei ermöglicht insbesondere das mehrfache Betrachten und Reflektieren einer Situation (im Video, Transkript oder Dokument) ohne unmittelbaren Handlungsdruck (vgl. Krammer, Lipowsky, Pauli, Schnetzler & Reusser, 2012) angehenden Lehrkräften in besonderer Weise eine „fallbezogene Beschreibung und Deutung von kindlichen Verstehensprozessen" (Girulat, Nührenbörger & Wember, 2013, S. 153), die sowohl in Bezug auf eigenen und fremden Unterricht als auch auf klinische Interviewsituationen erfolgen kann.

Besonders betont wird in der Literatur der Stellenwert von Reflexionen als wichtiges Mittel zur Professionalisierung angehender Lehrkräfte (vgl. etwa Roth, 2005). Durch die Analyse von Videos und Transkripten kann die Beobachtungsfähigkeit geschärft und der Aufmerksamkeitsfokus gelenkt werden (vgl. Welzel & Stadler, 2005), was zu einem reflexiven Lernen im Theorie-Praxis-Feld beiträgt (vgl. Herzig, Grafe & Reinhold, 2005).

Für das Erstellen von Förderansätzen ist es wichtig herauszuarbeiten, was das Besondere an einem Diagnosefall ist und welche allgemeinen Aspekte sich im Vergleich mit anderen Fällen herauskristallisieren lassen (vgl. Markovitz & Smith, 2008). Damit lässt sich die Vielfalt der Einzelfälle besser bewältigen, ohne individuelle Förderansätze zu verlieren. In der Förderung sind die Beobachtung, die Diagnose, die Hypothesenbildung und Zielformulierung, die Förderplanung und die Evaluation die wesentlichen Bausteine (vgl. Paradies, Linser & Greving, 2007). Ein Ausschärfen der Beobachtungen zur Diagnose und Hypothesenbildung kann an Vignetten erlernt werden, ebenso lässt sich die Wirkung selbst gestalteter Interventionen über Vignetten erfassen und evaluieren.

Umsetzung von Diagnose und Förderung in Praxisphasen: Mit der Einführung nationaler Bildungsstandards und der zunehmenden Bedeutung zentraler Vergleichsstudien (TIMSS, PISA, IGLU) bis hin zu den gestiegenen Anforderungen im Umgang mit Heterogenität im Rahmen der Inklusion ergibt sich für die Professionalisierung von Lehrkräften die Notwendigkeit, Diagnose und Förderung als Thema in der Lehrerbildung in allen drei Phasen zu stärken.

Die erste Phase der Lehrerbildung, für die die Universitäten verantwortlich sind, verfolgt mit ihren unterschiedlichen Schulpraktika das Ziel, schulische und unterrichtliche Erfahrungsräume zu eröffnen, in denen die Studierenden ihr erworbenes Wissen theoriegeleitet erproben und reflektieren können.

In der breiten Diskussion des Theorie-Praxis-Lernens stellen sich Fragen nach der professionellen Entwicklung und dem komplexen Zusammenwirken von Aspekten wie theoretischem Wissen, Erfahrungen, Handlungsroutinen und Handlungskompetenzen (vgl. Neuweg, 2011; Jongebloed, 2004). Es gibt bereits eine Reihe von Untersuchungen zur Wirksamkeit der Lehrerbildung (vgl. Hascher, 2011), in erster Linie aus dem Bereich der Bildungswissenschaften. Die Bedeutung von Schulpraktika in der Ausbildung ist dabei umstritten, und es werden Kritikpunkte zur konzeptionellen Anlage und der Forschungsbegleitung von Praxisphasen diskutiert (vgl. Weyland, 2012). Dabei werden u. a. Aspekte thematisiert, die auf Verfahren der Diagnose setzen und zwar sowohl in Bezug auf Selbstdiagnose als auch auf Diagnose von Lernprozessen von Lernenden mit dem Ziel der diagnosegeleiteten Förderung.

Ein weiterer Aspekt der Debatte bezieht sich auf die Verbesserung der phasenübergreifenden Kooperation im Kontext von Praxisphasen, während die quantitative Dimension sich in dem bundeslandübergreifenden Bestreben zur Einrichtung von Praxissemestern widerspiegelt. Gerade letztere Dimension hat die Diskussion um schulische Praxisphasen in den vergangenen Jahren maßgeblich bestimmt. Für die Förderung eines explizierten Diagnostizierens in der Unterrichtspraxis wird gefordert, an die Alltagsdiagnose anzuknüpfen und diese durch eine theoriegeleitete Präzisierung der zu erfassenden Begriffe und Merkmale, wie auch der Messmethoden und einer Verifizierung der diagnostischen Aussagen und Entscheidungen zu verbessern (vgl. Stelzl & Tent, 1993; Hesse & Latzko, 2011; Hesse, 2014).

Im Rahmen der Arbeit des Entwicklungsverbundes liegt der inhaltliche Schwerpunkt hinsichtlich der Ausgestaltung von Praxisphasen in der Lehramtsausbildung auf dem Thema Diagnose und darauf aufbauender Förderung. Ziel ist es, Curricula zu erarbeiten und zu erproben, in denen in unterschiedlichen Praxisphasen Studierende zu diagnosegeleiteter Förderung befähigt werden. Dabei soll eine Abstimmung hinsichtlich der curricularen Verankerung und Verzahnung zwischen den MINT-Fächern sowie zu den Bildungswissenschaften erfolgen. Im Rahmen dieser Vernetzungen wird ein Zielkonsens hinsichtlich der Integration der entsprechenden Ausbildungselemente hergestellt. So kann es gelingen, die Fähigkeiten der Studierenden zu diagnosegeleiteter Förderung sukzessiv aufzubauen und (gegebenenfalls fächerübergreifend) in Praxisphasen zu erproben. Im Rahmen von Modulen können Studierende Unterricht planen, Maßnahmen zu Diagnose und Förderung entwickeln und in den Praxisphasen konkret umsetzen.

1.3 Zusammenwirken der Teilprojekte

Die drei Zielsetzungen des Entwicklungsverbundes – Sensibilisierung für Heterogenität, Entwicklung der Diagnose- und Förderkompetenz und Umsetzung von Diagnose und Förderung in den Praxisphasen – werden an allen Standorten und in allen Teilprojekten angesprochen, wenngleich in unterschiedlicher Gewichtung (s. Tab. 1.1).

Tab. 1.1: Verortung der Teilprojekte in den Schwerpunkten des Entwicklungsverbundes

	Sensibilisierung für Heterogenität	Verbesserung der DiF-kompetenz	DiF in Praxisphasen
1. Universität Bremen			
1.1 Lernumgebungen für inklusiven Mathematikunterricht	X		X
1.2 Adaptivität von Mathematik- und Chemieunterricht	X		X
2. Technische Universität Dortmund			
2.1 Vignetten in Großveranstaltung Mathematik Grundschule	X	X	
2.2 Diagnose und Förderung als Leitthema der gymnasialen Ausbildung	X	X	
2.3 Inklusiver Fachunterricht in heterogenen Lerngruppen		X	X
3. Universität Gießen			
Diagnostische Kompetenzen gezielt fördern – Videoeinsatz und Vignetten im Lehramtsstudium Mathematik und Physik	X	X	
4. Universität Oldenburg			
4.1 Curriculare Verzahnung und didaktisch-methodische Ausgestaltung von fachdidaktischen und bildungswissenschaftlichen Ausbildungssequenzen zum Aufbau diagnostischer Kompetenz		X	X
4.2 Entwicklung von vignettenbasierten Lehr-/Lerninstrumenten zur Förderung der diagnostischen Fähigkeiten von Studierenden		X	X

Die Sensibilisierung für Heterogenität wird in den Teilprojekten in Bremen, Dortmund und Gießen bereits frühzeitig im Studium verankert und immer wieder neu angestoßen. Es werden dabei alle Schulformen und Schulstufen adressiert (Primarbereich in Dortmund und Bremen, Sekundarbereich in Gießen und Bremen) und unterschiedliche Zugänge genutzt. In Dortmund und Gießen werden im Rahmen fachdidaktischer (Groß-) Veranstaltungen mittels Vignetten (Videoausschnitte, Transkripte und Schülerprodukte) die Wahrnehmung heterogener Lernausgangslagen angeregt und Heterogenität zunehmend differenziert betrachtet, in Bremen geschieht dies verstärkt in Praxisphasen und in dem ihnen folgenden Praxissemester.

Für die zweite Schwerpunktsetzung werden Diagnose- und Förderkompetenzen theoriegeleitet aufgebaut und im universitären Kontext erprobt. Dies findet sowohl in allen drei Teilprojekten aus Dortmund für alle Lehrämter (Grundschule, Sekundarstufe und Förderschule mit Schwerpunkt Inklusion) statt als auch in Gießen und Oldenburg, wobei in beiden Projekten der Schwerpunkt auf dem Einsatz von Vignetten in Seminaren und dem Evaluieren von Designs sowie der Empirie basierten Überarbeitung von Veranstaltungskonzepten und Materialien liegt. Dabei sind über die Standorte hinweg die Fächer Mathematik, Physik, Biologie, Chemie und Rehabilitationswissenschaften beteiligt.

Die Erprobung der entwickelten Diagnose- und Förderkompetenzen im schulischen Kontext im Rahmen von Praxisphasen und Praxissemestern ist zudem Gegenstand der Untersuchung in Teilprojekten der Universitäten Bremen, Dortmund und Oldenburg. Hier werden binnendifferenzierende Lernumgebungen von den Studierenden entworfen und erprobt (Bremen), was durch die Theorie-Praxis-Verschränkung im Praxissemester gut reflektiert und fundiert werden kann (Oldenburg). Mit besonderem Blick auf Inklusion werden diagnostisch fundierte und individualisierte Lernangebote im Praxissemester eingesetzt und reflektiert sowie Messverfahren zum Lernfortschritt der Lernenden entwickelt und evaluiert (Dortmund).

1.4 Querschnittsthemen

Zu den folgenden Punkten wurden zudem universitätsübergreifende und fachübergreifende ‚Expertenteams‘ gebildet, welche an der Zusammenstellung von Konzeptionen und Materialien arbeiten, die in den Teilprojekten genutzt oder erstellt werden. Ziel war es darüber hinaus, die querliegenden Theorien über die einzelnen Teilprojekte hinweg zusammen- und dadurch auch weiterzuzuführen.

Fachdidaktische Perspektiven auf die Entwicklung von Schlüsselkenntnissen einer förderorientierten Diagnostik: In diesem Team wurden Definitionen und Elemente der Theoriebildung zum Thema ‚Diagnose und Förderung‘ zusammengestellt, die Lerninhalt für die Studierenden sein sollten. Die Arbeitsergebnisse dieser Themengruppe werden in Kapitel 2 dieses Bandes anhand von Beispielen aus unterschiedlichen Phasen des Studiums und aus unterschiedlichen Veranstaltungstypen und Lehrämtern illustriert.

Mathematikdidaktische Kernbestände im Umgang mit Heterogenität – Versuch einer curricularen Bestimmung: In diesem Team wurden mathematikdidaktische Prinzipien und Konstrukte diskutiert, die mögliche Kernbestände bilden, um einer überfordernden Komplexität im Umgang mit heterogenen Lerngruppen eine fachdidaktische Orientierung entgegenzusetzen. Die zentralen Ergebnisse dieses Teams werden in Kapitel 3 dargestellt.

Aktivität und Reflexion in der Entwicklung von Diagnose- und Förderkompetenz im MINT-Lehramtsstudium: Die Themengruppe stellte das Wechselspiel von Aktivität und Reflexion in praxisorientierten Lernphasen der Studierenden ins Zentrum gelingender Lehrerbildung. Wie dieses gezielt in Bezug auf die Entwicklung von Diagnose- und Förderkompetenz in Lehrveranstaltungen initiiert werden kann, wird in Kapitel 4 anhand von drei Beispielen herausgearbeitet. Dabei lassen sich Erfahrungen aus der Hochschullehre zu Wirkelementen kondensieren, die sich als übergeordnete Prinzipien bewährt haben.

Einsatz von Vignetten in Veranstaltungen zur MINT-Lehrerbildung: Das Team zum Thema ‚Vignetten‘ ging in seiner Arbeit von der Voraussetzung der Bedeutsamkeit des fallbasierten Lernens in der Lehrerbildung aus und entwickelte auf dieser Grundlage konzeptionelle Überlegungen zum Einsatz von Vignetten in der MINT-Lehrerbildung. Das Kapitel 5 dieses Bandes fokussiert in diesem Sinne zum einen auf die ‚Einsatzperspektiven von Vignetten', die ‚Funktionen von dazugehörigen Aufgaben' sowie die ‚Formate von dazugehörigen Aufgaben'. Zum anderen werden Kategorien zur Klassifikation für eine systematische Auswahl und Anlage von Vignetten entwickelt.

Im Anschluss an die folgenden vier Kapitel zur Darstellung der Ergebnisse der Arbeit an diesen vier Querschnittsthemen schließen sich acht Kapitel an, in denen die Ergebnisse der an den einzelnen Hochschulen beheimateten Teilprojekte dargestellt werden. Den Abschluss des vorliegenden Buches bildet das Kapitel 14, in dem die Arbeit des Entwicklungsverbundes resümiert und ein Ausblick auf Desiderata gegeben wird.

Literatur

Abels, S. & Markic, S. (2013). Umgang mit Vielfalt – Neue Perspektiven im Chemieunterricht. *Naturwissenschaften im Unterricht – Chemie, 135*, 2–6.

Aufschnaiter, C. v., Cappell, J., Dübbelde, G., Ennemoser, M., Mayer, J., Stiensmeier-Pelster, J., Sträßer, R. & Wolgast, A. (2015). Diagnostische Kompetenz: Theoretische Überlegungen zu einem zentralen Konstrukt der Lehrerbildung. *Zeitschrift für Pädagogik, 61* (5), 738–757.

Dorlöchter, H., Krüger, U., Wiebusch, D. (Hrsg.). (2013). *Videografie in der Lehrerbildung,* Seminar Heft 2.

Girulat, A., Nührenbörger, M. & Wember, F. (2013). Fachdidaktisch fundierte Reflexion von Diagnose und individuelle Förderung im Unterrichtskontext – am Beispiel des Faches Mathematik unter Beachtung sonderpädagogischer Förderung. In S. Hußmann & C. Selter (Hrsg.), *Diagnose und individuelle Förderung in der MINT-Lehrerbildung. Das Projekt dortMINT* (S. 150–166). Münster: Waxmann.

Hascher, T. (2011). Forschung zur Wirksamkeit der Lehrerbildung. In E. Terhart, H. Bennewitz & M. Rothland (Hrsg.), *Handbuch der Forschung zum Lehrberuf* (S. 418–440). Münster: Waxmann.

Hascher, T. (2008). Diagnostische Kompetenzen im Lehrberuf. In C. Kraler & M. Schratz (Hrsg.), *Wissen erwerben, Kompetenzen entwickeln. Modelle zur kompetenzorientierten Lehrerbildung* (S. 71–86). Münster: Waxmann.

Herzig, B., Grafe, S. & Reinhold, P. (2005). Reflexives Lernen mit digitalen Videos – zur Auseinandersetzung mit dem Theorie-Praxisverhältnis in der Lehrerausbildung. In M. Welzel & H. Stadler (Hrsg.), *„Nimm doch mal die Kamera!" Zur Nutzung von Videos in der Lehrerbildung – Beispiele und Empfehlungen aus den Naturwissenschaften* (S. 45–64). Münster: Waxmann.

Hesse, I. (2014). Pädagogisch-psychologische Diagnostik für Lehrkräfte – Herausforderung, Aufgaben, Probleme. In A. Fischer, C. Hößle, M. Komorek, H. Kiper, J. Michaelis, V. Niesel & J. Sjuts (Hrsg.), *Diagnostik für lernwirksamen Unterricht* (S. 15–39). Hohengehren: Schneider.

Hesse, I. & Latzko, Y. (2011): *Diagnostik für Lehrkräfte.* Opladen: Barbara-Budrich UTB.

Heymann, H.W. (1991). Innere Differenzierung im Mathematikunterricht. *Mathematik lehren, 49*, 63–66.

Hußmann, S. & Selter, C. (Hrsg.). (2013). *Diagnose und individuelle Förderung in der Lehrerbildung. Das Projekt dortMINT.* Münster: Waxmann.

Jongebloed, H.-C. (2004). *„Komplementarität" als Prinzip beruflicher Bildung – oder: Warum der „Lernfeldansatz" weder dem Grunde nach funktionieren noch seine eigenen Ziele erreichen kann. Teil I: Kritik der Lernfelder, Teil II: Konstruktion durch Komplementarität.* Unveröffentlicht, Kiel: Typoskript.

Krammer, K., Lipowsky, F., Pauli, C., Schnetzler, C. & Reusser, K. (2012). Unterrichtsvideos als Medium zur Professionalisierung und als Instrument der Kompetenzerfassung von Lehrpersonen. In M. Kobarg, C. Fischer, I. Dalehefe, F. Trepke & M. Menk (Hrsg.), *Lehrerprofessionalisierung wissenschaftlich begleiten – Strategien und Methoden* (S. 69–86). Münster: Waxmann.

Lazarides, R. & Ittel, A. (Hrsg.). (2012). *Differenzierung im mathematisch-naturwissenschaftlichen Unterricht. Implikationen für Theorie und Praxis.* Bad Heilbrunn: Klinkhardt.

Leuders, T. & Prediger, S. (2012). „Differenziert Differenzieren" – Mit Heterogenität in verschiedenen Phasen des Mathematikunterrichts umgehen. In A. Ittel & R. Lazarides (Hrsg.), *Differenzierung im mathematisch-naturwissenschaftlichen Unterricht – Implikationen für Theorie und Praxis* (S. 35–66). Bad Heilbrunn: Klinkhardt Verlag.

Markovitz, Z. & Smith, M. (2008). Cases as Tools in Mathematics Teacher Education. In D. Tirosh & T. Wood (Hrsg.), *Tools and Processes in mathematics Teacher Education* (S. 39–64). Rotterdam: Sense Publishers.

Mühlhausen, U. (Hrsg.). (2005). *Unterrichten lernen mit Gespür. Szenarien für eine multimedial gestützte Analyse und Reflexion von Unterricht.* Baltmannsweiler: Schneider.

Neuweg, G. H. (2011). Das Wissen der Wissensvermittler Problemstellungen, Befunde und Perspektiven der Forschung zum Lehrerwissen. In E. Terhart, H. Bennewitz & M. Rothland (Hrsg.), *Handbuch der Forschung zum Lehrerberuf* (S. 451–477). Münster: Waxmann.

Paradies, L., Linser, H. J. & Greving, J. (2007). *Diagnostizieren, Fordern und Fördern.* Berlin: Cornelsen.

Prediger, S. (2004). „Darf man das denn so rechnen?" Vielfalt im Mathematikunterricht. *Friedrich Jahresheft XXII,* 86–89.

Roßbach, H.-G. & Wellenreuther, M. (2002). Empirische Forschungen zur Wirksamkeit von Methoden der Leistungsdifferenzierung in der Grundschule. In F. Heinzel & A. Prengel (Hrsg.), *Heterogenität, Integration und Differenzierung in der Primarstufe. Jahrbuch Grundschulforschung 6* (S. 44–57). Opladen: Leske + Budrich.

Roth, W.-M. (2005). Das Video als Mittel der Reflexion über die Unterrichtspraxis. In M. Welzel & H. Stadler (Hrsg.), *„Nimm doch mal die Kamera!" Zur Nutzung von Videos in der Lehrerbildung – Beispiele und Empfehlungen aus den Naturwissenschaften* (S. 11–28). Münster: Waxmann,

Stelzl, I. & Tent, L. (1993). *Pädagogisch-psychologische Diagnostik. Theoretische und methodische Grundlagen. Band 1.* Göttingen: Hogrefe-Verlag.

Welzel, M. & Stadler, H. (Hrsg.). (2005). *„Nimm doch mal die Kamera!" Zur Nutzung von Videos in der Lehrerbildung – Beispiele und Empfehlungen aus den Naturwissenschaften.* Münster: Waxmann.

Weyland, U. (2012). *Lehrerbildung. Expertise zu den Praxisphasen in der Lehrerbildung in den Bundesländern.* Hamburg: Landesinstitut für Lehrerbildung und Schulentwicklung.

Wittmann, E. C. & Müller, G. N. (2004). *Das Zahlenbuch. Mathematik im 4. Schuljahr. Begleitband.* Leipzig: Klett Grundschulverlag.

Corinna Hößle, Stephan Hußmann, Julia Michaelis, Verena Niesel &
Marcus Nührenbörger

2. Fachdidaktische Perspektiven auf die Entwicklung von Schlüsselkenntnissen einer förderorientierten Diagnostik

Dieser Beitrag soll aufzeigen, wie angehende Lehrpersonen fachdidaktisch fundierte Konzepte des Diagnostizierens und Förderns von Schülerinnen und Schülern im Studium kennenlernen, für Fragen der Diagnostik und Förderung im Kontext von Heterogenität sensibilisiert werden und ihre Diagnostik- und Förderkompetenzen praxisbezogen entwickeln können. Dabei wird explizit eine interfachdidaktische Perspektive eingenommen, die einerseits die spezifischen fachlichen Erfordernisse betont, andererseits interdisziplinäre Schlüsselkenntnisse für Diagnostik und Förderung herausstellt.

Dazu wird in Kapitel 2.1 die Bedeutung eines qualifizierten Diagnostizierens und Förderns herausgestellt. In Kapitel 2.2 erfolgt eine Klärung der Lernziele in Bezug auf förderorientierte Diagnostik. Daran schließt sich in Kapitel 2.3 eine Betrachtung hochschuldidaktischer Konzepte zur Integration der Diagnostik- und Förderkompetenz in die Lehrerausbildung an. Das Kapitel 2.4 stellt Beispiele der praktischen Umsetzung hochschuldidaktischer Konzepte zur Integration der Diagnostik- und Förderkompetenz in die universitäre Lehrerausbildung vor. Anhand der Beispiele aus den Fächern Biologie und Mathematik wird die Förderung von Entwicklungs- und Lernprozessen bei Lehramtsstudierenden diskutiert und erläutert. Der Beitrag schließt im Kapitel 2.5 mit einem Ausblick.

2.1 Die Bedeutung eines qualifizierten Diagnostizierens und Förderns

Diagnostizieren und Fördern gelten heute als (fach)didaktische Schlüsselkompetenzen von Lehrpersonen, die zentral für die Gestaltung erfolgreichen Unterrichts und für die Anregung von individuellen Förderprozessen sind. Zusammen charakterisieren sie die „zentrale berufsbezogene Fähigkeit von Lehrkräften" (Artelt & Gräsel, 2009, S. 157). Diagnostische Expertise entwickelt sich jedoch nicht ausschließlich durch den unterrichtlichen Alltag und die Berufserfahrung (Hesse & Latzko, 2011), zumal empirischen Untersuchungen zufolge die Berufserfahrung nur in einem schwachen Zusammenhang mit der diagnostischen Kompetenz steht (Schrader, 2009). Sie gründet vor allem auf den in der Lehrerausbildung aufgebauten Kompetenzen. Dementsprechend wird für die Aus-, Fort- und Weiterbildung von Lehrpersonen gefordert, die Förder- und Diagnostikfähigkeiten von Lehrpersonen zu verbessern. Denn eine Verbesserung im Bereich der Diagnostik und Förderung soll dazu beitragen, dass zukünftige Lehrpersonen im Fachunterricht besondere Schwierigkeiten und Stärken von Lernenden rechtzeitig erkennen und adaptiv individuelle Fördermaßnahmen ergreifen können (Helmke, 2012).

Diagnostische Kompetenz umfasst ein „Bündel von Fähigkeiten, um den Kenntnisstand, die Lernfortschritte und die Leistungsprobleme der einzelnen Schüler[innen und Schüler] sowie die Schwierigkeiten verschiedener Lernaufgaben im Unterricht fortlaufend beurteilen zu können, sodass das didaktische Handeln auf diagnostischen Einsichten aufgebaut werden kann" (Weinert, 2000, S, 14f.). In diesem Sinne kann die diagnostische Kompetenz von Lehrpersonen als eine zentrale Kernkompetenz für unterrichtliches Handeln und als Grundlage für die Verbesserung der Unterrichtsrealität angesehen werden (vgl. Kircher, Girwidz & Häußler, 2010). Individuell sehr heterogene Kompetenzen von Schülerinnen und Schülern einer Klasse können adäquat erkannt, curricular angemessen eingeordnet und adaptiv aufgegriffen werden (vgl. v. Aufschnaiter et al., 2015 sowie Fischer, Hößle, Krause, Michaelis & Niesel, 2017, Kap. 9 in diesem Band).

Einer Diagnostik sollte notwendig eine anschließende Förderung folgen bzw. eine Diagnostik sollte auf einer vorab konzeptionierten Förderung fußen. Denn die Konzeption von Fördermaßnahmen ergibt sich nicht unmittelbar aus den diagnostischen Daten. Vielmehr ist eine Diagnostik nur dann hilfreich, wenn sie mit Blick auf fachdidaktische Konzeptionen und Theorien für die Entwicklung des Lernens der Schülerin bzw. des Schülers entwickelt wird (Schlee, 2008; Wember, 1998). Dabei gilt es, das Spannungsfeld zwischen der konzeptionell strukturierten Förderung und den Befunden aus der Diagnostik bzgl. des einzelnen Schülers, der einzelnen Schülerin oder der ganzen Klasse auszubalancieren, damit es den jeweiligen individuellen Förderbedarfen im Lichte einer fundierten Förderung gerecht wird.

Die Fähigkeit, individuell passende Urteile über die Leistungen von Lernenden und deren Förderung zu treffen, ist ein Zusammenspiel aus den fachlichen, fachdidaktischen und pädagogisch-psychologischen Perspektiven förderorientierter Diagnostik. Insofern werden Konzeptualisierungen von diagnostischer Kompetenz als die Fähigkeit, genaue Urteile zu fällen (z. B. die Fähigkeit zur Einschätzung des durchschnittlichen Leistungsniveaus der Lernenden, die Fähigkeit zur Einschätzung von zu erwartenden Aufgabenlösungen der Schülerinnen und Schüler oder die Fähigkeit zur Einschätzung der Rangfolge der Leistungen der Schülerinnen und Schüler) als unzureichend angesehen. Zudem ist zu bezweifeln, dass die möglichst große Übereinstimmung von Urteilen durch Lehrkräfte mit Ergebnissen standardisierter Tests als notwendig positiver Einflussfaktor auf den Lernerfolg von Schülerinnen und Schülern gelten kann (Helmke & Hosenfeld, 2004; Abs, 2007; Karst, 2014). Darüber hinaus bleibt offen,

> „welche Bedeutung das fachspezifische Wissen der Lehrpersonen über unterschiedliche Vorgehensweisen, über Entwicklungsprozesse und Fehler hat und welche Rolle das Design von Aufgabenformaten spielt. Ferner bleibt unklar, ob und wie auf der Grundlage der genannten Einschätzungen von Leistungen und Aufgaben konkrete individuelle Fördermaßnahmen geplant werden können" (Moser Opitz & Nührenbörger, 2015, S. 493).

Es stellt sich also die Frage, über welches Wissen und Können Lehrpersonen verfügen sollten, um diagnostische Erkenntnisse und theoretisch fundierte Förderungen so aufeinander abzustimmen, dass sie die Lernvoraussetzungen und Lernfähigkeiten einzelner Schülerinnen und Schüler aufgreifen und weiterentwickeln. So ist es für Lehrpersonen beispielsweise bedeutsam, fachliche und fachdidaktische Konzepte zu kennen, so dass sie Aufgabenanforderungen von Diagnostik- und Förderaufgaben adäquat einschätzen können (vgl. Artelt & Gräsel, 2009, S. 157). Denn letztlich zielt die Diagnostik fachlicher Kompetenzen auf die Fähigkeit, fachdidaktisch begründete Entscheidungen abzuwägen und mit Blick auf individuelle Förderprozesse Veränderungen zu initiieren und die Prozesse zu optimieren (Ingenkamp & Lissmann, 2005).

2.2 Klärung der Lernziele in Bezug auf Diagnostik und Förderung

Die Basis für eine auf nachhaltige Förderung zielende Diagnose ist ein reflektiertes Verständnis von Diagnostik, das auch die Auseinandersetzung mit typischen alternativen Vorstellungen mit einbezieht (Hußmann et al., 2007; Kiper & Mischke, 2006). Zu Beginn des Studiums weisen Studierende häufig ein noch gering ausgeprägtes Diagnostikverständnis auf. So wird z. B. die Vorstellung formuliert, dass eine Diagnostik in erster Linie als „Notengebungspflicht" verstanden wird, der man im Berufsalltag nachkommen muss (Brauer & Hößle, 2016). Diagnostik wird zu diesem Zeitpunkt eher als eine Statusdiagnostik und weniger als Prozessdiagnostik verstanden. Ferner wird die Notwendigkeit einer regelmäßigen, lernbegleitenden Diagnostik, die in unterschiedlichen Erhebungsformaten ihren Ausdruck findet, selten von den Studierenden erkannt. Auch die Kenntnis typischer Diagnosefehler (u. a. Härte-, Milde-, Halo-, Pygmalioneffekte, Tendenz zur Mitte, Referenzfehler, Schwankungstendenz) ist gering bis gar nicht ausgeprägt.

Ein wesentliches Ziel der Ausbildung von Wissen und Können zu Diagnostik und Förderung muss daher sein, dass die Studierenden ein Diagnostik- und Förderverständnis entwickeln, das fachdidaktische Förderkonzeptionen als Voraussetzung für Diagnostik und Diagnostik als Voraussetzung für individuelle Förderung beschreibt. Zentrales Ziel ist dabei, Lernprozesse von Schülerinnen und Schülern zu verstehen und in einem Gesamtzusammenhang einzuordnen (Hußmann et al., 2007). In diesem Sinne geht es darum, dass zukünftige Lehrkräfte auf unterrichtsnahe, fachdidaktisch orientierte, curricular valide Diagnosen vorbereitet werden, die die Bedingungen und Prozessqualitäten des Lernens in den Blick nehmen und die mit Maßnahmen der individuellen Förderung von Schülerinnen und Schülern verzahnt sind (vgl. Wember, 1998; Fischer & Sjuts, 2014, S. 254).

„Aus der Perspektive der Fachdidaktik stellt sich in diesem Sinne weniger die Frage nach summativen Statusdiagnosen als vielmehr die Frage, inwiefern Studierende auch auf die anspruchsvollen und zukünftig zentralen Anforderungen vorbereitet werden können, im Unterrichtsgeschehen fachliches Lernverständnis bei einzelnen Schülerinnen und Schülern zu erfassen, um darauf bezogen individuell fördernde Lernprozesse anzustoßen" (Girulat, Nührenbörger & Wember, 2013, S. 150). Dabei kann es nicht um das Erfassen von einem angenommenen Standard- oder Normzugang gehen, sondern es bedarf, angesichts der vielfältigen Lernvoraussetzungen von Schülerinnen und Schülern in heterogen zusammengesetzten (und inklusiven) Klassen, einer Förderung, die stets auf die differenzsensible Erfassung spezifischer Zugangsweisen von Schülerinnen und Schülern mit besonderen Unterstützungsbedürfnissen fußt. Für die Verbesserung der Unterrichtsrealität stehen insbesondere die Fähigkeiten im Zentrum, Lernschwierigkeiten und Störungen zu erkennen und zu beschreiben (Kircher, Girwidz & Häußler, 2010). Diese wiederum haben solide fachdidaktische Grundkenntnisse als Grundlage.

Um die Fähigkeit der diagnosegeleiteten Förderungen auszugestalten, sind die folgenden *Schlüsselkenntnisse* zentral:

a) Fachliches und fachdidaktisches Wissen zum Lerngegenstand
b) Kenntnisse über die zu diagnostizierenden und zu fördernden Fähigkeiten von Schülerinnen und Schülern sowie über potenzielle Lernschwierigkeiten in Bezug auf den Lerngegenstand
c) Kenntnisse über die Gestaltung von Aufgaben zu Diagnostik und Förderung

Zu a): Angehende Lehrpersonen sollten selbst über die zu diagnostizierenden Fähigkeiten verfügen, um diese bei Schülerinnen und Schülern wahrnehmen und bewerten zu können. Das bedeutet, dass sie, bezogen auf die inhaltsbezogenen Kompetenzen, *erstens* wissen, wie der fachliche Gegenstand begrifflich und formal strukturiert ist, d. h. welche Definitionen und Sätze zentral sind und wie diese mit denen anderer verwandter Begriffe zusammenhängen. *Zum zweiten* sollten sie Darstellungsformen (z. B. im Fach Mathematik grafisch, figuriert, numerisch, symbolisch) und verbindende fachliche Leitideen, sogenannte ‚big ideas‘, wie auch die jeweiligen Grundvorstellungen zum fachlichen Gegenstand kennen und zugleich wissen, welche fachlichen Aspekte helfen, die Bedeutung des Lerngegenstands zu erschließen. Hierbei sind Kenntnisse über Spezial- oder Ausnahmefälle genauso wichtig wie die Bedeutung des Fachvokabulars. *Drittens* sollten die Studierenden wissen, welche Kontexte dem fachlichen Gegenstand aus der Perspektive der Lernenden Relevanz verleihen. Dies bildet die Grundlage, um Lernwege zu gestalten, die als Idealform für gelingende Erschließungsprozesse anzusehen sind, welche wiederum als Fundament fungieren können, um Förderprozesse auszugestalten. Dazu ist jedoch auch zu berücksichtigen, welche Sichtweisen Lernende auf den Gegenstand einnehmen und welche Schwierigkeiten dabei auftreten können.

Die Bedeutung von fachlichem und fachdidaktischem Wissen bezieht sich dabei nicht allein auf die inhaltsbezogenen, sondern auch auf prozessbezogene Kompetenzen von Schülerinnen und Schülern. Im Hinblick auf das Experimentieren betont Meier beispielsweise: „Studierende sollen über Fähigkeiten und Fertigkeiten im hypothesengeleiteten Experimentieren sowie über die Kompetenzen der Diagnostik verfügen. Letzteres geht einher mit dem Wissen über mögliche Kompetenzen, das heißt, Wissen, Fähigkeiten und Fertigkeiten, die beim Experimentieren angewendet und diagnostiziert werden können" (Meier, 2014, S. 56).

Bei einer Kompetenz wie beispielsweise dem mathematischen Problemlösen sollte ein Spektrum heuristischer Vorgehensweisen bekannt sein, aber auch metakognitive Strategien sind von besonderer Bedeutung, da sie als Hilfen in der Förderung genutzt werden können. So müssen zu jedem Gegenstandsbereich die zentralen Aspekte bekannt sein und an exemplarischen Situationen selbst angewandt worden sein.

Zu b): Voraussetzung für eine nachhaltige Förderdiagnostik sind Kenntnisse über die beim Lernenden zu diagnostizierenden Merkmale, wie z. B. spezifische Denkweisen und Schwierigkeiten von Schülerinnen und Schüler beim Experimentieren oder Vorstellungen der Lernenden über mathematische Zahlbereiche oder Operationen (vgl. Marohn, 2014, S. 158). In Bezug auf Lernschwierigkeiten spielt insbesondere die Kenntnis alternativer (d. h. von den fachlich tragfähigen Vorstellungen abweichenden) Vorstellungen von Schülerinnen und Schülern eine bedeutende Rolle. Studierende sollten häufig auftretende, altersabhängige Vorstellungen zu fachspezifischen Inhalten als mögliche Ursache für Lernschwierigkeiten und Ausgangspunkt für Förderung kennen wie z. B. Merkmale von Rechenschwierigkeiten und spezifische Vorstellungen über Zahlen (Moser Opitz, 2010) oder zur Evolution, Genetik oder zum Prozess des Sehens (Hammann & Asshoff, 2014)), um diese zukünftig auch im Unterrichtsgeschehen wahrnehmen und diagnostizieren sowie flexibel darauf reagieren zu können. Diese Kompetenz wird von Prediger als „diagnostische Tiefenschärfe" (Prediger, 2010) bezeichnet. Dazu gehören folgende drei Komponenten:

- *Interpretative Grundkompetenz*: Um Fehler und unübliche oder nicht erwartete Vorstellungen von Lernenden nicht defizitorientiert zu diagnostizieren, ist „die Grundkompetenz entscheidend, individuelle Denkweisen aus einer Binnenperspektive nachzuvollziehen, in der die innere Rationalität der idiosynkratischen Sinnstrukturen rekonstruiert wird" (Prediger et al., 2013, S. 174).
- *Allgemeines theoretisches Hintergrundwissen*: Bereichsunabhängiges allgemeines Hintergrundwissen über Lernprozesse von Kindern und Jugendlichen ist fachübergreifend und fächerverbindend für die Erklärung von Denkprozessen bedeutsam.
- *Gegenstandsspezifisches Hintergrundwissen*: Hierunter ist insbesondere das fachspezifische Wissen über typische Schwierigkeiten und unterschiedliche Deutungen von Lernenden zu verstehen, die bereichsspezifischer Art sind (z. B. Wissen über Grundvorstellungen und Fehlvorstellungen etc.) (Prediger et al., 2013).

Im Idealfall können angehende Lehrkräfte erprobte Fördermodelle als Referenzrahmen heranziehen, anhand derer typische Strukturierungen von Lernprozessen, aber auch typische Lernschwierigkeiten leichter zu erkennen und zuzuordnen sind. Jedoch wird die Möglichkeit, ein theoretisch fundiertes Fördermodell als Basis für eine Diagnostik heranzuziehen, eher die Ausnahme sein, da es an derartigen Modellen häufig noch mangelt. Dennoch sind beispielsweise in den Naturwissenschaftsdidaktiken Modelle vorhanden, deren Kenntnis eine wichtige Facette fachdidaktischen Wissens darstellt und die einen Referenzrahmen für diagnostische Urteile bilden (z. B. Modelle zur Experimentierkompetenz (Nawrath, Maysienka & Schecker, 2013), zur Diagrammkompetenz (Lachmayer, Nerdel & Prechtl, 2007), zu Modellkompetenz (Upmeier zu Belzen & Krüger, 2010), zur Bewertungskompetenz (Hößle & Reitschert, 2007; Eggert & Bögeholz, 2006) und zur Argumentationskompetenz (Visser & Hößle, 2015)).

Zu c): Zukünftige Lehrpersonen sollen über die Fähigkeit verfügen, vorhandene Aufgaben zu Diagnostik und Förderung adäquat auszuwählen, anzupassen sowie in Grundzügen auch selbst zu entwickeln. Ebenso sollen sie in der Lage sein, aufgabengestützte Lernumgebungen zur individuellen Förderung zu entwickeln – sowohl fachlich, fachdidaktisch als auch methodisch. Unter Diagnose- und Förderinstrumenten verstehen wir spezifische Aufgaben mit begleitenden Materialien. Dabei eröffnen Aufgaben zur Diagnose Einblicke in Vorstellungen und Denkprozesse von Lernenden, Aufgaben zur Förderung nutzen diese Befunde und ermöglichen Schülerinnen und Schüler auf Basis eines fundierten fachdidaktischen Förderkonzepts, ihre Schwierigkeiten zu beheben, Stärken weiter auszubauen und noch ungefestigtes Wissen durch Übung zu sichern.

Eine kontrollierte und theoriegeleitete Erhebung des Lernstandes basiert auf der Formulierung von diagnostischen Aufgaben, deren Ziel es ist, den Lernstand bzw. Lernprozess der Lernenden (Einzelperson oder Gruppe) zu erfassen. In diesem Sinne kommt dem Wissen um geeignete Aufgaben und deren Funktion, Durchführung und Ausrichtung sowie deren Eignung zur Erfassung eines spezifischen Schülermerkmals auf der einen Seite sowie der Aufgabenentwicklung auf der anderen Seite eine besonders herausragende Bedeutung im Zusammenhang mit diagnostischen Förderfähigkeiten zu (Kleber, 2004; Schreiber, Theyßen & Schecker, 2014). Eine besondere Fähigkeit liegt darin, nicht nur Aufgaben eines Typs zu konstruieren, sondern auch unterschiedliche Formate von Aufgaben bis hin zu Testkonstrukten zu kennen und deren Eignung zur Erfassung eines spezifischen Merkmals von Schülerinnen und Schülern zu reflektieren. In Ausbildungsveranstaltungen bietet es sich an, diagnostische Aufgaben anhand von Beispielen und Szenen zu erarbeiten, die charakteristisch für unterschiedliche diagnostische Zugangsweisen sind und die Anwendung auch in schulischen Situationen aufzeigen.

Bei den statusdiagnostischen Verfahren stehen Ziele, Methoden und Grenzen der Leistungsüberprüfung und -bewertung sowie Grundlagen empirischer Messung im Vordergrund. Während diese in der Regel eher allgemeine und mit einem Kennwert zu vergleichende Informationen liefern, bieten eher qualitativ ausgerichtete Verfahren (z. B. Beobachtungsbogen, Lernstandserfassung, Standortbestimmungen) Möglichkeiten der Erhebung von Lernständen und -prozessen, typischen Lernwegen und -schwierigkeiten sowie alternative Vorstellungen.

Insbesondere, wenn Schülerinnen und Schüler in einem bestimmten Lernbereich Schwierigkeiten zeigen, sind differenzierte diagnostische Aufgaben erforderlich, um Näheres über auffällige Vorgehensweisen und Vorstellungen sowie besondere Förderbedarfe zu erfahren. Dazu können verschiedene Instrumente zum Einsatz kommen, wie z. B. das Erstellen einer Zeichnung und das Beschreiben einer Versuchsdurchführung und das Interpretieren der Versuchsbeobachtungen oder das Anwenden von mathematischen Operationen zur Problemlösung. Nur auf der Grundlage einer optimalen Passung zwischen der diagnostischen Aufgabe und dem individuellen Fähigkeitsniveau der Schülerin bzw. des Schülers ist es möglich, die tatsächlich vorliegenden Fähigkeiten der Lernenden verstehbar zu machen. Insofern sollten die Ziele von Diagnosen und den damit verbundenen Förderungen immer in Beziehung zueinander gesehen werden. Hierbei kann ein leitfragengestütztes diagnostisches Individualgespräch differenzierte Hinweise über den Lernenden bieten, die eine Diagnostik im laufenden Unterrichtsgeschehen sinnvoll ergänzt.

Eine diagnostisch ergiebige Aufgabe sollte demnach den richtigen Anreiz zur Bearbeitung bieten, mehrere Bearbeitungsmöglichkeiten zulassen, das Leistungsniveau der Lernenden berücksichtigen und eindeutig auf das zu diagnostizierende Merkmal fokussiert sein. Vor allen Dingen sollte eine diagnostisch ergiebige Aufgabe vor dem Hintergrund der anschließenden Förderung konzipiert sein.

Aufgaben zur Förderung müssen dabei sehr Unterschiedliches leisten. Sie müssen z. B. ermöglichen,

- nicht Verstandenes noch einmal grundlegend neu zu bearbeiten;
- Wissen, das nicht automatisiert abgerufen werden kann, durch Übung zu vertiefen;
- kontextbezogenes Wissen in anderen Kontexten zu erproben und zu üben;

- vorhandenes Wissen zu vertiefen und für Problemlösungen nutzbar zu machen;
- spezifische Schwierigkeiten durch unterschiedliche Zugänge und Darstellungsmittel zu bearbeiten;
- an unterschiedlichen Stellen einsteigen und aussteigen zu können (vgl. z.B. Selter, Prediger, Nührenbörger & Hußmann, 2014).

Eine einzelne Aufgabe kann all diese Anforderungen nicht erfüllen. Offene Aufgaben bieten beispielsweise den Lernenden viel Freiraum in der Bearbeitung, doch ist die Analyse der Bearbeitungsweise der Schülerinnen und Schüler nicht immer von einem hohen diagnostischen Erkenntniswert, da sie den in der Diagnostik spezifischen Befunden kaum gerecht werden kann. So ist eine sinnvoll auf die Strukturierung der Lernschritte in der Förderung bezogene Diagnostik von Bedeutung. Entsprechend sorgsam konzipierte diagnostische Aufgaben gibt es noch sehr wenige. Ihre Entwicklung ist sehr aufwändig, denn es muss der Forschungsstand aufgearbeitet, fachliche und fachdidaktischen Analysen darauf abgestimmt und mehrere Erprobungen durchgeführt werden, um die spezifischen Zugänge der Schülerinnen und Schüler zu berücksichtigen (vgl. z.B. Selter et al., 2014). Doch auch wenn noch wenige Materialien existieren, ist gerade der exemplarische Durchgang zu Erstellung solcher Diagnostik- und Förderaufgaben ein gutes Übungsfeld für angehende Lehrpersonen, die in diesem Beitrag benannten Kompetenzen zur Förderung und Diagnostik aufzubauen.

2.3 Hochschuldidaktische Konzepte zur Integration der Diagnostik- und Förderkompetenz in die Lehrerausbildung

In Bezug auf die hochschuldidaktischen Konzepte stellt sich die Frage, wie sich die in Kapitel 2.2 beschriebenen Schlüsselkenntnisse der Studierenden über das Studium hinweg entwickeln lassen. An den Universitäten Dortmund und Oldenburg wurde die Vermittlung von Diagnostik- und Förderkompetenzen in unterschiedlichen Fachdidaktiken gestärkt wie auch die curriculare Entwicklung der soliden fachdidaktischen Grundkenntnisse gezielt in den Blick genommen.

Um für ähnliche Prozesse an anderen Standorten wie auch für den Transfer auf andere Fächer Anregungen zu geben oder auch Entwicklungsansätze darstellen zu können, erscheinen insbesondere die folgenden Perspektiven hilfreich:
- Der grundlegende Aufbau des Bachelor-/Master-Studiums lässt sich zum einen unter einer *curricularen Perspektive* betrachten: In welchen Phasen des Studiums sind Inhalte der Diagnostik und Förderung verankert, ob und welche Aspekte werden aus fachbezogenen, fachdidaktischen und bildungswissenschaftlichen Ausbildungsanteilen geleistet und wie bauen diese Inhalte spiralcurricular aufeinander auf bzw. wie werden sie miteinander vernetzt? Diese curriculare Perspektive ist i.d.R. durch eine Zunahme der Breite, Tiefe und Komplexität der diagnose- und förderorientierten Inhalte gekennzeichnet – sie stellt eine Art Makro-Gestaltungsperspektive dar.
- Zum anderen kann aus der *modularen Perspektive* betrachtet werden, wie Modulkonzepte durch ihr spezifisches Format sowie ihre inhaltlichen Schwerpunktsetzungen

gezielt Anteile von Diagnostik- und Förderkompetenzen einbinden und die Entwicklung von Schlüsselkenntnissen bei den Studierenden aktiv unterstützen. Diese Perspektive stellt eine Art Meso-Gestaltungsperspektive dar.

- Daneben bietet die *konzeptionelle Perspektive* eine Sichtstruktur auf die didaktisch-methodische Gestaltung von einzelnen Ausbildungsanteilen bzw. -sequenzen. Sie stellt eine Art Mikro-Gestaltungsperspektive dar. Unter dieser Perspektive lassen sich zum einen die Kombination und der gezielte Einsatz unterschiedlicher Lehrformate in den Blick nehmen. Unter dem Formatbegriff z. B. können klassische Großformate wie Vorlesung, Seminar oder Übung betrachtet werden, aber auch spezifische Formate wie Lehr-Lern-Labor, Schulpraktika, unterrichtliche Erprobungen. Zum anderen bietet diese Perspektive den Blick auf die Mikro-Gestaltung von Lernumgebungen mit aktivierenden Lernaufgaben anhand spezifischer Lernmaterialien, um Studierende in einzelnen Veranstaltungsabschnitten in gezielte Auseinandersetzung mit diagnose- und förderbezogenen Lerninhalten zu bringen (z. B. fallbasiertes Lernen, forschendes Lernen, vignettenbasiertes Lernen, Microteaching, kollegiale Beratung, videobasierte Unterrichtsreflexion u. v. m.).

Über alle drei Perspektiven hinweg lässt sich analysieren, wie eine strukturierte Verzahnung von Theorie und Praxis im Hinblick auf Diagnostik und Förderung umgesetzt werden kann: An welchen Stellen im Studium sind themenspezifische unterrichtspraktische Module eingebunden, in welchen Modulen sind themenspezifische Inhalte verankert und mithilfe welcher Konzeptionen werden aktivierende Lernangebote gestaltet?

Diesem Ansatz liegt die Idee zugrunde, dass sich der jeweilige Lernfokus der Studierenden im Verlauf des Studiums systematisch erweitert und vertieft, sodass die Komplexität wie auch die inhaltlichen Schwerpunktsetzungen den jeweiligen Entwicklungsständen der Studierenden angepasst sind. Verschiedene konzeptionelle Möglichkeiten der curricularen Einordnung von Diagnostik- und Förderaspekten nach diesem Ansatz werden in diesem Buch vertieft behandelt (vgl. Fischer et al., 2017).

Mit Blick auf die Entwicklung von Schlüsselkenntnissen einer förderorientierten Diagnose bei Studierenden wurden darüber hinaus im Rahmen des Projektes dortMINT (2009–2013) die drei Kernprozesse *Erleben*, *Erlernen* und *Erproben* (Hußmann & Selter, 2013) unterschieden. Dieser Ansatz trägt der Bedeutung der Lernbiographie von Studierenden im Rahmen ihrer Professionalisierung Rechnung und verankert darüber hinaus strukturell die Vermittlung von Diagnose- und Förderfähigkeiten im Studium entlang der benannten drei Perspektiven. Unterschieden werden die Kernprozesse *Erleben* von Diagnostik und individueller Förderung im eigenen Lernprozess, *Erlernen* theoretischer (allgemeiner und fachbezogener) Hintergründe, empirischer und praktischer Konstrukte und Instrumente für Diagnostik und individuelle Förderung sowie *Erproben* erworbener Kompetenzen in schulpraktischen Zusammenhängen.

Die drei Kernprozesse verbinden die verschiedenen Perspektiven (curricular, modular, konzeptionell) miteinander: Als curriculares Element strukturieren sie die Entwicklung der förderdiagnostischen Kompetenz, indem die Studierenden zu Studienbeginn ihre fachlichen und fachdidaktischen Kompetenzen diagnostizieren, bevor sie anschließend grundlegende Aspekte kennen lernen und im Rahmen von kleinen praxisnahen Erhebungen erproben. Als modulares Element werden in Veranstaltungen alle Kernideen aufeinander bezogen; beispielsweise setzen sich die Studierenden mit förderdiagnostischen Aufgabenformaten auseinander, erproben diese und reflektieren diese wiederum theoriegeleitet. Insbesondere die Reflexion der Erprobungen führt zu einer wiederkehrenden Phase des Erlebens und kritischen Erlernens von Diagnostik und Förderung auf einer höheren Ebene. Die eigene Diagnose- und Förderkompetenz wird für die Studierenden „erlebbar", sodass individuelle Kenntnisse fall- und situationsbezogen vertieft und reflektiert werden können. Als konzeptionelles Element werden die Prozesse des Erlebens, Erlernens und Erprobens in unterschiedlichen Veranstaltungskonzepten aufgegriffen – so schafft z. B. das Lehr-Lern-Labor Raum für Studierende, unter realen, aber komplexitätseingeschränkten sowie günstig gestalteten Bedingungen diagnostische Individual- und Gruppensituationen und darauf abgestimmte Fördermaßnahmen zu erproben, zu reflektieren und weiter zu entwickeln.

Erleben, Erlernen, Erproben bilden somit spezifische und gezielt miteinander im Wechselbezug stehende Schwerpunkte in einzelnen Studienphasen wie auch in einzelnen Modulen. Für die Analyse standortspezifischer, hochschuldidaktischer Konzepte können die drei Kernprozesse ebenso als bedeutsame Analysekriterien dienen.

Nachfolgend werden hierzu Beispiele aus der Biologie- und Mathematikdidaktik vorgestellt, die unter einer modularen und konzeptionellen Perspektive die Entwicklung ausgewählter Schlüsselkenntnisse aus Kapitel 2.4 fokussieren.

2.4 Beispiele der praktischen Umsetzung in der universitären Lehrerausbildung

2.4.1 Beispiel Fachveranstaltung Mathematik zum Schwerpunkt „Erleben von Diagnostik und Förderung"

Eine Basis für den Aufbau einer erfahrungsbasierten Diagnostik- und Förderkompetenz ist die Selbsterfahrung in fachlichen Lernsituationen des Studiums. Dies kann noch gestützt werden, wenn auch Erfahrungen aus der eigenen Schulzeit vorliegen, in denen eine gezielte und individuelle Diagnostik und Förderung bewusst erlebt werden konnte.

In dieser Phase sollen die Studierenden Gelingensbedingungen und Grenzen von Diagnostik und Förderung für den eigenen Lernprozess kennen lernen (insbesondere die Schlüsselkenntnisse in Kap. 2.2). Dieses bildet die Grundlage dafür, dass die Studierenden in der zweiten Phase des Erlernens über konkrete Erfahrungen verfügen, auf die sie die theoretischen Konzepte anwenden können. Im Kern sollen die Studierenden verschiedene Aufgaben zur Diagnostik und Förderung kennen lernen und ihre Wirkung ‚am eigenen Leib' erfahren. Durch die zum Teil enge Anbindung dieser Instrumente an einen möglichen Einsatz in der Schulpraxis erhalten die Studierenden erste Vorstellungen davon, wie eine von Diagnostik geleitete Förderung in der Schulpraxis umgesetzt werden kann. Sie lernen aber auch Grenzen einzelner Konzepte und Instrumente kennen, da sich einige Instrumente ausschließlich für einen Einsatz in Schule oder in Hochschule eignen. In dieser Phase geht es aber noch nicht darum, die Aufgaben in ihren Wirkungsgraden, konzeptionellen Grundlagen und Einsatzgebieten bewusst zu reflektieren. Die Aufgaben fokussieren auf fachliche Kompetenzen in Veranstaltungen des Studiums, die jedoch einen Überschneidungsbereich zu den fachlichen Kompetenzen besitzen, die in der Schule relevant werden.

Das zentrale Ziel von fachlichen Veranstaltungen ist der Aufbau fachlichen Wissens und Könnens. Dies lässt sich differenzieren nach unterschiedlichen Wissensarten und Wissensfacetten, welche spezifische Aufgaben zur Diagnose benötigen (Prediger, Hußmann, Leuders & Barzel, 2011). Eine diagnostische Aufgabe muss daher so gestaltet sein, dass das jeweilige Wissenselement diagnostiziert werden kann. Hierzu eignen sich unterschiedliche Formate wie beispielsweise Diagnosechecklisten, Concept-Maps, Forschungshefte oder Lerntagebücher, kommentierter Musterlösungen, Selbstlerneinheiten/ vertiefende Lernaufgaben, digitale Lernkarteien, Austausch und Beratungsangebote, diagnostische Tests usw.. Den Einsatz dieser Aufgaben und die explizite Benennung der Wissenselemente sollen die Studierenden im Rahmen ihres eigenen Lernprozesses kennen lernen (vgl. Kap. 2 aus Hußmann & Selter, 2013).

In dieser Phase, in der die eigenen fachlichen Kompetenzen diagnostiziert und gefördert werden, bleibt für die angehenden Lehrpersonen das Wissen über die Lernprozesse auf einer impliziten Ebene. Zwar werden die einzelnen Schritte in der Diagnostik und Förderung wie auch die Wissenselemente explizit benannt, aber darüber hinaus findet keine Reflexion statt. Dies ist erst Thema der anschließenden Phase des „Erlernens". Insofern umfasst das Wissen über diagnostische Instrumente und Aufgaben zur Förderung folgende Elemente am Ende des Kernprozesses „Erleben", die von Studierenden in unterschiedlicher Qualität erworben werden.

2.4.2 Beispiel Fachdidaktikveranstaltung Mathematik zum Schwerpunkt „Erlernen und Erproben von Diagnostik und Förderung"

Die Verzahnung der Selbsterfahrungen mit theoretischen Konzepten und den Kenntnissen über diagnostische Aufgaben und Verfahren schafft die Grundlagen, um in einem weiteren Schritt praktische Erprobungen gezielt durchzuführen und grundlegende Überzeugungen, die praktisches Handeln in schulischen Situationen steuern, bewusst weiter zu entwickeln (vgl. Hußmann & Selter, 2013).

Im Rahmen der Veranstaltung „Diagnose und individuelle Förderung" *erlernen* die Studierenden zum einen grundlegende Kenntnisse über verschiedene diagnostische Verfahren und Förderkonzepte, zum anderen *erproben* und reflektieren sie diese in exemplarischen Fallsituationen, besondere Bedeutung gewinnt hierbei das sogenannte diagnostische Interview (vgl. Sundermann & Selter, 2006; Bräuning & Nührenbörger, 2010). Um diagnostische Interviews führen zu können, erwerben die Studierenden Kenntnisse über diagnostische Aufgaben (wie z.B. aus Selter et al., 2014), die curricular valide und inhaltlich homogen sind sowie kontentvalide Übungen enthalten (vgl. Scherer, Moser & Opitz, 2010). Diese reichern sie vor dem Hintergrund des Wissens um die fachdidaktischen Hintergründe des zu diagnostizierenden Lerngegenstandes mit weiteren Fragen zu den mathematischen Denkprozessen der Lernenden an. Adaptiv zum diagnostischen Interview werden Fördersitzungen konstruiert, in denen die Studierenden lernen, einerseits im Sinne einer Diagnostik zurückhaltend zu agieren, andererseits gezielt spezifische Lernprozesse anzustoßen, zu veranschaulichen oder auch zu erläutern. „So können mögliche Bearbeitungsformen und -schwierigkeiten, typische Fehlerlösungen sowie unterschiedliche Beschreibungs-, Begründungs- und Darstellungsformate im Prozess des Interviews in Beziehung zur Aufgabenbearbeitung der Schülerin bzw. des Schülers gesetzt werden" (Moser Opitz & Nührenbörger, 2015, S. 505).

Die Konfrontation mit spezifischen Lösungen von Schülerinnen und Schülern (s. Abb. 2.1) und kategorienbezogene Analyse derselben bietet nicht allein reflektierende Erkenntnisse über die Aussagekraft schriftlicher Dokumente, sondern dient auch als Grundlage für die Konstruktion eigener diagnostischer Interviews.

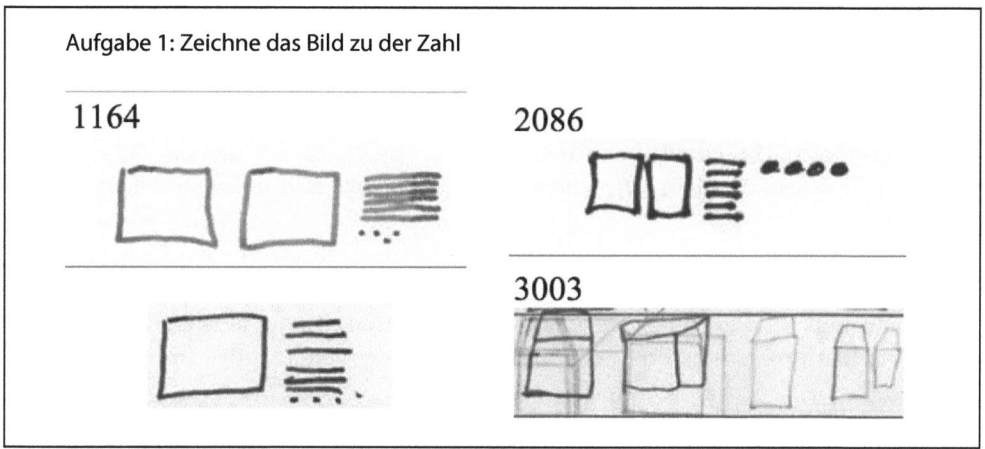

Abb. 2.1: Typische Fehllösungen von Schülerinnen und Schülern (aus Selter et al., 2014, S. 23f.)

Im Rahmen der Veranstaltung begleiten die Studierenden Schülerinnen und Schüler, die von ihnen diagnostiziert wurden, u.a. im Förderzentrum Mathematik (1 x pro Woche eine einstündige Fördersitzung). Diese Phase des Erlebens ist eng verknüpft mit Phasen des Erlernens, da wöchentlich die theoretischen Förderkonzepte und die möglichen Lehrprozesse im Fach hinterfragt und weiterentwickelt werden. Anhand von Beobachtungsnotizen, der videografierten Fördersitzungen und der Schülerdokumente wählen die Studierenden einzelne Passagen aus, die zum Gegenstand der Reflexion der Fördersitzung und als Basis für die weitere Planung der folgenden Fördersitzung dienen. Abschließend entwickeln die Studierenden eine Videovignette zum Verlauf der Förderung über das Semester.

Über die iterative Durchführung der Förderung und Reflexion diagnostischer Erkenntnisse erwerben die Studierenden im Laufe des Seminars zum einen explizites Wissen über diagnostische Aufgaben sowie Förderaufgaben. Zum anderen bauen sie erfahrungsbasiertes und theoretisches Wissen über Diagnostik- und Förderprozesse auf, das sich von einer (in der Regel eher nur anfangs gezeigten) naiven Übernahme diagnostischer Aufgaben bis hin zu einer (in der Regel am Ende des Seminars sich abzeichnende) Anpassung von diagnostischen Aufgaben an das Förderziel und den zu fördernden Schülerinnen und Schülern entwickelt. Die Entwicklungsprozesse im Zuge der sich über ein Semester hinziehenden Fördermaßnahmen weisen auf vier verschiedene Ebenen hin:

1. *Aufgabenauswahl:* Die Studierenden nehmen anfangs (zu) viele Förderziele mit (zu) vielen Aufgaben (mit wenig Potenzial) in den Blick und fokussieren sich darauf, dass die Schülerinnen und Schüler möglichst viele Produkte (richtige Lösungen) notieren.

2. *Konzentration auf reichhaltige Aufgaben:* Die Studierenden spezifizieren allmählich ihre Förderziele und reduzieren ihre Aufgabenauswahl. Dazu nehmen sie die Lernprozesse der Schülerinnen und Schüler stärker in den Blick. Sie setzen ergiebige Aufgaben in den Mittelpunkt der Förderung, zu der verschiedene vertiefende Aufgaben gehören.

3. *Anbahnung verstehensorientierten Arbeitens (z. B. operatives Denken):* Die Studierenden erkennen die Bedeutung der Passung Kind-Lerngegenstand-Aufgabe-Material. Sie richten ihren Blick nicht mehr allein auf die Aufgabenstellungen, sondern insbesondere auch auf die Interaktionsprozesse und die Bedeutung der von ihnen formulierten Fragen. Sie erkennen, wie wichtig es ist, sich von einem stark durch die Lehrkraft geprägten „Erklärstil" bzw. dem kleinschrittigen „Frage-Antwort-Stil" zu lösen und den Lernenden mehr „Anteile am dialogischen Beschreiben und Erklären" zu bieten.

4. *Adaptive Lernbegleitung:* Die Studierenden reflektieren ihren eigenen Redeanteil und die belehrenden Interaktionsmuster mit dem Ziel, bewusst den Redeanteil der Schülerinnen und Schüler einerseits zu erhöhen, andererseits die fachliche Qualität der dialogischen Prozesse zu erhöhen. Dazu setzen sie gezielt adaptive Impulse, um entdeckendes Lernen zu initiieren.

2.4.3 Vermittlungskonzept in der Fachdidaktikveranstaltung Biologie zum Zyklischen Lernen zu Diagnostik und Förderung im Lehr-Lern-Labor

Das Modul „Lehren und Lernen im Schülerlabor" wird von der Biologiedidaktik an der Carl von Ossietzky Universität Oldenburg für Lehramtsstudierende im Master of Education als Veranstaltung im Lehr-Lern-Labor angeboten. Es umfasst ein Seminar im Umfang von 2 Semesterwochenstunden für zwei Kreditpunkte. In dem Seminar lernen und üben die Studierenden das selbstständige Lehren, Diagnostizieren und Fördern von Lernaktivitäten. Sie entwickeln eine Lerneinheit, die sich dem Thema Ökosystem Wattenmeer widmet und gemeinsam mit Schülerinnen und Schülern im Lehr-Lern-Labor umgesetzt wird.

In dem Modul steht die Entwicklung folgender Schlüsselkenntnisse zentral:

a) Erwerb fachlicher und fachdidaktischer Kenntnisse und Fähigkeiten zum Thema Ökosystem Wattenmeer, zu den naturwissenschaftlichen Arbeitsweisen und zur Diagnose von Lernprozessen

b) Kenntnisse über die zu diagnostizierenden und zu fördernden Fähigkeiten von Lernenden sowie über potenzielle Lernschwierigkeiten in Bezug auf den zu diagnostizierenden Gegenstand und Kenntnisse über Kompetenzstrukturmodelle zur Diagnose von Lernprozessen

c) Kenntnisse über diagnostische Aufgaben sowie über Förderpotenziale von Aufgaben in den gestalteten Lernangeboten für die Schülergruppen im Lehr-Lern-Labor

An der Universität Oldenburg haben Lehr-Lern-Labor-Formate Eingang in Modulkonzeptionen und Ausbildungscurricula gefunden, die gezielt dazu genutzt werden, um Lernprozesse zu diagnostizieren und Förderkonzepte abzuleiten (Hößle, 2014). Sie bieten Studierenden strukturell sowohl Erlebens-, Erlernens- und auch Erprobungsphasen und werden zur Qualitätsverbesserung der Lehramtsausbildung zum Teil bereits verbindlich in Ausbildungscurricula eingebunden. In Seminaren, in die die Lehr-Lern-Labor bzw. Experimentalpraktika integriert sind, werden Studierende angeleitet, Lernarrangements zu konzipieren und gemeinsam mit Schülerinnen und Schülern in den Lehr-Lern-Laboren zu erproben. Die Labore bieten dabei den Rahmen für Experimentiermöglichkeiten, die ein möglichst selbstständiges, forschend-entdeckendes Lernen zulassen, das im Schulalltag oft wenig Berücksichtigung findet. In kleinen Teams arbeiten Studierende mit Schülerinnen und Schülern, um Lernprozesse anzuregen, zu begleiten und zu diagnostizieren. Die Studierenden befinden sich im Lehr-Lern-Labor in einer Doppelrolle; als Lehrende gegenüber den Schülerinnen und Schülern und als Lernende für ihre zukünftige Aufgabe als Lehrperson. Gleichzeitig erwerben sie nicht nur fachdidaktische, sondern auch aktuelle fachliche Kompetenzen, da die Lehr-Lern-Labore in direkter Anbindung an die fachwissenschaftliche Forschung stehen. Studierende können somit frühzeitig im geschützten Raum des Labors praktische Erfahrungen im Umgang mit Schülerinnen und Schülern sammeln und sich in der Konzeption von Lernarrangements, der Diagnose von Lernschwierigkeiten und der Entwicklung von Fördermaßnahmen üben. Von besonderer Bedeutung ist dabei der Ansatz des forschenden Lernens, da die Studierenden ihre Tätigkeit gleichzeitig durch kleine Forschungsaufträge flankieren. Die Tätigkeit im Lehr-Lern-Labor folgt einem zyklischen Prozess, der die Schritte Unterrichtsplanung, Unterricht, Reflexion und Adaption der Lerneinheit umfasst.

Das exemplarisch dargestellte Biologiemodul nutzt diese Elemente des zyklischen Prozesses, in denen das diagnosegesteuerte adaptive Lehren im Vordergrund steht. Darin können die folgenden Elemente iterativ mehrfach durchlaufen werden: (a) Planung von Lernumgebungen und Konstruktion der benötigten Lernmaterialien, (b) Unterricht (ggf. im Sinne eines Angebot-Nutzung-Modells, vgl. Helmke, 2012) durchführen und erproben, (c) Diagnostik von Denk- und Lernprozessen, (d) Evaluation und Reflexion abgelaufener Prozesse und der (e) Adaption von Planung und Materialkonstruktion (vgl. adaptive Lehrkompetenz (Beck et al., 2008)).

Das Modul ist in fünf Phasen unterteilt:
- In der *ersten* Modulphase findet eine Einführung in die Schwerpunktthemen Ökosystem Wattenmeer, naturwissenschaftliche Arbeitsweisen und Diagnostik statt. Die Studierenden entwickeln, präsentieren und diskutieren Lernarrangements, die sie aus dem Themenkomplex Ökologie des Wattenmeeres unter besonderer Berücksichtigung des Konzeptes Bildung für nachhaltige Entwicklung auswählen. Um die Studierenden auf das Diagnostizieren von Experimentierprozessen und damit einhergehenden typischen Lernschwierigkeiten angemessen vorzubereiten, wird im Modul zunächst mit schriftlichen Schülerproduktvignetten und anschließend mit Videovignetten gearbeitet (siehe dazu Brauer, Fischer, Hößle, Niesel, Voß & Warnstedt, 2017, Kap. 13 in diesem Band). In Anlehnung an die Ergebnisse der Kognitionspsychologie (Gilovich, Griffin & Kahnemann, 2002) wird postuliert, dass die Diagnostik von

Lernständen anhand einer Schülerproduktvignette die geringste Herausforderung darstellt, gefolgt von der Diagnostik von Lernaktivitäten anhand einer Videovignette, die ein wiederholendes Betrachten ermöglicht und somit eine Komplexitätsreduzierung im Vergleich zum realen Unterricht bietet. Das Diagnostizieren in Unterrichtssituationen stellt demnach die höchste Niveaustufe dar, die im Idealfall eine spontane Förderung ermöglicht und deshalb am Ende des Moduls steht.

- Die *zweite Phase* beinhaltet die Erprobung von Experimenten und die Entwicklung einer Lerneinheit, bzw. Adaption bereits bestehender Lerneinheiten. Diese Phase dient darüber hinaus besonders der Vermittlung von Kenntnissen über diagnostische Aufgaben und deren Potentiale. Diese wie auch die nachfolgende Phase der Modulkonzeption fokussiert darauf, den Studierenden Kenntnisse über zu diagnostizierende Fähigkeiten und Schwierigkeiten der Lernenden zu vermitteln. Aufgabe der Studierenden ist es, eine 90-minütige Lernsequenz zu einem Thema aus dem Kontext Wattenmeer zu planen, die im Anschluss im Lehr-Lern-Labor erprobt werden soll. Im Fokus der Lernsequenz steht die Entwicklung bzw. Adaption diagnostischer Aufgaben, anhand derer die Lernaktivitäten der Schülerinnen und Schüler erkannt und bewertet werden. Dazu werden Studierenden speziell erstellte und erprobte Forscherhefte mit Aufgaben zur Verfügung gestellt. Diese sollen den Studierenden als erste Orientierungshilfe für die Entwicklung von Aufgaben dienen und sie auffordern, dass Potential von Aufgaben einzuschätzen. Die Forscherhefte können an die Lehrziele der Studierenden und Lernziele der Schülerinnen und Schüler adaptiert beziehungsweise unverändert übernommen oder gegen neu entwickelte ausgetauscht werden.

- In der *dritten Phase* werden die Lernarrangements gemeinsam mit Schülerinnen und Schülern im Lehr-Lern-Labor umgesetzt. Die Studierenden übernehmen dabei die Rolle des Lernbegleiters und Impulsgebers und üben sich gleichzeitig in der Diagnostik von Lernprozessen und Lernschwierigkeiten. Die Studierenden führen ihre geplanten Lehr-Lernsequenzen drei Mal im Lehr-Lern-Labor mit wechselnden Schulklassen durch und reflektieren ihre Lehrerfahrungen. Dabei werden in der Regel vier Schüler von jeweils drei Studierenden beim Lernen begleitet und Lernaktivitäten diagnostiziert.

- In der *vierten Phase* analysieren und reflektieren die Studierenden theoriegeleitet die abgelaufenen Lehr- und Lernprozesse. Im Anschluss an die jeweilige Lehrphase findet dazu eine Reflexionsphase statt, in der sowohl die eigene Lehrtätigkeit hinsichtlich vorab erläuterter Kriterien analysiert wird (z.B. Woran konnte ich erkennen, ob ich meine Lehrziele erreicht habe?) als auch die wahrgenommenen Lernaktivitäten der Schülerinnen und Schüler beschrieben werden (z.B. Welche Schülervorstellungen konnte ich wahrnehmen? Welche Schwierigkeiten beim Lernen konnte ich erkennen?) als auch die Lernprozesse der Schülerinnen und Schüler betrachtet werden (Welche Denkprozesse und Handlungen wurden durch die Aufgabenstellungen, Fragen/Impulse initiiert? Welche Förderangebote haben bei Verständnisschwierigkeiten und experimentellen Lösungsfindungen unterstützt?). Während bzw. im Anschluss an das Unterrichten können auf zweierlei Weise diagnostische Daten erhoben werden: Zum einen kann anhand eines vorab entwickelten Diagnosebogens die wahrgenommene Lernaktivität in Bezug auf vorab festgelegte Merkmale bewertet werden und zum anderen können mithilfe vorab adaptierter bzw. neu entwickelter Diagnostikaufgaben schriftliche Leistungen festgehalten und im Anschluss an die Erprobung analysiert werden. Kompetenzstrukturmodelle zum Experimentieren (s.o.) helfen Studierenden, Diagnosebögen zu entwickeln.

- Die *fünfte* Phase dient den Studierenden dazu, ihre Lernsequenz zu adaptieren. Danach kann eine erneute praktische Umsetzung der Lerneinheit im Lehr-Lern-Labor stattfinden. Dieses zyklische Verfahren wird drei Mal durchlaufen und führt zu einer Ausschärfung des diagnostischen Blickes.

Aus den Umsetzungserfahrungen des Lehrkonzeptes in diesem Biologiemodul lassen sich folgende Erfahrungen beschreiben:

Die Studierenden, die bisher wenig konkrete Möglichkeiten hatten, Schülerinnen und Schüler direkt beim Lernen zu begleiten, richten den diagnostischen Blick zunächst auf maximal vier Schülerinnen und Schüler. Dabei ist es ratsam, dass zunächst nur ein Schüler bzw. Schülerin mit seinen Lernaktivitäten im Fokus steht und erst beim dritten Durchlaufen der Lernsequenz zwei oder auch mehr Schülerinnen und Schüler vergleichend hinsichtlich des Lernstandes betrachtet werden. Es lässt sich beobachten, dass es den Studierenden anfangs schwer fällt, neben der eigenen Unterrichtstätigkeit Lernprozesse von auch nur einzelnen Schülern wahrzunehmen und gezielt darauf während des Unterrichtsgeschehens zu reagieren. Insbesondere das Öffnen des geplanten Lernarrangements für mehr Eigentätigkeit der Schülerinnen und Schüler bereitet Studierenden anfangs Probleme sowie das Wahrnehmen von Schülervorstellungen (Brauer & Hößle, 2016). Diese Fähigkeiten nehmen jedoch sukzessiv zu, sodass bereits nach dem dritten Setting im Lehr-Lern-Labor ein Entwicklungsfortschritt zu verzeichnen ist. Dies kann nicht zuletzt auf die sich an den Unterricht anschließende Reflexion der Erprobungsphasen zurückgeführt werden.

Die Wirksamkeit der Modulkonzeption wurde im Rahmen einer Studie untersucht. Im Vordergrund stand dabei die Frage, inwieweit Studierende diagnostische Fähigkeiten im Laufe des Moduls erwerben. (Brauer & Hößle, 2016). Dazu wurden Einzelinterviews mit den teilnehmenden Studierenden durchgeführt, um zu erfassen, wie diese die Veranstaltung subjektiv erleben. Dabei stand die Frage im Vordergrund, inwieweit das Seminar mit Fokus auf Diagnostik auf das Berufsleben vorbereitet. Stellvertretend soll hier die Aussage eines Studenten widergegeben werden:

> „Ich fand es schon ziemlich hilfreich. Also gerade diesen Transfer zwischen diesem Erstellen von einer theoretischen Einheit auf die Praxis und dann eben auch die Möglichkeit zu haben, das, was man sich vorher so ganz genau überlegt hat, auch wirklich umzusetzen und zu merken, was nicht machbar ist und was überhaupt auch Zeitmanagement bedeutet. Ganz viele Aspekte sind zwar schön in der Theorie, aber die lassen sich einfach nicht mit einer Gruppe umsetzen. Anfangs fällt es einem auch schwer, die Schüler einzuschätzen und auch mit der Zeit auszukommen, aber das wird von Mal zu Mal besser."

Generell empfinden die Studierenden das Seminar als sehr hilfreich und erkennen durch das Unterrichten im Lehr-Lern-Labor sowie durch die ständigen Reflexionen, dass das

Einschätzen und Bewerten von Schülerinnen und Schülern viel Expertise erfordert, und darüber hinaus wird ihnen bewusst, dass diese Expertise durch eine Verzahnung von Theorie und Praxis gewonnen werden kann.

2.5 Ausblick

Fachdidaktisch fundierte Konzepte zur Diagnostik und Förderung besitzen eine zentrale Bedeutung für die Gestaltung eines fachlich konzipierten Unterrichts, der an den individuellen Fähigkeiten von Lernenden ansetzt. Mit Blick auf die Ausbildung von angehenden Lehrpersonen zeigt der Beitrag die wesentlichen Kompetenzfelder und Umsetzungsmöglichkeiten auf, die im Laufe des Studiums die Studierenden kennen lernen und praxisbezogen (weiter)entwickeln können. Als zentral erachten wir zum einen eine diagnostische Grundhaltung, die es den Studierenden erlaubt, Schwierigkeiten und Potentiale der Lernenden kompetenzorientiert wahrzunehmen. Zum anderen sehen wir die Bereitschaft als essentiell an, die fachlichen, fachdidaktischen und allgemeinen Theorien kennen zu lernen und in geschützten Räumen wie Schülerlaboren oder Förderzentren auszuprobieren und zu reflektieren. Die Diagnostik- und Förderfähigkeiten werden im Studium über die verschiedenen Phasen des Erlebens, des Erlernens und des Erprobens vermittelt und verteilt. Diese drei Kernprozesse können aber auch gemeinsam in einzelnen Veranstaltungsformaten zur Geltung kommen. Sie sind ebenso wie fachübergreifende Konzepte von Diagnostik und Förderung eine wesentliche Voraussetzung, damit die Studierenden die aufgebauten Kompetenzen im späteren Berufsleben produktiv nutzen können. Besonderen Wert gewinnen hierbei exemplarisch erlernte und erprobte sowie fallbezogen reflektierte Konzepte der Diagnostik und Förderung, die methodisch vielfältig von den Studierenden erworben werden.

Gleichwohl ist es für die angehenden Lehrkräfte schwierig, die exemplarisch kennengelernten und partiell erprobten Konzepte auf andere Themenfelder oder Situationen zu übertragen. Hier gilt es u. a., die Herausforderung zu bewältigen, die Exemplarität und die allgemeinen Konzepte und Vorgehensweisen so auszugestalten, dass die forschungsbezogene wissenschaftliche Theorie tatsächlich praxistauglich wird.

Erfolgversprechende Voraussetzungen für die Entwicklung einer grundlegenden Diagnostik- und Förderkompetenz, die nicht eine Vielzahl an disparaten fachbezogenen Konzepten umfasst, sind die Bemühungen, die wir in dem gemeinsamen Entwicklungsverbund angegangen sind, über die einzelnen Fächergrenzen hinweg eine Verständigung zu führen über die Struktur geeigneter fächerübergreifender und zugleich fächerspezifischer Konzepte von Diagnostik und Förderung; eine Herausforderung, die nicht die Studierenden im Rahmen ihres Studiums der diversen Fächer bewältigen sollten, sondern explizit von Seiten der Lehrenden unterschiedlichen Wissenschaftsdisziplinen erfolgen muss.

Literatur

Abs, H. J. (2007). *Überlegungen zur Modellierung diagnostischer Kompetenz bei Lehrerinnen und Lehrern.* In M. Lüders & J. Wissinger (Hrsg.), *Forschung zur Lehrerbildung. Kompetenzentwicklung und Programmevaluation* (S. 63–84). Münster: Waxmann.

Artelt, C. & Gräsel, C. (2009). Diagnostische Kompetenz von Lehrkräften. *Zeitschrift für Pädagogische Psychologie, 23*, 157–160.

Aufschnaiter, C. v., Cappell, J., Dübbelde, G., Ennemoser, M., Mayer, J., Stiensmeier-Pelster, J., Sträßer, R. & Wolgast, A. (2015). Diagnostische Kompetenz: Theoretische Überlegungen zu einem zentralen Konstrukt der Lehrerbildung. *Zeitschrift für Pädagogik, 61* (5), 738–757.

Beck, E., Baer, M., Guldimann, T., Bischoff, S., Brühwiler, C. & Müller, P. (2008). *Adaptive Lehrkompetenz: Analyse und Struktur, Veränderung und Wirkung handlungssteuernden Lehrerwissens.* Münster: Waxmann.

Brauer, L., Fischer, A., Hößle, C., Niesel, V., Voß, S. & Warnstedt, J. (2017). Vignettenbasierte Instrumente zur Förderung der diagnostischen Fähigkeiten von Studierenden mit den Fächern Biologie und Mathematik (Sekundarstufe I). In C. Selter, S. Hußmann, C. Hößle, C. Knipping, K. Lengnink & J. Michaelis (Hrsg.), *Diagnose und Förderung heterogener Lerngruppen – Theorien, Konzepte und Beispiele aus der MINT-Lehrerbildung* (S. 257–276). Münster: Waxmann.

Brauer, L. & Hößle, C. (2016). Erwerb diagnostischer Fähigkeiten im Bereich des Experimentierens im Lehr-Lern-Labor Wattenmeer. In D. Krüger, P. Schmiemann, A. Möller, A. Dittmer & H. Weitzel (Hrsg.), *Erkenntnisweg Biologiedidaktik* (S. 8–101). Verfügbar unter: http://www.bcp.fu-berlin.de/biologie/arbeitsgruppen/didaktik/Erkenntnisweg/2016/Projekt-4-Brauer-_-Hoessle-final.pdf [27.06.2017].

Bräuning, K. & Nührenbörger, M. (2010). Diagnoseaufgaben und Förderideen im mathematischen Anfangsunterricht. In P. Hanke, G. Möwes Butschko, A. K. Hein, D. Berntzen & A. Thieltges (Hrsg.), *Anspruchsvolles Fördern in der Grundschule* (S. 297–304). Münster: ZfL.

Eggert, S. & Bögeholz, S. (2006). Göttinger Modell der Bewertungskompetenz. Teilkompetenz Bewerten, Entscheiden und Reflektieren für Gestaltungsaufgaben Nachhaltiger Entwicklung. *ZfDN – Zeitschrift für Didaktik der Naturwissenschaften, 12*, 199–217.

Fischer, A, Hößle, C., Krause, U., Michaelis, J. & Niesel, V. (2017). Curriculare Verzahnung und didaktisch-methodische Ausgestaltung von fachdidaktischen und bildungswissenschaftlichen Ausbildungssequenzen zum Aufbau diagnostischer Kompetenz. In C. Selter, S. Hußmann, C. Hößle, C. Knipping, K. Lengnink & J. Michaelis (Hrsg.), *Diagnose und Förderung heterogener Lerngruppen – Theorien, Konzepte und Beispiele aus der MINT-Lehrerbildung* (S. 169–189). Münster: Waxmann.

Fischer, A. & Sjuts, J. (2014). Prozessdiagnostik in Mathematik. In A. Fischer, C. Hößle, S. Jahnke-Klein, H. Kiper, M. Komorek, J. Michaelis, V. Niesel & J. Sjuts (Hrsg.), *Diagnostik für lernwirksamen Unterricht* (S. 251–275). Baltmannsweiler: Schneider.

Gilovich, T., Griffin, D. & Kahnemann, D. (2002). *Heuristics and Biases: The Psychology of Intuitive Judgment.* Cambridge University Press.

Girulat, A., Nührenbörger, M. & Wember, F. (2013). Fachdidaktisch fundierte Reflexion von Diagnose und individuelle Förderung im Unterrichtskontext – am Beispiel des Faches Mathematik unter Beachtung sonderpädagogischer Förderung. In S. Hußmann & C. Selter (Hrsg.), *Diagnose und individuelle Förderung in der MINT-Lehrerbildung. Das Projekt dortMINT* (S. 150–166). Münster: Waxmann.

Hammann, M. & Asshoff, R. (Hrsg.). (2014). *Schülervorstellungen im Biologieunterricht. Ursachen für Lernschwierigkeiten.* Seelze: Klett Kallmeyer.

Helmke, A. & Hosenfeld, I. (2004). Vergleichsarbeiten – Standards – Kompetenzstufen: Begriffliche Klärung und Perspektiven. In R. S. Jäger, A. Frey & M. Wosnitza (Hrsg.), *Lernprozesse, Lernumgebungen und Lerndiagnostik. Wissenschaftliche Beiträge zum Lernen im 21. Jahrhundert* (S. 56–75). Landau: Verlag Empirische Pädagogik.

Helmke, A. (2012). *Unterrichtsqualität und Lehrerprofessionalität – Diagnose, Evaluation und Verbesserung des Unterrichts* (4. überarbeitete Aufl.). Seelze: Klett-Kallmeyer.

Hesse, I. & Latzko, B. (2011). *Diagnostik für Lehrkräfte.* Opladen: Barbara-Budrich UTB.

Hößle, C. (2014). Lernprozesse im Lehr-Lern-Labor Wattenmeer diagnostizieren und fördern. In A. Fischer, C. Hößle, S. Jahnke-Klein, H. Kiper, M. Komorek, J. Michaelis, V. Niesel & J. Sjuts (Hrsg.), *Diagnostik für lernwirksamen Unterricht* (S. 144–156). Hohengehren: Schneider Verlag.

Hößle, C. & Reitschert, K. (2007). Fisch als Nahrungsmittel. Gentechnisch verändert? *Praxis der Naturwissenschaften Biologie, 1* (56), 26–37.

Hußmann, S., Leuders, T. & Prediger, S. (2007). Schülerleistungen verstehen – Diagnose im Alltag. *Praxis der Mathematik in der Schule, 15,* 1–8.

Hußmann, S. & Selter, C. (2013). Das Projekt dortMINT. In S. Hußmann & C. Selter (Hrsg.), *Diagnose und individuelle Förderung in der MINT-Lehrerbildung. Das Projekt dortMINT* (S. 15–26). Münster: Waxmann.

Ingenkamp, K. & Lissmann, U. (Hrsg.). (*2005*). *Lehrbuch der Pädagogischen Diagnostik.* Weinheim und Basel: Beltz.

Karst, K., Schoreit, E. & Lipowsky, F. (2014). Diagnostische Kompetenzen von Mathematiklehrern und ihr Vorhersagewert für die Lernentwicklung von Grundschulkindern. *Zeitschrift für pädagogische Psychologie, 28* (4), 237–248.

Kiper, H. & Mischke, W. (Hrsg.). (2006). *Einführung in die Theorie des Unterrichts.* Weinheim: Belz.

Kircher, E., Girwidz, R. & Häußler, P. (Hrsg.). (2010). *Physikdidaktik: Theorie und Praxis.* Berlin, Heidelberg: Springer.

Kleber, E. (2004). Diagnose. In H.-H. Krüger & W. Helsper (Hrsg.), *Einführung in Grundbegriffe und Grundfragen der Erziehungswissenschaft* (S. 115–130). Wiesbaden: Verlag für Sozialwissenschaften.

Lachmayer, S., Nerdel, C. & Prechtl, H. (2007). Modellierung kognitiver Fähigkeiten beim Umgang mit Diagrammen im naturwissenschaftlichen Unterricht. *Zeitschrift für Didaktik der Naturwissenschaften, 13,* 161–180. Verfügbar unter: http://www.archiv.ipn.uni-kiel.de/zfdn/pdf/008_Lachmayer_13.pdf [20.06.17].

Marohn, A. (2014). Von der Diagnose zur Veränderung – Zum Umgang mit Schülervorstellungen in Unterricht und Lehrerausbildung. In A. Fischer, C. Hößle, S. Jahnke-Klein, H. Kiper, M. Komorek, J. Michaelis, V. Niesel & J. Sjuts (Hrsg.), *Diagnostik für lernwirksamen Unterricht* (S. 157–175). Baltmannsweiler: Schneider.

Meier, M. (2014). Wie lassen sich Experimentierfähigkeiten von Schülerinnen und Schülern diagnostizieren und beschreiben? In A. Fischer, C. Hößle, S. Jahnke-Klein, H. Kiper, M. Komorek, J. Michaelis, V. Niesel & J. Sjuts (Hrsg.), *Diagnostik für lernwirksamen Unterricht* (S. 127–143). Baltmannsweiler: Schneider.

Moser Opitz, E. & Nührenbörger, M. (2015). Diagnostik und Leistungsbeurteilung. In R. Bruder, L. Hefendehl-Hebeker, B. Schmidt-Thieme & H.-G. Weigand (Hrsg.), *Handbuch der Mathematikdidaktik* (S. 491–512). Rotterdam: Springer.

Moser Opitz, E. (2010). Innere Differenzierung durch Lehrmittel: (Entwicklungs-) möglichkeiten und Grenzen am Beispiel von Mathematiklehrmitteln. *Beiträge zur Lehrerbildung, 28* (1), 161–174.

Nawrath, D., Maiseyenka, V. & Schecker, H. (2013). *Experimentierfähigkeit.* In H. Schecker, D. Nawrath, H. Elvers, J. Borgstädt, S. Einfeldt & V. Maiseyenka (Hrsg.), *Modelle und Lernarrangements für die Förderung naturwissenschaftlicher Kompetenzen* (S. 8–18). Hamburg: Behörde für Arbeit, Soziales Familie und Integration.

Prediger, S. (2010). How to develop mathematics for teaching and for understanding. The case of meanings of the equal sign. *Journal of Mathematics Teacher Education, 13* (1), 73–93.

Prediger, S., Hußmann, S., Leuders, T. & Barzel, B. (2011). „Erst mal alle auf einen Stand bringen…" Diagnosegeleitete und individualisierte Aufarbeitung arithmetischen Basiskönnens. *Pädagogik, 63* (5), 20–24.

Prediger, S., Wessel, L., Tschierschky, K., Seipp, B. & Özdil, E. (2013). Diagnose und Förderung schulpraktisch erproben – am Beispiel Mathematiklernen bei Deutsch als Zweitsprache. In S. Hußmann & C. Selter (Hrsg.), *Diagnose und individuelle Förderung in der MINT-Lehrerbildung. Das Projekt dortMINT* (S. 171–192). Münster: Waxmann.

Prediger, S., Hußmann, S., Nührenbörger, M. & Selter, C. (Hrsg.). (2014). *Mathe sicher können – Brüche, Prozente, Dezimalzahlen. Förderbausteine zur Sicherung mathematischer Basiskompetenzen.* Berlin: Cornelsen.

Scherer, P. & Moser Opitz, E. (2010). *Fördern im Mathematikunterricht der Primarstufe.* Heidelberg: Spektrum.

Schlee, J. (2008). 30 Jahre »Förderdiagnostik« – eine kritische Bilanz. *Zeitschrift für Heilpädagogik, 4,* 122–133.

Schrader, F.-W. (2009). Anmerkungen zum Themenschwerpunkt Diagnostische Kompetenz von Lehrkräften. *Zeitschrift für Pädagogische Psychologie, 23* (3–4), 237–245.

Schreiber, N., Theyßen, H. & Schecker, H. (2014). Diagnostik experimenteller Kompetenz: Modell, Testverfahren und Analysemethoden. In A. Fischer, C. Hößle, S. Jahnke-Klein, H. Kiper, M. Komorek, J. Michaelis, V. Niesel & J. Sjuts (Hrsg.), *Diagnostik für lernwirksamen Unterricht* (S. 201–214). Baltmannsweiler: Schneider.

Selter, C., Prediger, S., Nührenbörger, M. & Hußmann, S. (Hrsg.). (2014). *Mathe sicher können. Natürliche Zahlen (Förderbausteine und Handreichungen für ein Diagnose- und Förderkonzept zur Sicherung mathematischer Basiskompetenzen).* Berlin: Cornelsen.

Sundermann, B. & Selter, C. (2006). *Beurteilen und Fördern im Mathematikunterricht.* Berlin: Cornelsen.

Upmeier zu Belzen, A. & Krüger, D. (2010). Modellkompetenz im Biologieunterricht. *Zeitschrift für Didaktik der Naturwissenschaften, 15,* 41–57.

Visser, E. & Hößle, C. (2015). Bioethisch argumentieren – Ein diagnostischer Blick auf die Bewertungskompetenz im Biologieunterricht. In A. Budke, M. Kuckuck, M. Meyer, F. Schäbitz, K. Schlüter & G. Weiss (Hrsg.), *Fachlich argumentieren lernen. Didaktische Forschungen zur Argumentation in den Unterrichtsfächern* (S. 182–198). Münster: Waxmann.

Weinert, F. E. (2000). Lehren und Lernen für die Zukunft – Ansprüche an das Lernen in der Schule. *Pädagogische Nachrichten Rheinland-Pfalz, 2,* 1–16.

Wember F. (1998). Zweimal Dialektik: Diagnose und Intervention, Wissen und Intuition. *Sonderpädagogik, 28* (2), 106–120.

Christine Knipping, Natascha Korff & Susanne Prediger

3. Mathematikdidaktische Kernbestände für den Umgang mit Heterogenität – Versuch einer curricularen Bestimmung

Der Heterogenität von Lerngruppen durch angemessene Differenzierung zu begegnen, bringt für viele künftige und praktizierende Mathematiklehrpersonen eine überfordernde Komplexität mit sich: Die Fähigkeitsprofile der Lernenden unterscheiden sich nicht nur bzgl. ihrer Lernstände oder Leistungsniveaus in einer Bandbreite, die ggf. auch zieldifferentes Lernen notwendig macht, sondern bzgl. vieler Heterogenitätsaspekte wie Arbeitshaltungen, Sprachkompetenz, Selbstkonzepten, sozialen Hintergründen u. v. m. Zu jedem dieser Heterogenitätsaspekte gehören andere pädagogisch-didaktische Orientierungen, zwischen denen Lehrpersonen glauben priorisieren zu müssen. Durchaus verständliche erste Reaktionen zur Reduktion von Komplexität sind z. B. fachdidaktische Denkmuster zunächst zur Seite zu stellen, weil Pädagogisches erst einmal wichtiger ist.

Es ist unsere Ausgangsannahme, dass diese Fliehkräfte auch der derzeitigen Struktur und fehlenden Vernetzung der pädagogischen und fachdidaktischen Ausbildung geschuldet sind, denn diesen kann nur etwas entgegensetzen, wer fachdidaktische Qualität als zentrale Orientierung für den Umgang mit Heterogenität im Blick behält und gelernt hat, fachdidaktische Kernbestände mit dem Umgang mit Heterogenität in Beziehung zu setzen. Für die curriculare Arbeit in der Strukturierung der fachdidaktischen Ausbildung stellt sich daher die Frage, welche fachdidaktischen Prinzipien und Konstrukte dazu Kernbestände bilden und wie sie für die Studierenden systematisch mit Fragen der Heterogenität verbunden werden sollten. Dieser Artikel stellt eine Zwischenbilanz der schwerpunktinternen Diskussionen am Beispiel des Faches Mathematik dar, wie wir sie im Rahmen des Entwicklungsverbunds ,Diagnose und Förderung heterogener Lerngruppen' in den letzten zwei Jahren diskutiert haben und nun für eine breitere Diskussion öffnen.

Zunächst werden dafür zwei Grundideen der fachdidaktischen Orientierung dargestellt (Kap. 3.1), um dann anhand zweier Fallbeispiele die Notwendigkeit ihrer konsequenteren Umsetzung in der fachdidaktischen Ausbildung zu verdeutlichen und dabei beispielhaft die inhaltliche Realisierung zentraler Orientierungen zu diskutieren (Kap. 3.2). Kapitel 3.3 stellt einen ersten, sicherlich weiter diskussionswürdigen Vorschlag eines Gesamtüberblicks zentraler mathematikdidaktischer Kernbestände vor, die (auch) im Umgang mit Heterogenität als zentrale Orientierungen dienen können. Abschließend werden in Kapitel 3.4 erste Hinweise zu Schlussfolgerungen für das Lehramtsstudium gegeben.

3.1 Orientierungen zum fachdidaktisch fundierten Umgang mit Heterogenität

Unabhängig vom Fokus auf die Heterogenität der Lernenden spielen drei Bereiche für die Planung und Gestaltung von Fachunterricht eine zentrale Rolle (vgl. Abb. 3.1): Die *Oberflächenstrukturen von Unterricht* (Welche Sozialformen und Aktivitäten werden initiiert?), die *Tiefenstrukturen von Unterricht* (Welche kognitiven Aktivitäten und Wissensfacetten werden wie adressiert und von wem?) und die *Strukturierung der Lerngegenstände* (In welchen Reihenfolgen, Zugangsweisen und Sinnzusammenhängen sollen welche Inhalte angeboten werden?). Alle drei Bereiche sind für die Erfassung und Realisierung von Unterrichtsqualität entscheidend, auch wenn die Details bislang noch nicht konkretisiert sind. So werden z. B. Methodenvielfalt und affektive Lernendenunterstützung als pädagogische Qualitätsansprüche in den *Oberflächenstrukturen* relevant gesetzt, kognitive Aktivierung, Verstehensorientierung und Darstellungsvernetzung als fachdidaktische Prinzipien in den *Tiefenstrukturen* (vgl. Pauli & Reusser, 2003) benannt sowie die Relevanz der Fokussiertheit als Qualitätsanspruch bzgl. der *Strukturierung* der Lerngegenstände aufgezeigt (Renkl, 2014).

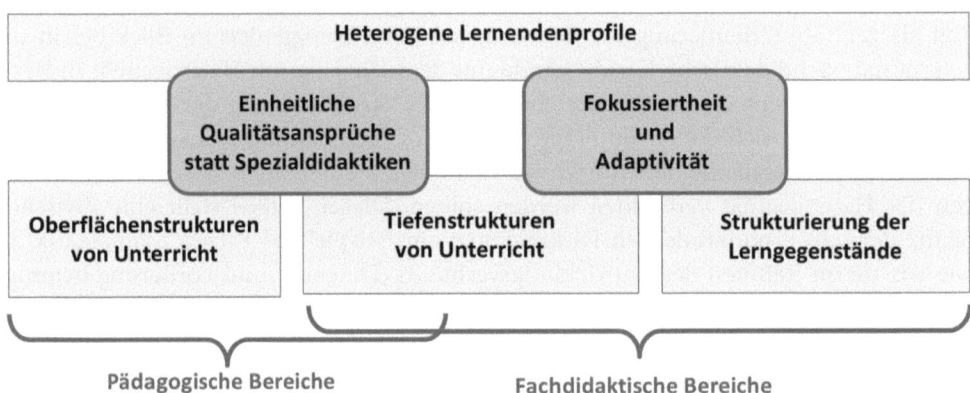

Abb. 3.1:   Pädagogische und fachdidaktische Bereiche von Unterricht und Advance Organizer für Leitideen im Umgang mit Heterogenität

Für den *Umgang mit heterogenen Lernendenprofilen* verfolgt Differenzierung zusätzlich das Ziel, alle Schülerinnen und Schüler gemäß ihren Lernvoraussetzungen und ihrem Lernendenprofil in gemeinsamen und individuellen Phasen möglichst optimal zu fördern (Klafki & Stöcker, 1985; Leuders & Prediger, 2016 u. v. a.), und zwar durch eine Balance von gemeinsamem und individuellem Lernen (Häsel-Weide & Nührenbörger, 2013). Mit diesem Ziel einher geht das zusätzliche Qualitätskriterium der *Adaptivität*, d. h. der Passung der Lernangebote zu den jeweiligen Lernvoraussetzungen und -bedarfen (vgl. Helmke, 2010, S. 247), zu der die Fokussiertheit in Beziehung gesetzt werden muss. Adaptivität bei gleichzeitiger fachdidaktischer Fokussiertheit ist nur zu erreichen, wenn das Wissen über heterogene Lernendenprofile zur Strukturierung des Lerngegenstands und der Tiefenstruktur des Unterrichts in Beziehung gesetzt wird (vgl. Abb. 3.1).

Für einen erfolgreichen Umgang mit Heterogenität muss demnach sowohl die Oberflächen- und Tiefenstruktur des Unterrichts als auch die Strukturierung der Lerngegenstände jeweils adaptiv an die Lernenden(gruppe) angepasst werden. Dabei dürfen, so die zweite Leitidee dieses Beitrags, weder die notwendigen individuellen Anpassungen noch die Inszenierung gemeinsamen Lernens die allgemeinen Qualitätsansprüche für Unterricht außer Kraft setzen.

Zwar werden alle drei Bereiche in der pädagogischen und fachdidaktischen Lehrerausbildung mit ihren Qualitätsansprüchen thematisiert, doch bislang, so unsere These, zu wenig systematisch miteinander verbunden. Die Fallbeispiele in Kapitel 3.2 werden zeigen, dass diese Verbindung gerade beim Umgang mit Heterogenität besonders kritisch und wichtig ist. Sie benötigt in der Lehrerbildung explizite Unterstützung, damit nicht einzelne Bereiche in der unübersichtlichen Situation realer Unterrichtspraxis aus dem Blick geraten. Wenn die Thematisierung des Umgangs mit Heterogenität bei einer unbestritten notwendigen Sensibilisierung für typische Ressourcen und Herausforderungen von spezifischen Lernendengruppen stehen bleibt, reicht das für den fachdidaktischen Umgang mit Heterogenität im Mathematikunterricht nicht aus. Studierende sind dann damit allein gelassen, allgemeine und fachdidaktische Ansprüche an Unterrichtsqualität auch in Bezug auf den Umgang mit Heterogenität unterrichtlich zu realisieren. Wir akzentuieren daher für die Lehrerbildung eine explizite Orientierung an zwei Leitideen: *i) Adaptivität und Fokussiertheit* sowie *ii) Beibehaltung einheitlicher Qualitätsansprüche*. In deren Anwendung auf die drei Bereiche Oberflächenstruktur, Tiefenstruktur und Strukturierung der Lerngegenstände müssen die Studierenden durchgängig unterstützt werden.

3.2 Fallbeispiele aus dem Lehramtsstudium zu Herausforderungen und Chancen im Umgang mit Heterogenität

3.2.1 Fallbeispiel 1: Bedeutung unterschiedlicher didaktischer Kategorien

Heterogene Lerngruppen stellen für viele Studierende eine ungewisse Herausforderung dar, die sie zwar annehmen wollen, jedoch gleichzeitig mit vielfältiger Unsicherheit verbinden. Dies zeigt sich in den Unterrichtsentwürfen bereits in der Vorstellung der Lerngruppe, die – wie die Erfahrung zeigt – häufig an Merkmalen ansetzt, die noch wenig mit den für fachliche Lernprozesse relevanten Potenzialen, Haltungen, Interessen und Zugängen der Lernenden zu tun haben. Eine Studentin, wir nennen sie Lea, beschreibt etwa ihre Lerngruppe zu Beginn wie folgt:

„Seit einer Woche begleite ich nun die Klasse 7b einer Oberschule. Unter den 22 Schülerinnen und Schülern der Klasse sind 11 Jungen und 11 Mädchen. Nigel und Eberhard sind zwei L-Schüler [d. h. Lernende mit Förderschwerpunkt Lernen], Aila ist ein schwerhöriges Kind. 10 Kinder haben einen Migrationshintergrund. Der Großteil der Lerngruppe zeigt insgesamt einen freundlichen, respektvollen und kooperativen Umgang miteinander und auch mir gegenüber. Einigen fällt es jedoch schwer, sich an die festgelegten Klassenregeln zu halten. Die Leistungsbereitschaft in Mathematik ist bei einigen Schülern als hoch einzuschätzen. In handlungsorientierten Unterrichtsphasen gilt diese Einschätzung auch für die ganze Klasse. Werden dagegen abstraktere mathematische Inhalte behandelt, zeigt sich, dass viele Schüler eine geringe Frustrationsgrenze besitzen." (Praktikumsbericht Lea, 8. Semester, Lehramt an Gymnasien/Oberschulen, S. 4)

Leas durchaus bereits ausdifferenzierte Charakterisierung der Lerngruppe zeigt eine Bewusstheit für heterogene Lernendenprofile, wenn auch zunächst mit globalen Gruppeneinteilungen (Mädchen – Jungen, Förderschwerpunkte, Migrationshintergrund). Noch fehlt ihr zu Beginn der zielgerichtete fachdidaktische Blick auf die Lernenden, z.B. zu ihren inhaltlichen Vorkenntnissen und Vorstellungen, was genau zu Frustrationen führt und welche Rolle dabei ‚abstraktere mathematische Inhalte' spielen. Daher sind aus diesen allgemeinpädagogischen Charakterisierungen noch keine fachdidaktischen Handlungskonsequenzen zu ziehen. Dies ändert sich für Lea durch den Einsatz einer mathematisch reichhaltigen Lernumgebung, die ihr tiefergehende Diagnosen und eine fachlich fokussierte Adaptivität erlaubt.

Im Themenfeld Stochastik nutzt sie das bewährte Spiel „Differenz trifft" nach Lergenmüller & Schmidt (2001, hier zitiert nach Leuders, 2009), um die individuellen Vorstellungen über Gewinnchancen und Kompetenzen zur Bestimmung dieser Chancen zu ermitteln. In der gewählten Variante des Spiels werden Setzentscheidungen für Differenzen von Augenzahlen von zwei Würfeln getroffen. Wer seine 18 Chips strategisch günstig auf 6 Felder verteilt, sodass sie als Differenzen beim Würfeln häufig vorkommen, gewinnt das Spiel.

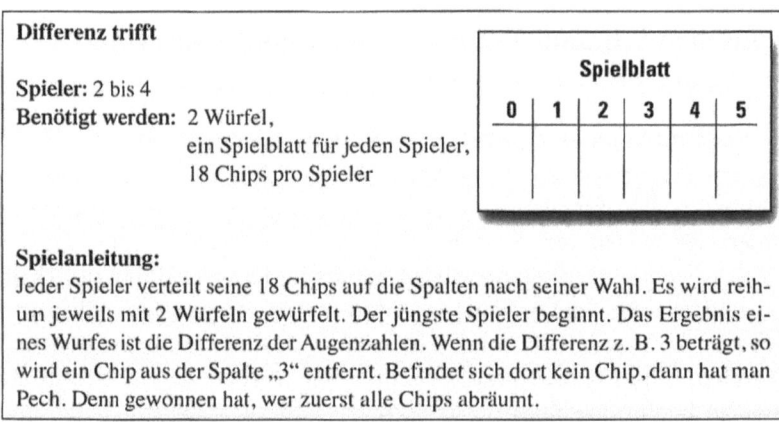

Abb. 3.2:   Mathematisch reichhaltige Lernumgebung (Leuders, 2009, S. 3)

Um die Aktivitäten der Lernenden bei dieser Art von Spielen einordnen und kanalisieren zu können, schlägt Leuders (2009) fünf Phasen vor, welche zunehmend auf Spielstrategien und damit stochastische Vorstellungen abzielen. Eine solche Phasenstrukturierung nimmt fachdidaktische Tiefenstrukturen von Unterricht in den Blick und ist hilfreich, um kognitive Aktivitäten zur Reflexion der Spielstrategien adaptiv zu fokussieren. Dies wird auch im Unterricht der Studentin deutlich: Erst eine Ablösung vom einfachen handlungsorientierten Spielen hin zur Reflexion des Spiels und der Spielerfahrungen ermöglicht es den Lernenden, zu begründeten Strategien zu kommen. Wann und inwieweit Zählstrategien und kombinatorische Überlegungen eine Rolle spielen, ist bei den Lernenden verschieden. Sich vom konkreten Kontext zu lösen und eine stochastische Sichtweise einzunehmen, ist in Leas 7. Klasse nur für wenige offensichtlich und gleich zugänglich. Vielfältige Zugangsweisen und Stufungen in den Lernprozessen sind hier nötig, um eine Ablösung vom konkreten Handeln möglich zu machen. André erinnert sich vage: „Da muss man ja so bisschen in diesen Kombinationen denken. Wie viele es gibt" (Praktikumsbericht Lea, S. 8). Deutlich wird im weiteren Spielverlauf, dass vielen Kindern der Übergang schwerfällt vom unreflektierten Glücksspiel, das vielen Kindern aus ihrem Alltag vertraut ist, hin zum Spiel mit Strategien, die im Mathematikunterricht samt ihrer Rechtfertigung im Fokus stehen.

Die Reflexion dieser Unterrichtsepisode, unterstützt durch fachdidaktische Literatur (Büchter, Hußmann, Leuders & Prediger, 2005), ermöglicht der Studentin Lea in fachdidaktischer Tiefe zu untersuchen, welche Vorstellungen und unterschiedlichen Herangehensweisen ihre Schülerinnen und Schüler aktivieren. Dies wird in Leas rückblickenden Kommentaren deutlich, in denen sie die unterschiedlichen Lernstände und -pfade ihrer Schülerinnen und Schüler festhält:

> „Zu Beginn tippen André, Markus und Simon bei der Wahl der häufigsten Würfelergebnisse nicht auf die wahrscheinlichste Augendifferenz. Dennoch wird deutlich, dass André bereits von Beginn an Kombinationen in den Blick nimmt und so seine Entscheidung auf Nachfrage hin begründen kann. Markus beginnt mit der Auflistung von möglichen Kombinationen erst nach den ersten Spielrunden und verliert dabei noch leicht den Überblick. Simon dagegen hält lange an einer phänomenologischen Sicht fest und schreibt etwa André besonderes Glück beim Würfeln zu. Auch Damla ist die fachliche Perspektive, die Helena durch Abzählen von Möglichkeiten einnimmt, nicht ohne weiteres nachvollziehbar. Helena dagegen vergleicht ihr Vorgehen mit dem im Unterricht behandelten Ansatz bei der Pferderennaufgabe. Sie abstrahiert vom Kontext und fokussiert auf analoge Abzählstrategien in beiden Aufgaben." (Praktikumsbericht Lea, S. 10)

Lea wird durch den Fokus auf die fachlichen und kognitiven Aktivitäten ihrer Lernenden bewusst, dass langes Spielen ohne Strategiesuche nicht hinreichend kognitiv aktivierend ist. Sie gewinnt damit einen kritischen Blick auf die Nutzung von Unterrichtszeit und setzt Handlungsorientierung, kognitive Aktivitäten und Berücksichtigung individueller Lernwege zueinander in Beziehung. Ihre zunehmend differenzierte Perspektive auf die Lernenden, deren Vorstellungen, Strategien und Lernwege, hilft ihr zudem bei der Reflexion und weiteren Konzeption ihres Unterrichts im Hinblick auf Fokussiertheit (haben die Kinder wirklich am entscheidenden Thema gearbeitet?) und Adaptivität (haben die Lernenden gemäß ihrem eigenen Lernstand gearbeitet?). So wird etwa deutlich, dass die Schülerinnen und Schüler Vergleiche von Spielstrategien nicht mit Blick auf absolute und relative Häufigkeiten anstellen. Die Fokussiertheit auf strukturierte Vergleiche von Spielverläufen könnten aber Lernenden wie Damla und Simon helfen, ihre subjektiven Strategien infrage zu stellen. Die explizite Thematisierung des Konzepts Zufall könnte ihnen, aber auch den anderen in der Klasse, zudem helfen zu verstehen, warum auch die kombinatorisch orientierten Spielstrategien von Helena und André bei geringen Spielrunden keine sicheren Strategien sein können. In der empirischen Überprüfung von Strategien (auch mithilfe des Computers) könnte eine kognitiv und fachlich anregende Vertiefung der Unterrichtsinhalte und zugleich eine fachliche Vernetzung der Lernenden stattfinden. Langfristige Stufungen von Lernprozessen können so in den Blick genommen werden. Durch die *adaptive* Forcierung dieser fachlich relevanten Aktivitäten kann so das zunächst noch nicht konkretisierte Maß an Unterstützung und Strukturierung gelingen, das die Lernenden benötigen, um erste Spielerfahrungen systematisch aufgreifen und Spielstrategien entwickeln und reflektieren zu können.

Im Handlungskontext des Spiels werden für Lea Gemeinsamkeiten der Lernenden (etwa die Motivation durch das Spiel) ebenso sichtbar wie bedeutsame Unterschiede. Nur wenige nehmen zunächst direkt eine mathematische Sichtweise ein und untersuchen Kombinationen, um günstige Setzstrategien zu entwickeln. Den meisten dagegen fällt es anfangs schwer, sich vom konkreten Kontext zu lösen. Viele Schülerinnen und Schüler nehmen eine mathematische Sichtweise nicht ohne äußere Anlässe ein.

Noch nicht vertraut ist Lea mit der Verbindung zum Heterogenitätsaspekt soziales Milieu: Sie kann die Verbindung zu bildungssoziologischen Befunden noch nicht kennen, denen gemäß gerade Jugendliche aus nichtprivilegierten sozialen Milieus immer wieder derartige Schwierigkeiten zeigen, die implizit erwarteten Übergänge von alltäglichen zu mathematikspezifischen Sichtweisen zu erkennen (siehe dazu etwa Leufer & Sertl, 2010). Dass die Schwierigkeit des Übergangs mit sozialen Hintergrundfaktoren der Jugendlichen verbunden sein könnte, wäre ein Beispiel für Wissen über heterogene Lernendenprofile, d.h. Sensibilität für typische Ressourcen und Herausforderungen von spezifischen Lernendengruppen. Diese sind nicht zu verstehen als stereotype Klassifizierungen, sondern gruppenbezogene Annahmen, die diagnostische Blicke auf einzelne erleichtern können (Prengel, 2003, S. 33/34).

Obwohl Lea dieses gruppenbezogene Wissen noch nicht hat, wird sie im eigenen Unterricht durch die Aufmerksamkeit für die fachdidaktischen Tiefenstrukturen beim Vergleich verschiedener Lernwege ihrer Schülerinnen und Schüler dafür sensibilisiert. Als ihr die Berücksichtigung dieser möglichen Hürden gelingt, entfalten in Leas Unterricht auch übergreifende Kategorien wie „Verstehensorientierung" und „Kognitive Aktivität" vor dem Hintergrund stochastikspezifischer didaktischer Kategorien ihre Bedeutsamkeit, was nicht zuletzt dem Verfolgen von Kooperation und Handlungsorientierung beim Umgang mit Heterogenität im Mathematikunterricht zugutekommt. Dieses Fallbeispiel illustriert die Bedeutung der Leitidee Adaptivität und Fokussiertheit im Hinblick auf den Umgang mit Heterogenität im Fachunterricht.

3.2.2 Fallbeispiel 2: Spezialmaterial für ‚besondere' Kinder?

Die Frage, inwiefern das Gebot der Adaptivität für bestimmte Lerngruppen zu besonderen Spezialmaßnahmen führen muss, hat im Zuge der Inklusionsdebatte eine Zuspitzung erfahren. Grund hierfür ist der Fokus auf Lernende mit Beeinträchtigungen bzw. die starke Präsenz der (schulorganisatorischen) Kategorie ‚sonderpädagogischer Förderbedarf' (kritisch reflektiert z. B. von Heinrich, Urban & Werning, 2013). Neben der grundsätzlichen Problematik eines solchen engen Inklusionsbegriffs, beispielsweise in Bezug auf Diskriminierungsprozesse (vgl. Hinz, 2009), ergibt sich in der Lehrerbildung ein strukturelles Problem: Die Trennung des Studienangebots (sonderpädagogisches Spezialwissen über einzelne Lernendengruppen unabhängig von fachdidaktischen Überlegungen zur Unterrichtsgestaltung) mutet den Studierenden übergebührlich zu, eigene Wege der Verknüpfung zu finden. So wird im folgenden Fallbeispiel deutlich, dass Studierende nicht nur für das Verständnis von fachdidaktischen Kernbeständen Unterstützung brauchen, sondern vor allem auch für deren Anwendung für heterogene Lernendenprofile und spezifische Lernausgangslagen.

Ein Student, wir nennen ihn Kim, untersucht im Rahmen einer Hausarbeit: „Was muss im Mathematikunterricht beachtet werden, damit Kinder mit Down-Syndrom ein Zahl- und Operationsverständnis erwerben können?" (vgl. Hausarbeit Lehramtsstudent Kim, 6. Semester, Lehrämter Sonderpädagogik und Grundschule, S. 13). Er setzt sich konkret mit Mathematikmaterialien des Projektes ‚Yes we can… calculate' auseinander, welche mit dem Ziel entwickelt wurden, dass Menschen mit Down-Syndrom „die Chance [haben], ein auf ihre Bedürfnisse maßgeschneidertes Konzept zur Entwicklung ihrer numerischen Kompetenzen zu erhalten" (Wieser & Hotter, 2009, S. 3). Im Zentrum steht unter der Maßgabe von handelnden Zugängen eine spezifische Form des Fingerrechnens, bei der jeder Finger eine Zahl repräsentiert – von links, in Schreibrichtung beginnend', d. h. der kleine Finger der linken Hand ist die Eins, der Ringfinger der linken Hand die Zwei usw. Das Material greift damit im Kern auf eine Methode zurück, die in der Mathematikdidaktik kritisch analysiert wird (Gaidoschik, 2001), denn durch die ‚festen Plätze' der Zahlen auf den jeweiligen Fingern wird ‚Rechnen' auf ‚Weiterzählen' auf dem die Finger repräsentierenden Zahlenstrahl reduziert. Somit werden die formulierten Prämissen der Handlungsorientierung und Anschaulichkeit auf eine Weise gefüllt, die dem fachdidaktischen Prinzip der Verstehensorientierung entgegensteht und darüber hinaus auch nur bedingt auf spezifische Kenntnisse zum *Mathematik*lernen von Kindern mit Down-Syndrom Bezug nimmt. Mathematische Strukturen wie Zahl- und Aufgabenbeziehungen, die heuristischen Rechenstrategien zugrunde liegen, werden nicht thematisiert. Mehr noch: Deren Grundlagen wie flexible Mengenzerlegungen, die auch einen wichtigen Teil der Entwicklung des Zahlbegriffs ausmachen, werden tendenziell unterbunden (vgl. zur Kritik Ratz & Moser Opitz, 2016; Schnepel, Krähenmann, Moser Opitz, Hepberger & Ratz, 2015).

Kim reflektiert fachdidaktische Anforderungen an Materialien zur Zahlbegriffsentwicklung und Arbeitsmittel im mathematischen Anfangsunterricht zunächst nicht, sondern bereitet die Analyse der ‚Yes We Can'-Methode vor, indem er einige „spezifische Lernvoraussetzungen" von Menschen mit Down-Syndrom beschreibt. Er benennt u. a. „ein gutes visuelles Gedächtnis", „Probleme beim logisch-abstrahierenden Denken" und

Schwierigkeiten in der auditiven Verarbeitung (vgl. Hausarbeit Kim, S. 13). Diese allgemeinen Lern- und Entwicklungsbedingungen von Menschen mit Down-Syndrom, die Kim entsprechend der aktuellen Forschungslage adäquat herausarbeitet, sind zunächst nicht mathematikspezifisch und müssten im nächsten Schritt zum mathematischen Lerngegenstand in Beziehung gesetzt werden. Im Studium bisher nicht thematisiert und in der Fachliteratur erst in Ansätzen vorhanden, gelingt Kim dies – nachvollziehbar – nicht sofort eigenständig und er gelangt lediglich zu allgemeinen Anforderungen an Oberflächenstrukturen wie, „[d]er Unterricht sollte so gestaltet sein, dass alle Wahrnehmungskanäle wie Hören, Fühlen, Sehen sowie der Orientierungssinn genutzt werden" (Hausarbeit Kim, S. 59). Dies gibt ihm allerdings wenig (fachdidaktische) Orientierung für die konkrete Unterrichtsgestaltung in ihrer Tiefenstruktur zur Erlangung von ‚Zahl- und Operationsverständnis‘, welche er sich zum Ziel gesetzt hatte.

Dass Kim keineswegs grundsätzlich spezifische Kenntnisse in diesem mathematikdidaktischen Feld fehlen, zeigt sich in der Hausarbeit an späterer Stelle, wo er die Entwicklung des Zahl- und Operationsverständnisses ausführlich auf Basis mathematikdidaktischer Literatur beschreibt (wie z.B. Häsel-Weide, Nührenbörger, Moser Opitz, Wittich, 2014; Schipper, 2009). Er verweist hier richtig auf die Bedeutung heuristischer/operativer Strategien und deren Grundlagen wie Zahlzerlegungen, Verdopplungsaufgaben, Operationsverständnis und vieles mehr und beurteilt treffend – unabhängig vom ‚Yes We Can‘-Material – den Einsatz von Fingern als ‚Arbeitsmittel‘:

> „Trotz dieser offensichtlichen Vorteile des Fingerrechnens [u.a. Verfügbarkeit, 5er Struktur] gibt es einige gravierende Nachteile. Ein großes Problem ist, dass die Kinder dazu angeleitet werden zählend zu rechnen." (Hausarbeit Kim, S. 53)

Fachdidaktische Kernbestände zur Beurteilung von Arbeitsmitteln und Entwicklung erster Rechenstrategien scheinen Kim also durchaus zur Verfügung zu stehen. Dennoch kehrt er in der Analyse des Materials wieder zu Oberflächenstrukturen ohne Mathematik(didaktik)bezug zurück bzw. legt diese nicht als zentrales Bewertungskriterium an. Entsprechend bezieht er sein später folgendes Fazit zum ‚Yes We Can‘-Material lediglich auf diese allgemeinen Anforderungen und betont die Vorteile des Fingerrechnens für die Handlungsorientierung:

> „Beispielsweise werden durch den Gebrauch der Finger und der beiden Hände taktil-kinästhetische, visuelle und akustische Reize verknüpft und so die Abspeicherung im Arbeits- und Langzeitgedächtnis unterstützt." (Hausarbeit Kim, S. 55)

Kim greift hier – entlang der Argumentation in den ‚Yes We Can‘-Materialien selbst selektiv auf Aspekte der speziellen Lernausgangslagen zurück, um den Einsatz dieses spezifischen Materials zu begründen. Im konkreten Fall gilt als gut, was visuell dargeboten wird und/oder taktil handhabbar ist – die mathematikdidaktische Qualität der Umsetzung dieser ‚Handlungsorientierung‘ rückt in den Hintergrund. Bemerkenswert ist insbesondere, dass andere didaktisch geeignetere Arbeitsmittel (Rechenrahmen, Zwanzigerfeld) die anzunehmenden Stärken in der visuellen Wahrnehmung von Menschen mit

Down-Syndrom ebenso aufgreifen und dennoch ein direkter Vergleich des Fingerrechnens mit den Vor- und Nachteilen dieser mathematikdidaktischen Materialien in Kims Arbeit nicht stattfindet.

Dieser Transfer müsste in der Ausbildung an der Universität bereits stärker thematisiert werden. Für eine Fokussiertheit in der Adaptivität, die von uns als eine Leitidee vorgeschlagen wurde, wären zudem fachspezifische Aspekte der heterogenen Lernausgangslagen konsequenter zu thematisieren, wie hier etwa der spezifische Unterstützungsbedarf bei der Ablösung von konkret handelnden Zugängen.

Die fachdidaktische Ausbildung für einen inklusiven Mathematikunterricht müsste demnach systematischer die Studierenden befähigen, verschiedene Qualitätsansprüche einzubeziehen, und damit die Trennung der Bereiche zu überwinden. Die Ko-Existenz mathematikdidaktischer und sonder- und inklusionspädagogischer Studienangebote in Kims Doppelstudium scheint hier nicht ausreichend. Die Verknüpfung muss vielmehr gezielt unterstützt werden. Sind Studierende mit dieser Aufgabe allein gelassen, bemerken sie ggf. die Widersprüchlichkeiten, es gelingt ihnen aber nur schwer, die unterschiedlichen Anforderungen konstruktiv aufeinander zu beziehen. So schlussfolgert Kim:

> „Das Rechnen mit den Fingern ist in der Mathematikdidaktik umstritten. […] Als besonderes Problem wird immer wieder die Schwierigkeit bei der Ablösung vom zählenden Rechnen genannt. Der Einsatz der Methode des Fingerrechnens ist innerhalb des Projektes [yes we can] sinnvoll und nachvollziehbar, da das ganze Konzept darauf aufbaut. […] [D]er Einsatz bei leistungsstarken Kindern [ist] nicht sinnvoll, da diese häufig schon zu Beginn der Klasse 1 diese Art des Zählens bzw. des zählenden Rechnens abgeschlossen haben. Im Rahmen der im gemeinsamen Unterricht möglichen Einzelförderung lässt sich die Methode des Fingerrechnens aber gut einsetzen." (Hausarbeit Kim, S. 59–60)

Kim verweist hier auf die unterschiedlichen Lernstände und Zugangsweisen, ohne die wichtigen Zusammenhänge der Lernstufen in den Blick zu nehmen. Er wählt zudem einen rein unterrichtsorganisatorischen Ausweg aus der erkannten Diskrepanz des ‚Spezialmaterials' für die einen und der ‚mathematikdidaktischen Materialien' für die anderen Lernenden: Die eigentlich inhaltliche Herausforderung wird durch die Separierung des Kindes in einer Einzelförderung gelöst. Die fachdidaktische Problematik der ‚Spezialmaterialien' wird so überdeckt und zudem die Chance verspielt, kommunikative Prozesse in der Gruppe als (inklusions-)pädagogischen Kernbestand auf der Oberflächenstruktur des Unterrichts zu realisieren. Die fachdidaktische Ausbildung könnte und müsste Kim und anderen Studierenden mehr Unterstützung dabei bieten, Widersprüche zwischen der referierten mathematikdidaktischen Perspektive auf das Fingerrechnen und der – davon losgelösten – Darbietung ‚speziellen Materials für spezielle Kinder' nicht nur zu bemerken, sondern auch zu bearbeiten.

Neben der fehlenden Vernetzung im Studienangebot spiegelt sich in Kims Beispiel auch ein Desiderat der Fachliteratur wider. Mathematikdidaktische Kernbestände wie Verstehensorientierung und kognitive Aktivierung werden bislang erst in Ansätzen von der Mathematikdidaktik konsequent für alle Lernausgangslagen adaptiert und sie geraten in sonderpädagogisch basierten Materialien insbesondere im Förderschwerpunkt

Geistige Entwicklung oftmals in den Hintergrund (vgl. Moser Opitz, Garotte & Ratz, 2014; Ratz & Wittmann, 2011). In der allgemeindidaktisch orientierten inklusionspädagogischen Literatur werden lernbereichsspezifische Fragen bislang wiederum eher nachrangig behandelt. Insgesamt sind konsequentere Lerngelegenheiten für Lehramtsstudierende notwendig, um Qualitätsansprüche der Oberflächen- und Tiefenstrukturen für alle Lernenden miteinander in Einklang zu bringen. Dies ist besonders relevant für solche Lernenden, die aufgrund ihrer Schwierigkeiten am meisten auf die fachdidaktische Tragfähigkeit angewiesen sind.

3.3 Entwurf mathematikdidaktischer Kernbestände für den Umgang mit Heterogenität

Die Fallbeispiele in Kapitel 3.2 machen deutlich, dass eine Orientierung in der Komplexität der Anforderungen bzgl. Heterogenität und Inklusion möglich ist, wenn Kernbestände an fachdidaktischen Prinzipien und Konstrukten berücksichtigt werden. Während dieser Grundgedanke relativ eingängig und leicht zu begründen ist, ist die *genauere Spezifizierung dieses Kernbestands* ebenso wie dessen jeweilige konkrete Realisierung für diverse Lernendengruppen keineswegs trivial. Für die fachdidaktische Lehramtsausbildung ist eine solche curriculare Bestimmung jedoch notwendig, um den Lehrenden und Studierenden eine Orientierung im Umgang mit Heterogenität aus fachdidaktischer Perspektive geben zu können.

Lehrbücher wie Krauthausen und Scherer (2003) bieten zwar bereits breit akzeptierte Überblicke zu Kernbeständen fachdidaktischer Prinzipien und Konstrukte, die nicht nur kompatibel mit den Anforderungen an differenzierenden Unterricht in heterogenen Lerngruppen sind, sondern sogar für viele Herausforderungen der Differenzierung einen Lösungsansatz bieten. Gleichwohl dokumentieren die obigen Fallbeispiele, dass die explizite Aufbereitung der Prinzipien und Konstrukte aus dem Blickwinkel des Umgangs mit Heterogenität in der Lehrerbildung noch geleistet werden muss. Studierende sind sonst damit allein gelassen, allgemeine und fachdidaktische Ansprüche an Unterrichtsqualität auch in Bezug auf den Umgang mit Heterogenität unterrichtlich zu realisieren.

Dieses Kapitel stellt daher fachdidaktische Konstrukte und Prinzipien so in Zusammenhänge, dass sie als Orientierung für den Umgang mit heterogenen Lerngruppen relevant sein können. Dies ist als Diskussionsvorschlag für eine erste curriculare Bestimmung zu verstehen, welche in den folgenden Jahren der weiteren wissenschaftlichen Diskussion sowie der theoretischen und empirischen Absicherung bedarf. Als Grundstruktur dienen uns dabei die drei Säulen aus Abbildung 3.1, die nun in Abbildung 3.3 mit den relevanten Konstrukten und Prinzipien gefüllt werden. Als übergreifender Bezugspunkt erscheinen uns die in Kapitel 3.1 bereits erwähnten und in den Fallbeispielen als bedeutsam herausgestellten Leitideen geeignet:

A. *Einheitliche Qualitätsansprüche statt Spezialdidaktiken*: Ein differenzierender und inklusiver Unterricht muss auf spezifische Lernausgangslagen eingehen, indem allgemeine Qualitätsansprüche und fachdidaktische Kernbestände adaptiert und nicht etwa durch ‚Spezialdidaktiken' ersetzt werden.

B. *Adaptivität und Fokussiertheit*: Für differenzierte und individuell förderliche Lernangebote sowie die ihnen vorangehende Diagnostik heterogener Lernendenprofile müssen systematisch fachdidaktische Konstrukte und Prinzipien zur gezielten Strukturierung der Lerngegenstände herangezogen werden.

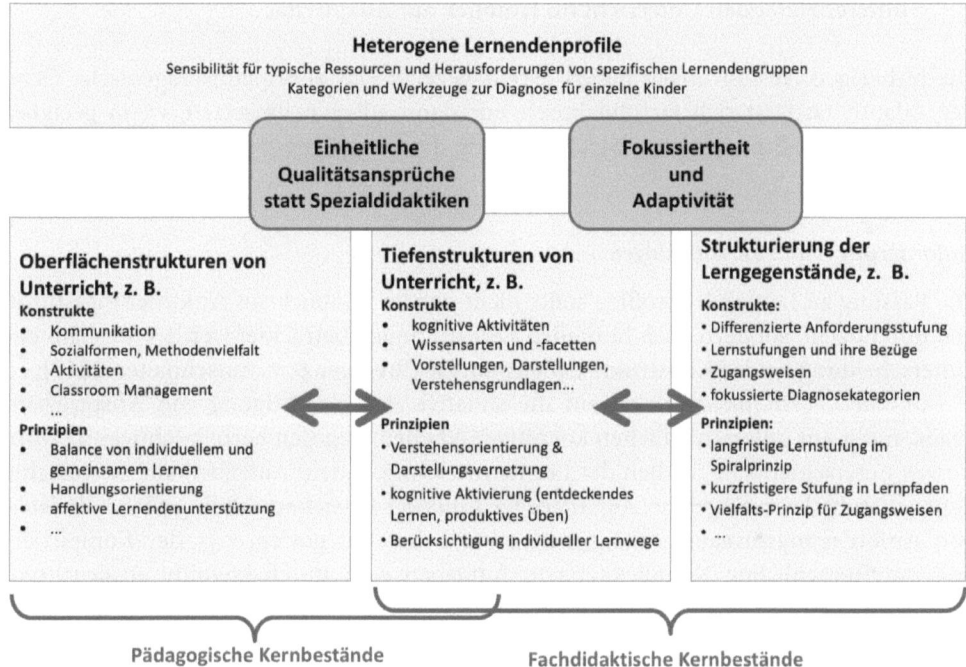

Abb. 3.3:   Mögliche Pädagogische und fachdidaktische Kernbestände – ein Diskussionsvorschlag

Eine in diesem Sinne angemessene Differenzierung bei Beibehaltung fachdidaktischer Orientierungen ermöglicht es, dass alle Schülerinnen und Schüler gemäß ihren – prozessbegleitend zu diagnostizierenden – Lernvoraussetzungen und ihrem Lernendenprofil in gemeinsamen und individuellen Phasen möglichst optimal gefördert werden (Klafki & Stöcker, 1985; Leuders & Prediger, 2016 u. v. a.). Sowohl die allgemeine Didaktik (Bohl, 2014), die Inklusive Didaktik (Korff, 2012) als auch die Fachdidaktiken (Häsel-Weide & Nührenbörger, 2013; Leuders & Prediger, 2016) betonen dabei die notwendige Balance zwischen Individualisierung und Kooperation sowie die Bedeutung von Kommunikation, welche unter anderem durch Methodenvielfalt, die Aktivierung der Lernenden und ein gutes Classroom Management abgesichert werden. Diese Konstrukte und Prinzipien sind zunächst übergreifend auf der Ebene der Oberflächenstruktur verortet (vgl. Säule 1 in Abb. 3.1). Eine hinreichende Orientierung bzw. Qualität für den

Fachunterricht in heterogenen Lerngruppen bieten sie erst dann, wenn sie systematisch auf die *Tiefenstrukturen von Unterricht* und die *Strukturierung der Lerngegenstände* (Säule 2 und 3) bezogen werden.

Die folgende Darstellung geht entsprechend von diesen fachdidaktischen Kernbeständen aus und bezieht die jeweils damit verbundenen *pädagogischen* Kernbestände exemplarisch mit ein. Die Diskussion beginnen wir bei der Strukturierung des Lerngegenstands (Säule 3), weil diese die größte fachdidaktische Tiefenstruktur mit sich bringt.

3.3.1 Konstrukte und Prinzipien zur Strukturierung der Lerngegenstände im differenzierenden Unterricht im Hinblick auf Adaptivität

Die bisherigen Ausführungen haben bereits gezeigt: Das allgemeinpädagogische Gebot der Adaptivität lässt sich fachdidaktisch nur dann adäquat umsetzen, wenn geeignete Konstrukte und Prinzipien zur Strukturierung der Lerngegenstände zur Verfügung stehen.

Anforderungs- und Lernstufungen

Die Passung zu Lernendenprofilen sollte nicht nur im Hinblick auf Anforderungsstufungen durchdacht, sondern auch bezüglich Lernstufungen betrachtet werden, weshalb eine Unterscheidung beider Konstrukte bedeutsam ist (Prediger & v. Aufschnaiter, 2017):

Anforderungsstufungen zielen auf die situative Berücksichtigung von Anspruchsniveaus, meist auf unterschiedlichen kognitiven Ebenen; dagegen berücksichtigen *Lernstufungen* unterschiedliche Stadien der Lernentwicklung, indem Aufgaben auf die verschiedenen Lernbedarfe eingehen. *Anforderungsstufungen* entstehen durch gezielte Variation von Anforderungsniveaus entlang unterschiedlicher Kategorien, z. B. der Kompliziertheit und sprachlichen Komplexität von Aufgaben oder durch kognitiv anspruchsvolle Aktivitäten (Kap. 3.2). Je vielfältiger die Kategorien sind, um Anforderungsstufungen zu adressieren, desto punktgenauer kann das Lernangebot den Lernvoraussetzungen der Lernenden gerecht werden. In offen differenzierenden Aufgabenstellungen, in denen die Lernenden die Anforderungsstufen (und darüber hinaus die Zugangsweisen, siehe unten) selbst wählen, muss die Lehrkraft diese im Prozess diagnostizieren können, um eine adaptive Lernunterstützung geben zu können.

Dem Lernstand der Lernenden gerecht zu werden heißt aber keineswegs nur, die Aufgaben immer leichter oder schwerer zu machen (oder sie für verschiedene Anforderungsniveaus offen zu gestalten). Vielmehr muss durch adaptive Förderung auch der Übergang in die jeweilige Zone der nächsten Entwicklung ermöglicht werden (Vygotsky, 1978). Um diese Zonen zu finden, sind Konstrukte zum Verlauf von fachlichen Wissenskonstruktionsprozessen und der Kompetenzentwicklung, also der *Lernstufung* notwendig. Sie können entwicklungslogische Strukturierungen in intendierten Lernstufungen über mehrere Jahre hinweg (nach dem Spiralprinzip) in den Blick nehmen oder Lernwege unterschiedlicher Lernender innerhalb einer Unterrichtseinheit, sogenannte *Lernpfade* (Simon, 1995), fokussieren. So lag etwa der Phasenstrukturierung in der Spielsituation aus Fallbeispiel 1 eine kurzfristige Lernstufung zugrunde, die in die Aktivitäten

‚unreflektiertes Spielen', ‚Spielstrategie finden' und ‚Spielstrategie durch kombinatorisches Abzählen begründen' verschiedene Lernstufen hineinsieht.

Wer fachdidaktisches Wissen zu notwendigen Lernstufungen ignoriert, wird, wie in Fallbeispiel 2 angedeutet, zum Beispiel Adaptivität leicht als Beschränkung organisieren, sodass etwa Kinder mit sogenanntem sonderpädagogischen Förderbedarf stets eine handlungsbezogene Reduktion des Lerngegenstands bearbeiten oder eine vermeintlich motivierende Methodenvielfalt initiieren, ohne Rechenschaft abzulegen, wie innerhalb dieser Angebote die Zone der nächsten Entwicklung erreicht werden kann. Wird ein handlungsbezogener Zugang wiederum ignoriert oder gut gemeint übersprungen, können auch leistungsstarke Kinder überfordert werden. Oft können sie dann zwar auf hohen Anforderungsstufen arbeiten, doch fehlen ihnen ggf. Verstehensgrundlagen. Lernstufungen sind also nicht hierarchisch und abtrennend zu verstehen, sondern als Mittel der (langfristigen oder kurzfristigen) Strukturierung, die gerade dazu dienen soll, fruchtbare fachbezogene Bezüge zwischen verschiedenen Lernständen herzustellen.

Das Wissen über themenspezifische Lernstufungen ist weiterhin wichtig zur *fokussierten Diagnose*: Individuelle Lernwege aller Kinder lassen sich durch die grundlegenden Strukturierungen in Lernpfaden einordnen, auch wenn die individuellen Lernwege noch vielfältige Variationen bieten. Gerade die Kenntnisse über typische Lernschritte und -hürden aus der fachdidaktischen Literatur können für die Planung von Lernstufungen und adaptivem Unterricht hilfreich sein, um Hürden zu antizipieren, Lernwege in individuellen Vorgehensweisen wiederzuerkennen und innerhalb einer bekannten Stufung zu verorten. Sie müssten aber für einige Lernende, die bislang in die fachdidaktischen Forschungen nur begrenzt einbezogen wurden, in ihren je spezifischen Ausprägungen – beispielsweise in anderen Kommunikations- und Ausdrucksformen oder mit langsameren und umfangreicheren Zwischenschritten – konkretisiert werden.

Zugangsweisen als zentrale fachdidaktische Alternative zu Stufungen

Adaptivität sollte sich nicht nur auf die Heterogenitätsaspekte kognitives Anspruchsniveau oder Lernstand der Lernenden beziehen, sondern auch auf einen Heterogenitätsaspekt, der sich auf ein weiteres zentrales fachdidaktisches Konstrukt bezieht, die unterschiedlichen *Zugangsweisen*. Unter Zugangsweisen werden unterschiedliche Strategien, Darstellungsformen, Denkstile und auch unterschiedliche Bearbeitungswege zusammengefasst (Leuders & Prediger, 2016).

Das Vielfalts-Prinzip für Zugangsweisen bezieht sich nicht nur auf Oberflächenmethoden („wir machen immer ICH-DU-WIR"), sondern in seinem fachdidaktischen Kern auf das Ziel der größeren mathematischen Flexibilität und im Hinblick auf Adaptivität auch dazu, den Lernenden in ihren jeweiligen individuellen Präferenzen für unterschiedliche Wege, Strategien, Darstellungsformen oder auch Denkweisen immer wieder entgegenzukommen. Differenzierung sollte sich daher nicht allein am Differenzierungsaspekt des kognitiven Leistungsniveaus orientieren (Leuders & Prediger, 2016), sondern auch vielfältige Zugangsweisen eröffnen. Im Fallbeispiel 1 etwa ist es für die Entwicklung eines Verständnisses von Zufall gerade auch fachlich von Nutzen, wenn Lernende unterschiedliche Zugangsweisen bei der Generierung von Gewinnstrategien entwickeln. Die Beobachtung und Dokumentation von Spielverläufen, d. h. ein empirisch-konkretes

Vorgehen, kann im Vergleich mit kombinatorisch begründeten theoretischen Strategien insbesondere auch die Diskussion fachlich tiefergehender Fragestellungen forcieren. Ob und wann sichere Gewinnstrategien formulierbar sind, ist fachlich eine entscheidende Frage.

Auch für selbstdifferenzierende Ansätze der sogenannten offenen oder natürlichen Differenzierung bilden die Zugangsweisen eine wichtige Ergänzung zu Stufungen, wobei im Sinne der Balance von Individualisierung und Kooperation sowohl die individuelle Erarbeitung entsprechend des jeweils eigenen Zugangs als auch die Anregung durch die Zugangsweisen anderer in gemeinsamen Arbeitsphasen von Bedeutung ist. In der Besprechung vielfältiger Zugangsweisen im Anschluss an offene Aufträge liegt ein Kern für gemeinsames Lernen. Wer über dieses Konstrukt verfügt und den Wechsel der Sozialformen als pädagogischen und zugleich auch im Sinne eines fachdidaktischen Kernbestands betrachtet, kann die Heterogenität in der Klasse als Chance für eine mehrperspektivische *fachliche* Betrachtung der Lerngegenstände erleben.

3.3.2 Prinzipien und Konstrukte für die Verknüpfung von Oberflächen- und Tiefenstrukturen für individuelles und gemeinsames Lernen

Kognitive Aktivierung, kognitive Aktivitäten und Wissensarten

Die Balance von individuellem und gemeinsamem Lernen (ein allgemeiner Qualitätsanspruch der Oberflächenstruktur) zu erreichen und dabei adaptiv zu planen (ein Qualitätsanspruch im Zusammenspiel mit Heterogenität) schließt ein, die Strukturierung der Lerngegenstände auf fachdidaktische Konstrukte zur Spezifizierung der Tiefenstruktur zu beziehen und Fragen wie die folgenden zu stellen:

- Welche kognitiven Aktivitäten sollen initiiert werden, und wie lassen sich diese hinsichtlich ihrer Anforderungen stufen? (Anderson, Karthwohl, Airasian, Cruikshank, Mayer, Pintrich, Raths, Wittrock, 2001; Prediger & v. Aufschnaiter, 2017)
- Welche Wissenselemente sollen welche Lernenden der Lerngruppe tatsächlich entwickeln? Geht es dabei nur um die prozeduralen Wissensarten oder auch um konzeptuelle? Wie wird dies den Lernenden abverlangt, nur in Beispielen oder auch in expliziten Formulierungen und Vernetzungen? (Anderson et al., 2001; Prediger, Barzel, Leuders & Hußmann, 2011)

Kognitive Aktivierung entlang didaktischer Konstrukte wie kognitive Aktivitäten (z. B. berechnen, vergleichen, beurteilen) und Wissensarten (konzeptuelles, prozedurales, metakognitives Wissen) zu denken, erlaubt eine fokussierte Planung auch im differenzierenden Unterricht, indem z. B. Aufgaben im Hinblick auf die zu initiierenden Aktivitäten ausgeschärft werden. In Bezug auf differenzierenden und inklusiven Unterricht ist das Konstrukt der *kognitiven Aktivitäten* als zentral herauszustellen, da Lernen nur stattfinden kann, wenn bei allen Lernenden gemäß ihren jeweiligen Lernvoraussetzungen adaptiv passende kognitive Aktivitäten angeregt werden.

Das Prinzip der *kognitiven Aktivierung* ist von der Unterrichtsqualitätsforschung als eines der wichtigsten Qualitätskriterien für lernwirksamen Unterricht empirisch herausgearbeitet worden (Ufer, Heinze & Lipowsky, 2015). Unter kognitiver Aktivierung versteht man das Ausmaß, in dem Lernende zur geistig aktiven Auseinandersetzung mit dem Lerngegenstand angeregt werden. Festgemacht wird sie z. B. am (ggf. auch offen differenzierenden) Anspruchsgehalt von Aufgaben, Lernumgebungen oder Unterrichtsgesprächen und der dabei erfolgten Berücksichtigung kognitiv anspruchsvoller Tätigkeiten (Leuders & Holzäpfel, 2011). Voraussetzung ist hier auf der Oberflächenstruktur ein angemessenes Classroom Management, um den Lernenden einen – störungsfreien – Raum zur aktiven Auseinandersetzung in Einzel- ebenso wie Gruppenarbeit aber auch lehrergelenkten Unterrichtsphasen zu ermöglichen.

Für die fachspezifische Umsetzung von kognitiver Aktivierung sind die Prinzipien des *entdeckenden Lernens* (Winter, 1989) und des *produktiven Übens* (Wittmann, 1989) leitend, die ebenfalls für alle Kinder auf ihrem jeweiligen Lernstand wirksam gemacht werden können (Scherer & Moser Opitz, 2010).

Eine Vernachlässigung der kognitiven Aktivierung im differenzierenden Unterricht wirkt sich etwa so aus, dass die Aufgabenstellungen für die schwächeren Lernenden stets auf das Nachahmen von Routinetätigkeiten beschränkt bleiben oder wie in Fallbeispiel 1 die Realisierung handlungs- (bzw. spiel-)orientierter Zugänge die Gefahr birgt, keine höherwertigen kognitiven Aktivitäten mehr zu erlauben (Prediger & v. Aufschnaiter, 2017). Letzteres wird in Fallbeispiel 2 noch verschärft deutlich, wenn durch das ‚abzählende Fingerrechnen‘ die Entwicklung eines flexiblen Mengen- und Zahlverständnisses erschwert wird. Implizite oder explizite ‚Spezialdidaktiken‘ bergen nicht nur eine Gefahr von ausschließlich Einzelfördersituationen in Vernachlässigung der Balance von individuellem und gemeinsamem Lernen, sondern sprechen inhaltlich den ‚speziellen Lernenden‘ oft das Recht auf kognitive Aktivierung ab. Sie reduzieren die Aktivität auf Handlungen ohne eine Ausrichtung auf mathematische Entdeckungen, befördern rein kalkülbezogene Routinetätigkeiten, statt beispielsweise strukturbezogene Erkenntnisse in produktiven Übungsformaten anzuregen. Durch solch reduzierte Lernangebote werden eventuelle Lernschwierigkeiten verstärkt zu einer sich selbst erfüllenden Prophezeiung (Moser Opitz, 2007). Um dies zu vermeiden, ist weiterhin das Prinzip der *Verstehensorientierung* zentral.

Verstehensorientierung, Vorstellungen, Darstellungen und Verstehensgrundlagen

Unter Verstehensorientierung wird die durchgängige Orientierung der Lernangebote am konzeptuellen Verständnis der mathematischen Konzepte und Operationen verstanden, d. h., Lernende sollen nicht nur Rechenkalküle beherrschen lernen, sondern auch deren Bedeutungen erfassen (Oehl, 1962; Hiebert & Carpenter, 1992 u. v. m.). Die Relevanz dieser Orientierung gerade auch für schwächere Lernende wird im Bereich der Arithmetik beispielsweise in den Konzepten zur Förderung bei Lernschwierigkeiten in Mathematik aufgegriffen, in denen Verstehensorientierung ein leitendes Prinzip darstellt und die Aufarbeitung der Verstehensgrundlagen im Zentrum steht (siehe Selter, Prediger, Nührenbörger & Hußmann, 2014; Scherer & Moser Opitz, 2010). Das Qualitätskriterium der Verstehensorientierung ist eng bezogen auf die *Wissensarten und -facetten*, die im Unterricht als relevant gesetzt werden. Je breiter das Spektrum an thematisierten Wissensarten und Wissensfacetten ist, desto flexibler und konsolidierter wird das Wissensnetz der Lernenden (Hiebert & Carpenter, 1992). Dabei bewährt sich, zunächst das inhaltliche Denken aufzubauen und dann daraus den Kalkül zu entwickeln (Oehl, 1962).

Die fachdidaktischen Konstrukte, mit denen in der deutschsprachigen Mathematikdidaktik das inhaltliche Denken gefasst wird, sind die der *Grundvorstellungen und individuellen inhaltlichen Vorstellungen* sowie der *Darstellungsformen*. Als Grundvorstellungen werden die Standardinterpretationen mathematischer Inhalte bezeichnet, die das Scharnier zur Mathematisierung bzw. Interpretation bilden (v. Hofe, 2003). Über eine Grundvorstellung verfügt, wer erfolgreich Darstellungsformen vernetzen und darüber kommunizieren kann. Um individuelle Vorstellungen aufzubauen und zu diagnostizieren, ist die Vernetzung der verschiedenen (enaktiven, verbalen, graphischen, symbolisch-numerischen, symbolisch-algebraischen, …) Darstellungsformen entscheidend. Daher erweist sich das *Prinzip der flexiblen Darstellungsvernetzung* als lernförderlich (Lesh, 1979), welches wiederum durch die Kommunikation zwischen Lernenden, die unterschiedliche Darstellungsformen bevorzugen, unterstützt werden kann.

In Bezug auf Lernstufen sind diese generell relevanten Prinzipien und Konstrukte anreichernd um das Konstrukt der *Verstehensgrundlagen* gelegt, die nachhaltig wirken: Gerade im Hinblick auf Lernende mit Schwierigkeiten beim Mathematiklernen wird Verstehensorientierung nicht wertgeschätzt und vor allem auf den Kalkül fokussiert. Doch zeigen empirische Untersuchungen, dass ohne bestimmte Verstehensgrundlagen im Stellenwert- und Operationsverständnis ein Weiterlernen in Richtung Kalkül nicht nachhaltig gelingen kann (Moser Opitz, 2007). Das Konstrukt der *Verstehensgrundlagen* verweist auf die Kumulativität des Aufbaus und zielt auf genau diejenigen Vorstellungen und Darstellungen, ohne die Weiterlernen nicht erfolgen kann (ebd.). Im Fallbeispiel 1 etwa sollte daher eine kombinatorische Betrachtung von Gewinnstrategien nicht zentrale Fragen über die Bedeutung des Zufalls beim Gewinnspiel verdrängen und seine empirische Betrachtung zulassen. Nur so werden alle Lernenden ein umfassendes Verständnis von sicheren und unsicheren Gewinnstrategien entwickeln können.

Für die Primarstufe und die untere Mittelstufe sowie auch später noch basale Lernstufen hat das Prinzip der Darstellungsvernetzung eine spezifische Ausformung im Prinzip der Handlungsorientierung. Dieses könnte einerseits rein auf der Oberflächenstruktur bearbeitet werden, („Hauptsache, die Kinder können was mit Kopf, Herz und Hand tun"), andererseits kann es substantiell mit der Oberflächenstruktur verbunden sein, wenn es am Prinzip der Verstehensorientierung orientiert ist und als fachdidaktischer Kernbestand umgesetzt wird (Sundermann & Selter, 2000). Im zweiten Fallbeispiel findet diese Orientierung zu wenig Beachtung, weil lediglich das ‚Handeln' im Fokus steht – ohne eine Verbindung zu den zu verstehenden mathematischen Zusammenhängen. Zudem wird kaum berücksichtigt, dass gerade für langsamer lernende Kinder (wie hier die Lernenden mit Down-Syndrom) die Ablösung vom Material ganz gezielt mit gefördert wird, um eine Tragfähigkeit der mit dem Material angebahnten Vorstellung für weiteres mathematisches Lernen zu erreichen. Die gewählten handlungsorientierten Materialien bzw. der Umgang mit ihnen begrenzen die Lernenden somit auf den Kalkül, konkret das abzählende Rechnen, ohne dass die Handlung zur Entwicklung eines Verständnisses von Zahl-/Mengenbeziehungen beitragen könnte.

Eine solche Handlungsorientierung ohne Verstehensorientierung wie in Fallbeispiel 2 zeigt sich dann, wenn Lernende auf handelnde und visuelle Zugänge angewiesen sind und die entsprechenden Ansätze nicht hinreichend gut durchdacht werden im Hinblick auf die Frage, ob die notwendigen Verstehensgrundlagen damit aufgebaut werden können. Wenn hingegen das methodische Prinzip der Handlungsorientierung, das zunächst zur Oberflächenstruktur von Unterricht gehört, im Zusammenhang mit kognitiver Aktivierung und Verstehensorientierung gebracht ist, wird es zu einem zentralen Element von fachdidaktisch fokussierter Adaptivität.

Die Berücksichtigung heterogener Lernendenprofile muss die Prinzipien der Verstehensorientierung und Darstellungsvernetzung sowie der kognitiven Aktivierung stets für alle Lernenden im Blick behalten und ermöglichen. Dies bietet zugleich Möglichkeiten des gemeinsamen Lernens, wenn die Adressierung der Heterogenität sich nicht auf Anforderungsstufen oder arbeitsteiligen Umgang mit Darstellungsformen beschränkt („Die Fitten machen es symbolisch, die Schwachen handelnd"), sondern vielmehr die Gleichzeitigkeit der Zugänge als Anlass zur Anregung der Übertragung und des flexiblen Wechsels im Austausch miteinander nutzt. So kann wiederum nicht nur auf der Oberflächenstruktur Kommunikation und gemeinsames Lernen angeregt, sondern zugleich die Darstellungsvernetzung in den Fokus genommen werden.

Diese Tiefenstrukturen gemeinsamen Lernens kommen insbesondere dann zum Tragen, wenn das Prinzip der *Berücksichtigung individueller Lernwege* verfolgt wird (Selter & Spiegel, 1997). So können in Unterrichtsphasen des Erarbeitens offene und selbstdifferenzierende Aufgabenformate den einzelnen Lernenden ermöglichen, auf kognitiv anregende Weise ihr Wissen und Können zu erarbeiten und zu festigen und dabei *unterschiedliche Zugangsweisen* zu wählen und später aufeinander zu beziehen. Individuelle Lernvoraussetzungen und Motivationen, aber auch Zugangsweisen und Strategien können in der Erarbeitung durch den Austausch der Lernenden untereinander für alle (die Lehrkraft eingeschlossen) gewinnbringend genutzt werden.

Auch wenn die Liste der relevanten Konstrukte und Prinzipien sicherlich noch nicht vollständig ist, zeigt die hier geführte Diskussion ihrer Bezüge untereinander und zum Umgang mit Heterogenität, wie eng sie ineinandergreifen müssen.

3.4 Ausblick: Sensibilisieren und Vernetzen lernen

Verknüpfungen zwischen verschiedenen pädagogischen und fachdidaktischen Kernbeständen in Bezug auf heterogene Lernendenprofile herzustellen, diesem Ziel sollte sich die fachdidaktische und pädagogische Ausbildung konsequent verpflichten. Was dafür nötig ist, haben die Fallbeispiele dieses Textes bereits angedeutet: Lehramtsstudierende, die sich den Herausforderungen adaptiven und fokussierten Unterrichts zum ersten Mal stellen, brauchen fachdidaktische Beratung, die sie im ersten Zugriff bei der Orientierung an relevanten Kernideen unterstützen und sie für jeweilige spezifische Ressourcen und Hürden der Lerngegenstände in Bezug auf die jeweiligen Lernenden sensibilisieren.

Insgesamt ist für die Verknüpfung der verschiedenen Bereiche bei Beibehaltung der zentralen Orientierungen notwendig, an konkreten Unterrichts- und sonstigen Transfersituationen zu arbeiten. Sei es in der Planung, der (diagnostischen) Beobachtung von Lernprozessen und Lernergebnissen oder in der Analyse konkreter (Unterrichts-)Materialien: Erst in der Anwendung der Prinzipien und Konstrukte auf vielfältige Lehr-/

Lernsituationen und Lernendenprofile zeigen sich die Herausforderungen und bieten sich bei entsprechender Begleitung Chancen zur professionellen Weiterentwicklung.

Doch nicht nur situativ, auch konzeptionell und strukturell müssen Studierende in ihrer Ausbildung bei der Verknüpfung und Anwendung von fachdidaktischen Prinzipien unterstützt werden. Im Sinne eines durchgängigen Studien-Curriculums ermöglichen es kontinuierliche hochschuldidaktische Maßnahmen und unterstützende Veranstaltungsformate sowie vernetzte Lehre, Studierende auch fachdidaktisch für Heterogenität zu sensibilisieren und sie bei Entwicklung fokussierter Adaptivität zu unterstützen. Zum Beispiel durch folgende Ansätze, die in den weiteren Kapiteln dieses Bandes ausführlich vorgestellt werden:

- Durch interdisziplinäre Kooperation kann die Vernetzung pädagogischer und fachdidaktischer Qualitätsansprüche im Co-Teaching von Inklusionspädagogik und Fachdidaktik unterstützt werden (vgl. Bikner-Ahsbahs, Bönig & Korff, 2017, Kap. 6 in diesem Band; Melle, Schlüter, Nienaber & Wember, 2017, Kap. 7 in diesem Band).
- Deutliche und explizite Vernetzungen innerhalb der Fachdidaktik sind ebenfalls angezeigt, z.B. indem ganz bewusst themenspezifische Kategorien (kognitive Aktivitäten zum Problemlösen, themenspezifische Vorstellungen und Darstellungen) zur Diagnose herangezogen werden und für die adaptive Unterrichtsgestaltung genutzt werden (vgl. Prediger, Zindel & Büscher, 2017, Kap. 11 in diesem Band; Knipping, Tolsdorf & Markic, 2017, Kap. 10 in diesem Band).
- Unterstützung erfahren die Studierenden auch, wenn sie in differenzierten (diagnostischen) Begegnungen mit dem ‚Denken‘ verschiedener Kinder in Berührung kommen und dabei stets durch Anregungen auch den Rückbezug auf die grundlegenden Lernpfade etc. erkennen lernen. Der gezielte Einsatz von Video-Vignetten hat sich dafür in besonderer Weise im Lehramtsstudium mit unterschiedlichen fachlichen Schwerpunkten bewährt wie auch gleichermaßen für Studierende der Primar- und der Sekundarstufe (vgl. Beretz, Lengnink & v. Aufschnaiter, 2017, Kap. 8 in diesem Band; Brandt, Gutscher & Selter, 2017, Kap. 12 in diesem Band).
- Curriculare Verzahnungen werden in allen Ansätzen der vorliegenden Kapitel dieses Buches deutlich, die jedoch in den verschiedenen Fächern strukturell und auch didaktisch-methodisch unterschiedliche Ausprägungen finden. Forciert werden diese insbesondere durch fächerübergreifende Zusammenschlüsse, in denen etwa Biologie, Chemie, Mathematik und Physik gemeinsam auch mit den Bildungswissenschaften sich dem Aufbau diagnostischer Kompetenzen in der MINT-Didaktik verpflichten (vgl. Fischer, Hößle, Krause, Michaelis & Niesel, 2017, Kap. 9 in diesem Band).

Die Konzentration auf fachdidaktische Kernbestände für den Umgang mit Heterogenität kann zukünftige Lehrkräfte bereits in der ersten Phase unterstützen, in ihrem Unterricht möglichst alle Schülerinnen und Schüler fachlich durch angemessene Differenzierung zu fördern. Auch wenn die vorgeschlagene Spezifizierung der Kernbestände erst als vorläufig und als Einladung zum Diskurs zu verstehen ist, zeigt unsere durch die gemeinsame Arbeit gesteigerte Sensibilität für ihre Bedeutung in unserer täglichen Arbeit bereits erste Früchte in unserer Hochschullehre und auch bei unseren Studierenden. Diese auch methodisch kontrolliert empirisch aufzuzeigen, ist ein interessantes Ziel für weitere Arbeiten.

Literatur

(Die zitierten Hausarbeiten wurden anonymisiert und sind daher hier nicht aufgeführt.)

Anderson, L. W., Krathwohl, D. R., Airasian, P. W., Cruikshank, K. A., Mayer, R. E., Pintrich, P. R., Raths, J. & Wittrock, M. C. (Hrsg.). (2001). *A Taxonomy for Learning, Teaching, and Assessing.* New York: Longman.

Beretz, A.-K., Lengnink, K. & Aufschnaiter, C. v. (2017). Diagnostische Kompetenz gezielt fördern – Videoeinsatz im Lehramtsstudium Mathematik und Physik. In C. Selter, S. Hußmann, C. Hößle, C. Knipping, K. Lengnink & J. Michaelis (Hrsg.), *Diagnose und Förderung heterogener Lerngruppen – Theorien, Konzepte und Beispiele aus der MINT-Lehrerbildung* (S. 149–168). Münster: Waxmann.

Bikner-Ahsbahs, A., Bönig, D. & Korff, N. (2017). Inklusive Lernumgebungen im Praxissemester: Gemeinsam lernt es sich reflexiver. In C. Selter, S. Hußmann, C. Hößle, C. Knipping, K. Lengnink & J. Michaelis (Hrsg.), *Diagnose und Förderung heterogener Lerngruppen – Theorien, Konzepte und Beispiele aus der MINT-Lehrerbildung* (S. 107–128). Münster: Waxmann.

Bohl, T. (2014). Fördern im Unterricht: Unterrichtskonzepte setzen den Rahmen – die Qualität steckt im Detail. *Friedrich Jahresheft*, 39–42.

Brandt, J., Gutscher, A. & Selter, C. (2017). Nutzung von Vignetten in einer Großveranstaltung für Mathematikstudierende der Primarstufe. In C. Selter, S. Hußmann, C. Hößle, C. Knipping, K. Lengnink & J. Michaelis (Hrsg.), *Diagnose und Förderung heterogener Lerngruppen – Theorien, Konzepte und Beispiele aus der MINT-Lehrerbildung* (S. 235–255). Münster: Waxmann.

Büchter, A., Hußmann, S., Leuders, T. & Prediger, S. (2005). Den Zufall im Griff? – Stochastische Vorstellungen fördern. *Praxis der Mathematik in der Schule, 51* (4), 1–7.

Fischer, A, Hößle, C., Krause, U., Michaelis, J. & Niesel, V. (2017). Curriculare Verzahnung und didaktisch-methodische Ausgestaltung von fachdidaktischen und bildungswissenschaftlichen Ausbildungssequenzen zum Aufbau diagnostischer Kompetenz. In C. Selter, S. Hußmann, C. Hößle, C. Knipping, K. Lengnink & J. Michaelis (Hrsg.), *Diagnose und Förderung heterogener Lerngruppen – Theorien, Konzepte und Beispiele aus der MINT-Lehrerbildung* (S. 169–189). Münster: Waxmann.

Gaidoschik, M. (2001). Kein Königsweg – Kritik der Kybernetischen Methode. *Österreichisches Rechenschwächemagazin, 2* (4), 1 & 4–6.

Häsel-Weide, U. & Nührenbörger, M. (2013). Mathematiklernen im Spiegel von Heterogenität und Inklusion. *Mathematik differenziert, 4* (2), 6–8.

Häsel-Weide, U., Nührenbörger, M., Moser Opitz, E. & Wittich, C. (2014). *Ablösung vom zählenden Rechen.* Seelze: Friedrich.

Heinrich, M., Urban, M. & Werning, R. (2013). Grundlagen, Handlungsstrategien und Forschungsperspektiven für die Ausbildung und Professionalisierung von Fachkräften für inklusive Schulen. In H. Döbert & H. Weishaupt (Hrsg.), *Inklusive Bildung professionell gestalten. Situationsanalyse und Handlungsempfehlungen* (S. 7–13). Münster: Waxmann.

Helmke, A. (2010). *Unterrichtsqualität und Lehrerprofessionalität. Diagnose, Evaluation und Verbesserung des Unterrichts.* Seelze: Klett/ Kallmeyer.

Hiebert, J. & Carpenter, T. P. (1992). Learning and teaching with understanding. In D. A. Grouws (Hrsg.), *Handbook of research on mathematics teaching and learning* (pp. 65–97). New York: Macmillan.

Hinz, A. (2009). Inklusive Pädagogik in der Schule – veränderter Orientierungsrahmen für die schulische Sonderpädagogik!? Oder doch deren Ende?? *Zeitschrift für Heilpädagogik, 60*, 171–179.

Hofe, R. v. (2003). Grundbildung durch Grundvorstellungen. *Mathematik Lehren, 118*, 4–8.

Klafki, W. & Stöcker, H. (1985). Innere Differenzierung des Unterrichts. In W. Klafki (Hrsg.), *Neue Studien zur Bildungstheorie und Didaktik* (S. 119–154). Weinheim: Beltz.

Knipping, C., Tolsdorf, Y. & Markic, S. (2017). Heterogene Schülervorstellungen und fachliche Vorstellungen fokussieren – Beiträge zur praxisnahen Lehramtsausbildung in der Chemie- und Mathematikdidaktik. In C. Selter, S. Hußmann, C. Hößle, C. Knipping, K. Lengnink & J. Michaelis (Hrsg.), *Diagnose und Förderung heterogener Lerngruppen – Theorien, Konzepte und Beispiele aus der MINT-Lehrerbildung* (S. 191–212). Münster: Waxmann.

Korff, N. (2012). Inklusiver Unterricht – didaktische Modelle und Forschung. In R. Benkmann, S. Chilla & E. Stapf (Hrsg.). *Inklusive Schule. Einblicke und Ausblicke* (S. 138–157). Immenhausen: Prolog.

Krauthausen, G. & Scherer, P. (2003). *Einführung in die Mathematikdidaktik*. Heidelberg: Spektrum.

Lergenmüller, A. & Schmidt, G. (Hrsg.). (2001). *Mathematik Neue Wege 7. Arbeitsbuch für Gymnasien*. Braunschweig: Schroedel.

Lesh, R. (1979). Mathematical learning disabilities. In R. Lesh, D. Mierkiewicz & M. Kantowski (Eds.), *Applied mathematical problem solving* (S. 111–180). Columbus: Ericismeac.

Leuders, T. (2009). Spielst du noch oder denkst du schon? Produktive Erarbeitungsspiele. *Praxis der Mathematik in der Schule, 47* (25), 1–8.

Leuders, T. & Holzäpfel, L. (2011). Kognitive Aktivierung im Mathematikunterricht. *Unterrichtswissenschaft, 39* (3), 213–230.

Leuders, T. & Prediger, S. (2016). *Flexibel differenzieren und fokussiert fördern im Mathematikunterricht*. Berlin: Cornelsen.

Leufer, N. & Sertl, M. (2010). Kontextwechsel in realitätsbezogenen Mathematikaufgaben. Zur Problematik der alltagsweltlichen Öffnung fachunterrichtlicher Kontexte. In A. Brake & H. Bremer (Hrsg.), *Alltagswelt Schule. Die soziale Herstellung schulischer Wirklichkeiten* (S. 111–133). Weinheim/München: Juventa.

Melle, I., Schlüter, A.-K., Nienaber, A.-K. & Wember, F. (2017). Inklusiver Fachunterricht in heterogenen Lerngruppen in der Sekundarstufe I –Professionalisierung für einen gemeinsamen Chemieunterricht. In C. Selter, S. Hußmann, C. Hößle, C. Knipping, K. Lengnink & J. Michaelis (Hrsg.), *Diagnose und Förderung heterogener Lerngruppen – Theorien, Konzepte und Beispiele aus der MINT-Lehrerbildung* (S. 129–148). Münster: Waxmann.

Moser Opitz, E. (2007). *Rechenschwäche/Dyskalkulie. Theoretische Klärungen und empirische Studien an betroffenen Schülerinnen und Schülern*. Bern: Haupt.

Moser Optiz, E., Garrote, A. & Ratz, C. (2014). Mathematische Kompetenzen von Schülerinnen und Schülern mit dem Förderschwerpunkt geistige Entwicklung: Erste Ergebnisse einer Pilotstudie. *Sonderpädagogische Förderung heute, 1,* 19–31.

Oehl, W. (1962). *Der Rechenunterricht in der Grundschule*. Hannover: Schroedel.

Pauli, C. & Reusser, K. (2003). Unterrichtsskripts im schweizerischen und im deutschen Mathematikunterricht. *Unterrichtswissenschaft, 3* (31), 238–272.

Prediger, S. & Aufschnaiter, C. v. (2017). Umgang mit heterogenen Lernvoraussetzungen aus fachdidaktischer Perspektive: fachspezifische Anforderungs- und Lernstufen berücksichtigen. In T. Bohl, J. Budde & M. Rieger-Ladich (Hrsg.), *Umgang mit Heterogenität in Schule und Unterricht* (S. 288–304). Bad Heilbrunn: Klinkhardt.

Prediger, S., Zindel, C. & Büscher, C. (2017). Fachdidaktisch fundierte Förderung und Diagnose – ein Leitthema auch im gymnasialen Lehramt. In C. Selter, S. Hußmann, C. Hößle, C. Knipping, K. Lengnink & J. Michaelis (Hrsg.), *Diagnose und Förderung heterogener Lerngruppen – Theorien, Konzepte und Beispiele aus der MINT-Lehrerbildung* (S. 213–233). Münster: Waxmann.

Prediger, S., Barzel, B., Leuders, T. & Hußmann, S. (2011). Systematisieren und Sichern. Nachhaltiges Lernen durch aktives Ordnen. *Mathematik Lehren, 164,* 2–9.

Prengel, A. (2003). Kinder akzeptieren, diagnostizieren, etikettieren? Kulturen- und Leistungsvielfalt im Bildungswesen. In B. Warzecha (Hrsg.), *Heterogenität macht Schule. Beiträge aus sonderpädagogischer und interkultureller Perspektive* (S. 27–40). Münster: Waxmann.

Ratz, C. & Moser Opitz, E. (2016). Mathematische Förderung von Schülerinnen und Schülern mit Down-Syndrom. *Zeitschrift für Heilpädagogik, 67,* 400–411.

Ratz, C. & Wittmann, E. C. (2011). Mathematisches Lernen im Förderschwerpunkt geistige Entwicklung. In C. Ratz (Hrsg.), *Unterricht im Förderschwerpunkt geistige Entwicklung. Fachorientierung und Inklusion als didaktische Herausforderungen* (S. 129–153). Oberhausen: Athena-Verlag.

Renkl, A. (2014). Lernende nicht nur aktivieren, sondern aufs Wesentliche fokussieren. In B. Ralle, S. Prediger, M. Hammann & M. Rothgangel (Hrsg.), *Lernaufgaben entwickeln, bearbeiten und überprüfen* (S. 12–22). Münster: Waxmann.

Scherer, P. & Moser Opitz, E. (2010). *Fördern im Mathematikunterricht der Primarstufe.* Heidelberg: Spektrum.

Schipper, W. (2009). *Handbuch für den Mathematikunterricht an Grundschulen.* Braunschweig: Schroedel Schulbuchverlag.

Schnepel, S., Krähenmann, H., Moser Opitz, E., Hepberger, B. & Ratz, C. (2015). Integrativer Mathematikunterricht – auch für Schülerinnen und Schüler mit intellektueller Beeinträchtigung. *Schweizerische Zeitschrift für Heilpädagogik, 21* (4), 6–12.

Selter, C. & Spiegel, H. (1997). *Wie Kinder rechnen.* Leipzig: Klett.

Selter, C., Prediger, S., Nührenbörger, M. & Hußmann, S. (2014). *Mathe sicher können. Handreichungen für ein Diagnose- und Förderkonzept zur Sicherung mathematischer Basiskompetenzen – Natürliche Zahlen.* Berlin: Cornelsen.

Simon, M. A. (1995). Reconstructing mathematics pedagogy from a constructivist perspective. *Journal for Research in Mathematics Education, 26* (2), 114–145.

Sundermann, B. & Selter, C. (2000). Quattro Stagioni. Nachdenkliches zum Stationenlernen aus mathematikdidaktischer Perspektive. *Friedrich Jahresheft: Üben und Wiederholen,* 110–113.

Ufer, S., Heinze, A. & Lipowsky, F. (2015). Unterrichtsmethoden und Instruktionsstrategien. In R. Bruder, L. Hefendehl-Hebeker, B. Schmidt-Thieme & H.-G. Weigand (Hrsg.), *Handbuch der Mathematikdidaktik* (S. 411–434). Berlin / Heidelberg: Springer.

Vygotsky, L. S. (1978). *Mind in Society.* Cambridge: Harvard University Press.

Wieser, B. & Hotter, A. (2009). *Methodologie. Mathematische Entwicklung bei Menschen mit Down-Syndrom.* Verfügbar unter: http://www.downsyndrom-saarland.de/images/Dokumente/Yeswecan_methodology.pdf [07. 07.2017].

Winter, H. (1989). *Entdeckendes Lernen im Mathematikunterricht.* Braunschweig: Vieweg.

Wittmann, E. C. (1989). Wider die Flut der bunten Hunde und der grauen Päckchen: Die Konzeption des aktiv-entdeckenden Lernens und produktiven Übens. *Sachunterricht und Mathematik in der Primarstufe, 17* (10), 445–446, 455–460.

Katja Lengnink, Angelika Bikner-Ahsbahs & Christine Knipping

4. Aktivität und Reflexion in der Entwicklung von Diagnose- und Förderkompetenz im MINT-Lehramtsstudium

Wie Lehramtsstudierende bereits in ihrer universitären Ausbildung zum Lernen im Feld von Diagnose und Förderung angeregt und in ihrem Lernprozess unterstützt werden können, ist die zentrale Frage des Entwicklungsverbundes ‚Diagnose und Förderung heterogener Lerngruppen‘. Um eine Einsicht in die Notwendigkeit von Diagnose und Förderung zu gewinnen, ist eine Sensibilisierung der Studierenden für die Heterogenität von Lerngruppen entscheidend. Die Entwicklung diagnostischer Kompetenz im Studium und deren Einsatz in der Praxis in Hinblick auf die begründete Entwicklung von Förderansätzen und adaptiven Unterricht ist ein länger andauernder Prozess, der im Rahmen universitärer Lehre angebahnt und begleitet werden sollte.

Besonderes Augenmerk wird in diesem Beitrag auf die Gestaltung von Lerngelegenheiten für Studierende gerichtet, die in der Verbindung von Theorie und Praxis besonders das Zusammenspiel von *Aktivität* und *Reflexion* adressieren. Damit wird zum einen der Forderung nach einem konstruktivistischen Zugang auch in der Lehrerbildung (Reich, 1999) Rechnung getragen, der sich um aktivierende Lernsituationen für Studierende bemüht und das Lernen auf der Basis eigener Erfahrungen ermöglichen möchte. Zum anderen wird das Leitbild des reflective practitioner (Schön, 1983) für die Lehrerbildung verfolgt, bei dem Handeln durch *Reflexion* begleitet wird (Roters, 2012; Wyss, 2013). Dabei können aus Erfahrungen Erkenntnisse generiert werden, die für neue Aktivitäten handlungsleitend sind.

Es wird zunächst aufgezeigt, was in diesem Beitrag unter dem Wechselspiel von Aktivität und Reflexion in der universitären Lehre verstanden wird. Um dieses Zusammenspiel als fortlaufenden Prozess zu beschreiben, werden Anleihen am Zyklus forschenden Lernens (Schwingen, Schneider & Wildt, 2013) sowie an der Aktionsforschung (Altrichter & Posch, 2007) vorgenommen (Kap. 4.1). Welchen Beitrag dieses Zusammenspiel beim Aufbau von Kompetenzen zur ‚Diagnose und Förderung heterogener Lerngruppen‘ leisten kann, wird in Kapitel 4.2 entfaltet. Im Anschluss daran stellen wir Beispiele vor, wie das Wechselspiel von Aktivität und Reflexion in Lernarrangements gestaltet werden kann, um tiefenstrukturell wirksam werden zu können (Kap. 4.3). Dabei werden Wirkelemente herausgearbeitet, die übergreifend auch an anderen Standorten und in anderen Settings von Hochschullehrenden adaptiert werden können, um zielorientiert Aktivität und Reflexion anzuregen (Kap. 4.4).

4.1 Aktivität und Reflexion in der Lehrerbildung – theoretische Grundlagen

Die Forschung zur Lehrerprofessionalisierung modelliert zum einen professionelle Kompetenzen von Lehrkräften und untersucht ihr Vorliegen (prominent Baumert & Kunter, 2011). Sie diskutiert zum anderen Vorschläge, wie professionelle Kompetenzen an der Universität und in universitären Praxisphasen aufgebaut werden können (vgl. programmatisch Dubs, 2008) und untersucht ihre Wirksamkeit (vgl. Hascher, 2014). Diesen konstruktiven Ansatz, professionelle Kompetenzen aufzubauen, verfolgt auch der vorliegende Artikel. Ähnlich versuchen Programme wie die Förderung von Entwicklungsverbünden der Deutschen Telekomstiftung (der vorliegende Band) oder die vom BMBF geförderte Qualitätsoffensive Lehrerbildung, Prozesse zur Qualitätsentwicklung in der Lehrerbildung zu unterstützen und zu forcieren (BMBF, 2016).

Dabei wird der Theorie-Praxis-Verbindung in den Ansätzen zur Lehrerbildung eine hohe Bedeutung zugewiesen. Diese besteht darin, Anwendungen theoretisch angeeigneten Wissens und Könnens für die Praxis wirksam zu machen (für eine Auseinandersetzung vgl. Dubs, 2008), aber auch darin anhand von Fällen aus der Praxis theoriebasiertes Lernen zu motivieren und zu fundieren (vgl. v. Aufschnaiter, Selter & Michaelis, 2017, Kap. 5 in diesem Band). In diesem Beitrag plädieren wir für einen Theorie-Praxis-Bezug, der unterrichtliche und unterrichtsnahe *Aktivitäten* und damit verbundene substanzielle eigene Erfahrungen der Studierenden zum Ausgangspunkt für ihr Lernen macht. Über *Reflexion* sollen Studierende aus den eigenen Erfahrungen theoriebasiert Erkenntnisse für zukünftige Handlungen /Aktivitäten gewinnen. Damit schließen wir uns der Forderung nach einem konstruktivistischen Zugang zur Lehrerbildung (vgl. Reich, 1999 und auch Dubs, 2008, S. 19) an, in dem das Berufsfeld von Lehrerinnen und Lehrern bereits früh im Studium in den Blick genommen und unterrichtsnahe Lernanlässe theoriebasiert genutzt werden, um Professionalität aufzubauen. Dabei setzen wir an der Aktionsforschung mit seiner Vernetzung von Aktion und Reflexion (Altrichter & Posch, 2007) an, erweitern aber das Konzept der Aktion als unterrichtliches Handeln auf ein Konzept professionsbezogener Aktivität im Studium.

Als (professionsbezogene) *Aktivität* wird in diesem Beitrag die handelnde Auseinandersetzung von Studierenden in unterrichtsnahen oder mit dem Unterricht verbundenen Situationen angesehen (wie etwa die Konzeption und Durchführung von Unterricht, die Planung und Durchführung von unterrichtlichen und unterrichtsnahen Experimenten, Rollenspielen und diagnostischen Erkundungen sowie die aktive Teilnahme an für die Studierenden gestalteten unterrichtsnahen Prozessen). Diese Aktivität legt Handeln in der Tiefenstruktur von Unterricht an (vgl. Knipping, Korff & Prediger, 2017a, Kap. 3 in diesem Band), wenn zwei Kernmerkmale unterrichtlichen Handelns angesprochen werden, das „Potenzial für kognitive Aktivierung" und die „konstruktive Unterstützung der Lernenden" (Kunter & Ewald, 2016).

Aktivitäten münden in Erlebnisse oder Erfahrungen. Ein wesentlicher Schritt beim Lernen ist es, aus diesen Erfahrungen Erkenntnisse zu ziehen. Schön (1983) hat eine Epistemologie der Praxis entworfen, die *Reflexion* als Mittel ansieht, wie z. B. Lehrpersonen aus einer unterrichtlichen Erfahrung für die Praxis zukünftigen Unterrichtens lernen können. In diesem Prozess des Reflektierens werden Lehrpersonen sich der eigenen Handlungen und des dabei zugrunde gelegten Wissens sowie der Überzeugungen bewusst. So ist es möglich diese Aspekte einer Analyse und kritischen Befragung zu unterziehen mit dem Ziel, sich selbst und das eigene Handeln weiterzuentwickeln (Baumert & Kunter, 2006). In Anlehnung an das Konzept der epistemischen Praxis nach Knorr-Cetina (2001) kann Reflexion als bei Studierenden zu etablierende epistemische Praxis verstanden werden, eine Form des dynamisch-kreativen und konstruktiven Denkens, Handelns und Sprechens über den erfahrungsgebundenen, unterrichtlichen Gegenstandsbereich, der bei den Studierenden einen Klärungsbedarf hervorruft und deshalb zum Erkenntnisobjekt werden kann, mit dem Ziel, durch Neurahmung (Zeichner & Liston, 1996, S. 16-17) zu Einsichten zu diesem Gegenstand zu gelangen und ggf. alternative Handlungsoptionen zu gewinnen (Roters, 2012, S. 151). Für einen Überblick über verschiedene begriffliche Fassungen von Reflexion vgl. Wyss (2013).

Das Zusammenspiel von Aktivität und Reflexion schiebt einen Prozess des Lernens im Handlungsfeld Unterricht an, der dem forschenden Lernen als einem zyklischen Prozess nahekommt (Schwingen, Schneider & Wildt, 2013, S.197) und in der Lehrerprofessionalisierungsforschung als Prinzip des theoriebasierten forschenden Lernens wirksam zu sein scheint (etwa Prediger et al., 2013). Dazu passend forderte der Wissenschaftsrat bereits im Jahr 2001, dass die Hochschulausbildung bei zukünftigen Lehrkräften sowohl eine *Reflexion*skompetenz als auch eine Haltung forschenden Lernens etablieren solle (vgl. Wissenschaftsrat, 2001, S. 41). Eine solche forschende Grundhaltung bei der Ausübung der Lehrtätigkeit muss sich nicht notwendig durch einen Ansatz forschenden Lernens im Studium ergeben. Obwohl dies zunächst einleuchtend klingt, kann man in einem eng gesteckten Studienplan nicht durchgängig erwarten, dass Studierende eigenständig Forschungsfragen aufwerfen und bearbeiten (Redder & Breitsprecher, 2009; Straß, 2009).

Der hier verfolgte Ansatz ist, Studierende zur Aktivität in unterrichtsnahen Situationen herauszufordern und ihnen so gezielt Erfahrungen zu ermöglichen, aus denen sie in Reflexionsprozessen eigene Untersuchungsfragen generieren. Ausgangspunkt sind durch geeignete Lehr-/Lernarrangements herausgeforderte professionsbezogene Aktivitäten. In unterrichtlichem oder unterrichtsnahem Handeln machen Studierende Erfahrungen, die in universitären Lehr-/Lernarrangements zum Gegenstand von Reflexionsprozessen gemacht werden. Reflexion soll dabei nicht nur möglich sein, sondern gezielt herausgefordert werden. Aus ihr können ggf. theoriebasiert Erkenntnisse erwachsen und in erneute Konzeptionen von unterrichtlichem oder unterrichtsnahem Handeln einfließen oder zu erneuten Experimenten führen. Es entstehen neue Erfahrungen, die wiederum durch Reflexion zu neuen Einsichten führen können. In diesem Zusammenspiel von Aktivität und Reflexion entsteht auf diese Weise ein Lernzyklus, der dem des Forschenden Lernens nahe kommt (Abb. 4.1). Die kurzen Pfeile markieren (links und rechts im Diagramm), wo das Lehr-/Lernarrangement gezielt Impulse bereitstellen sollte.

In Bezug auf die Frage, wann und mit welchem Fokus reflektiert wird, lassen sich bei Schön (1983) drei typische Formen des Zusammenspiels von Wissen und Handeln in der Praxis ausmachen – (implizites) „Wissen in der Handlung", „Reflexion *in* der Handlung" und „Reflexion über die Handlung". Wenn man als Handeln vornehmlich Unterrichtshandeln versteht, dann ist uns für die Lehrerprofessionalisierung zudem Reflexion *vor* der (unterrichtlichen) Handlung als zentrale Reflexionskomponente wichtig, da in der Vorschau auf unterrichtliches Handeln Prozesse und Lernhürden antizipiert werden können, die eine adaptive Unterrichtsgestaltung bereits in der Unterrichtsplanung erlauben und die Konzeption von passenden Fördermaterialien ermöglichen (Bikner-Ahsbahs, 2017, S. 105). Bei einem weiten Aktivitätsbegriff kann auch diese Reflexion auf zurückliegende Erfahrungen gerichtet sein, die im Studium aktiv zugänglich gemacht wurden. Eine solche antizipierende Reflexionskomponente wird durch die Reflexion im Handlungsprozess wesentlich weitergeführt, wodurch in Verbindung mit prakti-

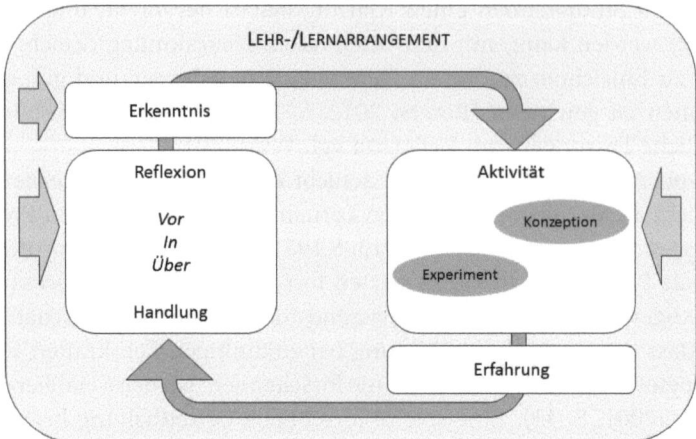

Abb. 4.1:   Universitäres Lernen im Zusammenspiel von Aktivität und Reflexion

schen Erfahrungen langsam eine Reflexionskompetenz *im* Handeln aufgebaut wird. Die gemeinsame Reflexion über die eigenen unterrichtlichen Handlungen ist dabei als rückblickende Klärung und Beurteilung eigenen Handelns zentral. In der universitären Begleitung von schulpraktischen Erfahrungen im Studium haben diese Reflexionsformen in einem geschützten und unterstützenden Rahmen ihren Platz.

4.2 Aktivität und Reflexion beim Diagnostizieren und Fördern

Im Entwicklungsverbund „Diagnose und Förderung heterogener Lerngruppen" sollen vor allem Konzepte erarbeitet werden, um Lehramtsstudierende zur Entwicklung von Diagnose- und Förderkompetenzen anzuregen. Im weiteren beruflichen Werdegang der zukünftigen Lehrkräfte (Referendariat und Unterrichtspraxis) lassen sich die aufgebauten Kompetenzen weiter ausdifferenzieren. Im Entwicklungsverbund wurden dafür drei Zielperspektiven für die Arbeit mit Studierenden formuliert (Selter, Hußmann, Hößle, Knipping, Lengnink & Michaelis, 2017, Kap. 1 in diesem Band):

Sensibilisierung für Heterogenität: Wie kann bei den Studierenden eine Sensibilität für unterschiedliche Dimensionen von Heterogenität hergestellt und als eine Motivation genutzt werden, sich mit fachbezogener Diagnose und Förderung von Lernenden auseinanderzusetzen?

Entwicklung von Diagnose- und Förderkompetenz: Wie können Vignetten (z. B. Videos, Transkripte, schriftliche Schülerprodukte, …) zur Verbesserung der fachbezogenen Diagnosekompetenz der Studierenden genutzt und Förderkonzepte systematisch an die Ergebnisse der Diagnostik angebunden werden?

Umsetzung von Diagnose und Förderung in Praxisphasen: Wie können Prozesse des Planens von Unterricht, dessen Durchführung und Reflexion im Rahmen von Praxisphasen mit Aspekten der Diagnostik und Förderung so gestaltet werden, dass Studierende selbstständig diagnosegeleitete Förderkonzepte entwickeln und erproben (z. B. in inklusiven Lerngruppen)?

Diese Zielperspektiven sind anspruchsvoll und herausfordernd. Im Lehramtsstudium wird ihre Realisierung vor allem dann gelingen, wenn diese Zielperspektiven immer wieder angesprochen und miteinander verzahnt werden (vgl. Dubs, 2008, S. 18). Dies geschieht in einem Lernprozess, der sich über das gesamte Studium erstreckt und im Wechselspiel von Aktivität und Reflexion nachhaltig Studienphasen und Studien-Praxisphasen strukturell aufeinander bezogen reflektierend verankert. So kann sich ein Kompetenzprofil entwickeln, das Studierenden im Sinne einer forschenden Grundhaltung erlaubt, auch in ihrer späteren beruflichen Praxis Aspekte von Diagnostik und Förderung in ihren Fachunterricht zu integrieren.

Lehr-/Lernarrangements im Wechselspiel von Aktivität und Reflexion zeichnen sich mit Blick auf die oben genannten drei Zielperspektiven des Entwicklungsverbundes dadurch aus, dass sie

- Aktivitäten initiieren, die eigene Erfahrungen zu Heterogenität ermöglichen, Reflexionsprozesse über diese Erfahrungen anstoßen und theoriebasiert begleiten (Sensibilisieren);
- zu Aktivitäten im Umgang mit Heterogenität in Lehr-/Lernprozessen anregen, darin soll deren Komplexität erlebt und reflektiert werden. Dabei sollen theoretische Konzepte zu Diagnose und Förderung als Orientierung gebend erfahren werden (Entwicklung von Diagnose- und Förderkompetenz);
- zum Formulieren und Bearbeiten eigener Fragen in unterrichtlichen oder unterrichtsnahen Aktivitäten herausfordern und so die Verantwortung für die Weiterentwicklung von Diagnose- und Förderkompetenzen zunehmend an die angehenden Lehrerinnen und Lehrer übergeben (Umsetzung von Diagnose und Förderung).

Im Zusammenspiel von professionsbezogener Aktivität und Reflexion können auch die impliziten Überzeugungen über fachbezogenes Lehren, Lernen und über Haltungen etwa zum Umgang mit Heterogenität im Fachunterricht expliziert und bearbeitet werden. Insbesondere durch das Schaffen von neuen Erfahrungen, die im universitären Lernarrangement gemeinsam geteilt und reflektiert werden, können auch vorher gemachte unreflektierte Erfahrungen aus der Schulzeit einer Bearbeitung zugänglich werden. So können nach den derzeitigen Vermutungen, die teils empirisch belegt sind (vgl. Dubs, 2008, S. 23), in der Lehramtsausbildung die „weitreichenden Konzeptwechsel von eher instruktiven Verfahren zu eher konstruktivistisch orientierten Verfahren erreicht werden" (Möller, Büsch & Engelen, 2002, S. 269), die für adaptiven Unterricht und ein angemessenes Verständnis von Diagnose und Förderung unerlässlich sind. Z.B. kann die Reflexion über eigene Erfahrungen beim Lernen und die Kontrastierung mit den Erfahrungen anderer zum Ausgangspunkt für eine Einstellungsänderung zu Heterogenität im Mathematikunterricht werden (vgl. Lengnink, 2017). Reflexionen über das positive Erleben von diagnostischen Ansätzen im Studium und das Erleben von wirksamer Förderung können dazu führen, dass diese als gelungene Modelle für das eigene Lernen auch für das zukünftige Lehrerhandeln als wertvoll eingeschätzt und adaptiert werden.

4.3 Beispiele aus der universitären Lehrerbildung im Entwicklungsverbund

Im Folgenden wird an Beispielen dargestellt, wie ein *Wechselspiel von Aktivität und Reflexion* (s. Abb.1) mit der Zielperspektive der Entwicklung von Diagnose- und Förderkompetenz aussehen kann. Dabei bezieht sich das erste Beispiel auf die Arbeit mit Studierenden und Schülerinnen und Schülern in der LernWerkstatt Mathematik der Universität Gießen im Rahmen eines Seminars im hessischen Staatsexamensstudiengang. Im zweiten Beispiel werden im Rahmen des Praxissemesters an der Universität Bremen differenzierende emergente Aufgaben von den Studierenden formuliert und so eine antizipierende Reflexion ausgelöst, die dann in der unterrichtlichen Erprobung durch eine Reflexion im und über den Handlungsprozess ergänzt werden kann. Im dritten Beispiel wird die Entwicklung, Vorbereitung und Begleitung fachdidaktisch orientierter diagnostischer Erkundungen im Kontext des Praxissemesters an der Universität Bremen veranschaulicht.

4.3.1 Praxisbeispiel 1: Aktivität und Reflexion in der LernWerkstatt Mathematik in Gießen

Am Ende des Mathematik-Lehramtsstudiums (6 bzw. 8 Semester Regelstudienzeit mit dem Abschluss Staatsexamen für Haupt-/Realschule bzw. Gymnasium) an der JLU Gießen steht ein Wahlpflichtmodul mit einem Seminarangebot. Hier können die Studierenden unter verschiedenen Themen wählen. Im Folgenden wird von dem Seminar ‚Diagnose und Förderung in heterogenen Lerngruppen – Schulklassen in der LernWerkstatt Mathematik' berichtet. Das Seminar wird in jedem Semester für 24 Studierende angeboten und ist im Zeitraum der Förderung im Entwicklungsverbund kontinuierlich beforscht, evaluiert und weiterentwickelt worden (vgl. Beretz, Lengnink & v. Aufschnaiter, 2017, Kap. 8 in diesem Band). Vor dem Hintergrund der im Entwicklungsverbund formulierten Zielperspektiven für die Entwicklung von Diagnose- und Förderkompetenzen werden im Seminar die Sensibilisierung, die Entwicklung und die Erprobung von Diagnose und Förderung in einem Wechselspiel von Aktivität und Reflexion (Abb. 4.1) miteinander verbunden.

Kleingruppen von vier bis sechs Studierenden haben im Seminar jeweils die Aufgabe, für eine Schulklasse einen Besuchsvormittag in der LernWerkstatt zu planen (Aktivität – Konzeption), durchzuführen (Aktivität – Experiment) und zu reflektieren (Reflexion), (Abb. 4.1). Die Durchführungen werden videografiert und im Anschluss an die Besuche für eine kriteriengeleitete Diagnostik genutzt. Videos aus den vergangenen Durchläufen werden bereits vor der Planung und Durchführung der eigenen Besuchsvormittage von den Studierenden analysiert mit dem Ziel, typische Schülervorstellungen, sprachliche Aspekte und Lernhürden herauszuarbeiten und für weitere Unterrichtsgänge zu antizipieren (Reflexion vor der Handlung). Die Videoanalyse nach der Durchführung dient dem Beschreiben von Kompetenzentwicklungen und Vorstellungsaufbau bei den Lernenden, aber auch dem Herausarbeiten von spezifischen Schülerschwierigkeiten, von Problemen in der Passung von Lernmaterial und Schülerhandeln und dem Erfassen von Heterogenität (Reflexion über die Handlung). In einer schriftlichen Einzelfallanalyse zu einer oder mehreren sehr kurzen Videosequenzen zeigen die Studierenden abschließend ihre diagnostischen Kompetenzen und formulieren begründete Förderansätze. Das mathematische Thema der Vormittage war in den vergangenen drei Jahren die elementare Stochastik, von der Jahrgangsstufe 6 bis 10.

Sensibilisierung für Heterogenität und ihre Relevanz: Als *Aktivität*, die eigene Erfahrungen zu Heterogenität beim Lernen von Stochastik ermöglichen sollte, wurde der Einsatz von fachbezogenen Multiple-Choice-Aufgaben (MC-Test) gewählt, die von den Studierenden zunächst in Einzelarbeit gelöst werden sollten. Auf einem zweiten Blatt notierten sie Begründungen für ihre Lösungen. Im Anschluss wurden die Lösungen mit einem Partner getauscht und jeder sollte sich nur auf Basis der „Kreuzchen" einen Eindruck über die Kenntnisse des jeweils anderen verschaffen. Erst nach einigen Minuten durften auch die Begründungen zu den Lösungen ausgetauscht werden. Zuletzt konnten sich die beiden Partner über die Lösungen austauschen. Nach diesem Experiment, das die Studierenden aktiv aus der Lernerperspektive erlebten, wurde zunächst in den Tischgruppen und danach im Gespräch mit der gesamten Seminargruppe anhand von Leitfragen über die Erfahrungen gesprochen. Dabei wurden *Reflexionen* angeregt:

- Inwiefern erleben Sie Ihre Gruppe als heterogen?
- Welche Facetten von Heterogenität sind für Sie sichtbar geworden?
- Fühlten Sie sich durch Ihren Partner nur auf Basis der „Kreuzchen" in Ihren Kenntnissen gut eingeschätzt und konnten Sie dessen Kenntnisse gut einschätzen? Durch welches Instrument (Multiple-Choice, Begründungsblatt, Gespräch) haben Sie am meisten über das Denken Ihres Partners erfahren?
- Wie müsste die Heterogenität unserer Seminargruppe berücksichtigt werden, um Ihren Lernprozess im Seminar gewinnbringend zu gestalten?

Abschießend wurde bilanziert, was aus dem Experiment und der Reflexion in Bezug auf die Berücksichtigung von Heterogenität für die Gestaltung der Lernumgebungen mit den Besuchsklassen folgt.

Die gewählte Abfolge von eigener *Aktivität* durch Lösen, Austausch von Lösungen, Austausch von Begründungen und anschließender *Reflexion* hilft, für die Studierenden sichtbar zu machen, dass es große Unterschiede in der Leistungsfähigkeit und auch im Fähigkeitsselbstkonzept in Bezug auf den Inhalt Stochastik gibt, und das obwohl alle Beteiligten Mathematik studieren und am Ende ihres Studiums stehen. Darüber hinaus wurde die diagnostische Aussagekraft von Instrumenten bereits zugänglich. So stellten die Studierenden fest, dass alleine anhand der Lösungen zum MC-Test kaum Aussagen über die Passung der Lösungsideen zur Mathematik getroffen werden können. So wurden z. T. richtige Kreuzchen schlicht geraten und falsche Kreuzchen trotz sinnvoller Vorstellungen nur aufgrund eines kleinen Rechenfehlers gesetzt. Zudem wurde für die Studierenden auch die Relevanz von diagnostischen Ausgangslagenerhebungen sichtbar, denn sogar die Weiterarbeit im Seminar ist ohne die Berücksichtigung der fachlichen Heterogenität (in Bezug auf Grundvorstellungen, Darstellungen, Sprache) der Studierenden im Feld der Stochastik kaum sinnvoll möglich. Erst Recht wäre dies für eine Schulklasse bei differenten Lernausgangslagen problematisch. Für einen genaueren Einblick in die Aufgaben und die Weiterarbeit mit dem Zyklus des Lernens im Wechselspiel von Aktivität und Reflexion im Seminar vgl. Lengnink (2017).

Diagnose- und Förderkompetenz entwickeln: Ein wichtiges Strukturmerkmal des Seminars ist der doppelte Einsatz von Videos zum Aufbau von diagnostischer Kompetenz. Als praxisnahe *Aktivität* wurden im Vorfeld der Planung der Besuchsvormittage Videoanalysen an Sequenzen aus den vergangenen Semestern vorgenommen. Dabei wurde das Gießener Modell des diagnostischen Vorgehens (vgl. Beretz et al., 2017, Abb. 8.1 in Kap. 8) als Verfahren eingeübt, um Schülervorstellungen in den Lernprozessen zu lokalisieren. *Reflexion* fand daran anschließend (a) im Abgleich mit den eigenen Vorstellungen statt, die sich beim Lösen der stochastischen Aufgaben im MC-Test zeigten, und (b) wurden die in den vergangenen Semestern gewonnenen mathematikdidaktischen Kenntnisse zu Schülervorstellungen und ihren Spannungen zu normativ intendierten Grundvorstellungen (vgl. v. Hofe, 1992) für die Studierenden in ihrem Wert für das Handlungsfeld Unterricht überdacht. Darüber hinaus wurden weitere theoretische Konzepte als Orientierung im komplexen Unterrichtsfeld nachgefragt, wie etwa die Verwendung und das Erlernen von Begriffen (vgl. die Stufen des Begriffslernens nach Vollrath, 1984) und das Umgehen mit unterschiedlichen sprachlichen Mitteln (vgl. die Konzepte zum sprachsensiblen Unterricht nach Prediger & Wessel, 2011). Über die *Aktivität* der Videoanalyse wurden so Erfahrungen von den Studierenden gemacht und diese *vor* dem eigenen Unterrichtshandeln *reflektiert*.

Umsetzung von Diagnose und Förderung in Praxisphasen: Antizipierend aus typischen Beobachtungen in den Vorgängerkursen wurde gemeinsam mit den Studierenden ein adaptives Unterrichtskonzept entwickelt und am Besuchsvormittag erprobt *(Aktivität)*. Durch die Videografie der Vormittage und die anschließende Auswertung konnten die dort gemachten Erfahrungen nun wieder mit den Studierenden gemeinsam analysiert werden. Dies wurde durch eine peer-Sichtung der Videos gestützt mit einem diagnostischen Beobachtungsbogen eingeleitet und dann anhand ausgewählter Szenen im Seminar vertieft. (Für einen Einblick in den Beobachtungsbogen siehe Beretz et al., 2017). Wesentlich war hierfür die Frage, ob die adaptive Unterrichtsplanung durch die antizipierende Reflexion wirklich gegriffen hat, oder ob Förderbedarfe sichtbar werden, die im Vorfeld nicht antizipiert wurden. Die Aufforderung zum Abgleich zwischen dem Plan sowie dem darin antizipierten Verhalten der Lernenden (deren Antworten, deren Sprache, etc.) und der analysierten „Unterrichtsrealität" setzte für die Studierenden *Reflexionen über* die Handlung in Gang, oft in der Formulierung: Was kann ich besser oder anders machen? Daraus ergaben sich Fragen, die für eine forschende Grundhaltung beim Unterrichten wichtig sind, wie etwa „Wie sieht eine gute Formulierung von Aufgaben aus?", „Wie wird Sprache im Unterricht wirksam und wie kann ich alle Lernenden sprachlich erreichen?" und „Welche normativen Grundvorstellungen zur Stochastik sollen die Lernenden aufbauen?" Zu diesen Themen forderten die Studierenden mathematikdidaktisches Wissen ein, das ihnen für die Klärung ihrer Fragen wichtig erschien.

Formulierung von Förderansätzen: Aus dem Konzipieren, Durchführen und Reflektieren der Vormittage wurde deutlich, dass der Anspruch des Formulierens von individuellen Förderimpulsen in der laufenden Lernsituation und ein direktes Überdenken ihrer Wirksamkeit (*Reflexion in* der Handlung) für die Studierenden eine Überforderung darstellt. Angeregt durch diese Erfahrungen im gesamten Durchlauf des Wechselspiels von Aktivität und Reflexion im Seminar wurde die Formulierung von Förderansätzen im schriftlichen Abschlussbericht für das Seminar gezielt aufgegriffen. Jede Studentin und jeder Student musste hierfür eine Szene aus dem Videoseminar aussuchen, um sie in Hinblick auf eine spezifische selbstgewählte mathematikdidaktische Frage der Diagnose auszuwerten und im Anschluss daran Förderansätze für die Lernenden vorzuschlagen. Diese punktuelle Vertiefung gestützt durch die im Betrachten des Videos erzielte Distanz in der Verlangsamung des Geschehens und durch das Wegnehmen des unterrichtlichen Handlungsdrucks, sollte die zukünftigen Lehrkräfte darauf vorbereiten, Lernsituationen zukünftig auch *in* der Handlung zu reflektieren und in Hinblick auf die Formulierung von Förderansätzen auszuwerten. Insbesondere liegt hierbei dann eine *Reflexion* vor, wenn die eigene Lehrerhandlung in ihrer Wirkung in einer Situation befragt und (kritisch) überdacht wird.

4.3.2 Praxisbeispiel 2: In zwei „Zyklen" zu emergenten Aufgaben: Ein Beispiel aus dem Praxissemester in Bremen

Eine besondere Herausforderung für Studierende im Praxissemester ist es, Praktiken zur Reflexion im unterrichtlichen Handeln aufzubauen und diese zur Diagnose und Förderung heterogener Lerngruppen nutzen zu können. In den Lehr-/Lehrarrangements des Vorbereitungsseminars zum Praxissemester sowie im Begleitseminar des Praxissemesters an der Universität Bremen werden die Studierenden auf diese Herausforderung vorbereitet (vgl. Bikner-Ahsbahs, Bönig & Korff, 2017, Kap. 6 in diesem Band). Dabei sollen sie das *Wechselspiel von Aktivität und Reflexion* als lern- und erkenntnisfördernde Komponente für professionelles Handeln erfahren. Mit Bezug auf die drei Merkmale von Aktivität (in Kap. 4.2), die sich auf die Zielperspektiven des Entwicklungsverbundes beziehen, befasst sich dieses Kapitel mit den folgenden drei Gestaltungsmerkmalen von praxisvorbereitenden und –begleitenden Lehr-/Lernarrangements:

- *Eine Wiederholung diagnostischer Erfahrung im Wechselspiel von Aktivität und Reflexion* trägt dazu bei, diagnostisches Lehrerhandeln im Unterricht gezielt aufzubauen (Entwicklung von Diagnose- und Förderkompetenz).
- *Das Konzept emergenter Aufgaben (s. u.)* als Handlungs- und Reflexionswerkzeug trägt dazu bei, komplexitätsreduzierend Orientierung beim förderdiagnostischen Unterrichtshandeln zu geben (Umsetzung von Diagnose und Förderung).
- *Die Dokumentation emergenter Aufgaben* trägt dazu bei, Lerngelegenheiten antizipieren zu können und so Unterricht auf diagnosebasierte Förderung auszurichten (Sensibilisierung für zukünftiges Handeln).

In den Gestaltungsmerkmalen spielen emergente Aufgaben eine zentrale Rolle (Bikner-Ahsbahs & Janßen, 2013). Darunter versteht man spontane Aufgabenstellungen einer Lehrkraft, die individuelle Interessenlagen (Cramer & Bikner-Ahsbahs, 2009) aufgreifen, die Lernende beim Bearbeiten einer Aufgabenstellung anzeigen. Passend gestellte emergente Aufgaben richten das Denken von Lernenden kognitiv aktivierend aus oder helfen ihnen über eine Denk- oder Arbeitshürde hinweg. Als Diagnose- und Förderwerkzeuge können diese Aufgabenstellungen Studierende darin unterstützen, ihr eigenes Handeln im Mathematikunterricht adaptiv auf die Bedarfe von Lernenden auszurichten und ihre eigenen fachdidaktischen Handlungsmöglichkeiten auszudehnen.

Ein paradigmatisches Beispiel für emergente Aufgaben wurde im Unterricht einer inklusiven 5ten Klasse zum Vergleichen von Flächeninhalten identifiziert. Die Situation begann mit einer Vermutung der Schülerin Kara „Wenn das Drumrum groß ist, muss doch auch die Fläche groß sein" (vgl. Bikner-Ahsbahs & Große Kamphake, 2016, S. 8f.). Diese Vermutung zeigt eine beginnende Auseinandersetzung mit den Begriffen *Flächeninhalt* und *Umfang einer Fläche* an. Kara vermutet einen Zusammenhang zwischen Umfang und Größe einer Fläche, der aber so allgemein formuliert nicht korrekt ist. Ihre Äußerung kann als Lerngelegenheit genutzt werden, beide Begriffe zu unterscheiden. In der Unterrichtsstunde stellt die Studentin folgende emergente Aufgabe: „Ah – du möchtest die Größe einer Fläche und ihr Drumrum, den Umfang einer Fläche, zusammenbringen. Hier hast du einen verknoteten Schnürsenkel. Überprüf doch ‚mal, ob das immer (betont gesprochen) so ist, dass eine Fläche groß ist, wenn (betont gesprochen) das Drumrum groß ist." Der verknotete Schnürsenkel ist ein einfaches Mittel für Kara, die Allgemeingültigkeit ihrer Vermutung beispielbezogen zu prüfen (konstruktive Unterstützung). Zugleich reagiert die emergente Aufgabenstellung auf Karas implizites Anliegen, Inhalt und Umfang einer Fläche aufeinander zu beziehen. Die Betonungen der Studentin (bei: immer und wenn) heben die Argumentationsstruktur von Karas Vermutung als Implikation hervor und fordern sie kognitiv heraus, die Gültigkeit dieser Vermutung zu prüfen. Die *kognitive Aktivierung* liegt hier in der argumentativen Bewältigungsstruktur der emergenten Aufgabe, für die Kara den verknoteten Schnürsenkel als Denk- und Argumentationswerkzeug zum Verstehen des Zusammenhangs zwischen Umfang und Flächeninhalt erhält. So kann sie der Klasse mithilfe des Schnürsenkels überzeugend zeigen, dass es Flächen mit gleichem Umfang gibt, die ganz „unterschiedlich groß" und sogar „ganz klein" sein können bzw. dass ein kleiner Flächeninhalt nicht zwingend mit einem kleinen Umfang einhergehen muss (Abb. 4.2).

Im Vorbereitungsseminar zum Praxissemester wird die Frage *Wie würden Sie als Lehrkraft auf Karas Aussage reagieren, um sie zu fördern?* zum Ausgangspunkt für eine sensibilisierende Auseinandersetzung mit emergenten Aufgaben in heterogenen Lerngruppen gemacht (*Aktivität*). Diese Auseinandersetzung orientiert sich an einer Liste von Leitfragen zur Diagnose und Förderung: Womit setzt sich Kara mathematisch auseinander? Ist eine fachliche Hürde zu überwinden? Welche mathematische Vorstellung könnte Grundlage für Karas Äußerung sein? Welche Interessenlage wird sichtbar? Wie sähe eine passende Förderreaktion der Lehrkraft aus, die Karas Interessenlage aufgreift und voranbringt? Konfrontiert mit der obigen emergenten Aufgabe aus dem Unterricht einer Studentin aus dem Vorjahr, weisen die Studierenden in der *Reflexion über* ihr eigenes, gerade erlebtes diagnostisches Handeln darauf hin, dass es schwer sei, diese Lernsituation vorauszusehen und den Schnürsenkel für eine mögliche Förderung bereitzuhalten. In dieser Reflexion nehmen die Studierenden zunächst einmal wahr, dass eine antizipierende und auf konstruktive Förderung ausgerichtete Unterrichtsplanung herausfordernd ist, aber sie erfahren auch, dass Studierende aus dem Vorjahr eine solche Kompetenz entwickeln konnten. Diese Erfahrung wird als Entwicklungsperspektive für Diagnose- und Förderkompetenz im Praxissemester aufgegriffen und in so genannten Fokusgruppen weitergeführt und ausgebaut (vgl. Bikner-Ahsbahs et al., 2017).

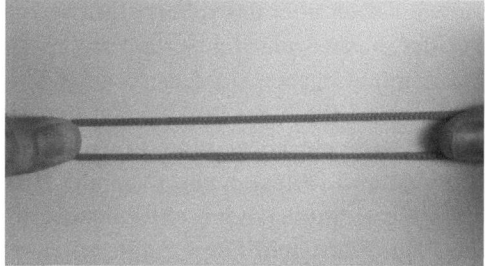

Abb. 4.2:   Flächeninhalt bei gleichem Umfang (Schnürsenkelkonstruktion) (vgl. Bikner-Ahsbahs & Große Kamphake, 2016, S. 8f.)

Fokusgruppen bestehen aus zwei bis drei Studierenden. Sie arbeiten als Peer-Gruppe im Praxissemester zusammen. Ihre Aufgabe ist es, eine empirische Erkundung durchzuführen, die sich am Lernzyklus im Wechselspiel von Aktivität und Reflexion (Abb. 4.1) orientiert. Dabei verfolgen sie das Ziel, orientiert an der Methodologie von Design Research (Prediger et al., 2012) eine gemeinsame Unterrichtskonzeption zu entwickeln und dafür empirisch basiert eine Liste konkreter emergenter Aufgaben zu gewinnen. Der damit einhergehende Lernprozess beschreibt im Wechselspiel zwischen Aktivität und Reflexion die Entwicklung der Fähigkeit, emergente Aufgaben als Diagnose- und Förderwerkzeug zu nutzen, in sieben Schritten: (1) (Erst-)*Konzeption* des Unterrichts mit a priori-Analyse und *antizipierender Reflexion* zu emergenten Aufgaben, (2) *Experiment* und (Erst-)*Erfahrung* (Unterricht in Klasse 9), (3) *Reflexion über den Unterricht*, vergleichende Analyse der Liste emergenter Aufgaben mit den im Unterricht produzierten emergenten Aufgaben, (4) (Re-)*Konzeption* des Unterrichts, (5) *Experiment* und (Zweit-)*Erfahrung* (Unterricht in der Parallelklasse), (6) *Reflexion über den Unterricht*, vergleichende Analyse der *Erfahrungen*, (7) Bericht zur empirischen Erkundung mit *Reflexion* über den Gesamtprozess. Dieser 7-schrittige Prozess wird nun in Hinblick auf die theoretischen Grundlagen erläutert und an einem Beispiel illustriert.

In einer ersten a priori-Analyse antizipieren die Studierenden der Fokusgruppe gemeinsam, welche Lerngelegenheiten für emergente Aufgaben im geplanten Unterricht zu erwarten sind (*Aktivität*). Dadurch erfährt die gewonnene *Sensibilität* aus dem Vorbereitungsseminar eine erste Prüfung. Es entsteht eine Dokumentation möglicher emergenter Aufgaben, die nach dem erteilten Unterricht mit den tatsächlich gestellten emergenten Aufgaben verglichen wird. Fehlende Übereinstimmung kann eine *Reflexion über* das unterrichtliche Handeln veranlassen und zu *Erkenntnissen* führen, wo und warum Lerngelegenheiten für emergente Aufgaben verpasst worden sind. Dadurch werden die Studierenden mit ihrer eigenen Diagnose- und Förderpraxis konfrontiert, z. B. in der zu reflektierenden Frage, weshalb Lerngelegenheiten nicht aufgegriffen wurden, wie man diese hätte wahrnehmen und reagieren können. So werden die Studierenden für fruchtbare Lerngelegenheiten *sensibilisiert* und können ihre *Diagnose- und Förderkompetenz weiterentwickeln*. Angeregt durch die *gemeinsame Reflexion* wird die Unterrichtsplanung für den zweiten Zyklus gemeinsam modifiziert und anschließend in einer Parallelklasse erprobt (*Aktivität*). Peer-Hospitation führt zu einer gemeinsam geteilten *Erfahrung* aus unterschiedlichen Perspektiven. Diese geteilte Erfahrung stellt dann die Basis für eine

Peer-Reflexion über das unterrichtliche Handeln in der Parallelklasse dar. Der Vergleich mit der ersten Unterrichtserfahrung macht günstige und hinderliche Bedingungen für emergente Aufgaben sichtbar. Es entsteht abschließend eine Sammlung emergenter Aufgaben mit dichten Beschreibungen der dazugehörigen Lerngelegenheiten für die spezifische Unterrichtskonzeption. Einen konkreten Einblick in dieses Wechselspiel zwischen Aktivität und Reflexion gibt folgendes Beispiel.

Die drei Studierenden einer Fokusgruppe unterrichten an derselben Schule in zwei 9ten Parallelklassen. Die Gruppe hat das Ziel, eine Unterrichtssequenz für ihre Klassen zu entwickeln, die den Lernenden, die im gemeinsamen Unterricht auf zwei Leistungsniveaus differenziert lernen, ein Angebot bereitstellt, in dem alle Schülerinnen und Schüler zusammenarbeiten können. Dabei geht es im folgenden Beispiel um quadratische Funktionen und deren symbolische Schreibweisen, die aus graphischen und tabellarischen Darstellungen gewonnen werden sollen. Abbildung 4.3 zeigt eine Schülerlösung, in der Normalparabeln entlang der Ordinate verschoben auftreten. Im Bericht zur empirischen Erkundung der Fokusgruppe heißt es dazu:

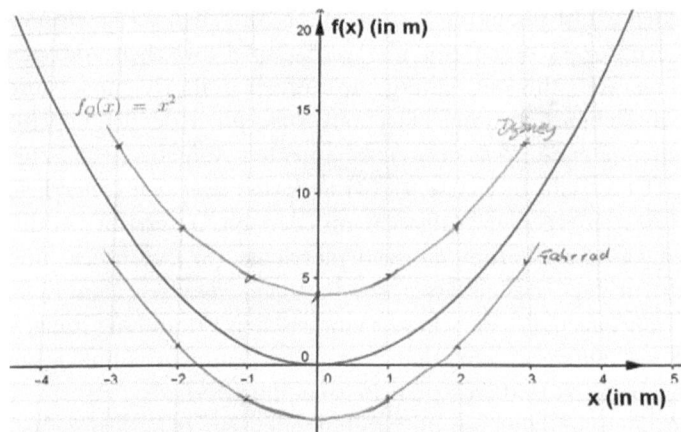

Eine Schülergruppe untersucht die Auswirkung des Parameters c bei der Verschiebung der Parabel nach oben und unten. Ein Schüler hält die Auswirkung der Verschiebung folgendermaßen fest: „Die Parabeln schneiden sich irgendwo, die eine geht immer dichter an die andere".

Abb. 4.3: Schülerlösung zur Verschiebung der Normalparabel entlang der Ordinate

Wie kommt diese Schülergruppe zu ihrer Vermutung, dass sich die Parabeln schneiden? Trotz konstanter Differenzen zwischen den Ordinaten zweier Parabeln bei gleichen Abszissenwerten nähern sich die Parabeln im Diagramm mit wachsenden/fallenden Abszissenwerten in folgendem Sinne: Bewegt sich ein Punkt P von x=0 aus nach rechts (links) auf der Parabel, dann verringert sich der Abstand von P zu der verschobenen Parabel mit zunehmenden (fallenden) Werten für x. Diesen (korrekten) Eindruck nehmen die Lernenden aus der Schülergruppe vermutlich visuell wahr. Dennoch schneiden sich je zwei der zueinander verschobenen Parabeln nicht, wie die Lernenden vermuten, weil die Ordinatenabstände stets gleichbleiben. Genau das aber können die Lernenden nicht visuell wahrnehmen, sie müssen diese Einsicht argumentativ gewinnen.

Betrachtet man nun das unterrichtliche Handeln der Studierenden, dann wird *Reflexion im Handeln* in dieser Situation realisiert, indem der fachliche Zusammenhang unmittelbar erfasst und für förderdiagnostisches Handeln genutzt wird. Als emergente Aufgaben schlagen die Studierenden in der *Reflexion nach* dem ersten Zyklus folgende zwei Handlungsoptionen vor: (1) „Die Lehrkraft könnte eine Folie mit der Normalparabel reinreichen, sodass der Schüler die Verschiebung haptisch erfahren kann." und die Aufgabe formulieren: „Überprüfe deine Vermutung doch mal mit dieser Folie. Was stellst du fest?" und als vertiefende Reaktion, (2) die Abstände der Ordinaten „jeweils beim gleichen x-Wert zu bestimmen". (Bericht zur empirischen Erkundung, 2016)

In der Modifizierung der Unterrichtskonzeption bauen die Studierenden vor allem Unzugänglichkeiten zu symbolischen Schreibweisen ab. Das gelingt ihnen, ohne die Vielzahl fruchtbarer Lerngelegenheiten für emergente Aufgaben bei der Erprobung in der Parallelklasse zu reduzieren. Diese *gemeinsame Erfahrung* verdichtet sich in der *Peer-Reflexion* zur *Einsicht*, dass Zugänglichkeit von Mathematikunterricht nicht zwingend mit einer Reduktion von differenzierenden Lerngelegenheiten einhergehen sein muss.

Den Einsatz emergenter Aufgaben empfinden Studierende zunächst als besonders herausfordernd, weil dafür nicht nur angemessene Handlungsoptionen vorliegen müssen, sondern diese basierend auf einer Diagnose von Interessenlagen im Unterrichtsverlauf passgenau als aktivierende Aufgabenstellungen formuliert werden müssen. Die zu Beginn des Praxissemesters noch grob entwickelte Sensibilität wird im folgenden zweizyklischen Prozess verfeinert. Durch (Re-)Konzeption und die Erprobung der modifizierten Unterrichtsplanung in einer Parallelklasse machen die Studierenden gemeinsam in der Fokusgruppe die *Erfahrung*, dass ähnliche Lerngelegenheiten für emergente Aufgaben auch in der Parallelklasse auftreten und *reflektierte Erfahrungen* die Studierenden für den Folgeunterricht *sensibilisieren* können. Die Verwendung emergenter Aufgaben als Diagnose- und Förderwerkzeug „wurde normal", das heißt *im Handeln reflexiv praktizierbar*, wie eine Studentin im Abschlussgespräch nach dem Praxissemester feststellt.

Zusammenfassend hat sich gezeigt, dass das beschriebene Lehr-/Lernarrangement im Umgang mit emergenten Aufgaben aus dem Vorbereitungsseminar die Studierenden für Lerngelegenheiten und deren Diagnose und Fördermöglichkeiten sensibilisiert. Diese Sensibilität kann in den Aktivitäten zum Praxissemester aktiviert und weitergeführt werden. Als besonders gewinnbringend stellt sich eine Wiederholung diagnostischer Erfahrung beim zweimaligen Durchlaufen des Lernzyklus im Zusammenspiel von Aktivität und Reflexion heraus (Abb. 4.1, siehe auch Bikner-Ahsbahs et al., 2017). Dabei können entwickelte Praktiken zur Reflexion und ihr Einsatz bei der Diagnose und Förderung im Unterricht die Anzahl fruchtbarer Lerngelegenheiten im zweiten Unterrichtszyklus ausdehnen und zu passgenauen emergenten Aufgabenstellungen führen. Folgendes Zitat fasst eine wiederholt auftretende Einsicht Studierender zusammen, die zwar nicht überraschend ist, aber als reflexive Erkenntnis aus eigenen Erfahrungen eine besondere Qualität gewinnt: „Es lässt sich festhalten, dass sich interessenbezogene emergente Aufgaben eher bei offenen Aufgabenstellungen ergeben, bei denen die Schülerinnen und Schüler einem Problem gegenüberstehen und experimentieren können." (Bericht zur empirischen Erkundung, 2016)

4.3.3 Praxisbeispiel 3: Von Standardsituationen zu adaptivem Unterricht – Erfahrungen von Studierenden mit diagnostischen Erkundungen vor und im Praxissemester in Bremen

Im Praxissemester, wenn Studierende der Universität Bremen in ihrem Masterstudium ein halbes Jahr lang mehrere Tage in der Woche in der Schule sind und in einem durch Alltagsroutinen geprägten Kontext (Voigt, 1984; Krummheuer, 1992) eigenen Mathematikunterricht planen und durchführen, wird die Entwicklung ihrer Diagnose- und Förderkompetenzen wie auch deren Anwendung im eigenen Unterricht durch im Alltag mächtige Standardsituationen schulischer Praxis auf neue Weise herausgefordert. Inwieweit das Wechselspiel von Aktivität und Reflexion in dieser Situation Studierende darin unterstützen kann, erworbene Diagnose- und Förderkompetenzen auch in diesem Kontext, bei der Planung und Umsetzung eigenen Unterrichts adaptiv zu nutzen, soll an einem Beispiel veranschaulicht werden.

Eine theoretische und praktische Einführung in Diagnostik und Förderung erhalten die Lehramtsstudierenden mit dem Fach Mathematik bereits im Bachelorstudium in dem verpflichtenden Modul „Diagnostizieren und Fördern". In einem Theorie- und einem Praxisseminar hatten sie in diesem BA-Modul wahlweise entweder im Bereich der Arithmetik oder im Bereich der Algebra zunächst theoretische und fachdidaktische Grundlagen von Diagnostik und Förderung kennen gelernt, die semesterbegleitend durch schulpraktische Erfahrungen flankiert wurden. Einmal wöchentlich gehen die Studierenden im Rahmen des Moduls „Diagnostizieren und Fördern" an Kooperationsschulen der Bremer Universität, führen Lernstandsdiagnosen in Kleingruppen von zwei bis drei Lernenden durch und fördern ausgehend von ihren Diagnosen die ihnen zugewiesenen Schülerinnen und Schülern über das Semester hinweg. Das Wechselspiel von Aktion und Reflexion, wie auch die Verzahnung von Theorie und Praxis aus diesem Bachelormodul ist die Erfahrungs- und Wissensgrundlage dieser Studierenden im Masterstudium. Konkret haben sie im Arithmetik-Modul mit Ansätzen und Materialien des Dortmunder Mathe-Sicher-Können Projektes (siehe Selter, Prediger, Nührenbörger & Hußmann, 2014) und des neuseeländischen Numeracy Projektes (vgl. Katzenbach, 2011) gearbeitet.

Im Masterstudium werden die dort gemachten Erfahrungen, insbesondere auch mit dem fachdidaktischen Umgang mit Heterogenität, wieder aufgegriffen und ihre Diagnose- und Förderkompetenzen im Sinne eines zyklischen Prozesses weiter entwickelt und konstruktiv unterstützt. Im Rahmen des Vorbereitungsseminars auf das Praxissemester (im 1. Semester des Masterstudiums) wird nun die Vorschau auf heterogene Lernprozesse und notwendige Differenzierungen inhaltlich auf weitere Themengebiete von Mathematikunterricht ausgeweitet. Geometrie und Stochastik werden exemplarisch thematisiert, die Arithmetik mit Blick auf die Prozentrechnung und die Algebra im Hinblick auf lineare Gleichungssysteme (Gauß-Verfahren) erweitert. Antizipierend werden Unterrichtssituationen des anstehenden Praxissemesters gedanklich aufgegriffen und den Studierenden die Gelegenheit gegeben, ihre erworbenen Diagnose- und Förderkompetenzen zielorientiert zu vertiefen und thematisch zu erweitern.

Sogenannte *Standardsituationen* (vgl. Barzel, Holzäpfel, Leuders & Streit, 2011) werden dabei bewusst zum Ausgangspunkt der auf das Praxissemester vorbereitenden fachdidaktischen Veranstaltung gemacht. Reflektiert werden soll dabei, welche Rolle Diagnostik in diesen Standardsituationen zukommt bzw. spielen könnte und welche adaptiven unterrichtlichen Maßnahmen daraus sinnvoll abgeleitet werden. Standardsituationen erlauben es *vor*, *in* und *über* die unterrichtlichen Handlungen praxisnah den Umgang mit Heterogenität zu reflektieren. Das folgende Beispiel illustriert dies.

Standardsituationen im Vorbereitungsseminar

Aus ihrer eigenen Schulzeit kennen Studierende in der Regel solche Standardsituationen. Dabei wird unter einer Standardsituation eine wiederkehrende Unterrichtssituation verstanden, die für das Fach Mathematik typisch ist. Barzel et al. (2011) unterscheiden fünf solche typischen Situationen, die auch heute noch in der schulischen Praxis von Mathematikunterricht in der Sekundarstufe weit verbreitet sind. 1. Fragend-entwickelnde Erarbeitung, 2. Verfahren erarbeiten an Lösungsbeispielen, 3. Forschend-entdeckendes Lernen, 4. Sammeln-Sichern-Systematisieren, 5. Differenzierendes Üben. Welche unterrichtlichen Ziele mit diesen Standardsituationen realisierbar, welche Grenzen und Hindernisse mit Blick auf Diagnostik und Förderung und den Umgang mit heterogenen Lerngruppen im Mathematikunterricht verbunden sind, wird kritisch im Vorbereitungsseminar gemeinsam reflektiert. Insbesondere auch im Hinblick auf die selbstständige Konzeption, Planung und Durchführung adaptiven Unterrichts der Studierenden im Praxissemester ist die kritische Auseinandersetzung mit diesen Standardsituationen essentiell. Eine fachlich-inhaltliche Ausrichtung ist dabei zentral, so dass insbesondere auch die fachdidaktische Adaptivität von Unterricht von den Studierenden in den Blick genommen werden kann.

Inhaltlich sind folgende Schwerpunktsetzungen vorgegeben: 1. Stochastische Unabhängigkeit (Fragend-entwickelnde Erarbeitung), 2. Gaußverfahren (Verfahren erarbeiten an Lösungsbeispielen), 3. Satz des Pythagoras (Forschend-entdeckendes Lernen), 4. Produktregel (Sammeln-Sichern-Systematisieren), 5. Prozentrechnung (Differenzierendes Üben). Konkrete vorgegebene Aufgabenstellungen zu den Themen sind für die Studierenden der Ausgangspunkt für die Konzeption einer 45 minütigen Seminarstunde zu einer von ihnen gewählten Standardsituation, die schließlich in einer Seminarsitzung auch durchgeführt und erprobt wird. 4–5 Studierende bereiten gemeinsam eine solche Unterrichtssituation im Seminar vor, die Verantwortung für die konkrete Ausgestaltung und vorausschauende Reflexion dieser Stunde liegt bei ihnen. (Eine ausführlichere Beschreibung und Diskussion dieser „fachdidaktischen Rollenspiele" findet sich in Knipping, Tolsdorf & Markic, 2017b, Kap. 10 in diesem Band). Überraschend für die Studierenden ist, wie „echt" diese Standardsituationen im Seminar erfahrbar sind, sowohl in der Rolle der Lehrenden als auch in der Rolle der Schülerinnen und Schüler. Im *Experiment* lassen sich die Bedeutung von Heterogenität und ihre Relevanz für die Konzeption und Adaptivität von Unterricht erneut ganz konkret erfahren, gerade auch beim Transfer auf fachliche Themengebiete, die bisher schulpraktisch von ihnen noch nicht realisiert worden sind. Die gemeinsame *Reflexion* dieser gespielten Unterrichtssituationen ist entscheidend, den Studierenden wird dabei deutlich, dass (implizites) Handlungswissen in Unterrichtssituation sich bei ihnen erst entwickelt. Ihre dezidierte Vorbereitung auf den Unterricht (*Konzeption*) ist entscheidend, da so nicht nur eigene fachliche Grundlagen für den Unterricht noch einmal gesichert werden sondern auch bereits die Antizipation von heterogenen Ausgangslagen ermöglicht wird. Zugleich wird den Studierenden deutlich, dass sie ihre eigenen, manchmal noch vagen Überlegungen und Konzeptionen in der Unterrichtssituation nicht immer aktiv umsetzen können. Die gemeinsame Reflexion des Experimentes *Standardsituationen* macht ihnen dies deutlich, wie auch dass der Einsatz von konkreten diagnostischen Instrumenten eine Handlungsentlastung in Unterrichtssituationen bewirken kann. Vor dem Hintergrund gemeinsamer Unterrichtserfahrung im Seminar können die Eignung von spezifischen diagnostischen Instrumenten mit dem Blick auf konkrete Inhalte und fachliche Anforderungen sowie die jeweilige Standardsituation besser thematisiert und in den Blick genommen werden. Dies bildet den Ausgangspunkt für den nächsten Schritt im Seminar, die individuelle Konzeption von diagnostischen Instrumenten für die vorgegebenen Inhalte und Standardsituationen.

Ausgehend von den Standardsituationen und den darin angespielten inhaltlichen Themen werden die Studierenden jetzt einzeln gefordert, ein diagnostisches Instrument zu entwerfen, das in einer Unterrichtseinheit zu ihrer Standardsituation für die Konzeption und Planung von Unterricht hilfreich wäre. Kia etwa entscheidet sich für eine Mind-Map im Rahmen ihrer Standardsituation *Sammeln, Sichern, Systematisieren* (Produktregel). Sie argumentiert, dass sich dieses Instrument gerade am Ende eines Themenblockes eignet, um herauszufinden, in wieweit Begriffe und Konzepte „im Gedächtnis der Schülerin oder des Schülers strukturiert und miteinander verknüpft sind und welche fachsprachlichen Begriffe überhaupt verwendet und welche ausgelassen oder durch alltagssprachliche Begriffe ersetzt werden." Sie erwartet, dass sich anhand der individuellen Mind-Maps auch Fehlvorstellungen erkennen lassen, „wenn zum Beispiel falsche Begriffe verwendet oder falsche Verknüpfungen in der Mind-Map dargestellt werden". Der Entwurf des diagnostischen Instruments von Kia wie auch die Entwürfe der anderen Studierenden im Seminar sind der Ausgangspunkt der mündlichen Prüfung, welche das Vorbereitungsseminar abschließt. In der mündlichen Prüfung werden ausgehend von diesen Entwürfen Inhalte und Themen des Vorbereitungsseminars abgeprüft, etwa: Wie kann Differenzieren und Individualisieren im Unterricht gelingen, auch unter Bedingungen der Mehrsprachigkeit?, Planung von Mathematikunterricht, Konzeption einer Unterrichtseinheit, welche Bedeutung kommt dabei dem entworfenen diagnostischen Instrument zu? Wie führt man eine Didaktische Sachanalyse durch und wie nutzt man diese für eine tragfähige Diagnostik?

In unserer dreijährigen Erfahrung mit dieser Lehrveranstaltung und der damit verbundenen Prüfung wird deutlich, dass Studierende sich diesen Herausforderungen vor allem auch mit der Motivation stellen, dass diese Aufgaben auf sie als Lehrkraft in der Schulpraxis zukommen. Inwieweit sie das so erworbene Wissen bereits im Praxissemester in eigenem Unterricht umsetzen können, soll im nächsten Kapitel thematisiert werden.

Ähnlich wie Schülerinnen und Schüler bilden auch Studierende eine heterogene Gruppe, nicht allen fällt die Umsetzung erworbenen Wissens in die Praxis gleichermaßen leicht. Kia, deren diagnostische Erkundung im Folgenden exemplarisch betrachtet wird, gelingt ein solcher Transfer.

Eigene Diagnostische Erkundungen im Praxissemester

Die während des Vorbereitungsseminars gesammelten Erfahrungen, werden im zwei Wochen später beginnenden Praxissemester vertieft und erweitert. Die antizipierten diagnostischen Instrumente (eigene, aber auch die von den anderen Mitstudierenden) können nun erprobt werden, allerdings müssen diese auf die Themen der Unterrichtseinheiten übertragen werden, die nun selbst unterrichtet werden. Die Studierenden erhalten die Aufgabe, im Rahmen der von ihnen selbstständig gehaltenen Unterrichteinheit eine diagnostische Erkundung entweder vorab als Lernausgangsdiagnose oder währenddessen als Lernprozessdiagnose durchzuführen, auszuwerten und für die weitere Planung des eigenen Unterrichts zu nutzen. Dies wird exemplarisch am Beispiel von Kia dargestellt.

Kia unterrichtet im Praxissemester eine siebte Klasse eines Gymnasiums und soll das Thema „Kongruenz und Dreiecke" neu einführen (Vorgabe der regulären Fachlehrerin dieser siebten Klasse, die Kias Mentorin in Mathematik während des Praxissemesters ist). Kia entscheidet sich für eine Lernausgangsdiagnose, um einen Überblick über die bei den Lernenden bereits vorhandenen notwendigen Voraussetzungen (ausgehend von den Bremer Bildungsplänen und dem Jahresarbeitsplan der Schule), Vorkenntnisse und Vorstellungen zu erhalten. Auf diese Diagnostik aufbauend möchte sie den Einstieg in die Unterrichteinheit gestalten. Eine Woche vor Beginn ihrer Unterrichteinheit führt sie diese daher durch. Als diagnostisches Instrument entwickelt sie einen Fragebogen, der Aussagen zum Thema „Kongruenz und Dreiecke" enthielt, welche von den Lernenden als wahr oder falsch identifiziert werden sollen. Die Auswertung dieser Lernausgangsdiagnose ergibt, dass die Schülerinnen und Schüler als gesamte Lerngruppe über alle notwendigen Voraussetzungen, Vorkenntnisse und Vorstellungen verfügen, dass das Wissen jedoch sehr stark streut. Einzelne Schülerinnen und Schüler verfügen also nicht über diesen Kenntnisstand, aufgrund ihrer Diagnostik ist Kia genau bewusst, über welche Kenntnisse die einzelnen Lernenden verfügen. Kia nutzt also *im* unterrichtlichen Handeln diagnostische Instrumente, um *vor* den nächsten unterrichtlichen Schritten reflektierte Entscheidungen treffen zu können. Sie lässt sich auf einen zyklischen Prozess ein. Unterricht umsichtig zu planen und zu gestalten bedeutet für diese Studentin als junge angehende Lehrerin, die erste Erfahrungen macht, weiter zu lernen.

Kia nimmt eine forschende Haltung ein und entscheidet sich, die festgestellte Heterogenität der Lerngruppe produktiv zu nutzen, indem sie als Einstieg in die Unterrichtseinheit das vorhandene Wissen der Schülerinnen und Schüler in einem gemeinsamen Unterrichtsgespräch sammelt und in einer („Klassen") Mind-Map festhält. Sie wählt also für ihren Unterrichtseinstieg die Standardsituation des Sammelns, Systematisierens und Sicherns, die sie im Vorbereitungsseminar kennen gelernt hat, nutzt sie hier jedoch kreativ für einen Einstieg in die von ihr konzipierte Unterrichteinheit. Ihre Konzeption von Unterricht ist somit bereits durch eine umsichtige Reflexion geprägt, die auch bereits Gelerntes aufgreift. Ein solcher Transfer ist nicht für alle Studierenden gleichermaßen selbstverständlich.

Kia hält während des gemeinsamen Unterrichtsgesprächs die genannten Begriffe und Aspekte in einer Mind-Map an der Tafel fest. So können die Schülerinnen und Schüler diese während des Gesprächs auch in den von ihr vorbereiteten Arbeitsblättern notieren, welche die Struktur der Mind-Map abbildet. Zunächst blieben dabei einige Äste frei. Diese werden nach einer anschließenden Arbeit an Stationen, welche Vorkenntnisse wecken und wiederholen sollen, weiter ausgefüllt. Die Mind-Map kann von den Lernenden im Verlauf der Unterrichtseinheit immer wieder als Erinnerungsstütze zu Hilfe genommen und mit neuen Erkenntnissen ergänzt und weiterentwickelt werden. Sie dient den Schülerinnen und Schülern damit als Dokumentation für den eigenen Lernprozess.

Zusammenfassend lässt sich festhalten: Ein solches unterrichtliches Vorgehen ist nicht neu, in pädagogischer und didaktischer Literatur seit langem thematisiert und von guten Lehrkräften immer schon auf die eine oder andere Weise praktiziert. Neu ist dagegen der konsequente Fokus auf Diagnostik und adaptiver Unterrichtsgestaltung (einschließlich Förderung, die hier von Kia noch wenig thematisiert wird) in der universitären Lehrerausbildung. Die weiter oben beschriebene aufwändige und umsichtige Realisierung solcher Ansätze über das Studium hinweg – Bachelor- und Masterstudiengang – wie auch ihre konsequente Umsetzung in vorbereitenden und begleitenden Veranstaltungen zu den Praxisphasen im Studium, ist innovativ. Die zyklischen Prozesse und verwendeten hochschuldidaktischen Aktivitäten bieten ein Potential, das es zu nutzen lohnt. Zugleich sind damit auch Herausforderungen verbunden, die nach zwei Durchgängen im Bereich Mathematik des zweiten Bremer Teilprojektes ebenso deutlich werden. Einigen Studierenden scheint die Reflexion und Einbindung von vorgängigen Erfahrungen (aus dem Vorbereitungsseminar und dem Bachelorstudium) und theoretischem Wissen erst möglich, wenn sie beobachten können, wie andere Studierende (etwa Kia) dies für ihre praktischen Unterrichtstätigkeiten nutzen. Für die eigene Unterrichtsgestaltung im Praxissemester kommt dies zuweilen zu spät, für die abschließende Reflexion im Praktikumsbericht ist es oft noch hilfreich. Es zeichnet sich ab, dass einige unserer Studierenden hier noch eine intensivere Betreuung benötigen, als wir sie bisher geleistet haben, hier lohnt es zukünftig noch genauer hinzuschauen und auch differenzierende Angebote für unsere Studierenden zu machen. Vignetten aus vorherigen Jahrgängen (siehe dazu auch v. Aufschnaiter et al., 2017 und Knipping, et al., 2017b) können diesbezüglich eine bedeutende und konstruktive Unterstützung bieten und auch die Reflexion über das eigene unterrichtliche Handeln weiter anregen.

4.4 Elemente universitärer Lehre im Wechselspiel von Aktivität und Reflexion

Bei der Entwicklung und Durchführung von universitären Lehr-/Lernarrangements zur Diagnose und Förderung heterogener Lerngruppen ist es für uns zentral, das Wechselspiel zwischen Aktivität und Reflexion als Lerngelegenheit zu etablieren. Dies gilt jedoch nicht nur für das Studium, sondern genauso für uns Hochschullehrende. Vor dem Hintergrund dieser Einsicht wollen wir nun unsere Aktivitäten (Lehrveranstaltungen) durch die reflektierende Betrachtung ergänzen und so in ihnen Elemente des vorgeschlagenen Lernzyklus (Abb. 4.1) identifizieren, die sich unserer Erfahrung nach als wirksam herausgestellt und somit bewährt haben. Damit möchten wir dazu anregen, auch in anderen universitären Lehrveranstaltungen solche Elemente weiter zu erproben.

Uns erscheint insbesondere der *Zugang über das eigene Erleben und das Reflektieren eigener Erfahrungen* ein ganz zentraler Punkt. Dieser wurde in den obigen Beispielen mit unterschiedlichen Lernsettings realisiert: So wurde das eigene Erleben von Heterogenität im Praxisbeispiel 1 (Unterkapitel 4.3.1) durch die Bearbeitung und Auswertung eines Tests auf die fachliche Heterogenität fokussiert. Im Beispiel des Vorbereitungsseminars auf das Praxissemester im Praxisbeispiel 3 (Unterkapitel 4.3.3) wurde das Erleben von Gestaltungsspielräumen in unterrichtlichen Standardsituation durch die Methode eines fachdidaktischen Rollenspiels realisiert. Eigenes Erleben von Handlungsfähigkeit durch das Stellen emergenter Aufgaben im Rahmen des Praxissemesters selbst (Unterkapitel 4.3.2) wurde durch ein Verfahren des Abgleichs von Eigenwahrnehmung und Fremdwahrnehmung im Praxisbeispiel 2 realisiert, das erneut in einem zweiten Durchgang aufgegriffen und weitergeführt wurde.

Es hat sich dabei herausgestellt, dass das *Reflektieren gemeinsam besser gelingt, insbesondere wenn ihm gemeinsame Erfahrungen der Studierenden zugrunde liegen* (vgl. Bikner-Ahsbahs et al., 2017). Das Herstellen von gemeinsamen Erfahrungen wurde besonders durch die Fokusgruppen im Praxissemester realisiert, die durch peer-Beobachtung und gemeinsame antizipierende und nachgreifende Reflexion stets über einen geteilten unterrichtlichen Erfahrungsschatz verfügen. Auch durch die Rollenspiele zu Standardsituationen und durch die Videoaufnahmen in der LernWerkstatt wird ein solcher gemeinsamer Erfahrungsraum hergestellt, in dem universitär begleitet reflektiert werden kann. Besonders wertvoll scheinen uns dabei auch *Phasen der peer-Reflexion*, in denen die Studierenden ohne direkte Beteiligung der Hochschullehrenden frei nachdenken und sich unbefangen äußern können.

Reflexion über eine Handlung bedarf auch der Distanz. Dazu waren Settings besonders geeignet, in denen Muße und Zeit für Reflexionsprozesse eingeplant wurde und Reflexion entlastet vom direkten Handlungsdruck mit Schülerinnen und Schülern und ohne zu starke Betroffenheit stattfinden kann. Dies schafft eine Möglichkeit der kritischen Distanzierung, in der auch fachdidaktische Konzepte durchdacht aufgegriffen werden können, um eigenes Handeln in Zukunft daran orientieren zu können. Handlungsoptionen und -alternativen können so exploriert werden, implizite Gründe für das eigene Handeln können so bewusst gemacht werden. Eine Entschleunigung und Distanz kann insbesondere durch das Nutzen von realen eigenen und fremden (Video-)Vignetten (v. Aufschnaiter et al., 2017) gut hergestellt werden (Kap. 4.3.1).

Unterrichtliche Aktivität und Reflexion zeichnen sich durch eine hohe Komplexität aus. Wir haben die Erfahrung gemacht, dass eine *gezielte Reduktion der Komplexität durch das Isolieren und Fokussieren einzelner Aspekte und durch die gezielte Entlastung von unterrichtlichem Handlungsdruck* lohnend ist. Dies wurde sowohl in der LernWerkstatt durch das Unterrichten in Teams erreicht, als auch in der Einübung von Standardsituationen, die durch das vorgegebene Aufgabenmaterial leichter ausgeschärft werden können und für sich bereits eine Auswahl darstellen.

Eine *Bewährung in der Praxis fördert das Empfinden von Relevanz der theoretischen Konzepte.* Dies wurde in den Evaluationen immer dann geäußert, wenn die Studierenden durch den Einsatz theoretischer Konzepte einen Lernfortschritt erleben konnten. In der Verbindung mit dem Antizipieren unterrichtlicher Verläufe, der Konzeption von Unterricht, dem Erfahren der Praxis und dem erneuten Abgleich mit der Theorie durch

Reflexion des Erlebten im Vergleich zum Geplanten konnten die Studierenden das Zusammenspiel von Theorie und Praxis in seiner Relevanz für Unterricht erkennen. Im mehrfachen Durchlaufen des Zyklus von Aktivität und Reflexion kann dies zu einem Erleben des Fortschritts beim Unterrichten führen und positiv Relevanzempfinden stimulieren.

4.5 Ausblick – Lernen und Herausforderungen für die universitäre Lehre

Im Rahmen dieser Arbeit im Entwicklungsverbund konnte das Erleben, Erlernen und Erproben im Zusammenhang mit Diagnose und individueller Förderung (Hußmann & Selter, 2013) aufgegriffen und Lehrkonzepte für den Umgang mit heterogenen Lerngruppen weiterentwickelt werden. Diese Konzepte müssen sich jedoch in der Praxis der Universität und Schule bewähren und somit stets an die sich verändernden Rahmenbedingungen angepasst werden.

Wenn wir für unsere Studierenden das Wechselspiel von Aktivität und Reflexion als treibenden Zyklus des Lernens herausgearbeitet haben, so können wir in der universitären Lehre auch für uns dieses Wechselspiel in Anspruch nehmen. So kann es gelingen, universitäre Lehr-/Lernkonzepte zu konzipieren, zu erproben und zu reflektieren sowie darauffolgend zu adaptieren. Insbesondere der Austausch zwischen Hochschullehrenden – wie etwa in dem Entwicklungsverbund der Deutschen Telekomstiftung geschehen – kann dabei helfen, den sich stets verändernden Anforderungen im Zusammenspiel von Theorie und Praxis produktiv zu begegnen. Das Wechselspiel von Aktivität und Reflexion wird somit als Kernelement adaptiver Weiterentwicklung sowohl von universitärer Lehre als auch von schulischem Unterricht vorgeschlagen.

Literatur

Altrichter, H. & Posch, P. (2007). *Lehrerinnen und Lehrer erforschen ihren Unterricht*. Bad Heilbrunn: Klinkhardt.

Aufschnaiter, C. v., Selter, C. & Michaelis, J. (2017). Nutzung von Vignetten zur Entwicklung von Diagnose- und Förderkompetenz – Konzeptionelle Überlegungen und Beispiele aus der MINT-Lehrerbildung. In C. Selter, S. Hußmann, C. Hößle, C. Knipping, K. Lengnink & J. Michaelis (Hrsg.), *Diagnose und Förderung heterogener Lerngruppen – Theorien, Konzepte und Beispiele aus der MINT-Lehrerbildung* (S. 85–105). Münster: Waxmann.

Barzel, B., Holzäpfel, L., Leuders, T. & Streit, C. (2011). *Mathematik unterrichten: Planen, durchführen, reflektieren*. Berlin: Cornelsen.

Baumert, J. & Kunter, M. (2011). Das Kompetenzmodell von COACTIV. In M. Kunter, J. Baumert, W. Blum, U. Klusmann, S. Krauss & M. Neubrand (Hrsg.), *Professionelle Kompetenz von Lehrkräften – Ergebnisse des Forschungsprogramms COACTIV* (S. 29–53). Münster: Waxmann.

Baumert, J. & Kunter, M. (2006). Stichwort: Professionelle Kompetenz von Lehrkräften. *Zeitschrift für Erziehungswissenschaft, 9* (4), 469–520.

Beretz, A., Lengnink, K. & Aufschnaiter, C. v. (2017). Diagnostische Kompetenz gezielt fördern – Videoeinsatz im Lehramtsstudium Mathematik und Physik. In C. Selter, S. Hußmann, C. Hößle, C. Knipping, K. Lengnink & J. Michaelis (Hrsg.), *Diagnose und Förderung heteroge-*

ner Lerngruppen – Theorien, Konzepte und Beispiele aus der MINT-Lehrerbildung (S. 149–168). Münster: Waxmann.

Bikner-Ahsbahs, A. (2017). Design Research – ein Ansatz zum Forschenden Lernen. In S. Doff & R. Komoss (Hrsg.), *How does change happen? Wandel im Fachunterricht analysieren und gestalten* (S. 85–108). Wiesbaden: Springer VS.

Bikner-Ahsbahs, A., Bönig, D. & Korff, N. (2017). Inklusive Lernumgebungen im Praxissemester: Gemeinsam lernt es sich reflexiver. In C. Selter, S. Hußmann, C. Hößle, C. Knipping, K. Lengnink & J. Michaelis (Hrsg.), *Diagnose und Förderung heterogener Lerngruppen – Theorien, Konzepte und Beispiele aus der MINT-Lehrerbildung* (S. 107–128). Münster: Waxmann.

Bikner-Ahsbahs, A. & Große Kamphake, L. (2016). Interesse fördern – inklusiv. *Mathematik lehren, 195*, 8–12.

Bikner-Ahsbahs, A. & Janßen, T. (2013). Emergent tasks-spontaneous design supporting in-depth learning. In C. Margolinas, J. Ainley, J. Bolite Frant, M. Doorman, C. Kieran, A. Leung, M. Ohtani, P. Sullivan, D. Thompson, A. Watson & Y. Yang (Hrsg.), *Proceedings of ICMI Study 22 Task Design in Mathematics Education*, Bd. 1 (S. 155–164). Oxford, UK, July 2013. Verfügbar unter: http://hal.archives-ouvertes.fr/hal-00834054 [26.7.2015].

BMBF (2016). *Neue Wege in der Lehrerbildung – Die Qualitätsoffensive Lehrerbildung.* Verfügbar unter: https://www.bmbf.de/de/qualitaetsoffensive-lehrerbildung-525.html [14.11.2016].

Cramer, J. & Bikner-Ahsbahs, A. (2009). Mathematical interest spheres and their epistemic function. In M. Tzekaki, M. Kaldrimidrou & H. Sakonidis (Hrsg.), *In Search for Theories in Mathematics Education, Proceedings of the 33th Conference of the International Group for the Psychology of Mathematics Education*, Bd. 2 (S. 353–361). Thessaloniki-Greece: Moucos-Communication in Print.

Dubs, R. (2008). Lehrerbildung zwischen Theorie und Praxis. In E.-M. Lankes (Hrsg.), *Pädagogische Professionalität als Gegenstand empirischer Forschung* (S. 11–28). Münster: Waxmann.

Hascher, T. (2014). Forschung zur Wirksamkeit der Lehrerbildung. In E. Terhart, H. Bennewitz & M. Rothland (Hrsg.), *Handbuch der Forschung zum Lehrberuf* (S. 542–571). Münster: Waxmann.

Hofe, R. v. (1992). Grundvorstellungen mathematischer Inhalte als didaktisches Modell. *Journal für Mathematikdidaktik, 13* (92) 4, 345–364.

Hußmann, S. & Selter, C. (2013). *Diagnose und individuelle Förderung in der MINT-Lehrerbildung* (S. 193–213). Münster: Waxmann.

Knipping, C., Korff, N. & Prediger, S. (2017a). Mathematikdidaktische Kernbestände für den Umgang mit Heterogenität – Versuch einer curricularen Bestimmung. In C. Selter, S. Hußmann, C. Hößle, C. Knipping, K. Lengnink & J. Michaelis (Hrsg.), *Diagnose und Förderung heterogener Lerngruppen – Theorien, Konzepte und Beispiele aus der MINT-Lehrerbildung* (S. 39–59). Münster: Waxmann.

Knipping, C., Tolsdorf, Y. & Markic, S. (2017b). Heterogene Schülervorstellungen und fachliche Vorstellungen fokussieren – Beiträge zur praxisnahen Lehramtsausbildung in der Chemie- und Mathematikdidaktik. In C. Selter, S. Hußmann, C. Hößle, C. Knipping, K. Lengnink & J. Michaelis (Hrsg.), *Diagnose und Förderung heterogener Lerngruppen – Theorien, Konzepte und Beispiele aus der MINT-Lehrerbildung* (S. 191–212). Münster: Waxmann.

Knorr Cetina, K. (2000). Objectual Practice. In Th. Schatzki, K. Knorr Cetina & E. von Savigny (Hrsg.), *The Practice Turn in Contemporary Theory* (S. 175–188). London, New York: Routledge.

Krummheuer, G. (1992). *Lernen mit Format. Elemente einer interaktionistischen Lerntheorie.* Weinheim: Deutscher Studien-Verlag.

Kunter, M. & Ewald, S. (2016). Bedingungen und Effekte von Unterricht: Aktuelle Forschungsperspektiven aus der pädagogischen Psychologie. In N. McElvany, W. Bos, H. G. Holtappels, M. Gebauer & F. Schwabe (Hrsg.), *Bedingungen und Effekte guten Unterrichts. Dortmunder Symposium der Empirischen Bildungsforschung*, Bd. 1. (S. 9–32). Münster, New York: Waxmann.

Lengnink, K. (2017). „So denkst du das?"- Lehramtsstudierende erleben eigene Heterogenität und die Relevanz von Diagnose und Förderung. In U. Kortenkamp (Hrsg.), *Beiträge zum Mathematikunterricht*. Potsdam.

Möller, K., Büsch, I. & Engelen, A. (2002). Konstruktivistisch orientierte Lehrerbildung – am Beispiel des Lernens und Lehrens naturwissenschaftsbezogener Inhalte im Sachunterricht der Grundschule. In H. Petillon (Hrsg.), *Individuelles und soziales Lernen in der Grundschule* (S. 269–280). Wiesbaden: Springer.

Schmidt, G., Zacharias, M. & Lergenmüller, A. (Hrsg.). (2010). *Mathematik Neue Wege. Arbeitsbuch für Gymnasien. Lineare Algebra. Analytische Geometrie*. Braunschweig: Schrödel.

Katzenbach, M. (2011). Unterstützung der Lehrkräfte bei der individuellen Förderung – Anregungen aus einem neuseeländischen Projekt. *Schulverwaltung Nordrhein-Westfalen, 22* (7–8), 194–197.

Prediger, S., Wessel, L., Tschierschky, K., Seipp, B. & Özdil, E. (2013). Diagnose und Förderung schulpraktisch erproben – am Beispiel Mathematiklernen bei Deutsch als Zweitsprache. In S. Hußmann & C. Selter (Hrsg.), *Diagnose und individuelle Förderung in der MINT-Lehrerbildung* (S. 171–192). Münster: Waxmann.

Prediger, S., Link, M., Hinz, R., Hußmann, S., Ralle, B. & Thiele, J. (2012). Lehr-Lernprozesse initiieren und erforschen. *MNU, 65* (8), 452–457.

Prediger, S. & Wessel, L. (2011). Darstellen – Deuten – Darstellungen vernetzen. Ein fach- und sprachintegrierter Förderansatz für mehrsprachige Lernende im Mathematikunterricht. In S. Prediger & E. Özdil (Hrsg.), *Mathematiklernen unter Bedingungen der Mehrsprachigkeit. Stand und Perspektiven der Forschung und Entwicklung in Deutschland* (S. 163–184). Münster: Waxmann.

Redder, A. & Breitsprecher, C. (2009). Wissenstransformationen live. Ein Forschungsprojekt mit Studierenden in der Germanistik. In L. Huber, J. Hellmer & F. Schneider (Hrsg.), *Forschendes Lernen im Studium. Aktuelle Konzepte und Erfahrungen* (S. 79–88). Bielefeld: Universitätsverlag Webler.

Reich, K. (1999). Interaktionistischer Konstruktivismus – ein Versuch, die Pädagogik neu zu erfinden. *System Schule, 3* (3), 75–85.

Roters, B. (2012). *Professionalisierung durch Reflexion in der Lehrerbildung*. Münster: Waxmann.

Schön, D. (1983). *The reflective practitioner. How Professionals think in action*. New York: Basic Books.

Schwingen, M., Schneider, R. & Wildt, J. (2013). Die dortMINT- Forschungswerkstatt – ein innovativer Lernort in der Lehrerbildung. In S. Hußmann & C. Selter (Hrsg.), *Diagnose und individuelle Förderung in der MINT-Lehrerbildung* (S. 193–213). Münster: Waxmann.

Selter, C., Hußmann, S., Hößle, C., Knipping, C., Lengnink, K. & Michaelis, J. (2017). Konzeption des Entwicklungsverbunds ‚Diagnose und Förderung heterogener Lerngruppen'. In C. Selter, S. Hußmann, C. Hößle, C. Knipping, K. Lengnink & J. Michaelis (Hrsg.), *Diagnose und Förderung heterogener Lerngruppen – Theorien, Konzepte und Beispiele aus der MINT-Lehrerbildung* (S. 11–18). Münster: Waxmann.

Selter, C., Prediger, S., Nührenbörger, M. & Hußmann, S. (2014). *Mathe sicher können. Handreichungen für ein Diagnose- und Förderkonzept zur Sicherung mathematischer Basiskompetenzen – Natürliche Zahlen*. Berlin: Cornelsen.

Straß, K. (2009). Reflexion und Fallverstehen. Forschendes Lernen als konstitutives Element eines Moduls im Dualen Studiengang Pflege. In L. Huber, J. Hellmer & F. Schneider (Hrsg.), *Forschendes Lernen im Studium*. Bielefeld: Universitätsverlag Webler.

Voigt, J. (1984). *Interaktionsmuster und Routinen im Mathematik-Unterricht. Theoretische Grundlagen und mikroethnographische Falluntersuchungen*. Weinheim: Beltz.

Vollrath, H.-J. (1984). *Methodik des Begriffslehrens im Mathematikunterricht*. Stuttgart: Klett.

Wissenschaftsrat (2001). *Empfehlungen zur künftigen Struktur der Lehrerbildung*. Drs. 5065/01 Berlin, 16.11.01/mo. Verfügbar unter: http://www.wissenschaftsrat.de/download/archiv/5065-01.pdf [14.04.2016].

Wyss, C. (2013). *Unterricht und Reflexion: Eine mehrperspektivische Untersuchung der Unterrichts- und Reflexionskompetenz von Lehrkräften.* Münster: Waxmann.

Zeichner, K. M. & Liston, D. P. (Hrsg.). (1996). *Reflective Teaching – An Introduction.* Mahwah, New Jersey (USA): Lawrence Erlbaum Associates, Inc.

5. Nutzung von Vignetten zur Entwicklung von Diagnose- und Förderkompetenzen – Konzeptionelle Überlegungen und Beispiele aus der MINT-Lehrerbildung

Das folgende Beispiel einer sog. Produktvignette stammt aus einer Großveranstaltung mit 330 Studierenden zur Einführung in die Didaktik des Mathematikunterrichts in der Primarstufe (Brandt, Gutscher & Selter, 2017; Kap. 12 in diesem Band). Inhaltlich geht es um das Thema Stellenwertverständnis, im Wesentlichen um die Diagnose von Problemen der Lernenden und um Möglichkeiten der unterrichtsintegrierten Förderung des Stellenwertverständnisses (vgl. Abb. 5.1).

In einer Standortbestimmung am Ende des 3. Schuljahres zum Lesen und Darstellen von Zahlen bearbeitet Paul die gegebene Aufgabe wie folgt.
Zu der Zahl 223 kommen 3 Zehner dazu. Welche Zahl ist es jetzt?
Zeichne sie, trage sie in die Stellentafel ein und schreibe sie auf.

a) Beschreiben Sie, wie Paul vorgegangen ist.
b) Analysieren Sie, welche(n) Fehler er dabei gemacht hat.
c) Benennen Sie mögliche Ursachen.
d) Geben Sie an, wie Sie mit Paul weiterarbeiten würden.

Abb. 5.1: Beispiel einer sog. Produktvignette

Die Aufgabe wird von Paul am Ende des dritten Schuljahres bearbeitet, also lange nach der Erweiterung des Zahlenraums von 100 auf 1.000, die in der Regel zu Beginn des Schuljahres stattfindet. Paul löst die Aufgabe, zu 223 drei Zehner hinzuzufügen und dieses in unterschiedlichen Darstellungen abzubilden (vgl. Selter, Prediger, Hußmann & Nührenbörger, 2014, S. 9), indem er vermutlich eine 3 an die 223 anhängt und so zur Zahl 2233 gelangt. Diese Zahl stellt er in der konventionellen Zahlschreibweise (rechts), in der Stellentafel und mit Hilfe von gezeichneten Tausenderwürfeln, Hunderterplatten, Zehnerstangen und Einerwürfeln dar.

Die Studierenden erhalten hierzu die Aufgabe, anhand der vorliegenden Daten Pauls Vorgehensweise zu rekonstruieren, seinen Fehler zu analysieren, mögliche Ursachen zu benennen und Förderoptionen anzugeben. Wie es im Unterrichtsalltag häufig ist, lässt sich keine eindeutige Ursache für den Fehler von Paul finden. Wahrscheinlich sind es Schwierigkeiten beim Verständnis dessen, was die Stellenwertschreibweise ausmacht: Eine 2 an der Tausenderstelle bedeutet etwas anderes als eine 2 an der Hunderterstelle. Während sich diese mögliche Ursache auf das Verständnis von Paul bezieht, ist es aber auch denkbar, dass Paul ‚schlicht' die aktuelle Aufgabe nicht gründlich gelesen und deshalb ‚dazu kommen' als ‚anhängen' verstanden hat – eine ebenfalls mögliche, aber nach aller Erfahrung weniger wahrscheinliche Ursache.

Das Beispiel zeigt, dass wir beim Einsatz von Vignetten in der Lehrerbildung zwei Elemente unterscheiden können. **Vignetten** sind Darstellungen von in sich abgeschlossenen *Fällen*, die normalerweise aus dem Unterrichtsalltag bzw. einer Lehr-/Lernsituationen stammen (vgl. Schratz, Schwarz & Westfall-Greiter, 2012). Rehm und Bölsterli (2014, S. 215) formulieren es so: „Unterrichts- oder Lehrpersonenvignetten sind kurze Szenen aus dem Alltag des Unterrichts bzw. der Lehrperson, die kritische Probleme aufzeigen, zu deren erfolgreicher Bewältigung bestimmte Kompetenzen notwendig sind".

Zur Nutzung jeder Vignette in der Lehrerbildung gehören **Aufgaben**, die in spezifischer Weise zur Bearbeitung bzw. Analyse der Vignette auffordern. Die (angehenden) Lehrpersonen sollen zum Beispiel Vorgehensweisen beschreiben und deuten, nach möglichen Ursachen suchen oder begründet Konsequenzen für die unterrichtsintegrierte Förderung ableiten. Zu einer bestimmten Vignette sind immer unterschiedliche Aufgaben denkbar, die in Abhängigkeit vom Ziel konstruiert werden, das mit deren Einsatz verfolgt wird. Eine Vignette kann ohne zugehörige, zielgerichtete Aufgabe kein hinreichendes Potenzial entfalten, ebenso wie die Aufgabenstellung erst dadurch Sinn ergibt, dass sie sich auf eine Vignette bezieht.

Vignetten und zugehörige Aufgaben können ihrerseits selbst diagnostische Funktionen erfüllen oder als Forschungsinstrument eingesetzt werden, um Kompetenzstände zu erfassen: Sie haben dann ‚Testpotential'. Während es hierbei darum geht, die Aufgaben und Vignetten so anzulegen, dass aus der Bearbeitung Rückschlüsse auf aktuell vorliegende Kompetenzen von (angehenden) Lehrpersonen möglich sind (z.B. welche Theoriebezüge hergestellt werden), können Vignetten und zugehörige Aufgaben auch dazu genutzt werden, Kompetenzen der (angehenden) Lehrpersonen zu erweitern: Sie besitzen dann für diese ein ‚Lernpotential'. Die Vignetten und Aufgaben sind hierbei so angelegt, dass (angehende) Lehrpersonen über die Bearbeitung zu neuen Erkenntnissen und Fähigkeiten gelangen können. Eine Zusammenführung beider Funktionen ist möglich; gegenwärtig liegt der Fokus in der Lehrerbildung jedoch häufig auf dem Testpotential von Vignetten (vgl. z.B. Barnhart & van Es, 2015; Brovelli, Bölsterli, Rehm & Wilhelm, 2013; Lindmeier, 2011, 2013; Oser, Curcio & Düggeli, 2007; Rehm & Bölsterli, 2014; Seidel & Stürmer, 2014; Steffensky & Kleinknecht, 2016).

Der Einsatz von Vignetten mit Aufgaben in der Lehre hat sich bereits an vielen Lehrerbildungsinstitutionen durchgesetzt und erlebt zudem „Aufwind" im Rahmen der von Bund und Ländern ab 2016 aufgelegten *Qualitätsoffensive Lehrerbildung*. Die vorhandene Literatur aus der Lehrerbildung beschreibt exemplarisch, wie sich Vignetten und Aufgaben im Rahmen der Professionalisierung angehender Lehrpersonen einsetzen lassen (vgl. u.a. v. Aufschnaiter, 2007; Blomberg, Renkl, Sheri, Borko & Seidel, 2013; Dorlöchter, Krüger, Stiller & Wiebusch, 2013; Mühlhausen, 2005; Welzel & Stadler, 2005), was die Nutzung von Vignetten in der Lehrerbildung beeinflusst (vgl. Christ, Arya & Chiu, 2017) und welche Befundlagen sich zum Aufbau professioneller Kompetenz insbesondere für auf viedobasierte Vignetten zeigen (vgl. z.B. Gaudin & Chaliès, 2015; Steffensky & Kleinknecht, 2016).

Trotz der vergleichsweise gut etablierten Nutzung und der empirischen Belege für Effektivität bzw. Begrenzungen des Einsatzes finden sich nur wenig konzeptionelle Überlegungen zur Arbeit mit Vignetten im Rahmen von Lehrveranstaltungen bzw. in der Lehrerfort- und Lehrerweiterbildung (vgl. Blomberg et al., 2013; Reusser, 2005; Schneider, 2016; Wyss, 2014). Mit dem vorliegenden Beitrag unternehmen wir einen stufen- und fachübergreifenden Systematisierungsversuch aus der Perspektive der Didaktiken der Biologie, der Chemie, der Mathematik und der Physik. Hierzu arbeiten wir in Kapitel 5.1 heraus, welchen Beitrag Vignetten mit Aufgaben zur Fallarbeit in der Lehrerbildung leisten können. Im Kapitel 5.2 befassen wir uns mit den Zielperspektiven des Einsatzes von Vignetten sowie mit Funktionen und Formen von dazugehörigen Aufgaben. Anschließend stellen wir in Kapitel 5.3 unseren Vorschlag zur Systematisierung vor, der die zielgerichtete Auswahl und inhaltliche Anlage von Aufgaben und Vignetten unterstützen soll. In Kapitel 5.4 beschreiben wir exemplarisch den Einsatz einer Vignette mit verschiedenen Aufgaben und geben dabei auch Hinweise zu den Rahmenbedingungen und den Erfahrungen des Einsatzes in Veranstaltungen.

Zielsetzung der Arbeit im Entwicklungsverbund ,Diagnose und Förderung heterogener Lerngruppen'[1] ist es, Studierende des Lehramtes mit mindestens einem MINT-Fach zu befähigen, Heterogenität gezielt wahrzunehmen, Diagnose- und Förderkompetenzen (weiter) zu entwickeln und ihre Kompetenzen in der Unterrichtspraxis einzusetzen. Die weiteren Ausführungen zum Einsatz von Vignetten mit Aufgaben fokussieren deshalb zwar auf Diagnose- und Förderkompetenzen in den MINT-Didaktiken, sie sind darüber hinaus aber auch für andere Fächer von Relevanz.

5.1 Fallbasiertes Lernen in der Lehrerbildung

Es ist unstrittig, dass die Entwicklung von Diagnose- und Förderkompetenzen im Lehramtsstudium einen großen Stellenwert einnehmen soll (vgl. u. a. Hußmann & Selter, 2013). Hierzu gibt es vielfältige Publikationen, die die jeweiligen Kompetenzen bei Lehrpersonen beschreiben, sowie Untersuchungen, die deren Ausprägung und Aufbau darstellen (vgl. u. a. Hascher, 2008; Lazaridis & Ittel, 2012). Obwohl im Detail diagnostische Kompetenz unterschiedlich konzeptualisiert wird, herrscht Einigkeit darüber, dass sie die Fähigkeit umfasst, Merkmale von Schülerinnen und Schülern wie sprachliche und kulturelle Voraussetzungen, fachlichen Leistungsstand, (fachbezogene) Motivation und Interessen sowie Lernentwicklung und Lernbeeinträchtigungen zu erfassen, angemessen genau zu deuten und mögliche Ursachen zu ergründen sowie aus den Ergebnissen adressatenspezifische Maßnahmen abzuleiten (vgl. u. a. v. Aufschnaiter, Cappell, Dübbelde, Ennemoser, Mayer, Stiensmeier-Pelster, Sträßer & Wolgast, 2015). ,Förderung' wird dabei in der Regel als direkte Reaktion auf die Diagnose konzeptualisiert; sie setzt damit bei dem Individuum bzw. den Individuen an, die zuvor im Fokus der Diagnose standen.

Im vorliegenden Beitrag nehmen wir einen etwas erweiterten Blick auf Diagnose und Förderung ein, in dem auch solchen unterrichtsbezogenen Maßnahmen eine För-

---

1 www.mint-lehrerbildung.de/home/#!/Diagnose-und-Foerderung-heterogener-Lerngruppen (Förderung durch die Deutsche Telekom Stiftung)

derabsicht zugeschrieben wird, die aus diagnostischen Aktivitäten an *anderen* Lernenden abgleitet werden. Insbesondere in der ersten Phase der Lehrerbildung haben diagnostische Aktivitäten der Studierenden dabei immer die Funktion, Erkenntnisse über das Erleben, Verstehen und Lernen von Schülerinnen und Schüler aus Fallbeispielen abzuleiten, die wiederum zu einem *späteren* Zeitpunkt in der beruflichen Entwicklung in die Ausgestaltung von unterrichtlichen Maßnahmen *explizit* einfließen sollen.

Zur Frage, welche hochschuldidaktischen Settings jenseits von Praxisphasen einen Beitrag zum Aufbau von professioneller Kompetenz leisten – somit auch von Diagnose- und Förderkompetenzen – sprechen erste Befunde für die Wirksamkeit fallbasierten Lernens und simulierter ‚Laborerfahrungen' (zusammenfassend in Schneider, 2016). Die für das fallbasierte Lernen beschriebenen Fälle sind problemhaltige Darstellungen von Lehr-/Lernsituationen; sie entstammen häufig, aber nicht immer, der unterrichtlichen Wirklichkeit. ‚Problemhaltig' ist hier nicht negativ konnotiert; der Begriff soll vielmehr die Möglichkeit verschiedener Deutungen und Handlungsalternativen zum Ausdruck bringen oder im Zusammenhang mit Diagnose und Förderung auf die Notwendigkeit der Ableitung von zunächst nicht definierten Fördermaßnahmen verweisen.

Ursprünglich wurden Fälle (engl. „Cases") für die Vermittlung von Rechtsgrundlagen an juristischen Fakultäten verwendet und haben spätestens seit den 80er-Jahren des vorangehenden Jahrhunderts Eingang in die Lehrerbildung gefunden (vgl. Upmeier zu Belzen & Merkel, 2014, S. 203; s.a. Schneider, 2016). Das Ziel des Einsatzes von Fällen besteht darin, eine Verbindung zwischen ‚Praxis' (repräsentiert in den Fällen) und ‚Theorie' (z. B. pädagogisches, fachliches oder fachdidaktisches Wissen) herzustellen. Werden Fälle aus der Praxis zum Aufbau von Theorie genutzt, können sie ein Lernpotenzial entfalten. Ein Testpotential entfalten Fälle, wenn mit ihnen die Fähigkeit erfasst werden soll, Theorien für die analytische Durchdringung der Fälle zu nutzen.

Die Arbeit an Fällen hilft, ohne unmittelbaren Handlungsdruck die mehrfache Durchdringung der Situation zu ermöglichen und darin gezielt verschiedene Perspektiven auf das Geschehen einzunehmen (vgl. Krammer, Lipowsky, Pauli, Schnetzler & Reusser, 2012). Es zeigt sich, dass gerade die Mehrdeutigkeit einer (diagnostischen) Situation (vgl. Girulat, Nührenbörger & Wember, 2013) zu einer differenzierten Einschätzung und zu unterschiedlichen Förderansätzen führen kann, was durch einen theoriegestützten Austausch untereinander erfahren werden kann. Hierbei werden die unterschiedlichen Perspektiven aufgegriffen und in einen Rahmen gestellt, in dem der jeweilig eingenommene Fokus und seine Auswirkungen auf die Analyse deutlich werden (vgl. Müller-Menzel, 2005, S. 108).

Durch die Analyse von Fällen, die in Form von Vignetten (z. B. Videos, Transkripte oder andere lehr-/lernbezogene Dokumente) vorliegen können, soll die Beobachtungsfähigkeit geschärft und der Aufmerksamkeitsfokus gelenkt werden. Die dabei vorgenommene Fokussierung auf typische Beispiele und das gleichzeitige Beschreiben von Gemeinsamkeiten und Besonderheiten in den Fallbeispielen ist besonders bildend (vgl. auch v. Aufschnaiter, 2007). Für das Erstellen von Förderansätzen ist dabei wichtig herauszuarbeiten, was das Besondere an einem Diagnosefall ist und welche allgemeinen Aspekte sich im Vergleich mit anderen Fällen herauskristallisieren lassen (Markovitz & Smith, 2008). Damit lässt sich die Vielfalt der Einzelfälle besser bewältigen, ohne sich in einer überfordernden Vielzahl individueller Förderansätze zu verlieren.

Fälle leisten nicht nur einen wesentlichen Beitrag zur kognitiven Durchdringung und zum Aufbau von Kenntnissen zur theoriegestützten Gestaltung von Praxis; sie tragen auch zum Erleben der Relevanz von Theorie gerade in der ersten Phase der Lehrerbildung bei. Durch die Begegnung mit authentischen Fällen können Studierende erleben, dass theoretische Elemente hilfreich bei der Bewältigung der Komplexität von Lehr-/Lernsituationen sind. Ein solches Erleben kann die kognitive Beteiligung und das Engagement bei der Auseinandersetzung mit theoretischen Elementen erhöhen und dadurch auch die Wahrnehmung von Professionalität in der Lehrerbildung stärken: nicht ‚irgendwie' unterrichten, sondern theoriegeleitet, systematisiert und reflexiv (vgl. Goeze, Hetfleisch & Schrader, 2013).

Die Fallarbeit erfolgt immer in spezifischen instruktionalen Settings, die aus der Sicht der Lehrenden theoriebasiert (die Auswahl erfolgt aufgrund von Vorüberlegungen) und praxisgenerierend (der Fall soll Praxisbezug herstellen) sind. Aus der Sicht der Lernenden können Fälle theoriegenerierend wirken (durch die Auseinandersetzung entsteht neues Wissen), aber auch Anlässe für fundierte Praxis schaffen (Theorie soll sich in der Analyse von Praxis bewähren bzw. sich als ‚hilfreich' für die Auseinandersetzung mit Praxis erweisen).

Die mit Fällen verfolgte Zielperspektive der Verbindung von Praxis und Theorie sowie das Potential der Fälle, Entschleunigung in den Analyseprozessen und Ausgangspunkt für Mehrperspektivität zu schaffen, macht die theoriegeleitete Auswahl der Fälle und die zentrale Funktion von Aufgaben als Instruktionsmittel deutlich. Sie bilden die Kriterien ab, die für die Analyse und Ableitung von Konsequenzen herangezogen werden können und sollen. Eine systematische Aufstellung möglicher Kriterien zur Klassifikation von Vignetten und Aufgaben ist deshalb für die Arbeit mit Vignetten als Fälle unverzichtbar.

5.2 Vignetten und Aufgaben in der Lehrerbildung

Die im Folgenden diskutierten Überlegungen zum Einsatz von Vignetten und darauf bezogener Aufgaben sowie zu möglichen Klassifikationen von Vignetten sollen dazu beitragen, vorliegendes Material einordnen sowie Vignetten mit Aufgaben eigenständig entwickeln, modifizieren und zielgerichtet einsetzen zu können. Für eine klarere Darstellung werden die Ziele des Einsatzes, Funktionen und Formate zugehöriger Aufgaben (Kap. 5.2) sowie unsere Klassifikationsvorschläge für Vignetten (Kap. 5.3) getrennt diskutiert. Abbildung 1 gibt vorab einen Überblick über alle in den beiden folgenden Kapiteln vorgestellten Überlegungen.

5.2.1 Ziele des Einsatzes von Vignetten und zugehöriger Aufgaben

Die Wahl der Vignette und ihre inhaltliche Ausgestaltung wird zentral davon gleitet, welche Kompetenzen (u.a. Fähigkeiten, Kenntnisse, Bereitschaften) bei den Studierenden aufgebaut (Lernpotential) bzw. erfasst werden sollen (Testpotential). Vor der weiteren Ausgestaltung von Aufgaben und der Auswahl von Vignetten sollte deshalb

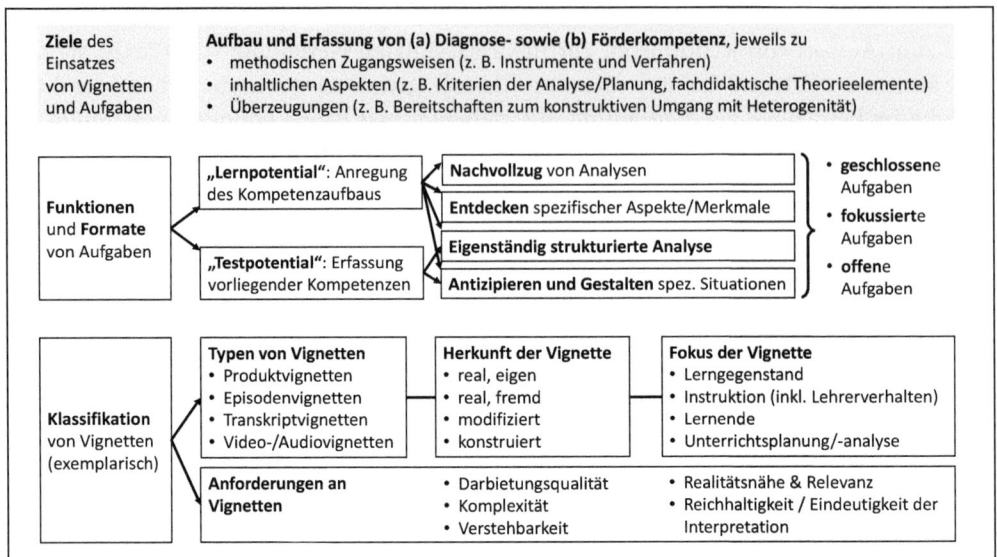

Abb. 5.2: Überblick zu Zielen, Funktionen, Formaten und Klassifikationsmöglichkeiten von Vignetten und zugehörigen Aufgaben

(mindestens) die grundsätzliche Zielperspektive des Einsatzes festgelegt werden (s. a. Blomberg et al., 2013, S. 95). Da in diesem Beitrag der Schwerpunkt auf Diagnose- und auf Förderkompetenzen gelegt wird, geben wir im Folgenden exemplarische Zielperspektiven zu diesen Teilkompetenzen an (vgl. Abb. 5.2).

Diagnosekompetenz umfasst aus unserer Sicht drei zentrale Komponenten, die eine Orientierung für die Ziele des Einsatzes von Vignetten und zugehöriger Aufgaben liefern können (vgl. auch v. Aufschnaiter et al., 2015).

Zunächst sind hier *Kenntnisse und Fähigkeiten im methodischen Bereich* zu nennen, z. B. Kenntnisse diagnostischer Instrumente und prototypischer fachlicher Aufgaben bzw. Kenntnisse von Komponenten einer Diagnose (Beschreiben von Beobachtungen, theorie- bzw. kriteriengeleitete Deutung und Erklärung, Ableitung von Konsequenzen für Förderung). Vignetten und Aufgaben können in diesem Kontext darauf abzielen, die Fähigkeiten der Studierenden zum zielgerichteten Einsatz spezifischer diagnostischer Aufgaben zu verbessern bzw. diese Fähigkeiten zu erfassen. Sie können sich auch darauf richten, Verhaltens-, Denk- und (verbalisierte) Erlebensweisen von einzelnen Lernenden theorie- bzw. kriteriengeleitet (und angemessen genau) zu analysieren sowie dabei systematisch Lernmöglichkeiten und Lernhindernisse aufzudecken und zu erklären.

Zweitens sind *inhaltsspezifische Kenntnisse* anzuführen, die für die kriteriengeleitete Diagnostik sowie die Einordnung der Ergebnisse und die Förderung genutzt werden, z. B. Kenntnisse typischer fachspezifischer Schülervorstellungen, Lernpfade (u. a. Prediger & v. Aufschnaiter, 2017) oder Lernfortschritte („Learning Progressions", z. B. Alonzo, 2012) sowie Kenntnisse theoretischer Rahmungen oder Analysekriterien (z. B. Grundvorstellungen, vgl. v. Hofe, 1995, oder Konzeptualisierungsniveaus, vgl. v. Aufschnaiter & Rogge, 2010). Vignetten und Aufgaben können also darauf gerichtet sein, entsprechende Kenntnisse aufzubauen bzw. diese systematisch für die Analyse und Vorhersage der Verhaltens-, Denk- und (verbalisierten) Erlebensweisen verschiedener Lernender einzusetzen sowie daraus Förderaussagen abzuleiten. Vignetten und Aufgaben können dabei auch darauf gerichtet sein, zum jeweiligen inhaltlichen Gegenstand vor dem Hintergrund bekannter Befundlagen geeignete diagnostische Fragen abzuleiten.

Die dritte Komponente bilden *Einstellungen und Bereitschaften zur Diagnostik*, die zu einer intensiven und konstruktiven Auseinandersetzung mit den Verhaltens-, Denk- und (verbalisierten) Erlebensweisen der Lernenden führen und die eigenen diagnostischen Aktivitäten kritisch hinterfragen. Vignetten und Aufgaben können z. B. auf die Reflexion der eigenen Urteile fokussieren: Wird eine positive, wertschätzende Deutung des Verhaltens des/der Lernenden eingenommen?

Unter **Förderkompetenz** verstehen wir die Fähigkeit, Förderangebote auf der Basis diagnostischer Ergebnisse passgenau zu planen, durchzuführen und auf dieser Grundlage auszuwerten. Analog zur Diagnosekompetenz umfasst Förderkompetenz einen *methodischen Bereich*. In diesem können Vignetten und Aufgaben z. B. darauf gerichtet sein, geeignete Materialien zur Lernförderung zu identifizieren, zu modifizieren und auf der Basis diagnostischer Erkenntnisse einzusetzen. Sie können auch Anreize dazu beinhalten, die Passung von Diagnose und (geplanter) Förderung zu analysieren und daraus geeignete Schlussfolgerungen zu ziehen.

Der *inhaltliche Bereich* von Förderkompetenz umfasst auf der einen Seite die auch schon für die theoriegeleitete Diagnostik zentralen Kenntnisse von Lernpfaden o. ä., so dass Vignetten und Aufgaben darauf gerichtet sein können, Förderung entlang solcher Überlegungen anzulegen. Weil darüber hinaus aber auch Kenntnisse zu grundsätzlich lernförderlichen unterrichtlichen bzw. individualisierten Lernarrangements notwendig sind, können Vignetten und Aufgaben z. B. auch auf Aspekte der Schülerorientierung, kognitiv aktivierender Fragen oder Anregungen sowie fachspezifischer Aufgabengestaltung gerichtet sein.

Im Bereich der *Einstellungen und Bereitschaften* zu Förderung scheint uns besonders zentral, dass Studierende Förderung im Sinne einer Stufung entlang von fachspezifischen Lernpfaden verstehen (vgl. Prediger & v. Aufschnaiter, 2017), so dass Vignetten und Aufgaben auf Ansätze der Orientierung entlang von kleinen Fortschritten anstatt „direkter Erfüllung fachlich wünschenswerter Endergebnisse" gerichtet sein können.

5.2.2 Funktionen von Aufgaben zu Vignetten

Mit den Zielperspektiven einher geht die grundsätzliche Unterscheidung von Aufgaben in Hinblick auf die *Anregung des Kompetenzaufbaus* (‚Lernpotential') und die *Erfassung vorliegender Kompetenzen* (‚Testpotential'). Diese Funktionen von Aufgaben lassen sich im Hinblick auf den Kompetenzaufbau zudem weiter mit Blick auf die Aktivitäten unterscheiden, die von den (angehenden) Lehrpersonen erwartet werden. In der Vielfalt möglicher Aktivitäten scheint uns für das Lernpotential besonders wichtig, zwischen Aufgaben zu unterscheiden, die sich einerseits eher auf den *Nachvollzug von Analysen oder Förderkonzepten* beziehen, z. B. anhand ausgearbeiteter Analysen, kommentierter Schülerlösungen oder Förderkonzepten, und Aufgaben, die andererseits das *Entdecken spezifischer Aspekte oder Merkmale* ermöglichen (vgl. auch die von Janik, Minarikova &

Najvar, 2013 getroffene Unterscheidung in Illustration und Schulung sowie die Anlage von Beispielen entlang von Konzeptualisierungsniveaus in v. Aufschnaiter, 2007). Aufgaben, die *eigenständig strukturierte Analysen* erfordern oder auf das *Antizipieren und Gestalten spezifischer Situationen* gerichtet sind, bilden aus unserer Sicht zwei weitere wichtige Gruppen, die aber im Lernen typischerweise nachgeschaltet sind.

Der Nachvollzug von Analysen bietet sich besonders dort an, wo sich Spezifika nur schwer klar durch eigenständig zu analysierende Fälle erfassen lassen bzw. es sich um relativ komplexe Gefüge handelt. Hier würde der Ansatz des eigenständigen Entdeckens eine Überforderung für die (angehenden) Lehrpersonen darstellen und wahrscheinlich dazu führen, dass die intendierten Überlegungen nicht von alleine erfasst werden.

Aufgaben mit entdeckendem Charakter hingegen fordern die (angehenden) Lehrpersonen auf, Strukturen in Fällen zu erfassen bzw. Gemeinsamkeiten und Unterschiede mit Blick auf die Intention des Einsatzes zu suchen, also z. B. Schüleraussagen entlang ihres fachlichen Differenzierungsgrades zu ordnen, um daraus Aussagen über inhaltliche Fortschritte abzuleiten. Hier ist besonders wichtig, dass die Fälle die jeweiligen Aspekte angemessen deutlich darstellen, damit die (angehenden) Lehrpersonen diese auch eigenständig identifizieren können.

Sowohl für entdeckend angelegte als auch für nachvollziehende Aufgaben scheint uns zudem wichtig zu betonen, dass spezifische Aufgaben erforderlich sind, die den *Transfer* der auf diese Weise gewonnen Erkenntnisse auf weitere Fälle anregen, um bei den Studierenden Kompetenzen zu stabilisieren und zu erweitern. Ein naher Transfer kann dabei auch beinhalten, eine schon zu einem früheren Zeitpunkt bearbeitete Vignette erneut mit dem gleichen Arbeitsauftrag zu bearbeiten und ggf. im Anschluss beide Bearbeitungsprozesse zu vergleichen, um den eigenen Fortschritt und noch bestehende Schwierigkeiten explizit herauszuarbeiten.

Aufgaben, die die eigenständig strukturierte Analyse oder die Antizipation und Gestaltung spezifischer Situationen erfordern, setzen voraus, dass erste Erfahrungen mit entsprechenden Anforderungen vorliegen, die sich aus dem Nachvollzug bzw. dem Entdecken ergeben haben können. Sie können aber auch die (angehenden) Lehrpersonen in einer kritischen Betrachtung der Versuche der Analyse, Antizipation oder Gestaltung motivieren, sich mit fachdidaktischer Theoriebildung auseinanderzusetzen, so dass die eigenen Zugänge zu solchen Situationen zielgerichteter erfolgen. Analysieren, Antizipieren und Gestalten können zudem Aktivitäten sein, die sich auch für Aufgaben als Testanlässe anbieten.

Während es bei Aufgaben zur Kompetenzmessung erforderlich sein mag, dass ähnlich der realen Situation im Klassenzimmer, insbesondere bei Videovignetten nur einmaliges Anschauen ermöglicht wird, profitiert der Einsatz von Aufgaben zum Kompetenzaufbau von Möglichkeiten der wiederholten Betrachtung der Fälle. In der Wiederholung kann nach und nach eine differenzierte Analyse statt eines schnellen Urteils entstehen und im gemeinsamen Diskurs geprüft werden, ob die vorliegenden Fallbeschreibungen die Deutungen tatsächlich stützen.

5.2.3 Formate von Aufgaben

Neben der Frage, ob die Aufgabe zur Kompetenzmessung oder zum Kompetenzaufbau eingesetzt werden soll, stellt sich üblicherweise die Frage nach dem Format der Aufgabe. Hier lassen sich entlang üblicher Unterscheidungen im Kern drei verschiedene Aufgabenformate identifizieren.

Geschlossene Aufgaben erlauben nur eine eindeutige Lösung, z. B. durch ein Multiple Choice Format mit single choice- oder multiple select-Antworten. Auch Aufgaben zum Rating verschiedener Aussagen sind einem geschlossenen Format zuzuordnen. Mögliche Beispiele sind: „Kreuzen Sie an, welche Aussage zutrifft" oder „Kreuzen Sie auf der 4stufigen Skala an, wie deutlich das Merkmal im Video identifiziert werden kann."

Fokussierte Aufgaben erlauben bereits grundsätzlich verschiedene Lösungswege, orientieren aber den Analysefokus auf ein bestimmtes Verhalten bzw. inhaltliches Element: „Analysieren Sie die Lösung von Lena mit Blick auf mathematische Grundvorstellungen."

In *offenen Aufgaben* sind verschiedene Lösungswege und inhaltliche Fokussierungen möglich; es gibt keine oder nur eine geringe Beschränkung bei der Diagnostik oder der Entwicklung einer Fördermaßnahme: „Analysieren Sie die Lösungen von Johanna und Felix und vergleichen Sie diese." „Leiten Sie aus Ihrer Diagnostik eine Fördermaßnahme ab und begründen Sie Ihre Entscheidungen."

Vorteile geschlossener Formate ergeben sich insbesondere aus der hohen Auswertungsobjektivität, auch werden so Diskurse mit Studierenden über die Einschätzung erleichtert. Sowohl bei geschlossenen als auch bei fokussierten Aufgabenformaten wird allerdings nicht oder nur begrenzt sichtbar, auf welche Aspekte (angehende) Lehrpersonen von sich aus den Blick richten (vgl. Rehm & Bölsterli, 2014). Geschlossene und fokussierte Formate eignen sich deshalb nur begrenzt für Testungen, weil sie nur begrenzt Auskunft über Fähigkeiten von Lernenden geben. Sie sind jedoch sehr gut als Lernaufgaben geeignet, weil sie Lernende unterstützen, den Fokus auf spezifische Aspekte bzw. Kriterien zu richten. Offene Arbeitsaufträge lassen sich ggf. nach einem bestimmten Zeitfenster schließen, um die Vorteile der verschiedenen Zugänge zu kombinieren. Im Falle einer Testung müsste dann zum Beispiel eine andere Stiftfarbe verwendet werden.

5.3 Klassifikationen zur systematischen Auswahl und Anlage von Vignetten

Der situations- und adressatengerechte Einsatz von Vignetten wird nicht nur durch die Ziele und die gewählten Aufgaben, sondern auch durch die Struktur der Vignetten selbst bestimmt. Es ist deshalb hilfreich, Vignetten mit Blick auf spezifische Merkmale zu unterscheiden sowie die damit einhergehenden Vor- und Nachteile in Bezug auf die Ziele zu analysieren. Im Folgenden klassifizieren wir, in welchen Formaten eine Vignette vorliegen kann (*Typ*), aus welchen Lehr-/Lernsituationen sie stammt (*Herkunft*), auf welche Akteure sie gerichtet ist (*Fokus*) und welche strukturellen und inhaltlichen *Anforderungen* bedacht werden sollten. Unsere Überlegungen sind dabei teilweise an Darstellungen in Schneider (2016, S. 30f.) und Thiel, Ophardt, Krumschick, Barth & Piwowar (2016) angelehnt.

5.3.1 Typen von Vignetten

Vignetten können in unterschiedlichen Formaten vorliegen und weisen damit auch unterschiedliche Potentiale für ihre Nutzung auf. Wir unterscheiden vier Typen von Vignetten. In manchen Fällen liegt auch eine Kombination aus zwei Typen vor, etwa wenn ein Transkript und eine Schülerlösung miteinander kombiniert werden.

Produktvignetten bilden die (Zwischen-)Ergebnisse eines Arbeitsprozesses ab. Es kann sich dabei um Arbeitsprodukte von Lernenden oder von Lehrenden handeln, z. B. um Schülerlösungen von Aufgaben (als Textantworten, Zeichnung/Skizzen/Diagrammen, Berechnungen, Werkstück, gebautes Modell etc.) oder um schriftliche Lösungen zu Aufgaben sowie Unterrichtsplanungen von Lehrenden. Eine Produktvignette zu einer Schülerlösung wird im Einstiegsbeispiel zu diesem Kapitel gezeigt. Produktvignetten haben den Vorteil, dass sie typischerweise eher kurz sind und einen fokussierten Ausschnitt eines Prozesses abbilden. Sie weisen damit in der Regel eine reduzierte Komplexität auf, was sie sowohl für den Kompetenzaufbau als auch für die Kompetenzmessung ertragreich macht. Sie können zudem besonders gezielt die Aufmerksamkeit auf fachspezifische Aspekte bzw. Kriterien lenken, weil sie z. B. Teile der Denkprozesse der Lernenden, ablaufende Sozialdynamiken oder allgemeine Aspekte des Lehrerverhaltens in der Regel ausblenden.

Episodenvignetten sind auf Prozesse gerichtet, beschreiben diese aber nur in Auszügen. Es kann sich z. B. um Protokolle von Unterrichtsverläufen, Diskurs- oder Lehr-/Lernprozessen (auch Interviews) handeln sowie um narrative Darstellungen von Reflexionsprozessen von Lehrpersonen. In Episodenvignetten können auch die im Unterricht eingesetzten Materialien und Produkte von Lernenden oder Lehrpersonen eingebettet sein. Zentral für Episodenvignetten ist, dass sie über die Darstellung eines (Zwischen-)Ergebnisses hinausgehen und in Auszügen einen (zugehörigen) Prozess abbilden. Sie ermöglichen verbesserte Einblicke in die Genese von Ideen. Durch ihren narrativen Charakter sind sie aber auch immer bereits deutungshaltig und begrenzen damit die Möglichkeiten alternativer Interpretationen. Das kann, wie auch bei den Produktvignetten, hilfreich sein, um etwa das selbstständige Entdecken von Verallgemeinerungen zu ermöglichen, führt aber möglicherweise zu einseitigen Einstellungen und Bereitschaften sowie zu einer begrenzten Wahrnehmung real existierender Komplexität.

Transkriptvignetten umfassen wortwörtliche Transkriptionen (ggf. inklusive Handlungsbeschreibungen) von Unterrichtsverläufen bzw. Lehr-/Lern- oder Diskursprozessen (auch Interviews). Wir sprechen von einer Transkriptvignette nur dann, wenn das zugehörige Video oder Audio für die Nutzer der Vignette *nicht* verfügbar ist – sonst wäre es eine Video-/Audiovignette (s. u.) mit Transkript. Wie Episodenvignetten sind Transkriptvignetten auf Prozesse gerichtet, bilden diese aber in einem höheren Umfang/einer höheren Detailtreue ab, wenngleich auch hier die Komplexität reduziert ist. Der Umfang bzw. die Detailtreue wird u. a. auch dadurch bestimmt, wie z. B. die für die Transkription genutzte primäre Datenquelle (Video oder Audio) in der jeweiligen Situation angeordnet war. Aufgrund ihrer meist bereits hohen inhaltlichen Dichte ist es empfehlenswert, Transkriptvignetten (bzw. schriftliche Transkripte zu Videovignetten) mit Zeilennummern oder anderen Möglichkeiten des eindeutigen Verweises auf Stellen (z. B. engmaschige Zeitmarken) zu versehen, damit Belege für Deutungen leicht angegeben und diskutiert werden können.

Transkriptvignetten haben den Vorteil, Prozesse vergleichsweise authentisch nachzuzeichnen und damit die Bereitschaft zur Auseinandersetzung zu erhöhen. Sie benötigen aber bereits in der Rezeption viel Zeit und können es aufgrund der ihnen häufig inhärenten Komplexität und der Vielperspektivität erschweren, auf bestimmte Aspekte einen Fokus zu richten. Es ist deshalb hilfreich, Transkriptvignetten und auch die folgenden Video-/Audiovignetten auch mit Aufgaben anzureichern, die sich auf den Nachvollzug von Analysen beziehen bzw. zumindest Kontrolloptionen für Analysen enthalten, um zu unterstützen, dass die aus Sicht des Ziels relevanten Aspekte tatsächlich angemessen in den Blick genommen werden.

Video-/Audiovignetten enthalten, wie die Bezeichnung bereits nahe legt, Video- bzw. Audioaufzeichnungen von Unterrichtsverläufen bzw. Lehr-/Lern- oder Diskursprozessen (auch Interviews). Zugehörige Transkriptionen können als Ausdruck oder als Einblendungen im bzw. parallel zum Video (z. B. als Untertitel) enthalten sein. Audiovignetten haben gegenüber Videovignetten den Vorteil einer verringerten Informationsdichte, blenden aber andererseits potenziell relevante Merkmale aus, das gilt besonders für nonverbale Bearbeitungsprozesse, Erlebensäußerungen oder soziale Dynamiken. Der Vorteil von Video-/Audiovignetten gegenüber allen anderen Vignetten ist, dass die Situation plastischer ist, sie enthalten Informationen, die sich nur schwer verschriftlichen lassen. Dadurch ergibt sich aber auch der Nachteil einer sehr hohen Komplexität, es gibt keine Möglichkeit der Glättung oder Vereinfachung (was für alle anderen Vignetten möglich ist, vgl. Kap. 5.3.2). Im Prozess der Nutzung durch (angehende) Lehrpersonen lässt sich beobachten, dass bei einem gleichzeitigen Angebot eines schriftlich vorliegenden Transkriptes das Video nicht immer genau geschaut wird, selbst dann nicht, wenn zudem Untertitel eingeblendet werden. Wird jedoch kein schriftlich vorliegendes Transkript angeboten, ist das Risiko hoch, dass zwar Deutungen, aber keine zugehörigen Beobachtungen notiert werden, so dass Belege für die Deutungen fehlen. Das Anfertigen von Notizen während der Videobeobachtung würde aber zumindest in Ansätzen auch einem real möglichen Vorgehen im Klassenzimmer entsprechen (z. B., um zu einem späteren Zeitpunkt diagnostische Überlegungen anzustellen).

Für alle Typen ist immer zu klären, ob die in der Vignette enthaltenen Informationen für deren Bearbeitung ausreichend sind. Es kann ggf. erforderlich sein, Kontextinformationen zu ergänzen, z. B. zur Einbettung der Vignette in den Unterricht (besonders bei Produktvignetten), das Alter der Lernenden oder aber zusätzliche Informationen zu vorlaufenden Unterrichtsprozessen.

5.3.2 Herkunft von Vignetten

Die Herkunft einer Vignette kann eine unterschiedliche Nähe zur realen Praxis oder zur eigenen Beteiligung als Lehrperson aufweisen, was u. U. den Umgang von (angehenden) Lehrpersonen mit den Vignetten, z. B. im Sinne erlebter Authentizität und Relevanz, beeinflussen kann (vgl. z. B. Kleinknecht & Schneider, 2013).

Wir unterscheiden auf der einen Seite reale Vignetten, die entweder aus einer Situation stammen, an der die analysierende (angehende) Lehrperson selbst als Lehrperson, Interviewer oder als Lernender beteiligt war, und nennen diese *reale, eigene Vignette*. Stammt die Vignette aus einer real existierenden Situation, an der die analysierende (angehende) Lehrperson weder als Lehrperson noch als Lernender beteiligt war, sprechen wir von einer *realen, fremden Vignette*. Eine Vignette kann, wenn sie von mehreren (angehenden) Lehrpersonen gemeinsam analysiert wird, gleichzeitig ‚eigene‘ und ‚fremde‘ Vignette sein. Hier kann sich ein produktives Spannungsfeld im Sinne von Mehrperspektivität der Analysen ergeben. Es ist aber auch denkbar, dass solche Konstellationen die Analysen beschränken, weil nicht mehr alle Ideen zur Vignette geäußert werden, um die Person, die selbst in der Vignette als Akteur sichtbar ist, zu ‚schonen‘.

Im Kontrast zu realen Vignetten lassen sich modifizierte und konstruierte Vignetten unterscheiden. Eine *modifizierte Vignette* entstammt zwar einem real existierenden Kontext, wurde aber für den Einsatz mit (angehenden) Lehrpersonen angepasst, z. B. sprachlich geglättet, spezifische Aspekte wurden deutlicher angelegt, ggf. auch ergänzt oder gekürzt. Eine *konstruierte Vignette* wird vollständig vor dem Hintergrund der Anforderungen neu entwickelt. Welche Veränderungen bei modifizierten Vignetten vorgenommen werden, hängt von den mit der Vignette einhergehenden Aufgaben und den darin adressierten Analyseschwerpunkten ab. Modifikationen können z. B. auf die folgenden Merkmale beziehen: Sozialdynamik zwischen Lehrperson und Lernenden sowie zwischen Lernenden untereinander, kognitive Aspekte (z. B. Leistung, Alltags- vs. Fachsprache) oder emotional-motivationale Aspekte (z. B. Erlebensäußerungen).

Die Modifikation oder gar die Konstruktion erscheint besonders dann erforderlich, wenn (angehende) Lehrpersonen im Sinne einer Komplexitätsreduktion ein relevantes Merkmal selbst entdecken sollen oder wenn Vignetten parallelisiert werden sollen, also spezifische Aspekte in allen Vignetten identifizierbar sind. Video-/Audiovignetten haben hier deutliche Nachteile; sie sind nicht oder nur mit hohem Aufwand modifizierbar und müssten ggf. komplett neu konstruiert werden.

5.3.3 Fokus von Vignetten

Der Fokus einer Vignette richtet sich auf die Frage nach den Gegenständen oder Akteuren, die im Zentrum der Vignette stehen. Je nach Aufgabenstellung kann ein- und dieselbe Vignette verschiedene Fokusse zulassen, wird aber in ihrer Anlage auch immer eine Beschränkung des Fokus darstellen, zum Beispiel, weil kein Verhalten einer Lehrperson zu sehen bzw. verschriftlicht worden ist, oder weil es sich um ein Produkt eines einzelnen Lernenden handelt. Da sich eine Diagnostik im Fach typischerweise auf fachspezifische Inhalte und Gegenstände richtet, kann auch die Vignette einen Fokus auf den *Lerngegenstand* einnehmen. Hier ist denkbar, dass z. B. verschiedene Ansätze der Lösung einer Aufgabe präsentiert werden und die zugehörige Aufgabe auffordert, diese fachbezogen zu vergleichen sowie ihre Potentiale und Beschränkungen aus fachlicher Sicht zu diskutieren. Darüber hinaus kann die Vignette den Fokus eher auf die *Instruktionsseite* (Verhalten der Lehrperson, auch in Interaktion mit Schülerinnen und Schülern, Lernmaterial) ausrichten oder auf die *Seite der Lernenden* (Schülerinnen und Schüler und deren Interaktion untereinander). Zudem können durch die Lehrpersonen generierte *Unterrichtsplanungen oder Unterrichtsanalysen* Fokus der Vignette sein.

Es liegt nahe, für Fragen der Diagnostik den Fokus der Vignette auf die Schülerinnen und Schüler zu richten, für Fragen der Förderung auch auf die Instruktion (z. B. das Lernmaterial). Gerade aber die Passung zwischen dem aktuellen Lernstand von Schülerinnen und Schülern zu den durch die Lehrperson verbal erteilten Lernangeboten oder auch den schriftlich vorliegenden Aufgaben erfordert, dass sowohl die Instruktionsseite als auch die Seite der Lernenden im Fokus der Vignette sind, und dabei ggf. auch der Lerngegenstand selbst adressiert wird. Es ist auffällig, dass die gegenwärtig für die Lehrerbildung diskutierten Videovignetten oft einen deutlichen Fokus auf die Instruktionsseite einnehmen (Verhalten der Lehrperson), aufgrund der Kameraführung aber nur begrenzt die Analyse (individueller) Lerner erlaubt. Damit ist auch die Möglichkeit zur Diagnose beschränkt bzw. der Ableitung von Aussagen über die Passung der Förderung (hier des Unterrichtsangebotes) zu den Lernenden.

5.3.4 Anforderungen an Vignetten

Die über die zuvor formulierten Klassifikationen hinausgehenden Überlegungen zu Anforderungen an Vignetten sind vielfältig und können hier nur in Ansätzen skizziert werden. Sie beziehen sich insbesondere auf die Passung der Vignette zur anvisierten Zielgruppe; hierbei sollte auch die Heterogenität der Studierenden in den Blick genommen werden. Die folgenden Aspekte können zudem genutzt werden, um die Validität der Vignette zu hinterfragen.

Darbietungsqualität: Es ist zu prüfen, ob die Qualität der Video- und zugehörigen Audioaufzeichnungen bei Videovignetten angemessen gut ist, so dass alle relevanten Aspekte gut sichtbar und hörbar sind (ggf. Untertitelung oder Einblendung von Schülerprodukten). Für schriftliche Vignetten muss die Druckqualität ausreichen und auch handschriftliche Einfügungen müssen angemessen lesbar sein.

Komplexität: Je nach Erfahrungs- und Kenntnisstand der (angehenden) Lehrpersonen ist zu prüfen, ob die Vignette in ihrem Informationsgehalt bzw. ihrer Komplexität, z. B. in Bezug auf abgebildete inhaltliche, soziale, kognitive oder emotional-motivationale Prozesse, angemessen beschränkt ist bzw. zur Intention der Aufgabe passt. Es kann erforderlich sein, die Komplexität durch Modifikation der Vignette (s. o.) zu reduzieren. Die *Länge der Vignette* ist dabei immer mit zu bedenken. Ein Video von beispielsweise einer Minute Länge oder ein eine DIN A4-Seite umfassendes Transkript können leicht einen Analyseaufwand von 30 Minuten und mehr für (angehende) Lehrpersonen bedeuten.

Verstehbarkeit: Es sollte vorab geklärt werden, ob die fachlichen oder die fachdidaktischen Inhalte, die in und mit der Vignette kommuniziert werden, von den (angehenden) Lehrpersonen in angemessenem Umfang beherrscht werden, damit die Vignette interpretierbar ist und ihr Aktivierungspotenzial entfaltet. Dies gilt insbesondere für alle Herkunftsarten, an denen die Lehrperson nicht selbst beteiligt war (real und fremd, modifiziert, konstruiert).

Realitätsnähe und Relevanz: Damit sich (angehende) Lehrpersonen auf die Analyse der Vignette einlassen können, muss diese als angemessen realitätsnah und relevant erlebt werden. Hier ist vor allem zu bedenken, dass bestimmte Sachverhalte gerade Lehranfängern möglicherweise noch nicht begegnet sind und ihnen (deshalb) eine geringere Relevanz zugesprochen bzw. angenommen wird, dass es sich um wenig bedenkenswerte Sonderfälle handelt. Realitätsnähe und Relevanz sind auch in Bezug auf die Problemhaltigkeit der Fälle Aspekte, die bedacht werden sollten. Es werden häufig solche Fälle präsentiert, die fehlerhaftes oder fragwürdiges Lehrerverhalten bzw. wenig gelungene unterrichtliche Inszenierungen darstellen (vgl. Rehm & Bölsterli, 2014). Bei (angehenden) Lehrpersonen können solche Beispiele zu Verunsicherungen führen, auf der einen Seite, weil sie sich in ihrem eigenen Verhalten ‚ertappt‘ fühlen und in Rechtfertigungszwänge geraten, selbst dann, wenn sie selbst nicht an der Vignette beteiligt sind, auf der anderen Seite, weil sie zwar möglicherweise das Problem erfassen, aber keine Lösungsansätze finden. Aus der Identifikation einer fachspezifischen Lernschwierigkeit oder aus einer ‚gelungenen‘ Diagnose lässt sich ja noch nicht automatisch eine geeignete Förderung ableiten. Insbesondere für den Kompetenzaufbau sind deshalb auch solche Vignetten wichtig, die sinnvolles bzw. anzustrebendes Verhalten sowohl im Prozess der Diagnose als auch in Bezug auf mögliche Fördermaßnahmen zeigen, damit (angehende) Lehrpersonen positive Beispiele analysieren und daraus ableiten können, welche Prozesse erfolgversprechend sind.

Reichhaltigkeit und Eindeutigkeit der Interpretierbarkeit: Um insbesondere begründete Analysen zu unterstützen, ist es hilfreich, wenn Vignetten zumindest nicht an allen Stellen zu vergleichsweise eindeutigen Interpretationen führen, damit im Diskurs Interpretationsalternativen ausgetauscht werden können. Für den Einsatz als Testinstrument hingegen kann es dennoch wichtig sein, zu prüfen, dass die Vignetten spezifische Interpretationen besonders wahrscheinlich machen (z. B. über Expertenratings). Hier gilt es, die Angemessenheit der Auswertbarkeit gegen die Authentizität abzuwägen. Es sei darauf hingewiesen, dass sich Interpretationsoffenheit auch darauf beziehen kann, ob mit der Vignette ein (eindeutig) positives Beispiel oder ein (eindeutig) negatives Beispiel abgebildet wird bzw. das Beispiel die Ausdeutung sowohl gelingender Aspekte als auch misslingender Aspekte ermöglicht.

5.4 Eine Vignette – mehrere Aufgaben

Mit Blick auf die Auswahl bzw. die Gestaltung von Vignetten ist zu berücksichtigen, dass Vignetten mit ihren dazugehörigen Aufgaben selbst wiederum in eine instruktionale Umgebung eingebettet sind. Hierzu gehören u. a. die gewählte Sozial- und Präsentationsform (reale, virtuelle Umgebung), aber auch die Einbettung des Falles in eine Reihe mehrerer Fälle und in die curriculare Anlage einer zugehörigen Veranstaltung. Es sollte für das Lehr-/Lernsetting auch geklärt werden, wie theoretische Inputs, Unterstützung und Feedback erfolgen sollen. Grundsätzlich besteht eine Fülle von Möglichkeiten für die Auswahl und Gestaltung von Vignetten, gleichzeitig stellt sich jedoch auch die Frage nach Güte, Aufwand, Bedarfsvielfalt und Verfügbarkeit passender Vignetten innerhalb des Curriculums. Vor diesem Hintergrund wird im Folgenden exemplarisch veranschaulicht, dass sich ein und dieselbe Vignette an verschiedenen Stellen des Studiencurriculums einsetzen lässt. Dabei wird beschrieben, wie unterschiedliche Aufgaben zu derselben Vignette zu unterschiedlichen Schwerpunktsetzungen in den Lehr-/Lernaktivitäten führen können.

Bei der folgenden Vignette handelt es sich um eine konstruierte Vignette aus dem Chemieunterricht einer achten Klasse. Sie wurde vollständig vor dem Hintergrund der Anforderungen der Sensibilisierung für Denk- und Interpretationsansätze von Schülerinnen und Schülern bei der Beobachtung und Deutung von experimentellen Phänomenen entwickelt. Die Vignette wurde als Transkriptvignette angelegt; sie enthält Handlungsbeschreibungen und Schüleraussagen aus einem fiktiven Diskursprozesses von drei Schülerinnen und Schülern anlässlich eines Schülerexperiments. Bei dem Experiment handelt es sich um ein klassisches Experiment im Chemieunterricht der Sekundarstufe I im Kontext des Themenkomplexes ‚Stoffliche Veränderung infolge einer chemischen Reaktion‘ (vgl. Abb. 5.3). Studien zeigen, dass Lernende oftmals Probleme mit dem Verständnis und der Anwendung des Basiskonzepts der Chemischen Reaktion haben (vgl. Bildungsstandards, KMK, 2004), hierzu liegen bereits viele Erkenntnisse in der Literatur vor (vgl. Steffensky, Parchmann & Schmidt, 2005; Freienberg, Kandt, Schmidt, Hümme & Parchmann, 2007; Beeken, Freienberg & Parchmann, 2007; Barke, 2006; Duit, 1995; Pfund, 1975).

Konstruierte Transkriptvignette
Die Schülerinnen und Schüler bekamen folgende Aufgabe:
Betrachte das Kupferblech und beschreibe sein Aussehen.
Erhitze das Kupferblech, indem du es mit der Tiegelzange in die entleuchtete Brennerflamme hältst und es 1 bis 2 Minuten lang gut durchglühst. Lasse das Blech abkühlen und prüfe erneut das Aussehen des Kupferblechs.
Beschreibe deine Beobachtungen und stelle Vermutungen darüber an, was beim Erhitzen passiert ist.

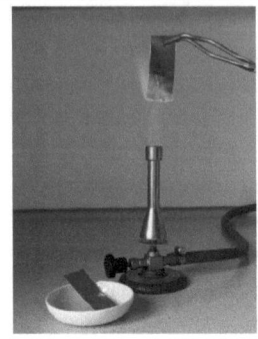

Schülergespräch (Transkript)

S 1 hält ein blankes Stück Kupferblech in die rauschende Brennerflamme.

S 2: Halt es richtig rein, in die Mitte, du weißt schon.

S 3: Guck mal, da passiert doch schon was. Der Glanz geht weg.

S 2: Eh krass, das glüht ja voll doll!

S 1 nimmt das Kupferblech wieder aus der Brennerflamme und betrachtet es.

S 1: Das ist ganz schwarz geworden… gleich beim Reinhalten ging das los.

S 2 schaut auf das Arbeitsblatt.

S 2: Hier steht, wir sollen sagen, was wir beobachtet haben. Und was wir meinen…, halt was da mit dem Kupfer passiert ist.

S 1: Schreib: „Das Kupfer ist schwarz oder schwarz-grau geworden."

S 3: Das Blech halt, da wo man es in die Flamme gesteckt hat.

S 1: Und dass es geglüht hat.

S 2 schreibt die Beobachtungen auf.

S 2: Und was ist da jetzt passiert?

S 3: Na, das Kupfer wurde schwarz.

S 1: Ja, weil das Feuer hat die Oberfläche zerstört, es hat die Kupferatome an der Oberfläche vernichtet. Die sind dann weg.

S 3: Der Glanz ist ja zuerst weggegangen und da, wo die Oberfläche abgebrannt ist, hat das Kupfer darunter eine andere Farbe.

S 2: Oder eh, denk mal … das Glühen ist doch Hitze. Wenn das Feuer da was rausgelöst hat, was für die rote Farbe verantwortlich war? Und der Farbstoff ist bei der Hitze vielleicht verdampft.

S 3 hebt das erkaltete Blech auf und betrachtet es.

S 3: Schau doch mal, wenn man das so von nahe anschaut. Das Schwarze könnte doch auch nur Ruß sein!

S 1: Oder es hat doch wieder was mit Luft zu tun…

Abb. 5.3: Konstruierte Transkriptvignette eines Schülerdiskurses zum Erhitzen eines Kupferblechs

Die Vignette wurde für die chemiedidaktische Ausbildung von Studierenden konzipiert und in verschiedenen Seminaren des Bachelor- und Masterstudiums eingesetzt. Dabei wurde die Vignette mit jeweils spezifischen Aufgaben kombiniert, um fachliche und fachdidaktische Lernprozesse bei den Studierenden gezielt zu initiieren (vgl. Aufgabenstellungen unten). Die Entwicklung und Erprobung der Vignette erfolgte vor dem Hintergrund des Forschungs- und Entwicklungsschwerpunkts in der Oldenburger Chemiedidaktik, im Rahmen dessen eine Stärkung diagnostischer Inhalte in der Lehrerbildung verfolgte wurde.

Aufgabenvariante 1: Schülervorstellungen wahrnehmen

Die Vignette wurde einem fachdidaktischen Basisseminar des Bachelorstudiums einge-setzt, um den Studierenden Theorien und Erkenntnisse aus der Schülervorstellungsfor-schung zu vermitteln. Dabei lernen die Studierenden unterschiedliche Kategorien von Schülervorstellungen (,Denkmuster') zu Themen des Anfangsunterrichts Chemie ken-nen und auf klassische Beispielaussagen anwenden (Schwerpunkt: Vorstellungen zu/r Stoffumbildungen/chemischen Reaktion). Die Aufgaben zu der Vignette wurden hier so angelegt, dass die Studierenden die Schülerperspektive einnehmen (Rollenspiel) und die Aussagen im Transkript aus Lehrer- und Schülerperspektive analysieren. Anhand einer Textzusammenstellung von Forschungserkenntnissen zu Schülervorstellungen zur The-matik arbeiten die Studierenden sich in die unterschiedlichen bekannten Vorstellungen von Schülerinnen und Schüler ein und wenden diese zur Interpretation des Transkripts an. Abschließend sind sie aufgefordert, sich zu überlegen, inwiefern die Kenntnis von Schülervorstellungen hilft, um Potenziale für die Planung und Gestaltung von Unter-richt zu identifizieren.

Aufgabensetting Variante 1:

a) Stellen Sie die Situation des Transkripts in einem Rollenspiel nach. Führen Sie dazu das Experiment durch und lesen Sie das Transkript mit verteilten Rollen.

b) Unterstreichen Sie die Schüleraussagen, die Sie als Lehrperson hellhörig werden lassen würden. Disku-tieren Sie, welche Vorstellungen die Schülerinnen und Schüler in ihren Aussagen zum Ausdruck bringen.

c) Lesen Sie die Literatur über Schülervorstellungen zum Themenschwerpunkt „Verbrennungsprozesse" und arbeiten Sie typische Schülervorstellungen in Stichpunkten auf blauen Metaplankarten heraus.

d) Wenden Sie Ihre Rechercheergebnisse an, um Ihre Diskussionsergebnisse zu dem Transkript anhand der Literatur zu bewerten. Ordnen Sie einzelne Aussagen der Schülerinnen und Schüler den Rechercheer-gebnissen zu.

e) Ziehen Sie auf Basis Ihrer Erkenntnisse zu Schülervorstellung Rückschlüsse darüber, welche Potenziale sie für die Planung und Gestaltung von Unterricht bieten.

Diese Aufgabenstruktur der Vignette bereitet darauf vor, Bezüge zwischen der Vielfalt an Unterrichtskonzepten, Lehr-/Lernmitteln oder auch methodischen Zugängen einer-seits und der Heterogenität von Vorstellungen und Lernständen der Schülerinnen und Schüler andererseits herzustellen (z. B. zur förderorientierten Unterrichtsplanung). An-gestrebt wird zudem sowohl die Entwicklung eines Bewusstseins dafür, dass eine Ein-nahme der Schülerperspektive hilfreich ist für die Antizipation von Lernprozessen, als auch dafür, Schülervorstellungen gezielt als Ansatzpunkte für die Planung und Gestal-tung von Lehr-/Lernsequenzen zu nutzen. Dies unterstützt die Entwicklung einer för-derorientierten Grundhaltung in Bezug auf Unterricht, in der Förderung nicht als etwas Additives sondern als inklusives Element von Unterricht betrachtet wird.

Aufgabenvariante 2: Fachliches und fachdidaktisches Analysieren im Kontext von Unter-richtsplanungen

Am Standort Oldenburg werden im Masterstudium experimentelle Laborpraktika zu zentralen Themen der Sekundarstufe I und II von didaktischen Seminaren begleitet, um Chemielehramtsstudierende auf das Unterrichtspraktikum in der Schule vorzubereiten.

Die Vignette wurde in diesem Kontext mit Aufgaben kombiniert, die auf eine fachliche und insbesondere fachdidaktische Auseinandersetzung fokussieren. Dabei werden zunächst die fachliche Deutung und die Analyse der didaktischen Funktion des Experiments für das Lernen der Schülerinnen und Schüler angesteuert. In den folgenden Aufgaben sind die Studierenden dazu aufgefordert, einerseits im Sinne einer Vorplanung der didaktischen Weiterführung des initiierten Erkenntnisweges mögliche experimentelle Ansätze der Schülerinnen und Schüler zu antizipieren sowie auf Basis ihres Wissens über Schülervorstellungen zu begründen. Sie sollen sich andererseits mit der Vielfalt themenbezogener Lehr-/Lernmaterialen auseinandersetzen, die zur Verfügung gestellt werden.

Aufgabensetting Variante 2:

a) Werten Sie zunächst das Experiment fachlich aus, formulieren Sie eine Reaktionsgleichung und erklären Sie, um welche Thematik es grundsätzlich geht.

b) Diskutieren Sie, welche didaktische Funktion das Experiment, so wie es hier eingesetzt wird, hat.

c) Versetzen Sie sich in die Rolle der Schülerinnen und Schüler. Formulieren Sie Vorschläge, die die Schülerinnen und Schüler zur experimentellen Überprüfung ihrer geäußerten Ideen machen könnten. Begründen Sie Ihre antizipierten experimentellen Überprüfungsansätze auf Basis Ihres Wissens über Schülervorstellungen.

d) Sichten Sie die den themenbezogenen Angebotspool an Lehr-/Lernmaterialien: Welche der experimentellen Überprüfungsansätze aus den Lehr-/Lernmaterialen bieten eine Passung zu den von Ihnen antizipierten Schüleransätzen?

Diese Aufgabenstruktur der Vignette orientiert die Studierenden auf die Passung in Bezug auf die lernenden- bzw. lerngruppenspezifische Auswahl von Lehr-/Lernmaterialien. Angestrebt wird die Erkenntnis und Haltung, dass es nicht nur ein Variante gibt, einen Inhalt experimentell zu erschließen oder zu überprüfen. Vielmehr ist eine Vielfalt mit Blick auf eine Passung des gewählten Vorgehens für den Lernerfolg seitens der Schülerinnen und Schüler entscheidend, damit die experimentellen Überprüfungsansätze an die jeweiligen Vorstellungen und Erklärungsansätze anknüpfen. Dies kann in der Förderperspektive sowohl in Bezug auf Individual- wie auch auf Gruppenperspektiven vertieft werden.

Aufgabenvariante 3: Fachliches und fachdidaktisches Wissen nutzen und anwenden

Die Vignette wurde auch dazu genutzt, um die Studierenden in Übungsphasen auf fachdidaktische Prüfungen vorzubereiten. Die zu diesem Zweck mit der Vignette kombinierten Aufgaben erfordern eine fachliche Einordnung der Erklärungsansätze, die die Schülerinnen und Schüler in ihren Vermutungen äußern. Dazu sind die Studierenden aufgefordert, mögliche experimentelle Prüfungen abzuleiten und damit ihr Repertoire an experimentellen Ansätzen zur Überprüfung von Schülerhypothesen darzustellen. Die Aufgabe b) dient dabei insbesondere dazu, die Effekte von Experimenten kritisch zu hinterfragen, da diese bei Schülerinnen und Schülern auch andere Vorstellungen stützen oder hervorrufen. Die Studierenden müssen damit zur Bearbeitung der Aufgabenfachliches und fachdidaktisches Wissen kombinieren und aus unterschiedlichen Perspektiven anwenden.

Aufgabensetting Variante 3:

Diskutieren Sie die im Transkript von den Schülerinnen und Schülern zum Ausdruck gebrachten Vorstellungen vor dem fachwissenschaftlichen Hintergrund!

Wählen Sie dazu drei von den Schülerinnen und Schülern geäußerten Vermutungen aus dem Schülergespräch zur Erklärung der experimentellen Beobachtungen aus.

a) Erläutern Sie jeweils, auf welchen Denkansätze/Vorstellungen die Aussage des Schülers/der Schülerin schließen lässt.

b) Analysieren Sie jeweils, durch welche experimentellen Erscheinungen der Denkansatz/die Vorstellung ggf. gestützt wird.

c) Wenden Sie Ihr Fachwissen an, um den Denkansatz der Schülerinnen und Schüler fachwissenschaftlich zu widerlegen/korrigieren.

e) Entwerfen Sie experimentelle Möglichkeiten, um den Denkansätze/ die Vorstellungen des Schülers bzw. der Schülerin experimentell zu überprüfen und begründen Sie Ihre Planung.

Die Aufgabenstruktur der Vignette unterstützt die Entwicklung eines vernetzten und vertieften Fachverständnisses. Dieses Fachverständnis ist zusammen mit dem fachdidaktischen Verständnis Voraussetzung dafür, auch in der direkten Handlungssituation von Unterricht Schüleraussagen adäquat einzuschätzen und auf sie zu reagieren. Dies unterstützt, Schüleraussagen dahingehend einzuschätzen, ob sie Potenziale für die Nutzung als Ausgangspunkt von Lernen innerhalb des Unterrichtsverlaufs bieten oder auch Hindernisse für die Anschlussfähigkeit im Lernen einzelner Schülerinnen und Schüler darstellen und den Schülerinnen und Schüler entsprechend lernförderliche Feedbacks bzw. Impulse geben.

Literatur

Alonzo, A. C. (2012). Learning progressions: significant promise, significant challenge. *Zeitschrift für Erziehungswissenschaft, 15* (1), 95–109.

Aufschnaiter, C. v. (2007). Lernprozessorientierung als wesentliches Element von Lehrerbildung. In D. Lemmermöhle, M. Rothgangel, S. Bögeholz, M. Hasselhorn & R. Watermann (Hrsg.), *Professionell lehren – erfolgreich lernen* (S. 53–64). Münster: Waxmann.

Aufschnaiter, C. v., Cappell, J., Dübbelde, G., Ennemoser, M., Mayer, J., Stiensmeier-Pelster, J., Sträßer, R. & Wolgast, A. (2015). Diagnostische Kompetenz: Theoretische Überlegungen zu einem zentralen Konstrukt der Lehrerbildung. *Zeitschrift für Pädagogik, 61* (5), 738–757.

Aufschnaiter, C. v. & Rogge, C. (2010). Wie lassen sich Verläufe der Entwicklung von Kompetenz modellieren? *Zeitschrift für Didaktik der Naturwissenschaften, 16*, 95–114.

Barke, H.-D. (2006). *Chemiedidaktik. Diagnose und Korrektur von Schülervorstellungen.* Berlin: Springer-Verlag.

Barnhart, T. & van Es, E. (2015). Studying teacher noticing: Examining the relationship among pre-service science teachers' ability to attend, analyze and respond to student thinking. *Teaching and Teacher Education, 45* (0), 83–93.

Beeken, M, Freienberg, J. & Parchmann, I. (2007). Die chemische Reaktion – eine experimentelle Lehrlinie. *Naturwissenschaften im Unterricht – Chemie, 18* (100/101), 65–69.

Blomberg, G., Renkl, A., Sherin, M. G., Borko, H. & Seidel, T. (2013). Five research-based heuristics for using video in pre-service teacher education. *Journal for Educational Research Online, 5* (1), 90–114.

Brandt, J., Gutscher, A. & Selter, C. (2017). Nutzung von Vignetten in einer Großveranstaltung für Mathematikstudierende der Primarstufe. In C. Selter, S. Hußmann, C. Hößle, C.

Knipping, K. Lengnink & J. Michaelis (Hrsg.), Diagnose und Förderung heterogener Lern-gruppen – Theorien, Konzepte und Beispiele aus der MINT-Lehrerbildung (S. 235–255). Münster: Waxmann.

Brovelli, D., Bölsterli, K., Rehm, M. & Wilhelm, M. (2013). Erfassen professioneller Kompeten-zen für den naturwissenschaftlichen Unterricht – ein Vignettentest mit authentisch komple-xen Unterrichtssituationen und offenem Antwortformat. *Unterrichtswissenschaft, 41*, 306–329.

Christ, T., Arya, P. & Chiu, M. M. (2017). Video use in teacher education: An international sur-vey of practices. *Teaching and Teacher Education, 63*, 22–35.

Duit, R. (1995). Vorstellungen und Lernen von Physik und Chemie. Zu den Ursachen vieler Lernschwierigkeiten. *Plus Lucis, 2*, 11–18.

Dorlöchter, H., Krüger, U., Stiller, E. & Wiebusch, D. (2013). Lehrer(aus)bildung durch den Ein-satz von Eigenvideos professionalisieren. *Seminar, 2*, 94–116.

Freienberg, J., Kandt, W., Schmidt, M., Hümme, M. & Parchmann, I. (2007). Verbrennung ver-stehen – vom Phänomen zum Basiskonzept der chemischen Reaktion. *Naturwissenschaften im Unterricht – Chemie, 18* (100/101), 70–75.

Gaudin, C. & Chaliès, S. (2015). Video viewing in teacher education and professional develop-ment: A literature review. *Educational Research Review, 16*, 41–67.

Girulat, A., Nührenbörger, M. & Wember, F. (2013). Fachdidaktisch fundierte Reflexion von Diagnose und individuelle Förderung im Unterrichtskontext – am Beispiel des Faches Mathematik unter Beachtung sonderpädagogischer Förderung. In S. Hußmann & C. Selter (Hrsg.). *Diagnose und individuelle Förderung in der MINT-Lehrerbildung. Das Projekt dort-MINT* (S. 150–166). Münster: Waxmann.

Goeze, A., Hetfleisch, P. & Schrader, J. (2013). Wirkungen des Lernens mit Videofällen bei Lehrkräften. *Zeitschrift für Erziehungswissenschaft, 16* (1), 79–113.

Hascher, T. (2008). Diagnostische Kompetenzen im Lehrberuf. In C. Kraler & M. Schratz (Hrsg.), *Wissen erwerben, Kompetenzen entwickeln. Modelle zur kompetenzorientierten Leh-rerbildung* (S. 71–86). Münster: Waxmann.

Hofe, R. v. (1995). *Grundvorstellungen mathematischer Inhalte.* Spektrum: Heidelberg.

Hußmann, S. & Selter, C. (Hrsg.). (2013). *Diagnose und individuelle Förderung in der Lehrerbil-dung. Das Projekt dortMINT.* Münster: Waxmann.

Janik, T., Minarikova, E. & Najvar, P. (2013). Der Einsatz von Videotechnik in der Lehrerbil-dung. Eine Übersicht leitender Ansätze. In U. Riegel & K. Macha (Hrsg.), *Videobasierte Kompetenzforschung in den Fachdidaktiken* (S. 63–78). Münster: Waxmann.

Kleinknecht, M. & Schneider, J. (2013). What do teachers think and feel when analyzing videos of themselves and other teachers teaching? *Teaching and Teacher Education, 33*, 13–23.

Krammer, K., Lipowsky, F., Pauli, C., Schnetzler, C. & Reusser, K. (2012). Unterrichtsvideos als Medium zur Professionalisierung und als Instrument der Kompetenzerfassung von Lehrper-sonen. In M. Kobarg, C. Fischer, I. Dalehefe, F. Trepke & M. Menk (Hrsg.), *Lehrerprofessio-nalisierung wissenschaftlich begleiten – Strategien und Methoden* (S. 69–86). Münster: Wax-mann.

Lazaridis, R. & Ittel, A. (Hrsg.). (2012). *Differenzierung im mathematisch-naturwissenschaftli-chen Unterricht. Implikationen für Theorie und Praxis.* Bad Heilbrunn: Klinkhardt.

Lindmeier, A. (2011). *Modelling and measuring knowledge and competences of teachers. A three-fold domain-specific structure model for mathematics.* Münster: Waxmann.

Lindmeier, A. (2013). Video-vignettenbasierte standardisierte Erhebung von Lehrerkognitionen. In U. Riegel & K. Macha (Hrsg.), *Videobasierte Kompetenzforschung in den Fachdidaktiken* (S. 45–61). Münster: Waxmann.

Markovitz, Z. & Smith, M. (2008). Cases as tools in mathematics teacher education. In D. Tirosh & T. Wood (Hrsg.), *Tools and processes in mathematics teacher education* (S. 39–64). Rotterdam: Sense Publishers.

Mühlhausen, U. (Hrsg.). (2005). *Unterrichten lernen mit Gespür. Szenarien für eine multimedial gestützte Analyse und Reflexion von Unterricht.* Baltmannsweiler: Schneider.

Müller-Menzel, U. (2005). Das Multimediabasierte pädagogische Seminar – Identifikation von schlüsselstellen. In U. Mühlhausen (Hrsg.), *Unterrichten Lernen mit Gespür* (S. 105–116). Baltmannsweiler: Schneider Verlag Hohengehren.

Oser, F., Curcio, G.-P. & Düggeli, A. (2007). Kompetenzmessung in der Lehrerbildung als Notwendigkeit Fragen und Zugänge. *Beiträge zur Lehrerbildung, 25* (1), 14–25.

Pfundt, H. (1975). Ursprüngliche Erklärungen der Schüler für chemische Vorgänge. *Der mathematische und naturwissenschaftliche Unterricht, 28* (3), 157–162.

Prediger, S. & Aufschnaiter, C. v. (2017). Umgang mit heterogenen Lernvoraussetzungen aus fachdidaktischer Perspektive: fachspezifische Anforderungs- und Lernstufungen berücksichtigen. In T. Bohl, J. Budde & M. Rieger-Ladich (Hrsg.), *Umgang mit Heterogenität in Schule und Unterricht* (S. 288–304). Bad Heilbrunn: Klinkhardt.

Rehm, M. & Bölsterli, K. (2014). Entwicklung von Unterrichtsvignetten. In D. Krüger, I. Parchmann & H. Schecker (Hrsg.), *Methoden in der naturwissenschaftsdidaktischen Forschung* (S. 213–225). Berlin, Heidelberg: Springer.

Reusser, K. (2005). Situiertes Lernen mit Unterrichtsvideos. Unterrichtsvideographie als Medium des situierten beruflichen Lernens. *Journal für Lehrerinnen- und Lehrerbildung, 2,* 8–18.

Schneider, J. (2016). *Lehramtsstudierende analysieren Praxis. Ein Vergleich der Effekte unterschiedlicher fallbasierter Lehr-Lern-Arrangements.* Dissertation, an der Wirtschaftlichen und Sozialwissenschaftlichen Fakultät der Eberhard Karls Universität Tübingen. Verfügbar unter: https://publikationen.uni-tuebingen.de/xmlui/handle/10900/71843 [12.08.2016].

Schratz, M., Schwarz, W. & Westfall-Greiter, T. (2012). *Lernen als bildende Erfahrung.* Innsbruck: Studienverlag.

Seidel, T. & Stürmer, K. (2014). Modeling and Measuring the Structure of Professional Vision in Preservice Teachers. *American Educational Research Journal, 51* (4), 739–771.

Selter, C., Prediger, S., Hußmann, S. & Nührenbörger, M. (2014). *Mathe sicher können.* Berlin: Cornelsen.

Sekretariat der Ständigen Konferenz der Kultusminister der Länder in der Bundesrepublik Deutschland. (KMK). (2004). *Bildungsstandards im Fach Chemie für den Mittleren Schulabschluss Beschluss vom 16.12.2004.* Verfügbar unter: http://www.kmk.org/fileadmin/Dateien/veroeffentlichungen_beschluesse/2004/2004_12_16-Bildungsstandards-Chemie.pdf [29.06.2017].

Steffensky, M. & Kleinknecht, M. (2016). Wirkungen videobasierter Lernumgebungen auf die professionelle Kompetenz und das Handeln (angehender) Lehrpersonen. *Unterrichtswissenschaft, 4,* 305–321.

Steffensky, M., Parchmann, I. & Schmidt, S. (2005). Alltagsvorstellungen und chemische Erklärungskonzepte. *Chemie in unserer Zeit, 39,* 274–278.

Thiel, F., Ophardt, D., Kumschick, I., Barth, V. & Piwowar, V. (2016). SPrInt: Störungsprävention und intervention im Unterricht. Eine videobasierte Lerngelegenheit für Studierende. *Vortrag auf dem Programm-Workshop „Einsatz von Videos in der Lehrerbildung" in Münster.* www.qualitaetsoffensive-lehrerbildung.de/files/QLB_2016_Videoworkshop_Sprint_FUB.pdf [11.10.2017].

Upmeier zu Belzen, A. & Merkel, R. (2014). Einsatz von Fällen in der Lehr- und Lernforschung. In D. Krüger, I. Parchmann & H. Schecker (Hrsg.), *Methoden in der naturwissenschaftsdidaktischen Forschung* (S. 203–212). Berlin, Heidelberg: Springer.

Welzel, M. & Stadler, H. (Hrsg.). (2005). *„Nimm doch mal die Kamera!" Zur Nutzung von Videos in der Lehrerbildung – Beispiele und Empfehlungen aus den Naturwissenschaften.* Münster: Waxmann.

Wyss, C. (2014). Videobasiert Lehren an Pädagogischen Hochschulen. *Zeitschrift für Hochschulentwicklung, 9* (3), 32–40.

Angelika Bikner-Ahsbahs, Dagmar Bönig & Natascha Korff

6. Inklusive Lernumgebungen im Praxissemester: Gemeinsam lernt es sich reflexiver

Im Rahmen des Projekts ‚Gemeinsame Lernumgebungen für Inklusiven Mathematikunterricht' wurden Studierende im Praxissemester darin unterstützt, adaptiven Unterricht mit Blick auf fachlichen Austausch der Lernenden untereinander zu gestalten. Hierfür wurden systematisch aufeinander aufbauend Vorbereitungs- und Begleitungsveranstaltungen zur Diagnose und Förderung in heterogenen Lerngruppen konzipiert und durchgeführt, mit denen die Studierenden auf die Planung von Lernumgebungen vorbereitet werden und die sie dann selbstständig entwerfen und im Praxissemester[1] umsetzen.

Die Studierenden sollen ihr Wissen und Können zur Unterrichtsplanung, Durchführung und Reflexion mit Fokus auf die Heterogenität der Lernenden weiterentwickeln und dabei die Verschiedenheit der Lernausgangslagen nicht nur (diagnostisch) wahrnehmen und in (förderliche) Adaptionen umsetzen, sondern zugleich den inhaltsbezogenen Austausch als Ressource für das Lernen jedes einzelnen Kindes nutzen. In den Seminarkonzeptionen war in der Primarstufe die kooperative Begleitung aus Fachdidaktik und Inklusiver Pädagogik ein zentrales Element (vgl. Kap. 6.2), in der Sekundarstufe die Unterstützung von Studierenden in Fokusgruppen (vgl. Kap. 6.3). Im Folgenden werden nach einer kurzen Einführung zum Verständnis inklusiver Lernumgebungen (Kap. 6.1) die Seminarkonzeptionen, die entwickelten Unterrichtssettings sowie die (Lern-)Entwicklungen der Studierenden zunächst für Primar- und Sekundarstufe getrennt dargestellt (Kap. 6.2 und 6.3), um anschließend die gemeinsamen Erkenntnisse herauszuarbeiten, die als Anregungen für die weitere Arbeit auch an anderen Studienstandorten genutzt werden können (Kap. 6.4).

6.1 Fachliche Partizipation als Kern inklusiver Lernumgebungen

Inklusiver Unterricht hat die Beteiligung aller Lernenden zum Ziel, wobei dies eben nicht (mehr nur) auf vermeintlich besondere Bedürfnisse von Kindern mit zugeschriebenen sonderpädagogischen Förderbedarfen bezogen ist, sondern prinzipielle Fragen zu individuell förderlichen und ko-konstruktiven Lehr-/Lernprozessen unter Berücksichtigung verschiedener Lernausgangslagen, Differenzlinien und Marginalisierungsprozesse bearbeitet werden.

In Anlehnung an die Unterscheidung zwischen Teilnahme (access) und Teilhabe (participation) in der UN Behindertenrechtskonvention (UN, 2006) können mit Fokus auf Fachunterricht *drei Beteiligungsebenen* betrachtet werden:

---

[1] Dies findet im zweiten Semester des Master of Education statt. Die Studierenden sind von Februar bis Juli (Sommerferienbeginn) an mind. drei Tagen in der Schule. Sie führen dort in ihren Unterrichtsfächern jeweils selbstständigen Unterricht durch, auf den sie in den universitären Seminaren vorbereitet werden.

1. Teilnahme, also ‚dabei sein' als (schul-)strukturelle Voraussetzung
2. Partizipation oder Teilhabe, also ‚mitmachen' als (allgemeinpädagogische bzw. -didaktische) Umsetzung
3. Fachliche Herausforderung in sozialer Eingebundenheit, also ‚vorankommen' als (fachlicher) Qualitätsanspruch.

Der Fokus dieses Beitrages liegt im Sinne der konkreten fachdidaktisch fundierten Unterrichtsgestaltung auf der zweiten und insbesondere dritten Ebene. Die im Projekt entwickelten Lernumgebungen sollen Prozesse des mit- und voneinander Lernens anregen und so über die Entwicklung unterrichtsmethodischer Individualisierung hinausgehen, welche sich in der schulischen Praxis vielfach als Reaktion auf die (zunehmend thematisierte) Heterogenität finden.

Fachdidaktische Herangehensweisen liefern hier über die sozial-integrative Bedeutung gemeinsamer Lernsituationen hinaus einen präzisierten Bezugsrahmen ihrer Funktion im Lernprozess, nämlich im Sinne der Anregung fachlichen Lernens durch den Austausch über unterschiedliche Herangehensweisen (vgl. z. B. Häsel-Weide, Nührenbörger, Moser Opitz & Wittich, 2013; Krauthausen & Scherer, 2014). Dies ist wiederum an die inklusionsdidaktische Zielsetzung in den Konzeptionen zum Gemeinsamen Gegenstand (Feuser, 1995) und dem Kern der Sache (Seitz, 2006) anschlussfähig, welche die Kommunikation und Kooperation der Lernenden über eine ‚gemeinsame Sache' in den Mittelpunkt stellen.

Bei Betrachtung des Entwicklungsstands zum inklusiven Fachunterricht zeigen sich zwischen Mathematikdidaktik und Inklusiver Didaktik weitere Überschneidungen und Anknüpfungspunkte, wobei die Diskurse erst in Teilen miteinander verbunden sind und jeweils noch Desiderate aufweisen (vgl. Korff & Schulz, 2017). So werden auf *fachdidaktischer* Seite bisher nur bedingt alle Lernenden und Lernausgangslagen berücksichtigt. Ein Aspekt ist hier die Orientierung an und Adaption von fachdidaktischen Kernbeständen auch für spezifische Bedarfe wie nonverbale Kommunikation oder den Einbezug mathematischer Basiskompetenzen, wie sie in diesem Band in Kapitel 3 diskutiert wird (Knipping, Korff & Prediger, 2017). Weiterhin zeigt sich die Anregung von Austauschsituationen und Gemeinsamkeit im zieldifferenten Unterricht und bei großen kognitiven Differenzen zwischen den Lernenden als zentrale Herausforderung. Hierfür liegen wiederum auf *inklusionsdidaktischer* Seite u. a. mit den o. g. Konzeptionen von Seitz und Feuser Entwicklungen vor, die aber bislang vorwiegend allgemeindidaktische und wenig lernbereichsspezifische Ausarbeitungen umfassen (vgl. Korff, 2015).

Im Bezug der beiden Diskurse aufeinander können die jeweiligen blinden Flecken bearbeitet werden, wobei sich neben der grundlegenden Passung der lehr-/lerntheoretischen Bezugspunkte und didaktischen Prinzipien auch Differenzierungen und (neue) Spannungsverhältnisse auftun, etwa in der Frage nach dem Verhältnis von Offenheit und Zielorientierung (vgl. Moser Opitz, 2014). Im wissenschaftlichen Diskurs scheint also eine Vernetzung fachdidaktischer und inklusionsbezogener Erkenntnisse angezeigt, um fachliches Lernen im sozialen Miteinander weiter auszuarbeiten. Dies gilt ebenso für praxisvorbereitende Lehre, wie sie von uns entwickelt wurde.

Die im Projekt eingesetzten fachdidaktischen Formate (selbst-)differenzierender und emergenter Aufgaben sind hierzu überaus geeignet. Für die mit ihrem Einsatz verbundene Unterrichtsgestaltung benötigen Studierende allerdings Unterstützung. So zeigt ein Forschungsbefund von Schoenfeld (2011), dass Novizen sich in ihrem professionellen Handeln zunächst auf die Oberflächenstruktur von Unterricht konzentrieren. Erst wenn sie damit umgehen können, wenden sie sich der Tiefenstruktur zu (vgl. auch Knipping et al., 2017). Nur selten findet sich ein diagnosegeleiteter Unterricht bei Novizen, der basierend auf prozessbezogener Diagnose an den Verstehensprozessen der Lernenden ansetzt „to move the students toward the instructional goals" (Schoenfeld, 2011, S. 463). Um im Zuge von Individualisierung und Förderung die im sozialen Miteinander entstehenden fachlichen Potenziale nicht zu vernachlässigen, ist es darüber hinaus zentral, dass sich Lehramtsstudierende nicht nur mit Möglichkeiten der (diagnosegeleiteten) Binnendifferenzierung auseinandersetzen, sondern erste Versuche zur Gestaltung gemeinsamer Lernsituationen mit *fachlichem* Fokus durchführen. Im Rahmen des Projekts wurden dabei zwei Felder bearbeitet, die in Bezug auf die genannten Anforderungen an der Praxis- wie Theorieentwicklung besonders deutliche Bedarfe aufweisen: Zum einen liegen für den *Sekundarstufen*bereich bislang nur wenig/keine Ansätze für inklusiven Fachunterricht vor. Zum anderen sind auch im Bereich *Primarstufe* Desiderate zu verzeichnen, wenn Schülerinnen und Schüler einbezogen werden, die sich zieldifferent mathematische Basiskompetenzen aneignen.

6.2 Mathematikunterricht inklusiv gestalten lernen – Fokus Primarstufe

Die nachfolgenden Ausführungen beziehen sich auf die Arbeit mit Studierenden mit dem Studienfach Mathematik im Studiengang Inklusive Pädagogik, die eine Doppelqualifikation Lehramt Grundschule und Lehramt Sonderpädagogik erwerben. Die Studieninhalte sind von Beginn an auf eine inklusive Schul- und Unterrichtsentwicklung ausgerichtet, sodass die Studierenden neben ihrem Fach- und Fachdidaktikstudium bereits auf relativ umfängliche Studieninhalte im Themenfeld Diagnose und Förderung heterogener Lerngruppen zurückgreifen können.[2] Ein zentrales Ziel der im Projekt entwickelten Seminarkonzeptionen besteht in der Zusammenführung dieser Studienbereiche mit Blick auf fachlich zielgerichteten, zieldifferenten Unterricht, welcher neben der Sensibilität für mögliche individuelle Barrieren und deren Überwindung auch das mit- und voneinander Lernen als Potenzial für die Förderung der Einzelnen im Rahmen einer inneren Differenzierung berücksichtigt. Hierfür werden die Vorbereitungsseminare der Mathematikdidaktik und Inklusiven Pädagogik aufeinander abgestimmt. Die Begleitung des Praxissemesters erfolgt in einem gemeinsam durchgeführten Seminar, in dessen Rahmen die Studierenden eine Unterrichtseinheit entwickeln, die sowohl für ihren mathematikdidaktischen als auch inklusionspädagogischen Bericht die Grundlage bildet.

---

2 Dies umfasst Veranstaltungen zu spezifischen Unterstützungsbedarfen in den Bereichen Lernen, Sprache, Sozial-Emotionale und Geistige Entwicklung sowie zu differenziertem Unterricht, Team- und Beratungskompetenz und eine grundlegende Befassung mit sozialer Ungleichheit, Dis/ability und Intersektionalität.

6.2.1 Seminarkonzept: Kooperation Inklusive Didaktik und Mathematikdidaktik

Im Praxissemester lernen die Studierenden, inklusiven Mathematikunterricht fachlich fundiert zu planen, selbständig zu erproben und durch die kooperierend durchgeführte Begleitung sowohl fach- als auch inklusionsdidaktisch zu reflektieren. In den Vorbereitungs- und Begleitveranstaltungen waren folgende Elemente besonders bedeutsam:

- die *Orientierung an einer fundamentalen fachlichen Idee*,
- dazu passende *Aufgaben mit Möglichkeiten zur natürlichen Differenzierung*,
- *kooperative Lernformen* und weitere *Möglichkeiten des gemeinsamen fachbezogenen Austausches*,
- *Hilfestellungen* zur Unterstützung kindlicher Lernprozesse.

Gerahmt wurden diese Zielsetzungen durch die *Verbindung von inklusions- und mathematikdidaktischen Studieninhalten*.

Das zieldifferente Arbeiten von Schülerinnen und Schülern an *einer fundamentalen Idee* spielt mit dem Ziel eines fachlichen Lernens am Gemeinsamen Gegenstand (Feuser, 1995) bzw. mit Orientierung an einem Kern der Sache (Seitz, 2006) eine entscheidende Rolle. Mathematisch-inhaltlich haben wir uns auf den Einsatz offener Sachaufgaben beschränkt (Franke & Ruwisch, 2010), bei denen die mathematischen Leitideen des Modellierens bzw. Problemlösens im Zentrum stehen. Da Fermi-Aufgaben von den Studierenden favorisiert wurden, konzentrieren wir uns im Folgenden auf diesen Aufgabentyp. In Fermi-Aufgaben wird eine Frage im Kontext einer Sachsituation gestellt, die allein über die Daten der Aufgabe nicht lösbar ist, wie z. B.: Wie viel Zeit verbringst Du in einer Woche mit Zähneputzen? Die zur Lösung notwendigen Informationen müssen selbst beschafft werden, wobei es aufgrund unterschiedlicher Annahmen und Modellierungen eine Vielzahl sinnvoller Lösungen gibt.

Fermi-Aufgaben sind mathematisch anspruchsvoll, zugleich kann aber ihr Sachbezug für Kinder auch eine Hilfe darstellen, insbesondere dann, wenn hier Bezüge zur eigenen Person bzw. zur Klasse auftauchen. Im Gegensatz zu vielen anderen Sachaufgaben sind auch die sprachlichen Hürden des Aufgabentextes eher gering. Im Sinne einer *natürlichen Differenzierung* (Krauthausen & Scherer, 2014) ermöglichen Fermi-Aufgaben den Kindern zudem individuelle Zugänge auf verschiedenen Repräsentationsebenen verbunden mit Unterschieden in den arithmetischen Anforderungen und im Grad der Durchdringung der Sachsituation. Darüber hinaus erfordert die Komplexität von Fermi-Aufgaben ein Bearbeiten in kleineren Gruppen geradezu heraus, was ein gemeinsames von- und miteinander Lernen einschließt.

Die sich so ergebenden *Möglichkeiten des gemeinsamen fachlichen Austausches* wurden an authentischen Dokumenten aus Erprobungen des vorherigen Jahrgangs (z. B. in Form von Bearbeitungen einzelner Kindergruppen oder sogar der gesamten Klasse) diskutiert. In diesem Zusammenhang wurden auch erprobte Lernumgebungen von Studierenden aus der letzten Kohorte vorgestellt. Ihre eindrucksvollen Erfahrungen zeigten konkrete Schritte eines konstruktiven Umgangs mit den subjektiv als sehr hoch wahrgenommenen Anforderungen an einen Unterricht mit stark heterogenen Lerngruppen auf und eröffneten einen Horizont für deren erfolgreiche Umsetzung auch in Lerngruppen, in denen kooperative und geöffnete Lernformen erst neu eingeführt werden mussten.

Zur Förderung der Lernprozesse wurde thematisiert, wie *Hilfestellungen* bei geöffneten Aufgaben sinnvoll eingesetzt werden, ohne das Potential für eigene Entdeckungen einzugrenzen. Um der erhöhten Anforderung an Selbstregulationsfähigkeiten zu begegnen, benötigen gerade Kinder mit Schwierigkeiten beim Mathematiklernen Unterstützung beim Strukturieren des Lösungsweges oder ggf. auch durch eine explizite Formulierung von Zwischenfragen, die sie unterstützen, *eigene* Lernwege und -strategien zu entwickeln. Weiterhin wurden verschiedene Repräsentationsformen einschließlich handlungsorientierter Zugänge sowie der Darstellungswechsel mit Blick auf eine Verstehensorientierung und die Verbindung unterschiedlicher Lernzugänge fokussiert.

In der Umsetzung dieser Zielsetzungen wurde explizit an der *Verzahnung mathematikdidaktischer und inklusiv-pädagogischer Inhalte* gearbeitet. Während in der vorbereitenden mathematikdidaktischen Veranstaltung neben fachdidaktischen Vertiefungen zu (offenen) Sachaufgaben die konkrete Unterrichtsplanung zum zieldifferenten Arbeiten, Hilfestellungen und fachlicher Austausch im Fokus standen, wurden im parallelen Vorbereitungsseminar der Inklusionsdidaktik didaktische Modelle im Spannungsfeld von Individualisierung und Gemeinsamkeit erörtert. Dabei waren die Studierenden aufgefordert, ausgehend von Lerntagebüchern ihre Kenntnisse zu inklusionsdidaktischen Modellen und deren unterrichtliche Umsetzung anhand des Lernbereichs Mathematik und des Vergleichs mit fachdidaktischen Prinzipien zu vertiefen. In beiden parallel stattfindenden Seminaren wurden jeweils Merkmale guten inklusiven bzw. Mathematikunterrichts thematisiert. So sollten bislang vorwiegend getrennte Begrifflichkeiten aus den unterschiedlichen Studienanteilen zueinander in Beziehung gesetzt werden. Im Praxissemester erfolgte die Begleitung bewusst in einem gemeinsamen Seminar im Team. Der konzipierte Unterricht wurde so auf den Ebenen von Planung, Durchführung und Reflexion aus fachdidaktischer *und* inklusionspädagogischer Perspektive beleuchtet. Im Sinne eines spiralförmigen Vorgehens wurden die für einen inklusiven Unterricht zentralen Elemente der Differenzierung, des gezielten Einsatzes verschiedener Repräsentationsformen, der Bearbeitungshilfen und des sozialen Austausches wiederaufgenommen und anhand der eigenen Unterrichtserfahrungen konkretisiert.

6.2.2 Entwickelte Lernumgebungen zu Fermi-Aufgaben

Die thematische Festlegung auf offene Sachaufgaben erfordert von den Studierenden, kooperative Arbeitsformen und den inhaltlichen Austausch über Lösungswege im Unterricht umzusetzen. Während der Unterrichtseinheit wählten die Studierenden fast durchgängig einen sich wiederholenden ritualisierten Stundenablauf. Nach dem Vorstellen der Aufgabe setzten sich die Kinder zunächst individuell mit der Sachsituation auseinander, bevor die Arbeit in kleineren Gruppen fortgesetzt und die gemeinsame Lösung dokumentiert wurde. Abschließend wurden ausgewählte Ergebnisse präsentiert, verglichen und ggf. besondere Schwierigkeiten thematisiert. Dieser sich wiederholende Ablauf bot den Studierenden Sicherheit und ermöglichte es, die neu zu etablierenden Unterrichtselemente mehrfach zu erproben und zu optimieren. Insgesamt gelang ihnen eine gerade bei den mathematisch durchaus anspruchsvollen Fermi-Aufgaben oft nicht einfach zu realisierende Balance zwischen der Offenheit gegenüber den Lösungsansätzen der Kinder und der notwendigen Strukturierung (Krähenmann, Labhart, Schnepel, Stöckli & Moser Opitz, 2015). So entwickelten sie beispielsweise gemeinsam mit der Lerngruppe Schemata zur Bearbeitung der Aufgaben ebenso wie Hilfen für eine geeignete Darstellung der Bearbeitung für die Ergebnispräsentation (Bönig & Lange, 2017).

Im Folgenden gehen wir auf der Basis der Praktikumsbesuche und -berichte exemplarisch auf studentische Umsetzungen und Herausforderungen in der Unterrichtsgestaltung ein. Hier fokussieren wir auf vier auch in den Seminaren als neuralgische Punkte erkennbare Aspekte inklusiven Lehrens und Lernens: das *Lernen am Gemeinsamen Gegenstand*, die Einbindung *handlungsorientierter Zugänge*, eine fachdidaktisch durchdachte *Aufgabenauswahl* sowie die Anregung eines *inhaltsbezogenen Austauschs*.

Ein *differenziertes Lernen am Gemeinsamen Gegenstand* gelang, indem über sinnvolle Adaptionen alle Kinder in das Lösen einer Fermi-Aufgabe einbezogen wurden, etwa über das Lösen einer Teilaufgabe auf Handlungsebene. So wurde z. B. in einem Fall bei der Aufgabe „Brauchen wir mehr als 20 Kinder um eine Schlange zu bilden, die länger ist als beide Klassenräume zusammen?" die Aufstellung der Klasse am Ende „nachgestellt". Einem Schüler, der die Aufgabe zuvor auf symbolischer Ebene bearbeitet hatte, fiel die Konkretisierung seiner Annahmen zunächst schwer, er stellte aber schließlich seine Mitschülerinnen und -schüler so auf, dass sie sich in der Schlange mit ausgestreckten Armen berührten. Ein Mädchen schlug eine platzsparendere Aufstellung vor und platzierte die Kinder direkt hintereinander, sodass der Bauch eines Kindes jeweils den Rücken des vor ihm stehenden Kindes berührte. Auch andere Kinder, die nur eine Teilaufgabe bearbeitet hatten, konnten sich jetzt am Austausch beteiligen. Kinder, die sich z. B. auf das Ermitteln der Armspannweite konzentriert hatten, achteten bei der Aufstellung der Schlange insbesondere auf die ausgestreckten Arme der Kinder.

Die Einbindung *handlungsorientierter Zugänge* sowie generell von Lernenden, die sich erst mathematische Basisfertigkeiten wie ein grundlegendes Mengen- und Zahlverständnis im Zahlraum bis 10 oder 20 aneignen müssen, zeigte sich durchgängig als eine der größten Herausforderungen.[3] Dies illustriert folgendes Unterrichtsbeispiel, in dem die Aufgabe gestellt wurde: „Wenn wir eine Fahrradschlange mit den Fahrrädern aus unserer Klasse bilden, ist die Schlange länger als 30 Meter. Kann das stimmen?" Da sie diese Aufgabe für einige Kinder mit dem Förderschwerpunkt Geistige Entwicklung als nicht zugänglich einschätzten, stellten die Studierenden zusätzlich eine „differenzierte Aufgabe", die auf handelnder Ebene lösbar ist: „Wenn du einen Bücherturm mit mehr als 40 Büchern legst, ist der Turm höher als dein Tisch." Drei Kinder arbeiteten an dieser Aufgabe mithilfe einer Assistenzkraft und unter Zuhilfenahme einer entsprechenden Anzahl Bücher aus der Klassenbücherei. In der Reflexion der Stunde wurde das Anliegen der Studierenden deutlich, eine handelnd lösbare Aufgabe als Alternative anzubieten, die eine vergleichbare Aufgabenformulierung beinhaltete (‚Kann das stimmen?'-Format) und im weitesten Sinne das Modellieren als Gemeinsamen Gegenstand beibehält. In der Reflexion wurde aber auch deutlich, dass bei Verwendung des gleichen oberflächlichen Gegenstands (Fahrrad) und/oder einer stärker strukturgleichen Aufgabe (Länge einer ‚Schlange' aus Dingen) eine (fachliche) Kommunikation leichter

---

3 Diesen Lernenden wird überwiegend ein Förderschwerpunkt Geistige Entwicklung zugewiesen und sie werden im bremischen inklusiv ausgerichteten Schulsystem in sog. Schwerpunktschulen gemeinsam mit Regelschülerinnen und -schülern unterrichtet.

möglich gewesen wäre. Die Anforderungen von Differenzierung und Gemeinsamkeit miteinander in Einklang zu bringen, wird in den Bestrebungen der Studierenden ebenso deutlich wie die Komplexität dieses Anspruchs.

Bei der *Aufgabenauswahl* wurde zwar häufiger der persönliche Bezug der Kinder beachtet, die damit verbundenen mathematischen Anforderungen und unterrichtsorganisatorischen Implikationen aber vernachlässigt. So entschied sich eine Studentin etwa für die Aufgabe: „In deiner Grundschulzeit hast du schon Süßigkeiten im Wert von 1000 € gegessen. Kann das stimmen?" Der persönliche Bezug sollte den Kindern hier als zusätzlicher Motivationsanreiz dienen. Auf der Ebene des Modellierens und Rechnens waren aber viele Lernende mit den durch die Aufgabe gestellten Anforderungen überfordert. Gerade die Orientierung am eigenen Essverhalten erhöhte hier die Schwierigkeit insofern, als dass verschiedene Süßigkeiten und damit unterschiedliche Preise beachtet werden mussten. Zudem war das Rechnen mit Dezimalzahlen wenig vertraut, was dann die Nutzung des Taschenrechners erforderte. Einige wählten bewusst einen wöchentlichen Geldbetrag (z.B. 1 €), mit dem sie leicht rechnen konnten – ohne dabei Bezug auf die konkreten Preise der gegessenen Süßigkeiten zu nehmen.

Insgesamt wurde das Ziel einen *inhaltsbezogenen Austausch* anzuregen in allen Unterrichtseinheiten umgesetzt, beschränkte sich allerdings häufig auf die Vorstellung der verschiedenen Wege der Kindergruppen. Dies ist im Sinne der Anbahnung von inhaltsbezogener Kommunikation vor dem Hintergrund der vorgefundenen Unterrichtsrealität nachvollziehbar, es wird aber auch deutlich, dass der weitergehend anzustrebende reflektierende Vergleich der Lösungen ein großes Maß an fachdidaktischer Expertise erfordert. So setzten die Studierenden häufig allein auf die von den Kindern angefertigten Plakate, wenngleich in vielen Fällen die Demonstration am realen Objekt oder eine gezielt vorbereitete Zeichnung die Erläuterungen wesentlich vereinfacht hätten. Dies bietet oftmals auch Kindern mit Unterstützungsbedarf eine gute Möglichkeit der Beteiligung und erleichtert nicht zuletzt die fachliche Kommunikation über verschiedene Lösungen (vgl. Korff, 2016). In einigen Fällen berichteten die Studierenden dann auch von Erfolgen solcher Betrachtungen – wobei es hilfreich war, sich hier nicht vorrangig auf die realen Lösungen aus dem Klassenverband zu stützen, sondern Kinderlösungen ‚künstlich zu erstellen'.

6.2.3 Sicht der Studierenden

Die Sicht der Studierenden wurde über schriftliche Fragebögen sowie vertiefende Leitfadeninterviews nach Abschluss des Praxissemesters erhoben.[4] Im Folgenden erörtern wir die Ergebnisse zu drei Aspekten: (1) Wie meistern Studierende den Umgang mit Heterogenität und die damit verbundene Herausforderung, geöffnete Lernsituationen in den entsprechenden Klassen zu etablieren? (2) Welche Maßnahmen der universitären Vorbereitung und Begleitung werden als besonders hilfreich eingeschätzt? (3) Welche Optimierungen schlagen die Studierenden für die Seminarvorbereitung und -begleitung vor?

---

4 Die Ausführung basiert auf der Auswertung der offenen Fragen der schriftlichen Befragung vor, zu Beginn und am Ende des Praxissemesters sowie insgesamt acht Einzelinterviews (EI) und zwei Gruppendiskussionen (GI) der ersten und zweiten Kohorte.

Abschließend gehen wir dann noch einmal bilanzierend auf die Kooperation von Mathematikdidaktik und Inklusiver Didaktik ein.

(1) *Den Studierenden geht es um den Einbezug aller Kinder auf möglichst allen Beteiligungsebenen. Die hierfür notwendige Öffnung des Unterrichts ist eine zentrale Herausforderung.* Das Ziel alle Lernenden zu berücksichtigen, kommt deutlich stärker zum Ausdruck als bei Studierenden der anderen Bremer Seminare. Es spiegelt sich in den Antworten zu den offenen Fragen des Fragebogens in Formulierungen wie „Lernausgangslagen *aller* Kinder gerecht werden", „Bedürfnisse aller Kinder berücksichtigen" oder „UE gestalten, in denen *alle* Kinder angemessen gefördert und gefordert [werden]" wider (Hervorh. im Original durch Unterstreichung/Großschreibung). Die nahezu durchgängige Nutzung und Hervorhebung von ‚alle' kann als Markierung dafür gedeutet werden, dass die Studierenden den Anspruch aus dem Studium der Inklusiven Pädagogik mitbringen, Unterricht tatsächlich ohne Ausschluss zu gestalten. Dass dies nicht nur auf die erste Beteiligungsebene der Teilnahme bezogen wird, zeigt sich in der Präsenz von Zielen zur (fachlichen) Teilhabe. So werden im Sinne der zweiten und dritten Beteiligungsebene verschiedene Differenzierungsaspekte in allen Fragebögen und teilweise mehrfach benannt. Weiterhin wird zu allen drei Erhebungszeitpunkten der Austausch verschiedener Lernender untereinander als Anspruch und Herausforderung formuliert und spezifisch mit dem ‚Lernen am Gemeinsamen Gegenstand' verknüpft. Passend dazu werden in den Fragebögen die Kenntnisse zur ‚natürlichen Differenzierung' als hilfreiche Vorbereitung für den Umgang mit Heterogenität benannt.

Als zentrale Verunsicherung zu Beginn des Praxissemesters in der didaktisch-methodischen Umsetzung ihrer Zielsetzungen stellen fast alle Studierenden die Öffnung des Unterrichts auf organisatorischer Ebene heraus. Die Interviews machen deutlich, dass diese Unsicherheit durch das vorgefundene Praxisfeld verstärkt wird, in dem eine solche Öffnung bislang nicht existiert. Die Studierenden mussten überwiegend Strukturen geöffneten Unterrichts neu einführen, was in wenigen Fällen auch zu kritischen Interventionen von Lehrkräften führte:

> „Und mein Ziel war zum Beispiel, das hatte ich mir gesetzt ‚Darstellen der Lösungswege'. Und dann sag ich so ‚dann schreiben wir das jetzt mal [auf], dass es für jeden verständlich ist' und dann hat die Lehrerin das unterbrochen, hat gesagt ‚Nee, wir schreiben das so, wie wir das immer schreiben. Wir schreiben Aufgabe, Rechnung, Lösungssatz'. Und genau von diesem Muster wollte ich eigentlich weg" (EI-8, #00:08:04-3#).

Die Herausforderung der Öffnung angenommen zu haben, bewerten die Studierenden jedoch im Rückblick einstimmig als eine wertvolle Erfahrung, wie stellvertretend folgendes Resümee verdeutlicht:

> „Ich und auch die Lehrerin da hatten auch son bisschen Zweifel, ob das für jeden Schüler so ankommt, und (..) ja, also wir waren alle begeistert und die Kinder auch und (..) ich würds auch jedes Mal wieder durchführen, so" (GI-2, #00:51:57-0#).

Gerade die Fermi-Aufgaben ermöglichten dabei, dass man „alle [Kinder] mit einbeziehen" kann (GI-2, #00:52:25-0#), „alle irgendwo an dem Gleichen [arbeiten]" (ebd.) und „motivierter" sind (EI-7, #00:40:19-3#). Bei der Zufriedenheit der Studierenden spielt der Einbezug *aller* Lernenden eine zentrale Rolle, wobei fachliche Aspekte allerdings nur in geringem Maße reflektiert werden. Vielmehr dominiert, passend zur vorangehenden zentralen Verunsicherung, in der Bewertung des Gelingens die Ebene der Oberflächenstrukturen, d. h. die Einführung neuer Sozialformen und Aufgabentypen und damit die zweite Ebene der Beteiligung.

(2) Die Diskussion über konkrete differenzierende Lernangebote, die individuelle Beratung durch die Lehrenden sowie der Austausch zu Beispielen aus der eigenen Unterrichtspraxis wurden als besonders hilfreich eingeschätzt. Bei der Auswertung der Fragebögen kristallisieren sich zwei Schwerpunkte in Bezug auf die universitäre Begleitung heraus. Dies ist zunächst und zentral die Konkretisierung von Differenzierungsmöglichkeiten. Explizit werden die natürliche Differenzierung sowie offene Aufgaben einschließlich der Ausdifferenzierung für konkrete (Fermi-)Aufgaben und der Einsatz von (handlungsorientierten) Materialien angeführt. Diese Elemente sind vorrangig im Vorbereitungsseminar der Mathematikdidaktik zu verorten, wobei der Fokus auf handlungsorientierte Materialien auch der in den inklusionspädagogischen Studienanteilen fokussierten Perspektive auf ‚alle Kinder' – also auch solche, die auf symbolischer Ebene keinen Zugang finden würden – zuzurechnen ist und entsprechende Schwerpunktsetzungen im gemeinsamen Begleitseminar aufgreift. Der zweite – wenn auch nicht ganz so häufig genannte – Aspekt hilfreicher Vorbereitungsinhalte betrifft die in den Seminaren zu inklusiver Didaktik thematisierten inklusionsdidaktischen Modelle.

Die inhaltsanalytische Auswertung der Abschlussinterviews lässt als weiteren unterstützenden Faktor die Setzung von offenen Sachaufgaben als Unterrichtsthema erkennen. Dieser ‚Zwang' zur Öffnung (in bisher nicht geöffnet arbeitenden Lerngruppen) ermöglichte spezifische Entwicklungen und Erfahrungsräume, wie in folgendem Beispiel deutlich wird:

> „Also ich fands auf jeden Fall gut, dass wir quasi gezwungen wurden, was Offenes zu machen […] einfach, damit mans mal ausprobiert. […] [I]ch persönlich hätte vielleicht n leichteren Weg gewählt, so, wo man sich sicherer is (..) vielleicht mal Stationsarbeit, […]. Insofern fand ichs gut, weils mich dann eher überzeugt hat, und ich auch die Unterrichtsstunden eigentlich angenehm empfand so" (EI-5, #00:15:02-4#).

Weiterhin empfinden die Studierenden durchgängig die individuelle Beratung (und Anleitung) durch die Lehrenden sowohl in der Vorbereitung als auch der Begleitung als unterstützend, wozu auch die Motivation zum Durchhalten gehört sowie der Vorteil, Beratung von zwei Lehrenden mit unterschiedlichen Schwerpunkten zur gleichen Unterrichtseinheit in Anspruch nehmen zu können.[5]

---

5 Vgl. z. B. EI-3, #00:08:50-0#, EI-4, #00:08:30# und #00:56:16-0#, EI-5, #00:22:51-3#, EI-7, #00:07:33-8# sowie GI-2, #01:10:23-4#.

Der Austausch mit anderen Studierenden, spontan entstanden oder auch themenorientiert im Seminar ein- und angeleitet, wird ebenfalls als Hilfe eingestuft (vgl. z. B. EI-2, #00:18:02-6#, EI-7, #00:07:33-8#). Die Sitzungen zu den Themen Hilfestellung, differenzierte Lernziele, Austausch und Darstellungsformen unmittelbar anhand der eigenen Unterrichtsplanung haben dabei noch einmal eine andere Qualität als die sonst in der universitären Lehre eingebrachten Praxisbeispiele. Die hilfreiche studentische Zusammenarbeit wird noch auf zwei weiteren Ebenen benannt. Hierzu zählen das Team-Teaching und die gemeinsame Vorbereitung des Unterrichts sowie der Erfahrungsaustausch mit Studierenden aus der vorherigen Kohorte.[6]

(3) Die Studierenden wünschen sich für die Vorbereitung ihrer Praxis konkrete Unterrichtsbeispiele in noch größerem Umfang. Dieser Wunsch bezieht sich vor allem auf die Vorbereitungsseminare und hier insbesondere in der inklusionsdidaktischen Veranstaltung (vgl. z. B. GI-2, #00:17:04-7#). In dieser standen wie oben benannt die theoretischen Modelle Inklusiver Didaktik und deren Grundannahmen im Mittelpunkt. Eine Übertragung auf fachdidaktische Konzeptionen war zwar Teil der Bearbeitung, doch konkrete Beispiele im Sinne *vollständiger* Unterrichtsstunden hatten – aus Studierendenperspektive – zu wenig Raum. Die theoretischen Modelle seien in der Unterrichtsvorbereitung kein „Handwerkszeug, was mir irgendwie helfen würde, Unterricht zu planen", sondern vorrangig zur (nachträglichen) Reflexion dienlich (vgl. z. B. EI-5, #00:49:11-7# bis #00:49:38-6#). In den Praktikumsberichten zeichnet sich aber auch ab, dass die Modelle nicht nur als Reflexionsebene herangezogen werden, sondern den Studierenden in der Planung als Zielvorstellung und Orientierung präsent waren. Ein Spezifikum ist, dass die Studierenden den Umgang mit Lernenden mit emotional-sozialen Schwierigkeiten auch nach Abschluss des Praxissemesters als herausfordernd und verunsichernd erlebten (vgl. z. B. EI-5, #00:17:04-7#). Da diese Aspekte durch den Fokus auf *„fachliches* Lernen im sozialen Miteinander" kaum systematisch bearbeitet werden, ist diese Bilanz nachvollziehbar – angesichts begrenzter Seminarzeiten aber auch nicht ganz vermeidbar.[7]

Abschließend lässt sich mit Blick auf das *fachliche* Lernen im sozialen Miteinander festhalten, dass sich die Kooperation von Fachdidaktik und Inklusiver Pädagogik in der gemeinsamen universitären Begleitung insgesamt sehr gut bewährt hat. Hierbei verknüpfen die Studierenden die Orientierung am grundlegenden Ziel der Individualisierung innerhalb des gemeinsamen Lernens eher mit der Inklusiven Pädagogik, jene nach geeigneten Aufgaben hingegen eher mit der Fachdidaktik. So notiert eine Studentin im Fragebogen, durch welche Inhalte ihres Studiums sie sich auf den Umgang mit Heterogenität vorbereitet fühlt: „IP ⇒ Was ist wichtig für gemeinsamen Unterricht? // Mathe ⇒ Welche Aufgaben eignen sich?" (FB CBED6_M). Für die Gestaltung inklusiver Lern-

---

6   Vgl. z. B. GI-2, #00:18:14-0#, EI-6, #00:12:39-1# sowie GI-2, # 00:49:49-5#.

7   Es wird von den Studierenden darüber hinaus mehr ‚Handwerkszeug‘ im Bereich sonderpädagogischer Förderung gewünscht, etwa im Bereich nonverbaler Kommunikation oder mathematischer Basisfertigkeiten. Zu diskutieren wäre hier u. a., wie ‚Wissen‘ über spezifische kindliche Lern- und Entwicklungsbedingungen in eine fachspezifische Sensibilität für Barrieren übertragen werden kann, wobei zugleich essentialistische Zuschreibungen vermieden und fachdidaktische Qualitätsansprüche mit etwaigen Spezialmaterialien verknüpft werden müssten (vgl. Knipping et al., 2017).

umgebungen müssen die genannten Aspekte miteinander verbunden werden. Hier hat sich gezeigt, dass die unterschiedlichen Schwerpunktsetzungen in den vorbereitenden Seminaren und die Zusammenführung in der Begleitung dies bei den Studierenden anzuregen vermag. Im Kontext der Entwicklung von Unterricht gelingt ihnen eine aktive Verknüpfung von Studieninhalten, sie schärfen ihren Blick und erproben erste Lösungen für den Einbezug tatsächlich aller Lernenden sowie die Verbindung von Differenzierung und inhaltsbezogener Kommunikation.

6.3 Mathematikunterricht inklusiv gestalten lernen in der Sekundarstufe

Ziel der Konzeptentwicklung zur Vorbereitung und Begleitung des Praxissemesters in der Sekundarstufe war, Werkzeuge für inklusive Unterrichtsplanung und -gestaltung zu gewinnen, die direkt am diagnostischen Unterrichtshandeln ansetzen (Schoenfeld, 2011, S. 463). Der Entwicklungsprozess orientierte sich am Design Research (Prediger, Link, Hinz, Hußmann, Ralle & Thiele, 2012) und war im doppelten Sinne zyklisch angelegt. Ergebnisse und Produkte aus den Vorjahren wurden im Folgejahr eingesetzt und weiterentwickelt. Zugleich waren die Studierenden im Praxissemester über empirische Erkundungen in Unterrichtsentwicklung eingebunden. Es entstanden eine Unterrichtskonzeption, erprobte Beispiele dazu sowie eine Seminarkonzeption zur Vorbereitung und Begleitung des Praxissemesters.

6.3.1 Seminarkonzeption: Aufgabenkonstruktion als Kern inklusiver Gestaltung von Mathematikunterricht

Im Praxissemester lernten die Studierenden angelehnt am Prozess der Entwicklungsforschung (Prediger et al., 2012), eine inklusive Gestaltung von Mathematikunterricht zu konzipieren, umzusetzen, fachdidaktisch zu reflektieren, gezielt weiter zu entwickeln sowie die modifizierte Konzeption erneut umzusetzen, zu reflektieren und abschließend zu bewerten (vgl. Lengnink, Bikner-Ahsbahs & Knipping, 2017, Kap. 4 in diesem Band). In diesem Rahmen wurde eine Methode der Unterrichtsplanung und -umsetzung entwickelt, die aus drei Elementen besteht (Bikner-Ahsbahs & Kamphake, 2016). Diese Elemente sind

- eine *Mitmachgeschichte*, die den Unterrichtsablauf orchestrieren kann, zu einem gemeinsamen mathematischen Ergebnis führt und das Potenzial hat, alle Lernenden in den Prozess einzubinden,
- *Orientierung an einer zentralen fachlichen Idee*, entlang derer Lernenden differenzierende Arbeitsangebote zu dieser Idee gemacht werden,
- *emergente Aufgaben* (Bikner-Ahsbahs & Janßen, 2013), das sind passgenaue, von der Lehrperson formulierte Aufgabenstellungen, die die aktuelle Interessenlage der Lernenden im Unterrichtsablauf aufgreifen, ihnen über Hürden hinweghelfen oder ihr Denken ausdehnen können.

Die Mitmachgeschichte greift neuere Einsichten zur Relevanz von Narrationen für Lernen auf, die emotionale und kognitive Anregungen vereinen (Zaskis & Liljedahl, 2009). Sie erfüllt als Planungswerkzeug aber auch die Funktion, den Unterricht zu orchestrieren, d. h. in das fachliche Thema einzuführen, die Lernenden zur Mitgestaltung der Lösung eines Problems mit mathematischen Mitteln einzubeziehen, diese Lösung zu systematisieren, *allen* Lernenden verfügbar zu machen und zu nutzen. Das Besondere an einer solchen Geschichte ist, dass *alle* Lernenden zum fachlichen Ergebnis beitragen können. Teilhabe am Geschehen wird erleichtert, wenn die Logik der Geschichte und die Sachlogik sich gegenseitig stützen. Eine gute Geschichte strukturiert dann den Lernprozess und macht die Partizipation *aller* am Lernprozess möglich (die *2. Beteiligungsebene wird ermöglicht*). Sie sichert aber noch nicht, dass auch alle Lernenden zum Ergebnis beitragen können. Das leistet die Orientierung der Aufgabenentwicklung für die Geschichte an einer zentralen Idee (Klika, 2003), z.B. indem Entwicklungsstufen oder verschiedene Zugänge und Komplexitätsgrade dieser Idee berücksichtigt werden. Erst damit haben alle Lernenden im Idealfall die Chance, am Kern der Sache *teilzuhaben* und ihren Beitrag zum Ergebnis der Geschichte zu leisten (die *2. Beteiligungsebene wird realisiert*). Auch wenn es hier um differenzierende und die Heterogenität aufgreifende Lernangebote geht, stellt auch dieses Prinzip noch nicht sicher, dass alle Schülerinnen und Schüler gemäß ihren Möglichkeiten tatsächlich vorankommen. Dies können emergente Aufgaben leisten. Das Konzept emergenter Aufgaben (Lengnink et al., 2017) ist ein Werkzeug zum adaptiven Handeln im Sinne des „diagnostic teaching" (Schoenfeld, 2011). Studierende beobachten Lernende beim Bearbeiten mathematischer Fragen und greifen kritische Momente als Lerngelegenheiten auf, um Schülerinnen und Schüler über Hürden hinwegzuhelfen oder ihr Handeln über ihre Grenzen hinaus auszudehnen (*3. Beteiligungsebene*). Studierende lernen auf diese Weise, sich fördernd an der Interessenlage der Lernenden zu orientieren.

Um die Drei-Elemente-Methode für den eigenen Unterricht einsetzen zu können, müssen Studierende geeignet vorbereitet werden. Das geschieht im Vorbereitungsseminar des Wintersemesters und in einem vorbereitenden Blockseminar direkt vor dem Praxissemester im Sommer. Die Seminare orientieren sich an zwei Prinzipien: (1) An Klafkis Konzept „exemplarischen Lernens", das ein Lernen an Beispielen betont, an denen „Wesentliches, Strukturelles, Prinzipielles, Typisches, Gesetzmäßiges, übergreifende Zusammenhänge" (Klafki, 1994, S. 144) deutlich werden kann, und (2) an einem erweiterten Konzept des „reflective practitioner" (Schön, 1983), das das Wechselspiel von Reflexion und Aktivität als Entwicklungsmotor der eigenen professionellen Praxis ansieht (Lengnink et al., 2017).

Kern jedes Unterrichtsentwurfs ist die passgenaue Konstruktion von Aufgaben. Genau darauf werden die Studierenden im Vorbereitungsseminar vorbereitet. Darin lernen sie, Aufgaben gezielt und differenzierend zu konstruieren, sie zielbezogen zu variieren und als Lernpfade anzulegen. Es entsteht ein Vorrat an Differenzierungsformaten (Leuders & Prediger, 2016), aus dem sie später auswählen können. Zur passgenauen Umsetzung von Aufgaben im Mathematikunterricht gehört auch, Unterricht fachdidaktisch analysieren zu können, vor allem kritische Momente zu identifizieren und aufgabenbezogene Handlungsoptionen für Lehrerreaktionen zu entwickeln. Dabei kommen systematisch fachdidaktische Theorien und Konzepte zum Einsatz, deren Relevanz für unterschiedliche Heterogenitätsdimensionen reflektiert und bewertet wird.

Im Blockseminar direkt vor dem Praxissemester wendet sich der Blick zunehmend der Diagnose von Schülerprodukten zu. Zu diesem Zweck werden exemplarisch drei Analyseformate zur Diagnose eingesetzt und daran anknüpfende Fördermöglichkeiten erschlossen: eine Aufgaben-, eine Dokumenten- und eine Transkriptanalyse. An der Aufgabe „Graphen laufen" (Brauner, 2008) etwa wird ein Unterrichtsszenario aus den Vorjahren vorgestellt, in dem eine Zielgruppe mit Förderschwerpunkt Lernen den dynamischen Charakter von Funktionen als „laufbare Graphen" erlebt und kennzeichnet. *Aufgabenanalyse* und Unterrichtsszenario werden dabei typisierend diagnostisch aufeinander bezogen. In einer zweiten Diagnose von Schülerlösungen zum Versuch, Wurzel aus 2 mit Brüchen darzustellen (*Dokumentenanalyse*), werden Beweisideen zur Irrationalität von Wurzel aus 2 aus den Schülerlösungen extrahiert und genau dazu emergente Aufgaben als Förderansatz formuliert. In der abschließenden Reflexion der Studierenden über das eigene Diagnose- und Förderhandeln wurden individuelle Hindernisse wie etwa durch Standardlösungen geprägte Erwartungen oder wertende Voreinstellungen genannt. Diese Reflexionen wurden zum Anlass genommen, um mit den Studierenden über deren Gestaltung des eigenen Lernprozesses im Praxissemester als Wechselspiel zwischen Aktion und Reflexion nachzudenken (Lengnink et al., 2017).

Im Praxissemester werden Fokusgruppen gebildet, deren Format sich an dem Konzept professioneller Lerngemeinschaften (Bonsen & Rolff, 2006) orientiert und die fachdidaktisch begleitet den eigenen Unterricht entwickeln. Im Fokus dieser Gruppen steht förderdiagnostisches Handeln im inklusiv gestalteten Mathematikunterricht. Zu diesem Zweck plant und entwickelt eine Fokusgruppe den Unterricht gemeinsam. Eine Person setzt den Unterrichtsentwurf in einer Klasse um. Die anderen Mitglieder der Fokusgruppe beobachten die Umsetzung gemeinsam. In der Fokusgruppe wird über die Umsetzung reflektiert und die Unterrichtskonzeption wird gezielt im Hinblick auf Stärkung des fachlichen Gehalts revidiert. Dann erprobt eine Person die so gewonnene revidierte Planung in einer Parallelklasse mit gemeinsamer Hospitation. Abschließend werden der revidierte Unterrichtsentwurf und seine Umsetzung erneut reflektiert und im Hinblick auf weitergehenden Transfer verändert. Dabei hat die Fokusgruppe in der Unterrichtsplanung die Aufgabe, kritische Momente antizipierend zu reflektieren, d.h. mögliche Schülerschwierigkeiten, Fehlvorstellungen, Lerngelegenheiten im Voraus einzuschätzen und passgenaue Handlungsoptionen (etwa zu emergenten Aufgaben) zu antizipieren, um den tatsächlichen Unterricht mit der Vorausschau reflektierend vergleichen zu können.

In der Fokusgruppe der zweiten Kohorte wurde die Anwendbarkeit der Drei-Elemente-Methode geprüft. Diese Fokusgruppe bestand aus vier Studierenden, drei davon unterrichteten an derselben Schule und konnten auch in der Schule enger zusammenarbeiten. Eine Studentin unterrichtete an einer Schule, die weit entfernt lag. Sie führte deshalb beide Erprobungen allein durch. Es gab auch keine Peerhospitationen in ihrem Unterricht und nur eine reduzierte Teilhabe an Reflexionsprozessen im Fokusgruppenseminar oder im Kontakt mit der Dreiergruppe. Im folgenden Abschnitt wird ein Unterrichtsbeispiel dieser Studentin vorgestellt. Durch Kontrastierung ihrer Erfahrungen mit denen der anderen Studierenden aus der Fokusgruppe werden fördernde Bedingungen für die Organisation von Fokusgruppen erschlossen.

6.3.2 Entwickelte Lernumgebungen: Einkaufen auf Helgoland und daheim

In einer inklusiven siebenten Klasse nutzte die Studentin die Drei-Elemente-Methode, um die Tragfähigkeit einer Mitmachgeschichte für einen längeren Zeitraum zu untersuchen. Illustriert wird hier, wie sie die Mitmachgeschichte aufgebaut hat, um über Rabatte, die Begriffe Netto, Brutto und Mehrwertsteuer den Grundwert als Bezugsgröße für Prozentangaben zu klären.

Mitmachgeschichte: Ich war auf Helgoland und habe mir dort Schuhe gekauft. Ich habe den Bon mitgebracht. Meine Freundin hat sich in Bremen die gleichen Schuhe gekauft. Sie hat mir ihren Bon mitgebracht. Eine Werbeaktion der Schuhgeschäfte behauptet: Bei uns sparen Sie die Mehrwertsteuer, denn Sie haben 19 % Rabatt. Stimmt das auf Helgoland? Stimmt das in Bremen? Stimmt das überhaupt?

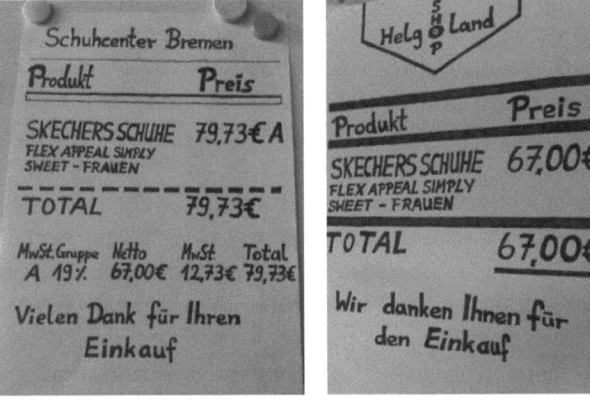

Abb. 6.1: Preise auf Helgoland und auf dem Festland im Vergleich

Die Mitmachgeschichte wurde genutzt, um gemeinsam mit den Lernenden eine Leitfrage zu entwickeln: Ist der Verkaufspreis der Schuhe bei einem Rabatt von 19 % in Bremen genauso hoch wie der Preis auf Helgoland? Die Vermutungen der Lernenden gingen in alle denkbaren Richtungen. Am Ende wurde dieser Sachverhalt an unterschiedlichen Werbeangeboten untersucht.

Die *zentrale Idee* war in dieser Stunde der Prozentsatz als relativer Anteil. Dieser wurde zieldifferenziert in der Klasse behandelt. In vier von der Lehrperson festgelegten Leistungsstufen erhielten die Lernenden Aufgaben zu realen Werbeangeboten, z.B. zu einem Fotoapparat oder einem Computer. Zu jedem Angebot mit unterschiedlich komplizierten Angaben ermittelten die Lernenden einen von je zwei Verkaufspreisen: (1) ohne 19 % MwSt. (z.B. auf Helgoland oder als Nettopreis) und (2) bei 19 % Rabatt. Die

Ergebnisse wurden auf einem Plakat paarweise aufeinander bezogen. Waren beide Preise gleich? Gab es große oder auch kleine Unterschiede? Wie konnte man dies erklären? Zu einer Erklärung konnten Lernende auf unterschiedliche Arten kommen: durch Vergleich der errechneten Ergebnisse, argumentativ unter Verwendung des relativen Anteils von Prozentsätzen oder diskursiv in der Tischgruppe sowie anschließend gestützt durch ein digitales Diagramm (Abb. 6.2). Die sich gegenseitig stützenden Erklärungen beendeten dann die Geschichte, indem alle Ergebnisse auf den Plakaten betrachtet, analysiert, verglichen und bewertet wurden.

Abbildung 6.2 illustriert das eingesetzte digitale Diagramm. Es zeigt in Abhängigkeit vom veränderbaren Nettopreis (mit Schieberegler) den Bruttopreis und den um 19 % ermäßigten Preis. Vergrößert sich der Nettopreis, dann vergrößert sich auch die Differenz von Nettopreis und ermäßigtem Preis bei gleicher MwSt. von 19 % (Abstand zwischen den gestrichelten Linien). Dies verwundert Lernende und erzeugt ein Erklärungsbedürfnis. Folgende Frage eines Schülers vor dem Einsatz dieses Diagramms wurde als Lerngelegenheit für eine emergente Aufgabe aufgefasst: „Können 119 % auch 100 % sein?" Eine passende emergente Aufgabe wäre: Manchmal schon, wie kann das wohl passieren? Diese emergente Aufgabe zielte in der wiederholten Stunde direkt darauf ab, die Vorstellung vom Prozentsatz als relativen Anteil für die Erklärung zu verwenden und das Diagramm in Abbildung 6.2 einzusetzen. Die Studentin berichtete von keinen weiteren Lerngelegenheiten für emergente Aufgaben in den Klassen. Wir vermuten, dass die komplexe Organisation des inklusiven Mathematikunterrichts in vier Leistungsebenen und das eingesetzte Expertenpuzzle alle Beteiligten so beschäftigte, dass die Studentin keinen Freiraum für Beobachtungen hatte und deshalb keine weiteren Gelegenheiten für emergente Aufgaben wahrnehmen konnte, dass aber auch die Lernenden permanent aktiv gehalten wurden und Muße zum tieferen Nachdenken wenig Raum bekam. Wie studentische Unterrichtserprobungen gezeigt haben, können emergente Aufgaben häufig dann gestellt werden, wenn die Aufgabe nicht nur für einzelne Lernende kognitiv herausfordernd ist, sondern im sozialen Miteinander kritische Momente durch gemeinsame inhaltliche Auseinandersetzung erzeugt werden.

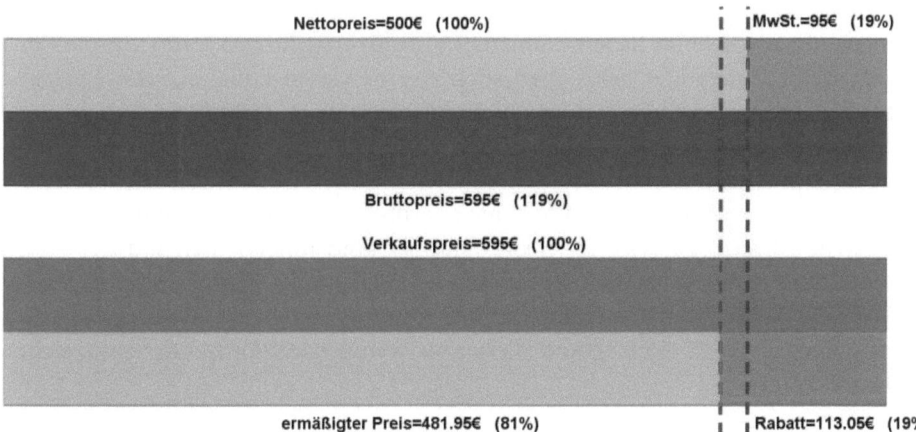

Abb. 6.2:   Dynamisches Diagramm zu MwSt. und Rabatt

6.3.3 Sicht der Studierenden

In der ersten Kohorte gab es bereits eine Fokusgruppe aus sieben Studierenden an unterschiedlichen Schulen. Aber erst für die zweite Kohorte wurde das Konzept der Fokusgruppe wie oben beschrieben umgesetzt. Im vorliegenden Beitrag wird ausschließlich die Sicht der Fokusgruppe der zweiten Kohorte vorgestellt. Diese Sicht wurde direkt nach dem Praxissemester schriftlich erhoben und ergänzend noch einmal in narrativen Interviews nach sechs Monaten. Es gibt zwei Interviews, eines mit der Dreiergruppe und ein Einzelinterview getrennt vom Gruppeninterview, um herauszuarbeiten, wie wichtig es ist, dass die Fokusgruppe an einer Schule zusammenarbeitet und inwieweit ein Fehlen an gemeinsamer Erfahrung kompensierbar sein kann. Die Auswertung erfolgt entlang dreier Fragen: (1) Welches sind besonders förderliche Bedingungen für die Arbeit in der Fokusgruppe, (2) welche Rolle spielt der Reflexionszyklus (Bikner-Ahsbahs, 2017; Schön, 1983; Lengnink et al., 2017) und (3) inwiefern wird die Drei-Elemente-Methode als hilfreiches Werkzeug für adaptives diagnostisches Unterrichten angesehen?

(1) *Die Fokusgruppe und der Austausch darin erweitern den Blick und reichern Lernerfahrungen an*: Die Relevanz der Arbeit in der Fokusgruppe wird im Interview ohne Nachfragen direkt von den Studierenden eingebracht. Hierbei sind zwei Dinge zentral: der Austausch zur gemeinsamen Arbeit, und hier besonders der geteilte und sich „ergänzende Blick" in der Peer-Planung, -Hospitation, -Erprobung und Peer-Reflexion. „[…] [D]ass man sich da abstimmt, dass man die Materialien gemeinsam entwickelt. Ähm man hat immer noch n anderen Blick jeder drauf und das hat sich so gezeigt" (#00:09:28-0#). Dabei weisen die Studierenden auf den ergänzenden und geteilten „Blick" hin, der das individuelle professionelle Lernen aus der Erfahrung erweitert und das Lernen aus Fehlern besser ermöglicht, denn „[…] man hat irgend n Fehler gemacht und kann ihn den, der nächsten Person dann auf den Weg geben" (#00:10:49-6#). Dies kann sich aber nur auf der Basis einer gemeinsamen Planung einstellen, denn „die beobachtende Person muss schon wissen, […] den gleichen Blick haben" (#00:17:35-7# bis #00:17:40#). Die Gruppe weist in diesem Zusammenhang vor allem auf die Komplexität des Unterrichtens hin, das viel Hintergrundwissen erfordert, weil „[…] diese ganzen Vorstellungen, die die Schüler haben können, und Fehlvorstellungen und […], dass man sich da gegenseitig unterstützt, wie's eben auch so eine riesen Fülle an Schwierigkeiten und Problemen geben kann, die man gar nicht beachten kann" (#00:10:58-0#).

Dabei wird die Schwierigkeit diagnostischen Handelns im Unterrichten (reflection-in-action) angesprochen, die durch einen „gemeinsam geteilten Blick" leichter erfassbar und angemessenes Handeln dazu leichter erlernbar ist. Insbesondere die Peer-Hospitation scheint hilfreich zu sein: „[…] der eine hat grad unterrichtet und der andere konnte beobachten" (#00:16:06-9#). Besonders deutlich macht dies ein Student, als er die Arbeit in der Fokusgruppe mit seinem individuellen Unterricht ohne Fokusgruppe in einer anderen Klasse vergleicht und diesen als weniger lernförderlich kennzeichnet (#00:16:41-3#).

(2) *Zyklische Reflexion schärft den Blick auf die Klasse und die Lernenden, macht das eigene Unterrichtshandeln zielgerichteter und kann den Unterrichtsentwurf verbessern:* Stellvertretend für viele Stellen steht folgendes Zitat mit eigenständigem Hinweis auf den Reflexionszyklus:

> „[…] [A]lso grade durch diesen Reflexionsprozess, den wir immer durchlaufen sind, vorher, im Nachhinein und auch im zweiten Durchlauf. Man hat irgendwie den Blick entwickelt, wenn n Schüler jetzt n Problem hat […] und jetzt ist das irgendwie spontan, einfach kommt es mehr aus einem raus, […] man kann genau fragen, ‚warum hast du das jetzt da eingezeichnet?' und ich verknüpf das gleichzeitig schon mit didaktischen Vorstellungen […]. Also gerade, das meine ich mit dieser Verknüpfung von Theorie und Praxis, dass man dieses Theoretische, wo man vorher immer gedacht hat, ‚wozu lerne ich das? Wie brauch ich das?', dass man das jetzt auch mal in den Situationen anwenden kann" (#00:07:34-2#).

Hier wird deutlich gemacht, dass der Reflexionszyklus zweierlei ermöglicht hat: Im Unterrichten zu reflektieren und dies im Hinblick auf eine Theorie-Praxis-Vernetzung zu tun. Reflexion bezieht sich dabei vor allem auch auf das eigene unterrichtliche Handeln und die Materialen, die durch Reflexion verbessert werden können. Reflexion dieser Art schärfe den Blick auf Lernende und auf die Bedarfe der Klasse.

(3) *Die Drei-Elemente-Methode befördert diagnostisches Unterrichten in heterogenen Lerngruppen:* Auf die Komponenten der Drei-Elemente-Methode und die damit einhergehende inklusive Gestaltung von Mathematikunterricht beziehen sich die drei Studierenden im gesamten Interview. Hier werden die Ergebnisse nur zusammenfassend dargestellt. Zunächst wird Adaptivität von Unterricht als hochrelevant (#00:00:56-4#) und mit der Methode gestaltbar angesehen (#00:02:19-1#). Die Idee der Mitmachgeschichte wird als übertragbar auf andere Klassenstufen (#00:02:19-1#, #00:02:21-5#) und sogar auf das andere Unterrichtsfach erfahren (#00:23:40-1#, #00:24:09-1#). Auch von positiven Erfahrungen bei der Übertragung des Konzepts emergenter Aufgaben auf andere Lerngruppen berichten die Studierenden (#00:24:23-0#). Kritisch distanziert bezeichnen sie die Geschichte nicht selbst als wichtig, sondern die Idee dahinter, dass im sozialen Miteinander alle zum Ergebnis beitragen können (#00:25:20-5# bis #00:25:27-8#, #00:27:13-3#, #00:23:52-6#). Emergente Aufgaben helfen, spontan zu reagieren und gehören zum „Lehrersein dazu" (#00:32:20-9#). Die Studierenden sprechen jedoch nicht von der zentralen Idee im Interview, sondern von Differenzierung, die zur Mitmachgeschichte gehört, z. B. beim Einsatz strukturgleicher und selbstdifferenzierender Aufgaben (#00:05:01-4#), von der Diagnose der Lernstände (#00:15:21-6# bis #00:16:06-9#) als Grundlage für Förderung und Bedarfe von Individuen und Klassen (#00:14.03-2#) mit der Ermöglichung unterschiedlicher Lösungswege (#00:27:13-3# bis #00:27:44-0#). Das alleinige Fördern wird aber auch kritisch hinterfragt, weil Fördern und Fordern ausbalanciert gestaltet werden solle (#00:19:19-6#).

Ihre eigene Professionsentwicklung sprechen die Studierenden nicht direkt an. Sie wird aber dennoch im souveränen Umgang mit Konzepten deutlich, z. B. beim Gebrauch von Grundvorstellungen, Fehlvorstellungen, der Begriffsbildung und den Darstellungswechseln als Mittel zur Diagnose. Besonders eindrucksvoll berichten sie über Wirksamkeitserfahrungen, wenn es gelang, passgenaue Fragen zu stellen: „[D]as war wie so ein kleines Feuerwerk und dann gings da los" (#00:34:25-1#).

Vergleicht man dieses Interview mit dem Einzelinterview, dann weisen Unterschiede darauf hin, dass die Einrichtung von Fokusgruppen an derselben Schule besonders fruchtbar ist. In der Einergruppe wird die antizipierende Reflexion z.B. nicht erfahren. Es gibt zwar reflektierende Gespräche in der Gesamtfokusgruppe, eine gemeinsame Unterrichtsplanung mit anschließender Erprobung verlangt jedoch eine sehr viel intensivere Auseinandersetzung, die schulübergreifend schwer zu realisieren ist. Peer-Hospitation konnte der Mentor dieser Studentin nicht ersetzen, der erweiterte und geteilte Blick der Fokusgruppe stand somit nicht zur Verfügung. Deshalb fehlen auch die Wirksamkeitserfahrung zur gemeinsam geteilten zyklischen Reflexion und die Auseinandersetzung in der fachlichen Tiefenstruktur. Übereinstimmend in beiden Interviews wird die Mitmachgeschichte als gewinnbringendes Konzept zur inklusiven Unterrichtsgestaltung angesehen, zu der auch differenzierende Aufgaben und das Konzept emergenter Aufgaben gehören.

Ferner wird in den Interviews auch deutlich, dass die Schulkultur Erfahrungen im Praxissemester mitprägen kann. Die Schule etwa, an der die Studentin als Einzelperson unterrichtete, gestaltet das Lehren und Lernen in vier Leistungsniveaus. Deshalb ist Unterrichtsplanung beständig auf Leistung ausgerichtet, sodass andere Heterogenitätsdimensionen leicht aus dem Blick geraten können.

Inwiefern kann die Seminarkonzeption in Verbindung mit der Drei-Elemente-Methode als geeignete Kombination zur Vorbereitung Studierender für das Praxissemester in einem inklusiven Schulsystem angesehen werden?

Der Lernpfad in der Seminarkonzeption, der mit der Konstruktion von Aufgaben beginnt und diese zunehmend in Belange von Unterrichtsplanung und -umsetzung einbettet, erwies sich als sinnvoller Start für die professionelle Entwicklung Studierender. Insbesondere wurden systematisch Vignetten zum Aufbau von Diagnose- und Förderkompetenzen in den Seminarablauf eingeflochten und mit der Orientierung an zentralen Ideen in Verbindung gebracht. Für die diagnostische Ausrichtung von Unterricht nutzten die Studierenden jedoch weniger das Konzept der Orientierung an einer zentralen Idee, sie verwendeten eher bereitgestellte Differenzierungsformate für Aufgaben. Diese stellen vermutlich konkret handhabbare Unterrichtswerkzeuge dar, während der Orientierung an zentralen mathematischen Ideen eine Reihe von analytischen Schritten vorausgehen muss: Die zentrale Idee muss identifiziert werden, das Differenzierungspotenzial dieser Idee muss ausgelotet, eine Liste von Aufgaben dazu erzeugt und ausgearbeitet werden.

6.4 Zusammenführung der Erkenntnisse

Die Erfahrungen im Projekt liefern Erkenntnisse zu Merkmalen und Herausforderungen sowohl zur *Unterrichtsentwicklung* für fachliches Lernen im sozialen Miteinander als auch zu der notwendigen *Begleitung von Studierenden* in ihren Professionalisierungsprozessen. Im Einzelnen lassen sich dazu folgende grundlegenden gemeinsamen Ergebnisse aus den Seminaren der Primar- und Sekundarstufe formulieren:

Mit Blick auf die Unterrichtsentwicklungen sind für fachliches Lernen im sozialen Miteinander differenzierende Angebote und individuelle Adaption erforderlich, um Kommunikation und Austausch an gemeinsamen Fachinhalten zu ermöglichen. Diese lassen sich fachdidaktisch als zentrale Ideen bzw. inklusionsdidaktisch als Kern der Sache oder Gemeinsamer Gegenstand fassen. Inhaltlich ist dabei aufgrund der notwendigen diagnosegeleiteten unterrichtsintegrierten Förderung eine Sensibilität für die Differenzen der Lernenden ebenso notwendig wie eine Unterrichtsplanung, die hinreichend offen für individuelle Bedarfe und Interessen ist. Dies muss dann wiederum im Unterrichtsprozess fachdidaktisch fundiert begleitet, also durch adaptive Unterstützungsangebote und Aufgaben angeregt werden. Hierfür wurden durch die Studierenden zwei verschiedene Elemente genutzt: *selbstdifferenzierende Aufgaben* in geöffneten Unterrichtssituationen und die *Drei-Elemente-Methode* mit emergenten Aufgaben.

Selbstdifferenzierende Aufgaben, die im Primarstufenbereich eingesetzt wurden, entfalten ihr fachdidaktisches Potenzial im inklusiven Unterricht in der Vernetzung einer fachinhaltsbezogenen Kommunikation mit einer inklusionsdidaktischen Orientierung auf die Teilhabe tatsächlich aller Lernenden. Allerdings bedarf ihre Umsetzung einer (pädagogisch-organisatorischen) Öffnung des Unterrichts, welche die Studierenden erst als Herausforderung, im Rückblick aber als erfolgreich bewältigt und gewinnbringend wahrnehmen. Dabei dominierte zunächst die Oberflächenebene des Unterrichts, die Studierenden gewannen aber auch einen Eindruck vom Potenzial, das diese Unterrichtsgestaltung z. B. hinsichtlich der Verstehensorientierung bietet, und erlangten Erkenntnisse zu den Grenzen und Potenzialen der Umsetzung selbstdifferenzierender Aufgaben.

Die emergenten Aufgaben der *Drei-Elemente-Methode* wiederum, die in der Sekundarstufe eingesetzt wurden, bieten die Möglichkeit individueller passgenauer Lernförderung im Unterrichtsgeschehen, sind aber nicht (vollständig/vorab) planbar. Unabdingbar ist daher die Fähigkeit zur antizipierenden Reflexion und flexiblen Reaktion. Die Drei-Elemente-Methode erwies sich als passendes Werkzeug der Unterrichtsplanung und -gestaltung und der Reflexionszyklus als hilfreiches Instrument, das den Studierenden erlaubt, ihren Lernprozess in der Fokusgruppe gewinnbringend zu gestalten. Der Einsatz emergenter Aufgaben setzt allerdings voraus, dass Studierende kritische Momente zum fachlichen Lernen sensibel wahrnehmen können und ihnen mögliche Handlungsoptionen als emergente Aufgaben zur Verfügung stehen. Wie die Studierenden betonten, können Erfahrungen mit emergenten Aufgaben dann zu emotional aufgeladenen und fruchtbaren Schlüsselerfahrungen der Wirksamkeit im Unterrichtshandeln werden.

Mit Blick auf die universitäre Begleitung der Studierenden konnten drei Aspekte als zentrale Gelingensbedingungen herausgearbeitet werden: (1) der Austausch der Studierenden untereinander, (2) ein spezifisch fachdidaktischer Blick auf das miteinander Lernen in einer inklusiven Lerngruppe sowie (3) die Möglichkeit, sich in wiederholenden Unterrichtsgestaltungen zu erproben. Im Einzelnen stellt sich dies wie folgt dar:

1) *Gemeinsam lernt es sich reflektierter*: Der Austausch der Studierenden untereinander zu ihrem selbstgestalteten Unterricht ist für alle eine fruchtbare Erfahrung. In allen Seminaren wirkten die Erfahrungsberichte von Studierenden der vorigen Kohorten erleichternd und motivierend: Die Studierenden trauten sich beispielsweise eher

zu, offene oder auch emergente Aufgaben zu thematisieren, und bekamen einen unmittelbaren Eindruck von den Lernchancen, die diese eröffnen. In der Primarstufe empfanden die Studierenden weiterhin den Austausch zu Querschnittsthemen im Begleitseminar als hilfreich, um die eigene Unterrichtsplanung im Detail voranzubringen. In der Sekundarstufe standen die Peer-Prozesse noch stärker und über den gesamten Verlauf von Planung und Durchführung im Mittelpunkt: Die Fokusgruppe stellte in diesem Sinne eine für die Förderung des Unterrichtens besonders günstige Konstellation dar. Diagnostisches Unterrichten in einer solchen Fokusgruppe an derselben Schule ist bei entsprechender universitärer Unterstützung zumindest exemplarisch erfahrbar.

2) *Mehrperspektivisch lernt es sich vertiefter*: In der universitären Begleitung konnten die Studierenden ihren fachdidaktischen Blick auf Teilhabe im Sinne des fachlichen Lernens im sozialen Miteinander stärken. Während über die Fokusgruppen der Sekundarstufenstudierenden eine vertiefte fachdidaktische Reflexion der Studierenden erreicht werden konnte, erwies sich die gemeinsame Lehre von Inklusiver Pädagogik und Mathematikdidaktik als besonders gewinnbringend, um gezielt Zugänge für (wirklich) alle Kinder zu entwickeln oder zumindest die noch vorhandenen Barrieren wahrnehmen und reflektieren zu können. Die Verbindung der fachlichen Perspektiven zweier Lehrender im gemeinsamen Seminar sowie die Erstellung von zwei Berichten zur gleichen Unterrichtseinheit mit unterschiedlichen Schwerpunkten bildete eine ideale Basis für die Studierenden, um verschiedene Studieninhalte miteinander zu verbinden und in ihrer Reflexion heranzuziehen.

3) *(Unterrichts-)Handeln zu lernen, erfordert reflektierte Wiederholung*: Die ersten beiden Aspekte (gemeinsames und mehrperspektivisches Lernen) ermöglichen den Studierenden jeweils eine vertiefende und verschiedene Bereiche vernetzende Reflexion ihrer Planungen und Erfahrungen. Um die so gewonnenen Erkenntnisse dann auch in die eigene Handlungskompetenz zu überführen, bedarf es der Wiederholung. In beiden Seminarkonzeptionen stellte sich dieser Aspekt als wirksam heraus. Aus den Schilderungen der Studierenden der Primarstufe lässt sich entnehmen, dass sie erst durch die wiederholte Bearbeitung der Fermi-Aufgaben in einem ritualisierten Stundenablauf diese für sich selbst und die Lernenden zunächst herausfordernden und neuen offenen Formate schließlich produktiv umsetzen und begleiten konnten. So gelang nach und nach ein Einblick auf Ebene der Tiefenstruktur. Dies gilt analog für die Studierenden der Sekundarstufe, die im Interview zeigen, dass eine Wiederholung des modifizierten Unterrichts in einer zweiten Lerngruppe ausgeprägte Lerneffekte und tiefenstrukturelle Einsichten hervorgebracht hat.

6.5 Fazit

In den Seminarentwicklungen des Projekts und ihrer gemeinsamen Reflexion und Evaluation konnten wichtige Bausteine der Praxisvorbereitung und Begleitung für differenzierten Unterricht mit Blick auf fachliche Teilhabe und Austauschprozesse erarbeitet werden. Die Zusammenführung verschiedener fachlicher Perspektiven ebenso wie der konkrete Austausch der Studierenden miteinander und mit den Lehrenden sowie der Lehrenden untereinander kennzeichnet dabei unsere Herangehensweise. Ein differenzierender Blick zurück weist darauf hin, dass neben den gemeinsamen Elementen in der konkreten Umsetzung auch Unterschiede zwischen den Seminaren und Unterrichtsentwicklungen der Primar- und Sekundarstufe zu konstatieren sind. Der *stärkeren Öffnung und größeren Bandbreite* der (kognitiven) Lernvoraussetzungen in der Primarstufe steht in der Sekundarstufe eine deutlichere *Zielorientierung hin auf inhaltsbezogene Lernziele* gegenüber. Es lässt sich – in Bezug auf die in 6.1 beschriebenen Beteiligungsebenen – festhalten, dass die Primarstufenstudierenden eher auch die erste Ebene mit in ihre Reflexionen einbeziehen, also die Frage danach, wer eigentlich in der jeweiligen Lerngruppe (nicht) präsent ist. Die Sekundarstufenstudierenden vertiefen die Reflexionen insbesondere auf der dritten Ebene der fachlichen Fortschritte. Trotz unterschiedlicher Schwerpunktsetzungen liegt der Gewinn für die Professionalisierung beider Studierendengruppen jedoch in der Verbindung von Oberflächen- und Tiefenstruktur, d.h. der Verknüpfung aller drei Beteiligungsebenen im unterrichtlichen Handeln. Auch ein Handeln in der Tiefenstruktur kann exemplarisch bereits im Studium gelingen, wenn Studierende die Möglichkeit zum gemeinsamen mehrperspektivisch-reflektierenden Austausch über zeitnah wiederholte Erprobungen von Unterricht haben, denn gemeinsames Lehren und Lernen ergänzt und öffnet den eigenen Blick durch kollektive Reflexion.

Literatur

Bikner-Ahsbahs, A. (2017). Design Research – ein Ansatz zum Forschenden Lernen. In S. Doff & R. Komoss (Hrsg.), *How does change happen? Wandel im Fachunterricht analysieren und gestalten* (S. 85–108). Wiesbaden: Springer.

Bikner-Ahsbahs, A. & große Kamphake, L. (2016). Interesse fördern – inklusiv. *Mathematik lehren, 195*, 8–12.

Bikner-Ahsbahs, A. & Janßen, T. (2013). Emergent tasks-spontaneous design supporting in-depth learning. In C. Margolinas (Hrsg.), *Task Design in Mathematics Education. Proceedings of ICMI Study 22*, Vol. 1 (pp. 155–164), Oxford (UK): International Commission on Mathematics Instruction. Verfügbar unter: https://hal.archives-ouvertes.fr/file/index/docid/834054/filename/ICMI_STudy_22_proceedings_2013_FINAL.pdf [10.7.2017].

Bönig, D. & Lange, J. (2017). Fermi-Aufgaben mit Größen. In U. Häsel-Weide & M. Nührenbörger (Hrsg.), *Gemeinsam Mathematik lernen – mit allen Kindern rechnen* (S. 208–219). Grundschulverband Frankfurt.

Bonsen, M. & Rolff, H.-G. (2006). Professionelle Lerngemeinschaften von Lehrerinnen und Lehrern. *Zeitschrift für Pädagogik, 52* (2), 67–184.

Brauner, U. (2008). Graphen gehen: Ein Gefühl für Diagramme entwickeln. *Mathematik lehren, 148*, 20–23.

Feuser, G. (1995). *Behinderte Kinder und Jugendliche. Zwischen Integration und Aussonderung.* Darmstadt: Wissenschaftliche Buchgesellschaft.

Franke, M. & Ruwisch, S. (2010). *Didaktik des Sachrechnens* (2. Aufl.). Heidelberg: Spektrum.

Häsel-Weide, U., Nührenbörger, M., Moser Opitz, E. & Wittich, C. (2013). *Ablösung vom zählenden Rechnen. Fördereinheiten für heterogene Lerngruppen.* Seelze: Klett, Kallmeyer.

Klafki, W. (1994). *Neu Studien zur Bildungstheorie. Zeitgemäße Allgemeinbildung und kritisch-konstruktive Didaktik* (4. Aufl.), Weinheim, Basel: Beltz.

Klika, M. (2003). Zentrale Ideen – echte Hilfen. *Mathematik lehren, 119*, 4–7.

Knipping, C., Korff, N. & Prediger, S. (2017). Mathematikdidaktische Kernbestände für den Umgang mit Heterogenität – Versuch einer curricularen Bestimmung. In C. Selter, S. Hußmann, C. Hößle, C. Knipping, K. Lengnink & J. Michaelis (Hrsg.), *Diagnose und Förderung heterogener Lerngruppen – Theorien, Konzepte und Beispiele aus der MINT-Lehrerbildung* (S. 39–59). Münster: Waxmann.

Korff, N. (2015). *Inklusiver Mathematikunterricht in der Primarstufe: Erfahrungen, Perspektiven und Herausforderungen.* Baltmannsweiler: Schneider Hohengehren.

Korff, N. (2016). „Ich bin froh, dass ich uns das zugetraut habe!" Fermi-Aufgaben im inklusiven Mathematikunterricht. *Grundschulunterricht Mathematik, 1,* 9–13.

Korff, N. & Schulz, A. (2017). Inklusive Fachdidaktik Mathematik. In K. Ziemen (Hrsg.), *Lexikon Inklusion* (S. 118–120). Göttingen: Vandenhoeck & Ruprecht.

Krähenmann, H., Labhart, D., Schnepel, S., Stöckli, M. & Moser Opitz, E. (2015). Gemeinsam lernen – individuell fördern. In A. Peter-Koop, T. Rottmann & M. Lüken (Hrsg.), *Inklusiver Mathematikunterricht in der Grundschule* (S. 43–57). Offenburg: Mildenberger.

Krauthausen, G. & Scherer, P. (2014). *Natürliche Differenzierung im Mathematikunterricht – Konzepte und Praxisbeispiele aus der Grundschule.* Seelze: Kallmeyer.

Lengnink, K., Bikner-Ahsbahs, A. & Knipping, C. (2017). Aktivität und Reflexion in der Entwicklung von Diagnose- und Förderkompetenz im MINT-Lehramtsstudium. In C. Selter, S. Hußmann, C. Hößle, C. Knipping, K. Lengnink & J. Michaelis (Hrsg.), *Diagnose und Förderung heterogener Lerngruppen – Theorien, Konzepte und Beispiele aus der MINT-Lehrerbildung* (S. 61–83). Münster: Waxmann.

Leuders, T. & Prediger, S. (2016). *Flexibel differenzieren und fokussiert fördern im Mathematikunterricht.* Berlin: Cornelsen.

Moser Opitz, E. (2014). Inklusive Didaktik im Spannungsfeld von gemeinsamem Lernen und effektiver Förderung. Ein Forschungsüberblick und eine Analyse von didaktischen Konzeptionen für inklusiven Unterricht. In *Jahrbuch Allgemeine Didaktik 2014. Allgemeine Didaktik für eine inklusive Schule* (S. 52–68). Baltmannsweiler: Schneider Hohengehren.

Prediger, S., Link, M., Hinz, R., Hußmann, S., Ralle, B. & Thiele, J. (2012). Lehr-Lernprozesse initiieren und erforschen. *MNU, 65 (8),* 452–457.

Schoenfeld, A. H. (2011). Toward professional development for teachers grounded in a theory of decision making. *ZDM Mathematics Education, 43,* 457–469.

Schön, D. (1983). *The reflective practitioner. How Professionals think in action.* New York: Basic Books.

Seitz, S. (2006). Inklusive Didaktik: Die Frage nach dem ‚Kern der Sache'. In *Zeitschrift für Inklusion online, 1* (1). Verfügbar unter: www.inklusion-online.net/index.php/in-klusion-online/article/view/184/184 [24.4.2017].

United Nations (2006). *Convention on the Rights of Persons with Disabilities.* Verfügbar unter: www.un.org/disabilities/documents/convention/convoptprot-e.pdf [10.07.2017].

Zaskis, R. & Liljedahl, P. (2009). *Teaching Mathematics as Story Telling.* Rotterdam: Sense Publisher. Verfügbar unter: http://hal.archives-ouvertes.fr/hal-00834054 [26.7.2015].

Insa Melle, Ann-Kathrin Schlüter, Ann-Kathrin Nienaber & Franz B. Wember

7. Inklusiver Fachunterricht in heterogenen Lerngruppen in der Sekundarstufe I – Professionalisierung für einen Gemeinsamen Chemieunterricht

Die Vielfalt der Lernenden in inklusiven Klassen ist zwar im Chemieunterricht angekommen (Abels & Markic, 2013), aber sie ist nicht zu unterschätzen, denn der didaktisch und methodisch konstruktive Umgang damit stellt die Lehrerinnen und Lehrer vor beträchtliche Herausforderungen (Menthe & Hoffmann, 2015). Wenn im naturwissenschaftlichen Unterricht ein Experiment begründet, vorbereitet, realisiert, analysiert und theoretisch generalisiert wird, ist längst nicht gesagt, dass alle Lernenden dem Geschehen folgen, die logischen Schritte vollziehen und die sich ergebenden Erkenntnisse erschließen können, ganz zu schweigen von deren fachsprachlicher Beschreibung und deren abstrakter Generalisierung in Modellen und chemischen Gleichungen. Dies gilt nicht nur, aber insbesondere für Kinder und Jugendliche mit Lernschwierigkeiten und intellektuellen Beeinträchtigungen. Was ist zu tun?

Seit nahezu 30 Jahren fordert Feuser (2009) das gemeinsame Lernen am gemeinsamen Gegenstand für alle Lernenden und auf allen Schulstufen. Lerngegenstände, auch naturwissenschaftliche Sachverhalte, sollen mit individuell unterschiedlichen Bildungszielen und auf unterschiedlichen Stufen der kognitiven Entwicklung vermittelt werden. Feusers (2009) „entwicklungslogische Didaktik" ist oft zitiert, aber selten konkretisiert worden, denn es ist nicht klar, wie bei extremen Unterschieden in der kognitiven Entwicklung immer ein gemeinsamer Gegenstand für gemeinsames Lernen bestimmt werden soll, der nicht nur oberflächliche Ähnlichkeiten nutzt (Menthe & Hoffmann, 2015). Feuser hat jedoch ein „didaktisches Fundamentum" formuliert, dessen Elemente bis heute wichtige Elemente eines inklusiven Unterrichts sind (Hoffmann & Menthe, 2015): das kooperative Lernen von Schülerinnen und Schülern mit diversen Lernvoraussetzungen voneinander und miteinander und das individuelle Lernen in differenzierten Lernumgebungen. Das kooperative Lernen soll der Sicherung des gemeinsamen Lernens in inklusiven Klassen dienen, das individuelle Lernen soll zur Sicherung des Lernerfolgs Einzelner – auch unter erschwerten Bedingungen – beitragen und allen Lernenden erfolgreiches Lernen möglich machen. Inklusiver Unterricht wird hier als fachwissenschaftlich und fachdidaktisch fundierter Unterricht verstanden, der zugleich rehabilitationspädagogisch orientiert sein sollte, denn in heterogenen Lerngruppen sind zwei einander ergänzende Ziele zu verfolgen, die soziale Integration und die individuelle Qualifikation aller Lernenden. Dies kann nur in einem ausbalancierten Verhältnis von Aktivitäten gemeinsamen kooperativen Lernens und individueller Förderung gelingen.

Im Folgenden werden Konzeptionen für zwei Seminare vorgestellt, welche zur Professionalisierung angehender Lehrerinnen und Lehrer für das Fach Chemie den Dreischritt konkretisieren, der eine Leitlinie für alle Projekte im Entwicklungsverbund ‚Diagnose und Förderung heterogener Lerngruppen' darstellt: Ausgehend von einer Sensibilisierung der Studierenden für die vielfältigen Dimensionen von Heterogenität soll Wissen und Können zur Entwicklung fachbezogener Diagnose- und Förderkompetenz vermittelt werden, das in einem sich anschließenden Praxissemester umgesetzt, erprobt und reflektiert werden kann (vgl. Selter et al., 2017). Im vorliegenden Kapitel werden gemeinsames Lernen und Gemeinsamer Unterricht als Synonyme zu inklusivem Unterricht verwendet, der das gesamte Spektrum von Heterogenität in den Blick nimmt und produktiv zu nutzen sucht. In den Seminaren selbst stand aus pragmatischen Gründen jedoch oft das Lernen von Schülerinnen und Schülern mit und ohne Lernschwierigkeiten im Vordergrund.

Diagnose- und Förderkompetenz mit dem Ziel eines diagnostisch fundierten, adaptiven Unterrichts lässt sich kaum rezeptiv erlernen, sondern besser aktiv und fallbasiert erarbeiten, zunächst in authentischen, aber komplexitätsreduzierten Situationen ohne Handlungsdruck, später in ersten Praxisversuchen im Wechsel von Aktion und Reflexion (vgl. Hößle, Hußmann, Michaelis, Niesel & Nührenbörger, 2017, Kap. 2 in diesem Band). Die im Folgenden dargestellten Seminare benutzen Aktivierungsformate unterschiedlicher Komplexität (vgl. Lengnink, Bikner-Ahsbahs & Knipping, 2017, Kap. 4 in diesem Band), konkretisiert in Impulsvorträgen und in Produkt- und Episodenvignetten, die mit teiloffenen und fokussierenden Aufgabenstellungen kombiniert werden (vgl. v. Aufschnaiter, Selter & Michaelis, 2017, Kap. 5 in diesem Band). Da sich Fälle nur in Relation zu einem theoretischen Bezugsrahmen analysieren lassen, stellt Kapitel 7.1 mit dem *Universal Design for Learning* einen systematischen Ansatz zur Planung und Analyse von inklusivem Unterricht vor, bevor über das erste Seminar zur „Vorbereitung auf einen Gemeinsamen Chemieunterricht" berichtet wird, das kooperativ von Dozenten aus der Chemiedidaktik und den Rehabilitationswissenschaften bestritten wurde. Kapitel 7.2 stellt das zweite Seminar zur „Lernstandsdiagnostik im Chemieunterricht" vor, in dem die Studierenden Lernziele formulieren und informelle Lernzielkontrollen entwerfen. Beide Seminare sind im Masterstudium zu verorten und dienen der Vorbereitung auf das Praxissemester, das im folgenden Semester den Studierenden Gelegenheit gibt, die zuvor erarbeiteten Unterrichtsentwürfe in einer Schulklasse umzusetzen, die diagnostischen Instrumente zu erproben und ihre Erfahrungen in abschließenden Berichten zu dokumentieren und zu reflektieren. Kapitel 7.3 berichtet über erste Erfahrungen im Praxissemester. Kapitel 7.4 stellt einige ausgesuchte Ergebnisse aus der studentischen Lehrveranstaltungsevaluation vor und Kapitel 7.5 erörtert abschließend Schlüsselqualifikationen zur Professionalisierung von Lehrkräften für Diagnose und individuelle Förderung in heterogenen Lerngruppen.

7.1 Seminar 1: Vorbereitung auf einen Gemeinsamen Chemieunterricht

In Nordrhein-Westfalen ist das Praxissemester im Masterstudium verortet und mit drei Lernorten verknüpft: den Schulen, den Zentren für schulpraktische Lehrerausbildung und den Universitäten. An der TU Dortmund wird das Praxissemester regelhaft im zweiten Mastersemester absolviert. Im Rahmen ihrer Studien an der Universität sind die Studierenden verpflichtet, in jedem Fach sowie in den Bildungswissenschaften ein vorbereitendes Seminar in dem Semester vor dem Praxissemester sowie ein begleitendes Seminar zu belegen, welches in der Regel an drei Blockterminen während des Praxissemesters stattfindet. In einem Theorie-Praxis-Bericht beschreiben die Studierenden die von ihnen durchgeführten Unterrichts- und Studienprojekte und reflektieren ihre Praxiserfahrungen im Hinblick auf die eigene Kompetenzentwicklung zur Planung und Durchführung von Unterricht für heterogene Lerngruppen. Das im Folgenden vorgestellte Seminar (7.1.2) ist das Vorbereitungsseminar zum Praxissemester im Unterrichtsfach Chemie. Die Anknüpfung an das Praxissemester bietet die Chance, dass die Studierenden zunächst Methoden und Mittel der Gestaltung von Gemeinsamen Unterricht kennenlernen, anschließend im Praxissemester im Rahmen eines Unterrichtsprojekts anwenden und erproben und schließlich im Theorie-Praxis-Bericht reflektieren können.

7.1.1 Universal Design for Learning

Bei der Entwicklung und Evaluation des Vorbereitungsseminars diente das *Universal Design for Learning* (UDL) als theoretische Leitlinie. Das UDL ist ein im nordamerikanischen Raum entstandenes Rahmenkonzept zur Planung und Gestaltung von Unterricht, das die universelle Zugänglichkeit aller unterrichtlichen Inhalte, Materialien und Methoden in den Mittelpunkt systematischer Überlegungen rückt, und zwar mit dem Ziel, nicht unbedingt notwendige Lern- und Verständnisbarrieren zu vermeiden und möglichst alle Lernenden, also auch Schülerinnen und Schüler mit Förderbedarf, erfolgreich am Unterricht teilhaben zu lassen (Rose & Meyer, 2002; vgl. auch Michna, Melle, & Wember, 2016; Schlüter, Melle, & Wember, 2016; Baumann, Zimmermann & Melle, 2016). Die Wurzeln des UDL liegen in Architektur, Industriedesign und Assistiver Technologie (Bühler, 2017). Die Leitidee besteht darin, dass man versucht, Gebäude, Räume, Wege, Geräte oder Dienstleistungsangebote so zu gestalten, dass sie von möglichst vielen Menschen möglichst selbstständig genutzt werden können. Am *Center for Applied Special Technology* (CAST) wurde diese Idee der universellen Zugänglichkeit mit zwei Forderungen auf die schulische Praxis übertragen (CAST, 2011; Rose & Meyer, 2002, S. 73f.):

- Die Lehrkräfte sollen möglichst alle Barrieren, die dem erfolgreichen Lernen und der Teilhabe im Unterricht entgegenstehen, vermeiden oder reduzieren und hohe Leistungserwartungen für alle Lernenden hegen, eingeschlossen Schülerinnen und Schüler mit sensorischen, motorischen oder kognitiven Beeinträchtigungen oder mit Lern-, Sprach- und Verhaltensschwierigkeiten (Schlüter et al., 2016, S. 274).
- Die Lehrkräfte sollen bei der Vorbereitung von Unterricht proaktiv Flexibilität in der Informationsdarstellung, in der Präsentation und Demonstration von Wissen und Fähigkeiten durch die Schülerinnen und Schüler und in der Aktivierung und Motivierung der Lernenden einplanen, um allen Lernenden aktive Teilnahme und erlebten Erfolg zu ermöglichen.

Auf Basis von Forschungsarbeiten in verschiedenen Bereichen von Bildungswissenschaften, Entwicklungstheorie, Kognitionswissenschaften und kognitiven Neurowissenschaften (Rose & Gravel, 2010) wurden drei Prinzipien entwickelt, welche die allgemeinen Zielformulierungen konkretisieren und die Grundlage von UDL bilden (vgl. Tab. 7.1 und Schlüter et al., 2016). Anhand dieser Prinzipien sollen im Unterricht insgesamt, bei der Formulierung von Lernzielen, bei der Gestaltung von Lernstands- und Leistungsfeststellungen, beim Einsatz von Methoden und Materialien größtmögliche Zugänglich-keit für alle Lernenden realisiert werden (Rose & Gravel, 2010). Durch vorab geplan-te Flexibilität werden den Lernenden verschiedene Optionen eröffnet, welchen Zugang zu Lerninhalten sie präferieren, auf welche Art und Weise sie sich mit den Lernmateri-alien auseinandersetzen und wodurch sie motiviert werden, dies auch zu tun (Schlüter et al., 2016). Diese Optionen sollen nicht nur dazu dienen, Lernende mit Behinderun-gen besser im Unterricht fördern zu können, sondern besseren Unterricht für alle Ler-nenden zu erreichen (Rose & Meyer, 2002, 74). Tabelle 1 gibt einen Überblick über die drei Prinzipien (dargestellt in den Spaltenüberschriften) und konkretisiert diese in neun Richtlinien (fett gedruckte Spaltenüberschriften) und sog. *Checkpoints*. Die Tabelle kann helfen, Barrieren in der eigenen Unterrichtsplanung zu identifizieren und zu reduzieren, die einem erfolgreichen Lernen aller entgegenstehen.

7.1.2 Inhalte des Seminars

Die Studierenden setzen sich im Seminar theoretisch und praktisch mit unterschiedli-chen Aspekten der Gestaltung von Gemeinsamem Unterricht auseinander. Dabei wird der Fokus auf den Förderschwerpunkt Lernen gelegt, weil die Wahrscheinlichkeit, dass Regelschullehrkräfte Lernende mit diesem besonderen Unterstützungsbedarf unterrich-ten werden, sehr hoch ist. Methodisch strukturiert sich eine Seminarsitzung in der Re-gel wie folgt: Sie startet mit einem theoretischen Input, der durch einen Vortrag mit Power-Point-Präsentation realisiert wird und je nach Thema 15 bis 45 Minuten dau-ern kann. Anschließend können sich die Studierenden in unterschiedlich gestalteten Ar-beitsphasen selbstständig mit den Inhalten auseinandersetzen und nachfolgend gegen-seitig ihre Produkte (z. B. grundlegende Ideen, Mind-Maps, Materialien) präsentieren und erläutern.

Inhaltlich orientiert sich das Seminar am UDL sowie an weiteren inklusionsorien-tierten Ansätzen (z. B. Büttner, Warwas, & Adl-Amini, 2012; Groß & Reiners, 2012; Lö-ser, 2013) und nimmt die vielfach geforderte Vermittlung sonderpädagogischen Wissens an angehende Regelschullehrkräfte ernst (z. B. Amrhein, 2015; Moser & Demmer-Dieck-mann, 2013; Werning & Baumert, 2013). Die Studierenden können sowohl sonderpä-dagogische Aspekte des Lehrens und Lernens als auch Methoden und Mittel zur Ge-staltung von Gemeinsamem Chemieunterricht aus fachdidaktischer Perspektive kennen lernen und selbstständig entwickeln. Im Folgenden werden die wichtigsten Themen kurz vorgestellt und erläutert.

In den ersten beiden Seminarsitzungen wird der Begriff des Gemeinsamen Unter-richts in Anlehnung an die Inklusionsdebatte diskutiert und die Studierenden erhalten grundlegende Einblicke in die Planung von Unterrichtsstunden, Unterrichtseinheiten und Jahresplänen. Als Vorbereitung für die Entwicklung eines eigenen Unterrichtspro-jekts werden die Elemente inklusiven Unterrichts nach Löser (2013) mit dem Schwer-punkt der inneren Differenzierung (bzw. Binnendifferenzierung) vorgestellt.

Die dritte Seminarsitzung stellt in einem kurzen Input den Studierenden das UDL in seinen Grundzügen vor und erläutert die Ideen von Barrierefreiheit und Zugänglich-keit sowie die Prinzipien, Richtlinien und *Checkpoints* (vgl. Tab. 7.1), mit denen sich die

Tab. 7.1: Prinzipien, Richtlinien und Checkpoints des UDL. Angesprochen mit „biete", „ermögliche" „gib" usw. sind die den Unterricht planenden Lehrenden. (CAST, 2011; Übers. nach Schlüter, Melle & Wember, 2016, S. 275)

A. Biete multiple Mittel der Repräsentation von Informationen an.	B. Biete multiple Mittel der Verarbeitung von Informationen und der Darstellung von Lernergebnissen.	B. Biete multiple Möglichkeiten der Förderung von Lernengagement und Lernmotivation.
1 Biete Wahlmöglichkeiten bei der Perzeption. • Biete Möglichkeiten, die Darstellung von Information anzupassen. • Biete Alternativen zur auditiven Informationsvermittlung. • Biete Alternativen zur visuellen Informationsvermittlung.	**4 Ermögliche unterschiedliche motorische Handlungen.** • Variiere die Möglichkeiten zur Steuerung von Lernmaterialien. • Variiere die Möglichkeiten zur Erstellung von Antworten. • Optimiere den Zugang zu Lernhilfen, Lernmedien und technischen Hilfsmitteln (angepasste Tastaturen etc.).	**7 Biete variable Angebote zum Wecken von Lerninteresse.** • Eröffne möglichst viele Wahlmöglichkeiten und räume möglichst viel Autonomie ein. • Biete möglichst relevante, positiv bewertete und authentische Aufgaben und Aktivitäten an. • Minimiere kognitive Ablenkungen. • Verhindere soziale Bedrohung.
2 Biete Wahlmöglichkeiten bei der sprachlichen und symbolischen Darstellung von Informationen. • Biete Hilfen zur Klärung von Begriffen und Symbolen. • Biete Hilfen zum Erkennen von Syntax und Textaufbau. • Biete Hilfen beim Lesen von geschriebenen Texten oder von mathematischen Formeln und Symbolen. • Biete Möglichkeiten zur Nutzung von Kenntnissen in anderen Sprachen. • Biete Möglichkeiten der nicht-sprachlichen Illustration von Schlüsselbegriffen.	**5 Biete Möglichkeiten im Bereich der Beherrschung instrumenteller und darstellender Fertigkeiten.** • Lasse verschiedene Arten der Kommunikation zu (geschriebenem oder gesprochenem Text, Zeichnungen, Filme...). • Ermögliche die Nutzung von Hilfen beim Erstellen einer Antwort wie konkrete Materialien und Taschenrechner in Mathematik oder Wörterbücher, Textverarbeitungsprogramme, Spracherkennungssoftware bei der Textproduktion. • Biete Hilfen bei instrumentellen Fertigkeiten, die reduziert werden können (Mentoren, Tutoren, Software).	**8 Gib Gelegenheiten für unterstützte konzentrierte Anstrengung und ausdauerndes Lernen.** • Erhöhe die Sichtbarkeit und Bedeutsamkeit der Lehr- und Lernziele. • Variiere das Anforderungsniveau der Aufgaben und die verfügbaren Hilfen und optimiere auf diese Weise das individuelle Anforderungsniveau. • Fördere die Kommunikation und die Zusammenarbeit unter den Lernenden. • Biete formative Lernrückmeldung mit Bezug auf die Lernzielerreichung.
3 Biete Wahlmöglichkeiten beim Verstehen von Informationen. • Biete Möglichkeiten der Aktivierung oder Erarbeitung von Hintergrundinformation. • Biete Hilfen zum Hervorheben wichtiger Informationen, leitender Ideen oder Beziehungen. • Biete Hilfen, welche die systematische Informationsverarbeitung anleiten. • Biete Hilfen, die das Behalten und den Transfer des Gelernten unterstützen.	**6 Biete Wahlmöglichkeiten zur Unterstützung der exekutiven Funktionen.** • Initiiere und unterstütze geeignete Lernzielsetzung. • Unterstütze geplantes und strategisches Arbeiten. • Erleichtere den geordneten Umgang mit Informationen und Ressourcen. • Biete Möglichkeiten zur Selbstevaluation und fördere Kompetenzen durch Hilfe und formatives Feedback.	**9 Biete Möglichkeiten und Hilfen für selbstreguliertes Lernen.** • Entwickle und fördere motivationsförderliche Ergebniserwartungen und Kontrollüberzeugungen. • Ermögliche individuelle Bewältigungsfähigkeiten und -strategien. • Biete Möglichkeiten zur eigenständigen Lernerfolgsmessung und zur reflexiven Beurteilung des eigenen Lernprozesses.

Studierenden in den sich anschließenden Arbeitsphasen auseinandersetzen. Anschließend werden die Studierenden mit Leitfragen konfrontiert, die sie sich bei der Planung, Durchführung und Reflexion von Unterricht gemäß dem UDL stellen können. Die Studierenden stellen fest, dass das UDL ein allgemeinpädagogisches Konzept ist, das für die Fachdidaktiken fruchtbar gemacht werden muss – für den naturwissenschaftlichen Unterricht haben Forest Price, Johnson und Barnett (2012) typische Lernbarrieren identifiziert. In einer abschließenden Besprechung werden die Zusammenhänge der einzelnen Prinzipien und Richtlinien thematisiert und über die Bedeutsamkeit des UDL für die Realisierung Gemeinsamen Unterrichts diskutiert.

Zwei Seminarsitzungen befassen sich mit Lernschwierigkeiten und deren Bedeutung im Unterricht, entwerfen ein Modell schulischen Lernens und diskutieren kritisch die traditionellen Entwürfe der sog. Hilfsschuldidaktik unter dem Gesichtspunkt fachlich und fachdidaktisch fundierten Unterrichts für alle.

Die nächsten drei Seminarsitzungen konzentrieren sich auf die Umsetzung des UDL im Chemieunterricht, indem exemplarisch Lernaufgaben und Schülerexperimente beleuchtet werden. Es wird eine Lernumgebung zum Thema Verbrennungen vorgestellt, die auf Basis von UDL im Rahmen einer Bachelorarbeit entwickelt worden ist und aus experimentbasierten Lernaktivitäten besteht (Kieserling, 2015). Es wird exemplarisch herausgearbeitet, worauf bei solchen experimentbasierten Lernumgebungen geachtet werden sollte, um diese und insbesondere Schülerexperimente universell zugänglich zu gestalten. Dabei nehmen beispielsweise alternative Dokumentationsformen wie die Chemie-Foto-Story (Prechtl, 2013), das Gesprächsprotokoll oder das Video (Groß, 2017) einen großen Stellenwert ein, da dadurch viele Richtlinien des UDL (vgl. Tab. 7.1) umgesetzt werden können. Abschließend stehen den Studierenden ca. 100 Minuten Zeit zur Verfügung, um selbstständig eine experimentbasierte Lernumgebung zu entwickeln. Die Studierenden sollen entscheiden, wie zum Experiment hingeleitet wird, wie die Anleitungen konzipiert sein sollen, ob und in welcher Form die Lernenden bei der Durchführung unterstützt werden und wie die Dokumentation erfolgen soll. Auf einer digitalen Plattform werden alle im Seminar entwickelten Produkte den Studierenden zugänglich gemacht.

Viele Inhalte werden im naturwissenschaftlichen Unterricht ganz oder in Teilen sprachlich vermittelt. Wenn die Studierenden dies nach den Prinzipien der Barrierefreiheit und der Zugänglichkeit kritisch betrachten, lernen sie inhaltliche und sprachliche Anforderungen zu unterscheiden, und indem sie Merkmale leichter und einfacher Sprache auf eigene Texte anwenden, lernen sie wirksamer zu kommunizieren. Die neunte Seminarsitzung führt in die Theorie einfacher und leichter Sprache ein und bietet praktische Übungen zur bewussten Textgestaltung an.

Dem kooperativen Lernen, laut Wocken der Königsweg inklusiven Unterrichts (2012, S. 163) und in seiner Wirksamkeit empirisch gut belegt (Büttner et al., 2012; Scruggs, Mastropieri & Okolo, 2008; Werning & Arndt, 2013), widmet sich die zehnte Seminarsitzung, indem der kooperative Gruppenunterricht und das Peer-Tutoring vorgestellt, kritisch diskutiert und in einer Arbeitsphase zur Gestaltung einer Lernumgebung erprobt werden.

Wenn ein Schüler nicht mitmacht, ...

Beispielsituation 1

Im Chemieunterricht steht heute die Stoffmenge auf dem Programm. Es geht um die Berechnung der Stoffmenge mithilfe der Masse und der molaren Masse eines Stoffes. „Die Stoffmenge eines Stoffes wird berechnet, indem man die Masse des Stoffes durch dessen molare Masse teilt. Die molare Masse könnt ihr im Periodensystem ablesen", erklärt der Lehrer. „Diese Regel schreibt ihr jetzt bitte alle in euer Chemieheft." Der Lehrer wiederholt die Regel ein weiteres Mal und alle schreiben sie auf. Nur Sabine hat ihren Stift beiseitegelegt. Stattdessen starrt sie aus dem Fenster. Als anschließend zur Übung der neuen Regel einzelne Schüler eine Beispielaufgabe an der Tafel rechnen sollen, beginnt sie, ein Graffiti ihres Namens in ihr Heft zu zeichnen.

Hinter diesem Verhalten könnte die Ursache stehen, dass **sie etwas nicht verstanden hat.**

Entwickeln Sie Tipps und Hinweise zum Umgang mit diesem Verhalten auf Basis der Beispielsituation und der möglichen Ursache. Fassen Sie diese Tipps und Hinweise in einer Liste zusammen.

Abb. 7.1: Beispielarbeitsblatt aus der Seminarsitzung „Mögliche Baustellen im Gemeinsamen Unterricht" – Wenn ein Schüler nicht mitmacht, …

In der elften Seminarsitzung zum Thema „Mögliche Baustellen im Gemeinsamen Unterricht" können sich die Studierenden in Anlehnung an Löser (2013) mit ausgesuchten Problemen beschäftigen: Was ist zu tun, wenn eine Schülerin oder ein Schüler ein unzureichendes Arbeitsverhalten oder ein problematisches Sozialverhalten zeigt, im Unterricht nicht mitmacht oder ausgegrenzt wird? Die Studierenden entwickeln in fiktiven Beispielsituationen (Abb. 7.1) Ideen und Tipps und teilen sich diese in einem Gruppenpuzzle mit. Die letzte Seminarsitzung ist einer kritischen Schlussdiskussion vorbehalten, in der die Stärken und Schwächen von UDL erörtert und im Hinblick auf einen unter Alltagsbedingungen realisierbaren inklusiven Unterricht angeregt reflektiert werden. Insgesamt umfasst das Seminar folglich 12 inhaltliche Termine, da weitere zwei Termine für die umfassende Evaluation des Seminars zu Beginn und gegen Ende des Semesters vorgesehen sind (7.4.1).

7.2 Seminar 2: Lernstandsdiagnostik im Chemieunterricht

Das zweite Seminar wurde entwickelt, da sich im ersten Seminar „Vorbereitung auf einen Gemeinsamen Unterricht" gezeigt hatte, dass Fragen und Verfahren der Lernstandsdiagnostik in nur einer Seminarsitzung nicht ausreichend behandelt werden konnten. Um den Studierenden die Möglichkeit zu geben, theoretisches Wissen mit ersten eigenen Praxiserfahrungen zu verbinden, wurde auch dieses Seminar im Semester vor dem Praxissemester angesiedelt. Die Studierenden sollen zunächst den kompetenten Umgang mit Lernzielen und Lernzielkontrollen im Gemeinsamen Chemieunterricht erlernen und die praktische Umsetzung anschließend im Praxissemester erproben, indem sie Lernziele formulieren, die auf ihr Unterrichtsprojekt und auf ihre Lerngruppe abgestimmt sind. Sie sollen die Lernzielerreichung mithilfe selbsterstellter Lernzielkontrollen überprüfen, um den eigenen Unterricht kritisch diagnostizieren und datengestützt reflektieren zu können, abschließend zusammengefasst in einer kurzen schriftlichen Ausarbeitung.

Die Seminare 1 und 2 wurden miteinander verknüpft, so dass sie von den Studierenden im gleichen Semester belegt werden mussten. Insgesamt resultierte somit ein Volumen von 4 SWS. Seminar 1 fand in der ersten, Seminar 2 in der zweiten Semesterhälfte jeweils vierstündig (an zwei Tagen mit jeweils zwei Stunden) statt.

7.2.1 Akkommodation, Modifikation und das *Universal Design for Assessment*

Im inklusiven Unterricht sind nicht nur die Maßnahmen zur Förderung, sondern auch die diagnostischen Maßnahmen an die äußerst heterogenen Lernvoraussetzungen der Schülerinnen und Schüler anzupassen. Eine wichtige Unterscheidung ist in diesem Zusammenhang die zwischen Akkommodationen und Modifikationen. Akkommodationen sind bloße Anpassungen von Aufgabenformaten oder Testbedingungen ohne Änderung der inhaltlich-curricularen Anforderungen. Modifikationen sind weitergehende Anpassungen, die nicht nur die Aufgabenformate und Testbedingungen ändern, sondern darüber hinaus auch die Inhalte und/oder das Anforderungsniveau dieser Aufgaben.

Akkommodationen sind notwendig, wenn die allgemein hinreichenden Testbedingungen für einzelne Lernende nicht fair sind und verhindern, dass sie ihre Kompetenzen zeigen können. So kann man einer Schülerin mit Sehschwierigkeiten beispielsweise schriftlich gegebene Aufgaben in großer Schrift anbieten, diese auf einem variablen Lesegerät präsentieren oder laut vorlesen, damit sie die Aufgaben überhaupt rezipieren und auf diese reagieren kann. In ähnlicher Weise kann man einem Schüler mit eingeschränkter motorischer Kontrolle mehr Zeit zum Schreiben von Antworten einräumen oder die Benutzung eines Computers mit spezieller Tastatur statt Papier und Bleistift erlauben, damit er seine Lösungen schriftlich festhalten und anderen mitteilen kann. In all diesen Fällen sorgt man für einen fairen Nachteilsausgleich, ohne die inhaltlichen Anforderungen zu ändern.

Modifikationen sind notwendig, wenn einzelne Schülerinnen oder Schüler mit den Aufgaben auf dem Schwierigkeitsniveau der Jahrgangsklasse völlig überfordert oder weitgehend unterfordert sind. In beiden Fällen drohen Fehldiagnosen, denn ein von einer Aufgabe überfordertes Kind kann die relevante Kompetenz nicht zeigen, obwohl es vielleicht über wichtige Vorläuferfähigkeiten verfügt, und ein besonders leistungsfähiges Kind produziert vielleicht keine Antwort, weil ihm die Bearbeitung der viel zu leichten Aufgabe zu langweilig ist. In beiden Fällen sollten die Inhalte und das Anforderungsniveau von Aufgaben angepasst werden (Phillips, 2011; Kettler et. al., 2012), etwa indem die Lernziele kognitiv abgestuft oder hochgesetzt und individuell unterschiedliche Niveaustufen bei den Lernzielkontrollen eingesetzt werden. Aufgaben und Aufgabentypen lassen sich variieren, und durch den Einsatz anderer Inhalte und Aufgabenformate können vielfältige Möglichkeiten der individuellen Adaption zur Anwendung kommen.

Einen universelleren Zugang zu Lernstandsüberprüfungen als die individuellen Anpassungen durch Akkommodationen und Modifikationen liefert der von Lovett und Lewandowski (2015) entwickelte theoretische Rahmen des sog. *Universal Design for Assess-*

ment (UDA): Indem die sieben Prinzipien des universellen Produktdesigns (The Center for Universal Design, 1997) auf Verfahren der Lernstandsmessung angewendet werden, soll möglichst allen Lernenden ein barrierefreier Zugang zu Leistungsüberprüfungen angeboten werden, ohne dass dabei das Anforderungsniveau gesenkt wird. Dabei kann jedoch meistens nicht vollständig auf den Einsatz von Akkommodationen und Modifikationen verzichtet werden. Im Seminar werden die Prinzipien des UDA verwendet, um Studierenden die zahlreichen Möglichkeiten zu verdeutlichen, die bei der bewussten Gestaltung von diagnostischen Lernzielkontrollen für den inklusiven Unterricht beachtet werden können:

- *Gleichberechtigte Nutzbarkeit*: Das Testdesign ist praktikabel und nutzbar für alle Menschen, unabhängig von ihren Fähigkeiten.
- *Flexibel in der Anwendung*: Das Testdesign kommt einer weiten Spanne von individuellen Präferenzen und Fähigkeiten entgegen.
- *Einfache und intuitive Nutzung*: Der Test ist in Aufbau und Aufgabenformat einfach zu verstehen und erfordert keine speziellen Erfahrungen, Sprachfähigkeiten oder Arbeitshaltungen.
- *Wahrnehmbare Informationen*: Der Test liefert die zu seiner Bearbeitung notwendigen Informationen effektiv an alle Lernenden, unabhängig von z.B. Umgebungsbedingungen oder sensorischen Fähigkeiten der Lernenden.
- *Flexibilität in unerwarteten Situationen*: Bei der Testdurchführung kann auf nicht erwartete Ereignisse flexibel reagiert werden, um negative Folgen möglichst zu vermeiden.
- *Geringe physische Anforderungen*: Der Test ist so angelegt, dass er effizient und relativ komfortabel und mit einem Minimum an Ermüdung absolviert werden kann.
- *Zugänglichkeit der Testumgebung*: Der Test ist räumlich gut zugänglich und in Handhabung und Nutzung weitgehend unabhängig von Körpergröße, Körperhaltung oder Mobilität des oder der Lernenden.

Die Anwendung dieser sieben Prinzipien hilft größtenteils bei der Erstellung von universell zugänglichen Tests und dem damit verbundenen Einsatz von Akkommodationen, aber unterstützt nur eingeschränkt die Erstellung von Modifikationen.

7.2.2 Inhalte des Seminars

Die Studierenden lernen über einen Zeitraum von sieben Seminarsitzungen den Aufbau von Lernzielen, Lernzielkontrollen und Aufgabentypen sowie die Besonderheiten beim Einsatz im Gemeinsamen Unterricht theoretisch kennen und sie erproben die praktische Umsetzung in Arbeitsphasen. Eine Seminarsitzung beinhaltet deshalb immer sowohl einen theoretischen Input durch Vortrag und Power-Point-Präsentation als auch eine praktische Arbeitsphase, die durch Methodenvielfalt gekennzeichnet ist und spontane Differenzierung durch die Studierenden zulässt. Der strukturelle Aufbau der Seminarsitzungen variiert dabei. Alle Ergebnisse der Studierenden werden im Plenum präsentiert und einige werden exemplarisch erläutert und diskutiert. Dabei liegen die Schwerpunkte auf drei Themen, die immer wieder miteinander verknüpft werden: die

Formulierung von Lernzielen nach Mager (1977), die Akkommodation von Testdesign und Testumgebung (Lovett & Lewandowski, 2015) und die Modifikation von Aufgaben (Kettler et. al., 2012). Zum einen wird der universelle Zugang zu Lernzielkontrollen für alle zielgleich unterrichteten Schülerinnen und Schüler bedacht, zum anderen die Modifikation von Aufgaben und Tests für zieldifferent unterrichtete Schülerinnen und Schüler, um die Studierenden möglichst umfassend auf verschiedene Förderschwerpunkte vorzubereiten. Die einzelnen Seminarsitzungen werden im Folgenden näher erläutert.

Das Seminar startet mit einer Gesprächsrunde, um den Studierenden auf einer persönlichen Ebene die Relevanz der pädagogischen Diagnostik zu verdeutlichen: Die Studierenden erhalten fiktive Schüleraussagen, die auf fehlende oder fehlerhafte Diagnosen der Lehrkräfte hindeuten, wie „Ich habe wirklich keinen Durchblick in Chemie, aber ich glaube nicht, dass mein Lehrer das gemerkt hat, denn ich bin einfach immer supernett und stelle viele Fragen." Nach einem geleiteten Gespräch folgt eine Präsentation zu verschiedenen Möglichkeiten der Lernstandsmessung und zur engen Verzahnung von Diagnose und individueller Förderung. Anknüpfend werden von den Studierenden in einem Gruppenpuzzle grundlegende Begrifflichkeiten rund um das Thema Lernziele erarbeitet und auf einer vorgefertigten Mind-Map zusammengetragen.

Die zweite Seminarsitzung befasst sich mit der Formulierung von Lernzielen gemäß den Kriterien von Mager (1977). Nach einem Informations-Input formulieren die Studierenden selbstständig Lernziele und ordnen diese in einer Partnerübung den aus der ersten Seminarsitzung erlernten Begriffen zu, um eine Sensibilisierung für Lernziele und deren Bedeutung für Unterricht und Diagnostik zu fördern.

Dem Einsatz von Lernzielkontrollen im Gemeinsamen Unterricht ist die dritte Seminarsitzung gewidmet. Es wird ein Bezug zum UDL hergestellt und erarbeitet, auf welche Besonderheiten bei der Lernzielformulierung im Unterricht mit Inklusionsschülern zu achten ist. Das verwandte Modell UDA (Lovett & Lewandowski, 2015) wird vorgestellt und die Gestaltung von universell zugänglichen Tests besprochen. Dabei liegt ein Schwerpunkt auf den verschiedenen Möglichkeiten der Akkommodation. So gibt es Akkommodationen, welche sich universell auf den Test anwenden lassen, wie graphische Unterstützungen, aber auch solche, die individuell eingesetzt werden, wie Schreib- oder Sehhilfen. Ergänzt wird das Modell durch die Modifikationen, auf welche in den nachfolgenden Sitzungen Bezug genommen wird.

Die drei folgenden Seminarsitzungen sind inhaltlich ähnlich gestaltet, da sich jeweils eine Seminarsitzung mit einem Aufgabenformat, geschlossen, halboffen und offen, beschäftigt. Die Studierenden lernen dabei insgesamt 15 verschiedene Aufgabentypen kennen, welche den Aufgabenformaten zugeordnet werden. Mit wechselnden Methoden der Erarbeitung werden jeweils der Aufbau, die Kriterien sowie die Möglichkeiten der Modifikation für jeden Aufgabentyp erläutert, an Beispielaufgaben für den Chemieunterricht konkretisiert und von den Studierenden in Kleingruppenarbeit eigenständig auf drei Niveaustufen differenziert. Als ein Beispiel einer Diagnoseaufgabe sind Concept-Cartoons (Barke & Yitbarek, 2009) zu nennen. Dabei werden die Lernenden mit verschiedenen Aussagen, zu einer Fragestellung, die das Konzeptverständnis betrifft, konfrontiert und müssen sich begründet für eine der Aussagen entscheiden. Möglichkeiten der Modifikation bestehen in diesem Fall darin, die Anzahl der alternativen Aussagen oder den kognitiven Anspruch der Fragestellung oder der Aussagen zu variieren. Auch Veränderungen beim Einsatz von Fachbegriffen, Sprache oder Textlänge sind denkbar.

Die letzte Seminarsitzung ist eine Übungseinheit, in der die Studierenden ihr erworbenes Wissen abschließend anwenden und verknüpfen sollen, indem sie ein Thema wählen, mit Hilfe des Kernlehrplans Lernziele formulieren und Lernzielkontrollen entwickeln, die an die individuellen Gegebenheiten von fiktiv vorgegebenen Schülerinnen und Schülern anpasst sind. In diesem Setting kann beispielsweise eine Schülerin mit eingeschränktem Sehvermögen beschrieben werden. Die Studierenden schlagen dann häufig Akkommodationen in Form einer größeren Schrift oder eines Vorlesestifts vor.

Neben den Themen zur Lernstandsdiagnostik wurden im zweiten Seminar weitere Inhalte angesprochen, welche jedoch für das vorliegende Projekt nicht von Relevanz sind. Aus diesem Grund umfassen die dargestellten Seminarsitzungen nur sieben Termine, die sich inhaltlich mit dem Bereich der unterrichtspraktischen Diagnostik beschäftigen.

7.3 Umsetzung im Praxissemester

Im Praxissemester haben die Studierenden die Möglichkeit, die zuvor erlernten Inhalte beider Seminare praktisch umzusetzen, denn sie bekommen die Aufgabe, eine Unterrichtssequenz von zwei Schulstunden für eine heterogene Lerngruppe zu planen und durchzuführen, Lernziele zu formulieren und passende diagnostische Lernzielkontrollen zu entwickeln und einzusetzen. Beide Planungsprozesse werden jeweils in einem Bericht schriftlich dargelegt und reflektiert. Nicht alle ersten Unterrichtsversuche sind bereits im Praxissemester gelungen, aber die Studierenden haben gezeigt, dass sie das in den Seminaren erlernte Wissen mindestens in Ansätzen, manchmal nahezu vollständig in praktisches Können umsetzen können.

Häufig haben sich die Studierenden entschieden, eine experimentbasierte Lernumgebung zu entwickeln. Experimente gelten für den naturwissenschaftlichen Unterricht als große Chance, inklusiven Unterricht zu realisieren, da anschauliche und reale Phänomene im Mittelpunkt stehen, die eine vielfältige Wahrnehmung ermöglichen und das Interesse anregen (Menthe & Hoffmann, 2015). Die Abbildung 7.2 zeigt beispielhaft eine Experimentieranleitung, die von einem Studenten bei einem differenzierten Stationenlernen mit dem Titel „Luft hat einen Raum" eingesetzt worden ist. Die Differenzierung erfolgte in zwei Niveaustufen, vorrangig auf sprachlicher und strukturierender Ebene. Auf dem einfacheren Niveau (hier dargestellt) wurde auf Fachsprache weitgehend verzichtet, die Anweisungen und Fragen erfolgten in einfacher Sprache. Der sprachlich beschriebene Verlauf des Experiments wurde durch Piktogramme ikonisch unterstützt; das ist hilfreich für Lernende, für welche die ausschließlich fachsprachliche oder symbolische Darstellung von Informationen eine Barriere darstellt. Eine Checkliste als zusätzliche Strukturierungshilfe sollte gewährleisten, dass einzelne Experimentierschritte nicht übergangen werden. In der anspruchsvolleren Variante der Experimentieranleitung (hier aus Platzgründen nicht dargestellt) sind zusätzliche Strukturierungshilfen nicht zu finden, statt leichter Sprache wird Fachsprache verwendet, geschlossene Fragen werden durch offene Fragen ersetzt. Solche Elemente der Differenzierung machen es mög-

!	**Achtung:** Setze den Chemieraum bitte **nicht** unter Wasser! Lege das Versuchsprotokoll während der Durchführung **nicht** in die Nähe des Glases und der Spritze.
	<u>Das brauchst du:</u> 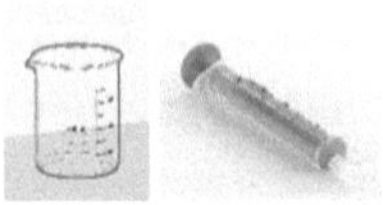

	<u>Das musst du tun:</u>	
1)		**Checkliste**
	1. Ziehe die Spritze mit Luft auf.	☐
2)	2. Setze den Daumen vor die Öffnung und versuche die Luft herauszudrücken.	☐
	3. Mache Notizen über die Beobachtung.	☐
4)	4. Ziehe die Spritze mit Wasser auf.	☐
	5. Setze den Daumen vor die Öffnung und versuche die Luft herauszudrücken.	☐
5)	6. Mache Notizen über die Beobachtung.	☐

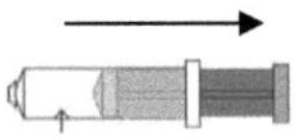

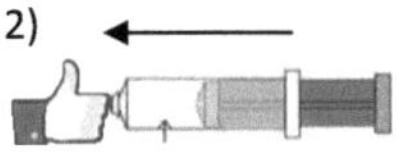

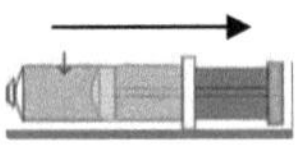

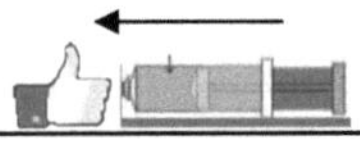

	<u>Was ist geschehen?:</u>
	Luft:_____
	Wasser:_____

	<u>Warum konntest du die Spritze mal bewegen? Warum konntest du die Spritze mal nicht bewegen?:</u>
	Luft:_____
	Wasser:_____

Abb. 7.2: Experimentieranleitung „Luft ist elastisch" im Rahmen eines Stationenlernens zum Thema „Luft hat einen Raum" (einfaches Niveau, entwickelt von Fabio Sagner)

lich, dass Lernende mit unterschiedlichem Anspruchsniveau kooperativ in Gruppen am gemeinsamen Gegenstand arbeiten können (Feuser, 2009). Eine Betrachtung der Lernumgebung unter Berücksichtigung des UDL zeigt, dass viele Elemente bei der Planung und Durchführung des Unterrichts berücksichtigt worden sind. So wurde auf multiple Repräsentationsformen geachtet, die Lernenden konnten unterschiedliche motorische Handlungen ausführen und wurden in ihren exekutiven Funktionen unterstützt. Durch die Methode des Stationenlernens wurde eine Arbeitsform gewählt, die selbstreguliertes Arbeiten ermöglicht. Ein Problem, mit dem die Lernenden zu Beginn der Unterrichtsstunde konfrontiert worden sind, hatte zudem die Intention, dass den Lernenden die Bedeutsamkeit der Lernziele vor Augen geführt und das Interesse geweckt wurde.

Abbildung 7.3 zeigt zwei Aufgaben aus einer Lernzielkontrolle in drei Modifikationen mit zunehmendem Anspruchsniveau. In der einfachsten Variante (oben) finden sich zwei Aufgaben im geschlossenen Format als Zuordnungsaufgabe und als Richtig-Falsch-Aufgabe, während die beiden schwierigeren Varianten (Mitte bzw. unten) Aufgaben im halboffenen Format als Lückentexte und als Substitutionsaufgaben mit Kurztextantworten anbieten. Im Gegensatz zu Niveau B und C müssen die Schüler auf Niveau A die Fachwörter nicht selber kennen, da sie bereits vorgegeben sind, und sie müssen nur relativ wenig Text lesen (sprachliche Reduktion). Aufgabe zwei ist auf mittlerem Niveau eine Substitutionsaufgabe, in der eine falsche Aussage gefunden und korrigiert werden muss, auf Niveaustufe C wurden mehrere fehlerhafte Informationen eingebaut. Das anspruchsvollste Niveau enthält dabei viele Informationen mit schwierigen Fachbegriffen. Zusammengefasst umfasst diese Lernzielkontrolle die Modifikation in der kognitiven Differenzierung einzelner Aufgabentypen, die Verwendung von verschiedenen Aufgabenformaten und die Variation der fachsprachlichen Anforderungen.

Akkommodationen fanden in der Lernzielkontrolle vorrangig auf der Layout-Ebene statt. Zum Großteil wurden die Aufgaben im Imperativ mit Operatoren formuliert, sodass eine einfache Nutzung möglich ist. Außerdem sind keine unnötig langen oder komplizierten Texte vorhanden. Dies passt zu der dritten Richtlinie des UDA „Einfache und intuitive Nutzung". Außerdem wurde Richtlinie 4 beachtet „Wahrnehmbare Informationen", sodass zum Beispiel eine gut leserliche Schriftart verwendet wurde, ausreichend Platz für die Antwort direkt an der Aufgabe vorhanden war oder Graphiken nur in klarer Funktion direkt bei der Aufgabe positioniert wurden. Aufgrund der kurzen Zeit von etwa 10 min, die den Schülerinnen und Schülern zum Schreiben der Lernzielkontrolle zur Verfügung stand, wurde auch die sechste Richtlinie „Geringe physische Anforderungen" automatisch erfüllt (Lovett & Lewandowski, 2015, S. 215, Übers. d. Verf.).

7.4 Evaluation der Seminarkonzeptionen

Zur Evaluation der Seminare wird deren Wirksamkeit in Anlehnung an Kirkpatrick (1979) und Schmitt (2016) auf den vier Evaluationsebenen „Attraktivität", „Kognitive Veränderung", „Unterrichtspraktisches Handeln" und „Wirkung auf die Lernenden" gemessen. Die ersten beiden Ebenen wurden während des Seminars erfasst, die anderen beiden Ebenen bei der Anwendung der Seminarinhalte im Praxissemester. Im Folgenden werden zentrale Ergebnisse auf Basis der bislang erhobenen und ausgewerteten Daten vorgestellt. Beide Seminare wurden bislang wiederholt realisiert. Die hier vorgestellten Ergebnisse resultieren aus den aggregierten Daten der bislang beendeten Durchgänge. Da beide Seminare miteinander verknüpft waren, haben die Studierenden i. d. R. an beiden Seminaren teilgenommen, so dass die Stichproben eine große Schnittmenge haben.

A   **Lernzielkontrolle Alkohole und Carbonsäuren**   Name: _____

1) Setze die folgenden Begriffe richtig zusammen:

Carboxlygruppe   Carbonsäure   Alkohol

-OH   Hydroxylgruppe   -COOH

_____

_____

2) Unpolare Stoffe wie Heptan sind hydrophil.

	wahr		falsch

B   **Lernzielkontrolle Alkohole und Carbonsäuren**   Name: _____

1) Fülle die Lücken im folgenden Text aus:

Die funktionelle Gruppe der _____ wird _____ genannt. In der Summenformel wird sie mit dem Kürzel -OH kenntlich gemacht.

Die _____ Gruppe der Carbonsäuren wird _____ genannt. In der Summenformel wird sie mit dem Kürzel _____ kenntlich gemacht.

2) Finde in der Information die falsche Angabe, streiche sie durch und gib einen Verbesserungsvorschlag an:

Unpolare Stoffe wie das Heptan sind hydrophil, was in etwa „wasserfeindlich" bedeutet.

Verbesserungsvorschlag: _____

C   **Lernzielkontrolle Alkohole und Carbonsäuren**   Name: _____

1) Fülle die Lücken im folgenden Text aus:

_____ werden auch als Alkanole bezeichnet. Sie besitzen eine funktionelle Gruppe, die _____ genannt wird. In der Summenformel wird sie mit dem Kürzel _____ kenntlich gemacht. Carbonsäuren tragen eine _____ _____, die _____ genannt wird. In der Summenformel wird sie mit dem Kürzel _____ kenntlich gemacht.

2) Finde in der Information die falsche(n) Angabe(n), streiche sie durch und gib einen Verbesserungsvorschlag an:

Polare Stoffe wie das Heptan sind hydrophob, was „wasserfreundlich" bedeutet. Sie bilden überwiegend Wasserstoffbrückenbindungen aus.

Verbesserungsvorschlag: _____

Abb. 7.3:   Zwei Aufgaben aus einer Lernzielkontrolle „Alkohole und Carbonsäuren", differenziert auf drei Niveaustufen (entwickelt von Julia Weise)

7.4.1 Seminar 1: Vorbereitung auf einen Gemeinsamen Chemieunterricht

Die Attraktivität des Seminars wurde mittels zweier Attraktivitätstests ermittelt (5-stufige Likert-Skala von schlecht (1) bis gut (5); Test I: 12 Items, α = .868; Test II: 15 Items, α = .839). Die Ergebnisse zeigten, dass die Studierenden sowohl die Seminarqualität von vier Themenblöcken (M_{Block_1} = 4.13, n = 37; M_{Block_2} = 3.78, n = 36; M_{Block_3} = 4.25, n = 32; M_{Block_4} = 4.30, n = 33) als auch die Arbeitsphasen (M = 4.51, n = 37) und Referenten (M = 4.67, n = 37) positiv bewerteten.

Im Rahmen der kognitiven Veränderung wurde die Wirkung des Seminars auf die Einstellung, Bereitschaft und Selbstwirksamkeit der Studierenden in Bezug auf Gemeinsamen Unterricht und auf die Fähigkeiten der Studierenden, Elemente des UDL bei der Planung von Gemeinsamen Chemieunterricht zu berücksichtigen, gemessen. Der Pre-Post-Vergleich des Einstellungs-, Bereitschafts- und Selbstwirksamkeitstests (6-stufige Likert-Skala von schlecht (1) bis gut (6); $\alpha_{Einstellung}$ = .913; $\alpha_{Bereitschaft}$ = .904; $\alpha_{Selbstwirksamkeit}$ = .882) zeigte eine signifikante Verbesserung in den drei Variablen (Einstellung: p = .006, δ = 0.48, n = 37; Bereitschaft: p = .017, φ = 0.39, n = 37; Selbstwirksamkeit: p = .000, δ = 1.16, n = 37). Zur Auswertung der Planungsergebnisse wurde in Anlehnung an das UDL ein hoch-inferentes Kodiermanual (4-stufige Likert-Skala von nicht erfüllt (1) bis voll erfüllt (4); $ICC_{unjust.}$ = .857) entwickelt. Auch hier konnte eine signifikante Verbesserung (p = .000, δ = 2.01, n = 37) erzielt werden.

Zur Untersuchung des unterrichtspraktischen Handelns wurden drei verschiedene Aspekte analysiert: die von den Studierenden entwickelten Planungsentwürfe, die eingesetzten Schülerarbeitsmaterialien sowie die Durchführung im Unterricht. Hier kann bisher nur auf die Ergebnisse der Studierenden zurückgegriffen werden, die im Rahmen der Hauptuntersuchung an einem ersten Seminar teilgenommen haben (n = 12). Anhand des Kodiermanuals, welches auch bei der Ebene „Kognitive Veränderung" verwendet wird, wurden die Planungsentwürfe ausgewertet ($ICC_{unjust.}$ = .813), die die Studierenden im Praxissemester angefertigt hatten. Aus dem Mittelwert M = 2.51 (SD = 0.26, n = 12) ließ sich schließen, dass zwar schon einige Elemente des UDL bei der Planung des Unterrichts im Praxissemester berücksichtigt worden sind, es jedoch noch Entwicklungsbedarf in diesem Bereich gibt. Dieser Eindruck wird durch die Analyse der durch die Studierenden entwickelten und im Unterricht eingesetzten Schülerarbeitsmaterialien und der Unterrichtsvideos bestätigt.

Zur Messung der Wirksamkeit des durch die Studierenden durchgeführten Gemeinsamen Unterrichts auf die Lernenden wurden Interviews mit drei Schülerinnen oder Schülern pro Klasse durchgeführt. Diese Interviews wurden mittels Kodiermanual, welches auf Basis der Richtlinien des UDL entwickelt wurde, ausgewertet (4-stufige Likert-Skala von schlecht (1) bis gut (4); $ICC_{unjust.}$ = .920). Die Ergebnisse zeigen, dass der Gemeinsame Unterricht für die Lernenden zugänglich war (M = 3.34, SD = 0.30, n = 35).

7.4.2 Seminar 2: Lernstandsdiagnostik im Chemieunterricht

Da die Datenerhebung und -auswertung zum zweiten Seminar noch nicht abgeschlossen ist, können die im Folgenden dargestellten ersten Ergebnisse nur als vorläufige Werte angesehen werden. Die Seminarqualität, gemessen durch einen Attraktivitätstest (5-stufige Likert-Skala von schlecht (1) bis gut (5); 26 Items, α = .884), wird von den Studierenden insgesamt sehr positiv bewertet (M = 4.48, n = 25). Auch die Unterkategorien werden durchweg positiv bewertet (Arbeitsphase: M = 4.41; Referent: M = 4.48; Seminarinhalt: M = 4.53).

Kognitive Veränderungen durch die Teilnahme am Seminar werden in Bezug auf die Einstellung, Bereitschaft und Selbstwirksamkeit der Studierenden zum Einsatz von Lernzielkontrollen im inklusiven Unterricht sowie auf die Fähigkeiten im Umgang mit Lernzielen und Lernzielkontrollen im Gemeinsamen Chemieunterricht gemessen. Beim Pre-Post-Vergleich des Einstellungs-, Bereitschafts- und Selbstwirksamkeitstests (5-stufige Likert-Skala von schlecht (1) bis gut (5); α = .889) zeigten sich statistisch signifikante Verbesserungen in allen drei Variablen (Einstellung: p = .002, δ = 0.71, n = 25; Bereitschaft: p = .004, δ = 0.64, n = 25; Selbstwirksamkeit: p < .001, δ = 1.20, n = 25). Um die Fähigkeiten im Umgang mit Lernzielen und Lernzielkontrollen zu überprüfen, wurde ein Kompetenztest mit 23 Items im offenen Antwortformat eingesetzt. Dieser wurde mithilfe eines hoch-inferenten Kodiermanuals ausgewertet ($ICC_{unjust.}$ = .782). Die Ergebnisse der Pilotierung zeigten eine signifikante Verbesserung (p < .001, δ = .964, N = 17). Für die Hauptuntersuchung wird das Kodiermanual überarbeitet, da der Kompetenztest gekürzt und überarbeitet wurde.

Zur Anwendung der Formulierung von Lernzielen und der Erstellung von Lernzielkontrollen beim unterrichtspraktischen Handeln im Praxissemester haben die Studierenden Lernziele für eine Unterrichtseinheit formuliert und passende Lernzielkontrollen erstellt und im Unterricht eingesetzt. Genauere Ausführungen wurden von den Studierenden in einer Ausarbeitung niedergeschrieben. Die Lernziele, Lernzielkontrollen und eventuelle Differenzierungen sowie die Ausarbeitung müssen bei Drucklegung dieses Beitrags noch mittels eines Kodiermanuals ausgewertet werden, Ergebnisse sind späteren Publikationen vorbehalten.

Um die Wirkung der eingesetzten Lernzielkontrolle auf die Schülerinnen und Schüler zu erheben, wurde ein kurzer Fragebogen eingesetzt. Die ersten Ergebnisse zeigen, dass die Aufgaben der Lernzielkontrollen verständlich und die Tests gut auf die Inhalte der Unterrichtsstunden abgestimmt waren, wobei die Aufgaben für die meisten Schülerinnen und Schüler selten zu schwer und nur teilweise zu leicht waren.

7.5 Reflexion und Fazit

Die hier beschriebenen Seminarkonzeptionen liefern Beiträge zu den drei zentralen Fragen des Entwicklungsverbundes ‚Diagnose und Förderung heterogener Lerngruppen‘ (vgl. Selter, Hußmann, Hößle, Knipping, Lengnink & Michaelis, 2017, Kap. 1 in diesem Band): Das erste Seminar führte, ausgehend von einer Sensibilisierung angehender Chemielehrkräfte für Heterogenität, in erste Möglichkeiten und Methoden eines inklusiven Fachunterrichts ein. Das zweite Seminar legte den Fokus auf die Entwicklung von fachlich fundierten Diagnosekompetenzen, im Speziellen die Lernergebnisdiagnostik im Chemieunterricht – eine der Schlüsselkompetenzen für guten Unterricht, die bereits in der Phase der universitären Lehrerbildung zu beachten ist (vgl. Selter et al., 2017). Auf

Basis einer fundierten Formulierung von Lernzielen konnten die Studierenden verschiedene Testformate erarbeiten, die geeignet sind, die Kompetenzen der Schülerinnen und Schüler in heterogenen Lerngruppen zu diagnostizieren. Durch die Verknüpfung der Seminare mit dem Praxissemester konnte zudem eine Umsetzung der gelernten Inhalte in der Praxis erfolgen. Die Studierenden konnten die zuvor erarbeiteten Theorieelemente in konkretes Handeln umsetzen und in ersten eigenen Unterrichtsversuchen Chancen und Grenzen der vorgestellten Möglichkeiten praktisch erfahren. Eine Reflexion der eigenen Handlungen und Erfahrungen wurde dabei nicht nur implizit gefördert, sondern auch durch das abschließende Verfassen einer schriftlichen Ausarbeitung explizit gefordert (vgl. Lengnink et al., 2017). Hinzu kommt eine ausführliche interkollegiale Diskussion in einem eigens dazu angelegten Seminar zur „Reflexion des Praxissemesters", über das an dieser Stelle nicht berichtet wird, weil es nicht in den Bereich des vorliegenden Projektes fällt.

Durch die beiden hier vorgestellten Seminarkonzeptionen konnten erste Schritte hin zu einer Lehrerbildung getan werden, die den Anforderungen eines inklusiven Unterrichts gerecht wird. In fachdidaktisch und rehabilitationspädagogisch fundierten Seminaren wurden Prinzipien universell zugänglicher Unterrichtsgestaltung mit curricular validen informellen Lernstandsmessungen verknüpft. Über Vignetten (Videos, Transkripte, schriftliche Schülerprodukte, vgl. Aufschnaiter et al., 2017) können auch exemplarisch unterschiedliche Voraussetzungen von Lernenden präsentiert und hinsichtlich möglicher adaptiver Differenzierungsmaßnahmen analysiert werden. Orientiert am Profil für inklusive Lehrerinnen und Lehrer der Europäischen Agentur für Entwicklungen in der sonderpädagogischen Förderung (2012) werden folgende Schlüsselqualifikationen angestrebt:

1. Die Studierenden erkennen die reale Vielfalt von Lernvoraussetzungen als Ressource für schulisches Lernen und nicht als dessen Erschwernis an.
2. Die Studierenden diagnostizieren die reale Vielfalt von emotionalen, sozialen und kognitiven Lernvoraussetzungen in Unterrichtsbeobachtungen und mit informellen Lernstandsmessungen, die am konkreten Unterrichtsgegenstand orientiert sind.
3. Die Studierenden stellen den Lernenden bei der Präsentation von Information unterschiedliche Darstellungsmodi zur Wahl.
4. Die Studierenden eröffnen den Lernenden bei der Verarbeitung von Informationen und bei der Darstellung von Lernergebnissen unterschiedliche motorische Handlungsformen, unterschiedliche Arten der Kommunikation und variierende Hilfen.
5. Die Studierenden bieten den Lernenden zur Förderung einer nachhaltigen Lernmotivation authentische und individuell angepasste Aufgaben an, fördern konzentriertes und ausdauerndes Arbeiten und geben Hilfen zur Entwicklung kompetenten selbstregulierten Lernens.
6. Die Studierenden planen Aktivitäten zur individuellen fachlichen Qualifikation und zur sozialen Integration der Lernenden im gemeinsamen Lernen.
7. Die Studierenden passen die im Seminar geplanten Unterrichtseinheiten an die konkreten Bedingungen einer Lerngruppe an.
8. Die Studierenden setzen die adaptierten Planungen in realen Unterricht um.
9. Die Studierenden führen Lernstandsmessungen durch und analysieren und interpretieren die Ergebnisse.

10. Die Studierenden reflektieren ihre Erfahrungen aus dem realen Unterricht (vgl. 8) und die dokumentierten Lernergebnisse (9) im Hinblick auf die in der Planung angestrebten Ziele (3 – 6).

Die bislang vorliegenden Ergebnisse zur Wirksamkeit der beiden Seminare sind jedoch mit Vorsicht zu betrachten, da ein geringer Stichprobenumfang deren Aussagekraft begrenzt und da qualitative Daten aus Interviews und Unterrichtsbeobachtungen zwar erhoben und dokumentiert, aber noch nicht analysiert sind. Eine Einschränkung stellt zudem die Konzentration auf den sonderpädagogischen Förderbereich Lernen dar. Einer der nächsten Schritte wird darin bestehen, eine Erweiterung auf weitere Heterogenitätsdimensionen vorzunehmen. Insgesamt reichen zwei Seminare nicht aus, um angehende Lehrkräfte umfassend auf die neuen Herausforderungen vorzubereiten, die sich aus der schulischen Inklusion ergeben. Dies erfordert eine umfassende Neuorientierung und Umstrukturierung der Lehrerbildung durch universitätsweite Konzepte und Maßnahmen und unter Einbezug aller Beteiligten. Die hier dargestellten Ergebnisse machen Mut, dass es möglich ist, bereits in der ersten Phase der Lehrerbildung an der Universität die Professionalisierung für einen Gemeinsamen Chemieunterricht erfolgreich anzugehen. Es wird wesentlich darauf ankommen, das Praxissemester zu integrieren und konstruktiv zu nutzen, damit die Studierenden die zuvor erarbeiteten Unterrichtsentwürfe umsetzen und sich in ersten Unterrichtsversuchen erleben können, damit sie in einem Wechsel von Aktion und Reflexion an Erfahrung gewinnen.

Literatur

Abels, S. & Markic, S. (2013). Umgang mit Vielfalt – neue Perspektiven im Chemieunterricht. *Naturwissenschaften im Unterricht. Chemie, 24* (135), 2–6 .

Amrhein, B. (2015). Professionalisierung für Inklusion – Impulse für die Lehrer/-innenbildung der Sekundarstufe. In E. Kiel (Hrsg.), *Inklusion im Sekundarbereich* (S. 140–164). Stuttgart: Kohlhammer.

Aufschnaiter, C. v., Selter, C. & Michaelis, J. (2017). Nutzung von Vignetten zur Entwicklung von Diagnose- und Förderkompetenzen – Konzeptionelle Überlegungen und Beispiele aus der MINT-Lehrerbildung. In C. Selter, S. Hußmann, C. Hößle, C. Knipping, K. Lengnink & J. Michaelis (Hrsg.), *Diagnose und Förderung heterogener Lerngruppen – Theorien, Konzepte und Beispiele aus der MINT-Lehrerbildung* (S. 85–105). Münster: Waxmann.

Baumann, T., Zimmermann, F. & Melle, I. (2016). Redoxreaktionen. Eine Unterrichtseinheit für inklusive Lerngruppen. *Praxis der Naturwissenschaften Chemie in der Schule, 65* (7), 41–46.

Barke, H.-D. & Yitbarek, S. (2009). Concept Cartoons – Hilfen zur Diagnose und Korrektur von Schülervorstellungen. *Der mathematische und naturwissenschaftliche Unterricht, 62* (2), 364–367.

Bühler, C. (2017). Universelles Design. In Deutscher Verein für öffentliche und private Fürsorge (Hrsg.), *Fachlexikon der sozialen Arbeit* (8., völlig überarbeitete und aktualisierte Aufl.) (S. 927–928). Baden-Baden: Nomos.

Büttner, G., Warwas, J. & Adl-Amini, K. (2012). Kooperatives Lernen und Peer Tutoring im inklusiven Unterricht. *Zeitschrift für Inklusion*, (1–2). Verfügbar unter: http://www.inklusion-online.net/index.php/inklusion-online/article/view/61. [01.05.2017].

CAST (2011). *Universal Design for Learning Guidelines version 2.0*. Wakefield, MA: Center for Applied Special Technology.

Europäische Agentur für Entwicklungen in der sonderpädagogischen Förderung (2012). *Inklusionsorientierte Lehrerbildung: Ein Profil für inklusive Lehrerinnen und Lehrer*. Odense, DK: European Agency for Development in Special Needs Education.

Feuser, G. (2009). Momente entwicklungslogischer Didaktik einer Allgemeinen (integrativen) Pädagogik. In H. Eberwein & S. Knauer (Hrsg.), *Integrationspädagogik. Kinder mit und ohne Beeinträchtigung lernen gemeinsam; ein Handbuch* (7. Auflage) (S. 280–294). Weinheim: Beltz.

Forest Price, J., Johnson, M. & Barnett, M. (2012). Universal Design for Learning in the Science Classroom. In T. E. Hall, A. Meyer, & D. H. Rose (Hrsg.), *What Works for Special-Needs Learners. Universal design for learning in the classroom. Practical applications* (S. 55–70). New York: Guilford Press.

Groß, K. & Reiners, C. (2012). Experimente alternativ dokumentieren. Ein Beitrag zur Möglichkeit der Differenzierung und Diagnose im Chemieunterricht. *CHEMKON, 19* (1), 13–20.

Groß, K. (2017). Individuelle Förderung im Chemieunterricht. In C. S. Reiners (Hrsg.), *Chemie vermitteln. Fachdidaktische Grundlagen und Implikationen* (S. 148–167). Berlin, Heidelberg, s.l.: Springer Berlin Heidelberg.

Hößle, C., Hußmann, S., Michaelis, J., Niesel, V. & Nührenbörger, M. (2017). Fachdidaktische Perspektiven auf die Entwicklung von Schlüsselkenntnissen einer förderorientierten Diagnostik. In C. Selter, S. Hußmann, C. Hößle, C. Knipping, K. Lengnink & J. Michaelis (Hrsg.), *Diagnose und Förderung heterogener Lerngruppen – Theorien, Konzepte und Beispiele aus der MINT-Lehrerbildung* (S. 19–37). Münster: Waxmann.

Hoffmann, T. & Menthe, J. (2015). Sonderpädagogische Aspekte inklusiven Chemieunterrichts in der Sekundarstufe. In J. Riegert & O. Musenberg (Hrsg.), *Inklusiver Fachunterricht in der Sekundarstufe* (1. Auflage) (S. 141–158). Stuttgart: Kohlhammer.

Kettler, R. J., Dickenson, T. S., Bennett, H. L., Morgan, G. B., Gilmore, J. A., Beddow, P. A., Palmer, P. W., Swaffield, S., Turner, L., Herrera, B. & Turner, C. (2012). Enhancing the Accessibility of High School Science Tests: A multistate experiment. *Exceptional Children, 79*, 91–106.

Kieserling, M. (2015). *Entwicklung einer experimentellen Lernumgebung mit universeller Zugänglichkeit zum Thema Verbrennung*. Unveröffentlichte Bachelorarbeit, Technische Universität, Dortmund.

Kirkpatrick, D. L. (1979). Techniques for Evaluating Training Programs. *Training and Development Journal, 33* (6), 78–92.

Lengnink, K., Bikner-Ahsbahs, A. & Knipping, C. (2017). Aktivität und Reflexion in der Entwicklung von Diagnose- und Förderkompetenz im MINT-Lehramtsstudium. In C. Selter, S. Hußmann, C. Hößle, C. Knipping, K. Lengnink & J. Michaelis (Hrsg.), *Diagnose und Förderung heterogener Lerngruppen – Theorien, Konzepte und Beispiele aus der MINT-Lehrerbildung* (S. 61–83). Münster: Waxmann.

Löser, R. (2013). *Rund um den Förderschwerpunkt Lernen: Hintergrundinformationen – Fallbeispiele – Strategien für die Sekundarstufe*. Mülheim an der Ruhr: Verlag an der Ruhr.

Lovett, B. J. & Lewandowski, L. J. (2015). *Testing Accommodations for Students with Disabilities: Research-Based Practice* (S. 207–223). Baltimore: United Book Press.

Mager, R. F. (1977). *Lernziele und Unterricht*. Weinheim, Basel: Beltz Verlag.

Menthe, J. & Hoffmann, T. (2015). Inklusiver Chemieunterricht: Chancen und Herausforderung. In J. Riegert & O. Musenberg (Hrsg.), *Inklusiver Fachunterricht in der Sekundarstufe* (S. 131–141). Stuttgart: Kohlhammer.

Michna, D., Melle, I. & Wember, F. B. (2016). Gestaltung von Unterrichtsmaterialien auf Basis des Universal Design for Learning: Am Beispiel des Chemieunterrichts in der Sekundarstufe I. *Sonderpädagogische Förderung heute*, (3), 286–303.

Moser, V. & Demmer-Dieckmann, I. (2013). Professionalisierung und Ausbildung von Lehrkräften für inklusive Schulen. In V. Moser (Hrsg.), *Die inklusive Schule. Standards für die Umsetzung* (2. Auflage) (S. 155–174). Stuttgart: Kohlhammer.

Phillips, S. E. (2011). U.S. legal issues in educational testing of special populations. In S. N. El-liott, R. J. Kettler, P A. Beddow & A. Kurz (Hrsg.). *Handbook of accessible achievement tests: Bridging the gaps in policy, research, and practice for all students* (S. 33–68). New York, NY: Springer.

Prechtl, M. (2013). Gebildet durch Bilder: Sachcomics lesen und Chemie-Foto-Storys gestalten. *Naturwissenschaften im Unterricht Chemie, 24* (133), 8–12.

Rose, D. H. & Gravel, J. (2010). Universal design for learning. In P. Peterson, E. Baker, & B. McGaw (Hrsg.), *International encyclopedia of education* (3rd ed.) (S. 119–124). Amsterdam: Elsevier Academic.

Rose, D. H. & Meyer, A. (2002). *Teaching every student in the Digital Age: Universal Design for Learning.* Alexandria, VA: Association for Supervision and Curriculum Development.

Schlüter, A.-K., Melle, I. & Wember, F. B. (2016). Unterrichtsgestaltung in Klassen des Gemein-samen Lernens: Universal Design for Learning. *Sonderpädagogische Förderung heute, 61* (3), 270–285.

Schmitt, A. K. (2016). *Entwicklung und Evaluation einer Chemielehrerfortbildung zum Kompe-tenzbereich Erkenntnisgewinnung. Studien zum Physik- und Chemielernen: Vol. 198.* Berlin: Logos.

Scruggs, T. E., Mastropieri, M. A.,& Okolo, C. M. (2008). Science and Social Studies for Stu-dents with Disabilities. *Focus on Exceptional Children, 41* (2), 1–24.

Selter, C., Hußmann, S., Hößle, C., Knipping, C., Lengnink, K. & Michaelis, J. (2017). Konzep-tion des Entwicklungsverbunds ‚Diagnose und Förderung heterogener Lerngruppen'. In C. Selter, S. Hußmann, C. Hößle, C. Knipping, K. Lengnink & J. Michaelis (Hrsg.), *Diagnose und Förderung heterogener Lerngruppen – Theorien, Konzepte und Beispiele aus der MINT-Lehrerbildung* (S. 11–18). Münster: Waxmann.

The Center for Universal Design (1997). *The Principles of Universal Design.* Verfügbar unter: https://www.ncsu.edu/ncsu/design/cud/about_ud/udprinciplestext.htm [06.06.2017]

Werning, R. & Arndt, A.-K. (Hrsg.) (2013). *Inklusion: Kooperation und Unterricht entwickeln.* Bad Heilbrunn: Klinkhardt.

Werning, R. & Baumert, J. (2013). Inklusion entwickeln: Leitideen für Schulentwicklung und Lehrerbildung. In J. Baumert, V. Masuhr, J. Möller, T. Riecke-Baulecke, H.-E. Tenorth & R. Werning (Hrsg.), *Inklusion. Forschungsergebnisse und Perspektiven* (Schulmanagement-Handbuch, Bd. 146, S. 38–55). München: Oldenbourg.

Wocken, H. (2012). *Das Haus der inklusiven Schule: Baustellen – Baupläne – Bausteine* (3. Aufl.). Hamburg: Feldhaus.

Ann-Kathrin Beretz, Katja Lengnink & Claudia von Aufschnaiter

8. Diagnostische Kompetenz gezielt fördern – Videoeinsatz im Lehramtsstudium Mathematik und Physik

Fachdidaktische Forschung zur Lehrerprofessionalisierung diskutiert vor dem Hintergrund wachsender Heterogenität seit einigen Jahren intensiv die Bedeutung von diagnostischen Fähigkeiten und Förderung als zentrale Aspekte professioneller Kompetenz von Lehrkräften zur adressatengerechten Gestaltung des Unterrichts (u. a. v. Aufschnaiter et al., 2015; Klug et al., 2013). Im Rahmen der Aus- und Weiterbildung (angehender) Lehrkräfte bewegen sich universitäre Forschung und Lehre dabei im Spannungsfeld der Erfassung diagnostischer Kompetenz und dem Aufbau dieser Kompetenz. Vor diesem Hintergrund wird an der Justus-Liebig-Universität Gießen, eingebettet in das in Kapitel 1 beschriebene Verbundprojekt der Deutschen Telekomstiftung, auf vielfältige Weise untersucht, wie Lehramtsstudierende universitäre Lernangebote zur Diagnose und Förderung in heterogenen Lerngruppen erleben und welche Zugänge sie zur Diagnostik von Lernprozessen und deren Förderung zeigen. Das Spezifische an der Untersuchung ist dabei die fächerübergreifende Abstimmung zweier aufeinander folgender Veranstaltungen der Physik- und Mathematikdidaktik, deren Kernelement der Videoeinsatz ist. Videobasierte Unterrichtsvignetten bilden auf der einen Seite die fallbasierten Lerngelegenheiten, die die Studierenden anregen, über Aspekte und Kriterien von Diagnostik und Förderung nachzudenken, diese an Beispielen zu erproben und dabei auch etwas über Heterogenität bei Schülerinnen und Schülern zu lernen (u. a. van Es & Sherin, 2008). Auf der anderen Seite werden Videoaufzeichnungen genutzt, um die Prozesse der Bearbeitung diagnostischer Aufgaben durch die Studierenden zu erfassen, was wiederum Aussagen über die (individuelle) Entwicklung von Diagnose- und Förderkompetenzen zulässt: Wie vollzieht sich der Aufbau dieser Kompetenzen innerhalb eines bestimmten Studienabschnittes und worin bestehen ggf. spezifische Lernhürden oder Hindernisse? Welche Wirkung hat der Einsatz von videobasierten Unterrichtsvignetten beim Aufbau der Kompetenzen und wie erleben die Studierenden das spezifische Lernangebot? Die Bearbeitungsprozesse der Studierenden liefern somit ihrerseits Daten für eine Diagnostik und stellen im Sinne einer Förderung die Ausgangsbasis für die Überarbeitung der Lernangebote für die Studierenden dar, sodass das Projekt *Diagnose und Förderung* auf zwei Ebenen in den Blick nimmt: Während auf einer ersten Ebene die beiden Kurse in der Lehre Diagnose und Förderung als Lerngegenstand *für* Studierende thematisieren, d. h. Konzepte und Verfahren theoriegeleitet erarbeiten und praxisnah erproben, wird aus Forschersicht auf einer zweiten Ebene mithilfe von Videoaufzeichnungen und anderen Verfahren (z. B. Erhebung von Produktvignetten, vgl. v. Aufschnaiter, Selter & Michaelis, 2017, Kap. 5.3.1 in diesem Band) Diagnose und Förderung *an* Studierenden betrieben (Diagnose und Förderung erleben, erlernen und erproben; vgl. Hößle, Hußmann, Michaelis, Niesel & Nührenbörger, 2017).

Entlang dieser beiden Ebenen wird nachfolgend dargestellt, welche theoretische Konzeption dem Projekt zugrunde liegt (8.1.1), wie die zwei in den Blick genommenen Veranstaltungen angelegt, welche Überlegungen in deren Abstimmung geflossen sind

(8.1.2) und welche Instrumente zur Diagnose und Förderung der Studierenden eingesetzt wurden (8.2). Abschließend werden im Sinne eines Ausblicks anhand exemplarischer Ergebnisse die „Wirkung" des Projekts auf die Studierenden sowie daraus resultierende Erkenntnisse zur Gestaltung der Lehre skizziert (8.3).

8.1 Diagnose und Förderung *für* Studierende - Interdisziplinäres Lernangebot der Physik- und Mathematikdidaktik

8.1.1 Theoretischer Hintergrund

In der (fach-)didaktischen Forschung herrscht Einigkeit darüber, dass Diagnose- und Förderkompetenzen einer Lehrkraft einen hohen Stellenwert für erfolgreiches Lehrerhandeln und den Lernerfolg der Schülerinnen und Schüler haben (u. a. Hußmann & Selter, 2013; vgl. Hößle et al., 2017). Umso wichtiger erscheint es daher, den Aufbau von Diagnose- und Förderkompetenzen bereits im Rahmen der Ausbildung angehender Lehrkräfte anzustreben, universitäre Lehre aber auch an die Kompetenzen der Studierenden anzupassen, also selbst Diagnose und Förderung zu betreiben (u. a. v. Aufschnaiter, 2007). In Anlehnung an Weinert (2000) wird diagnostische Kompetenz typischerweise beschrieben als

> „ein Bündel von Fähigkeiten, um den Kenntnisstand, die Lernfortschritte und die Leistungsprobleme der einzelnen Schüler sowie die Schwierigkeiten verschiedener Lernaufgaben im Unterricht fortlaufend beurteilen zu können, sodass das didaktische Handeln auf diagnostischen Einsichten aufgebaut werden kann." (Weinert, 2000, S. 14)

Mit dem Fokus auf die Kompetenz von Schülerinnen und Schülern und deren Entwicklung einerseits (u. a. Ingenkamp & Lissmann, 2008) sowie auf die Wirkung von Aufgaben andererseits (u. a. Krauss et al., 2008), kann Diagnostik als eine spezifische Teilmenge unterrichtsbezogener Analysen aufgefasst werden. Damit ist u. a. der Versuch verbunden, genauer zu verstehen, was bestimmte Vorstellungen der Schülerinnen und Schüler kennzeichnet und begründet, um Anhaltspunkte für die (individuelle) Förderung der Lernenden zu erhalten (u. a. Rogalla & Vogt, 2008). Deshalb sollte ein Theorierahmen zur Diagnostik nicht alleine auf Aspekte der Diagnosegenauigkeit (z. B. Spinath, 2005) beschränkt werden, sondern vor allem auf facettenreiche und deutungsintensive Diagnosen ausgerichtet sein (Abs, 2007).

Im Rahmen des Projektes haben wir eine Operationalisierung diagnostischer Aktivitäten vorgenommen und dabei fünf charakteristische Komponenten des Diagnoseprozesses identifiziert (vgl. Abb. 8.1). Den Ausgangspunkt nimmt eine Diagnostik im Zugriff auf geeignete Daten (1), die vor dem Hintergrund einer diagnostischen Frage erhoben werden oder bereits vorliegen, z. B. als Aufgabenlösungen oder Videos mit Transkripten. Weitere Komponenten umfassen (2) die Beschreibung (förder-) relevanter Beobachtungen, (3) deren differenzierte Deutung unter Einbezug von theoretischen Elementen und Kriterien sowie (4) die Suche nach möglichen Ursachen und Erklärun-

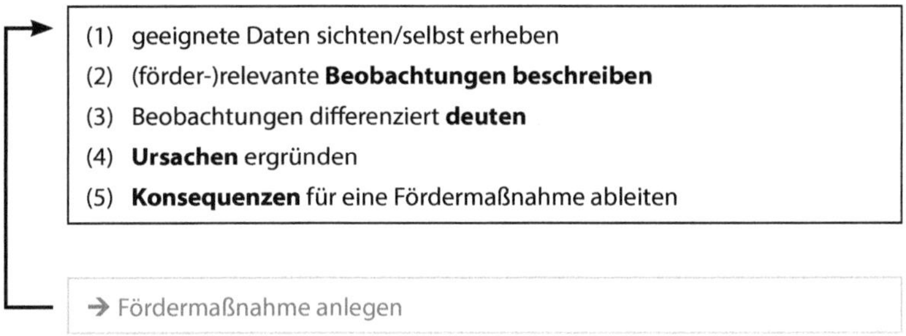

> (1) geeignete Daten sichten/selbst erheben
> (2) (förder-)relevante **Beobachtungen beschreiben**
> (3) Beobachtungen differenziert **deuten**
> (4) **Ursachen** ergründen
> (5) **Konsequenzen** für eine Fördermaßnahme ableiten

→ Fördermaßnahme anlegen

Abb. 8.1:   Komponenten des Diagnoseprozesses

gen für das gedeutete Verhalten. Letztere bilden dabei einen erheblichen Gewinn für die Diagnostik, da sie zu einer intensiveren Auseinandersetzung mit dem Denken und Handeln der Schülerinnen und Schüler und einer positiveren Einstellung gegenüber den Lernenden führen können. Aus der Vielzahl möglicher Beobachtungen, Deutungen und denkbarer Ursachen können dann begründet und gezielt (5) Konsequenzen formuliert und ggf. gegeneinander abwogen werden, die einen Ausgangspunkt für die Konstruktion künftiger Lernangebote bilden und damit konkrete Anhaltspunkte für den Entwurf anschließender Fördermaßnahmen liefern.

Obwohl die Aufzählung der Komponenten auf einen linearen Ablauf hindeutet, ist eine solche Abfolge aus unserer Sicht kein Strukturmerkmal einer Diagnostik. Diagnostik sollte sich vielmehr in der Einnahme vielfältiger Perspektiven und den Fokus auf unterschiedliche Kriterien in einem iterativen Prozess vollziehen, der zu alternativen Deutungen und Konsequenzen führt. Durch das Überprüfen der Wirkung einer (abgeleiteten) Fördermaßnahme ist der Prozess zudem zyklisch zu verstehen (vgl. entsprechende Überlegungen im Prozessmodell von Klug et al., 2013), die Förderabsicht ist zugleich Ziel und möglicher Ausgangspunkt einer (erneuten) Diagnostik.

Die von uns beschriebenen Komponenten (1) – (5) in Abbildung 1 zeigen deutliche Gemeinsamkeiten mit Forschungsarbeiten zum „formative assessment" (u.a. Kang & Anderson, 2015; Ruiz-Primo & Furtak, 2007). Hier wird häufig von „elicit" als erste Komponente gesprochen, was in unserem Modell der Komponente (1) im Sinne einer planvollen Erhebung oder „Hervorlockung" relevanter Beobachtungen und der Komponente (2) entspricht. Unsere Komponenten (3) und (4) entsprechen dem „interpret", die Komponente (5) lässt sich zumindest in Teilen (ohne die konkrete Ableitung von Fördermaßnahmen bzw. eines Feedbacks) dem „respond" zuordnen. Gerade mit der Begrifflichkeit des „elicit" wird zudem deutlich, dass die Beschreibung von Beobachtungen insofern nicht deutungsfrei ist, als dass mit ihr zwar nicht zwingend, aber doch häufig ein bereits vorher eingenommener Fokus auf einen bestimmten Aspekt einhergeht, auch dann, wenn die Daten nicht selbst unter einer diagnostischen Frage generiert wurden. Die „Auslagerung" der Ableitung von Fördermaßnahmen aus der Diagnostik scheint im Vergleich mit der Überlegungen zum „formative assessment" ein eher für den deutschsprachigen Raum typischer Zugang zu sein, der aber gerade für die erste Phase der Lehrerbildung insofern nützlich ist, als dass nicht jede Diagnostik zwingend zur Konzeption einer spezifischen Förderung führen muss, die immer etwas „künstliches" hat, wenn sie nicht in einer realen Praxisbegegnung entfaltet werden kann. Studierende könnten zudem mit der Komplexität des Wechselspiels von Diagnostik *und* Förderung (zunächst) überfordert sein, sodass es hilfreich sein mag, sich auf das eine oder das andere zu beschränken.

8.1.2 Konzeption von und Abstimmung zwischen den Lehrveranstaltungen

Das Projekt untersucht explorativ den Aufbau diagnostischer Kompetenz angehender Lehrkräfte anhand zweier bestehender Lehrveranstaltungen im Lehramtsstudium Mathematik und Physik an der Justus-Liebig-Universität Gießen. Die in Abbildung 8.1 vorgestellte Operationalisierung des Diagnoseprozesses wird dabei als gemeinsamer Rahmen genutzt. Die einzelnen Komponenten werden den Studierenden vorgestellt und erläutert, um sie bei der Strukturierung ihrer Diagnostik zu unterstützen. Sie dienen außerdem zur Gliederung der Arbeitsaufträge, die die Studierenden teilweise entlang der Komponenten anleiten oder auch einen Schwerpunkt auf einzelne Komponenten legen. Methodisch zeichnen sich beide Veranstaltungen dadurch aus, dass sie, wie unter anderem von van Es und Sherin (2008) vorgeschlagen, Videodaten von Schülerinnen und Schülern als Stimulus nutzen, um die Studierenden für die Relevanz von Diagnostik und eine auf die Schülerinnen und Schüler und deren Heterogenität gerichtete Perspektive zu sensibilisieren sowie Zugänge zu einer kriteriengeleiteten Diagnostik aufzubauen. Dazu werden verschiedene Kriterien zur Analyse von Lehr-/Lernprozessen thematisiert und von den Studierenden bei der Bearbeitung diagnostischer Aufgaben eingesetzt. Die Kriterien werden zudem genutzt, um Unterschiede zwischen Schülerinnen und Schülern bei der Bearbeitung fachlicher Aufgaben herauszukristallisieren. Der Einsatz von Videovignetten bietet dabei den Vorteil, unterrichtsgetreue und realitätsnahe Situationen in ihrer Gesamtheit und Mehrdeutigkeit abzubilden, deren Komplexität aber gleichzeitig durch die Möglichkeit einer wiederholten Betrachtung zu reduzieren und differenzierte Analysen zu fördern (u.a. Möller & Steffensky, 2016), sodass im Sinne einer adressatengerechten Einbettung der Videoanalysen die kognitive und emotional-motivationale Beteiligung der Studierenden erhöht werden kann. Der Fokus der Kurse richtet sich damit auf die Projektschwerpunkte *Sensibilisierung für Heterogenität* und *Entwicklung von Diagnose- und Förderkompetenz* (vgl. Selter, Hußmann, Hößle, Knipping, Lengnink & Michaelis, 2017). Aufgrund der unterschiedlichen Positionierung der Kurse im Studienverlauf (Physik im 3. bzw. 5. Fachsemester, Mathematik ein Jahr später im 5. bzw. 7. Fachsemester; HR/GY) und der im Lehramt Physik häufig gewählten Fächerkombination mit Mathematik ergibt sich für eine kleine Gruppe Studierender die Option, die Veranstaltungen aufeinanderfolgend zu durchlaufen (18 Studierende in zwei Durchgängen), was eine längsschnittliche Betrachtung ermöglicht.

Trotz des gemeinsam genutzten Rahmens (Abb. 8.1) und der Nutzung von Videos aus Lehr-/Lernsituationen, gibt es zwei zentrale Aspekte, in denen sich die beiden Kurse voneinander unterscheiden: (1) die Gewichtung von Diagnose und Förderung sowie (2) der Gegenstand der Videoanalysen und die Beteiligung der Studierenden an den Videos (vgl. Tab. 8.1).

Tab. 8.1:   Struktur der Veranstaltungen

PHYSIK	MATHEMATIK
Theorie zur Diagnostik	Planung einer förderorientierten und differenzierenden Lernumgebung

Videoanalysen:
Aufbau und Nutzung diagnostischer Kriterien
 	
Gegenstand der Videos:
- 2–3 Schülerinnen und Schüler,
- Bearbeitung einer Lernaufgabe
  ohne Lehrkraft
- verschiedene physikalische Themenfelder
	Durchführung der Lernumgebung
	(Aufzeichnung auf Video)
	
	Gegenstand der Videos:
	- 4–6 Schülerinnen und Schüler
	- Bearbeitung von Lernaufgaben
	  mit einer/einem Studierenden als Lehrkraft
	- Stochastik

Anbahnung von Konsequenzen für Förderung	Videoanalyse der Lernumgebungen: Aufbau und Nutzung diagnostischer Kriterien

(1) – Gewichtung von Diagnose und Förderung:

Im Zentrum der physikdidaktischen Veranstaltung steht die Diagnostik. Nach einer ersten, beispielgebundenen Einführung verschiedener Diagnosearten (v. Aufschnaiter et al., 2015) und der Vorstellung der im Projekt zugrundegelegten Modellierung für den Diagnoseprozess (Abb. 8.1) folgt die Erarbeitung und Anwendung spezifischer diagnostischer Kriterien. Sie dienen als inhaltlicher Zugang zu den dargestellten Lehr-/Lernsituationen und werden in einem iterativen Prozess entwickelt, angewendet, vertieft und erweitert. Dazu gehört neben der Einschätzung (1) der fachlichen Angemessenheit der Ideen der Schülerinnen und Schüler auch die Erfassung des (2) Konzeptualisierungsniveaus und des (3) Erfahrungsbezugs (v. Aufschnaiter & Rogge, 2010) sowie die Analyse von (4) Erlebensdynamiken. Alle vier Kriterien weisen einen engen fachlichen Bezug auf bzw. müssen vor dem Hintergrund fachbezogener Überlegungen und Kenntnisse fachspezifischer Befundlagen auf die Daten bezogen werden. Es wird auch über das Auftreten von Sozialdynamiken gesprochen, aber darauf hingewiesen, dass es sich dabei nicht im Kern um fachdidaktische Aspekte handelt und deshalb keine umfassende Lerngelegenheit dazu erfolgt. Gegen Ende des Kurses werden die Studierenden vermehrt dazu angeleitet, die gewonnenen Erkenntnisse über das Lernen der Schülerinnen und Schüler im Sinne der mit der Diagnostik verbundenen Förderabsicht zur Formulierung begründeter Konsequenzen für nachfolgenden Unterricht zu nutzen.

Im Gegensatz zum Vorgehen in der Physikdidaktik fokussiert die mathematikdidaktische Veranstaltung von Anfang an stärker auf die Förderung. Ziel des Kurses ist es, eine differenzierende Lernumgebung für eine bestimmte Klasse zu planen, diese als Lehrkraft selbst umzusetzen und anschließend zu analysieren. Dabei spielt aber sowohl im Vorfeld der Planung als auch bei der Analyse der Wirkung der Lernumgebung Diagnostik eine zentrale Rolle. Im Vorfeld der Planung werden zum einen gemeinsam Videodaten aus vorangegangenen Durchgängen zu einer inhaltlich ähnlichen Lernumgebung gesichtet, um die Studierenden für typische Schülervorstellungen und die Sprache der Lernenden zu sensibilisieren. Zum anderen besuchen die Studierenden ihre spätere Klasse vorab und führen im Sinne einer Statusdiagnostik eine selbstentwickelte Lernstandserhebung zum geplanten Unterrichtsinhalt durch. Die so gewonnenen Erkenntnisse über die Schülerinnen und Schüler sollen dann im Sinne einer adaptiven Unterrichtsgestaltung in die Planung der drei- bis vierstündigen Lernumgebung für die LernWerkstatt einfließen. Um die Wirkung dieser auf die Besuchsklasse abgestimmten, spezifischen Förderung in den Blick zu nehmen, wird die Durchführung des Unterrichts videographiert und im letzten Drittel des Kurses selbst zum Gegenstand einer kriteriengeleiteten Diagnostik. Sie fokussiert neben dem Abgleich von normativen Grundvorstellungen mit vorliegenden Schülervorstellungen auf die fachliche Angemessenheit, eine Stufung im Begriffslernen, Erlebensqualitäten, die soziale Interaktion im Klassenraum sowie auf die Erfassung unterschiedlicher Sprachregister bei den Schülerinnen und Schülern und weist damit inhaltliche und strukturelle Parallelen zu den Kriterien der Physikdidaktik auf, sodass sich auch an dieser Stelle wechselseitig Querbezüge herstellen lassen.

(2) – Gegenstand der Videoanalysen und Beteiligung der Studierenden:

Beide Veranstaltungen nutzen Videovignetten, die auf die Schülerperspektive fokussieren, setzen allerdings unterschiedliche Schwerpunkte im Rahmen dieser Fokussierung. In der Physikdidaktik repräsentieren die Videodaten reale Vignetten (vgl. v. Aufschnaiter et al., 2017), in denen zu Beginn des Kurses zunächst einzelne Lernende in Interviewsituationen betrachtet werden. Im weiteren Verlauf des Kurses werden überwiegend Videos genutzt, in denen Schülergruppen von 2–3 Schülerinnen und Schülern ohne Anwesenheit einer Lehrkraft physikbezogene Lernaufgaben bearbeiten und gemeinsam diskutieren. Gegen Ende des Kurses wird dieser Fokus durch eine Vignette mit Beteiligung einer Lehrkraft erweitert. Da alle Vignetten bereits im Vorfeld des Kurses erhoben wurden, liegen immer auch Transkripte vor und werden von den Studierenden bei der Analyse mit genutzt. In der Mathematikdidaktik sind die Studierenden meist selbst als Lehrkräfte an den videographierten Lehr-/Lernprozessen beteiligt. Sie analysieren anhand realer eigener Vignetten (vgl. v. Aufschnaiter et al., 2017) die Wirkung ihrer Lernangebote und ihres Lehrerverhaltens auf Kleingruppen von 4–6 Schülerinnen und Schüler. Da in diesem Fall die Videos erst während der Veranstaltung erhoben werden, liegen üblicherweise keine Transkripte vor. Insbesondere der Kontrast zwischen Videos ohne Anwesenheit einer Lehrkraft (Physikdidaktik) und Videos mit Anwesenheit einer Lehrkraft (typischerweise die Studierenden selbst, vor allem Mathematikdidaktik) unterscheidet sich von der üblichen Kontrastierung von eigenem vs. fremden Unterricht (z. B. Seidel et al., 2011 und Kleinknecht & Schneider, 2013). Ein solcher Kontrast kann erste Hinweise darauf liefern, ob die Anwesenheit einer Lehrkraft von einem auf Diagnostik gerichteten Zugang „ablenkt".

Im physikdidaktischen Kurs analysieren die Studierenden in rund 65 Prozent der Sitzungen Videos, die inhaltlich den physikalischen Themenfeldern Kräfte und Bewegungen (inkl. Pendel), elektrische Stromkreise und Wärmeübertragung zuzuordnen sind. Im mathematikdidaktischen Kurs füllen die Videoanalysen ca. 50 Prozent der Zeit, allerdings beschränken sie sich aufgrund der Ausrichtung auf die Planung und Durchführung einer förderorientierten Lernumgebung auf das Themengebiet der Stochastik.

Um das Potential der Videoanalysen als Lernangebot *für* Studierende etwas deutlicher zu veranschaulichen, zeigen Kasten 1 und 2 für jeden der beiden Kurse einen exemplarischen Arbeitsauftrag, der im Rahmen der videographierten Videoanalysen eingesetzt wurde.

Arbeitsauftrag Physik

Gegenstand der Analyse: Schülerinterviews zur Erfassung von deren Vorstellungen zu Kräften bei Bewegungen (Vorbereitung auf nachfolgende, auch mit Blick auf Heterogenität vergleichende, Diskussion im Kurs)

1. Welches Verständnis von Kraft können Sie anhand der Aussagen (und des Verhaltens) der Schülerin/des Schülers rekonstruieren? **(B/D)**

2. Gibt es Fragen, die Sie stellen könnten/müssten, um das Verständnis besser rekonstruieren zu können? **(D)**

3. Was könnten Gründe dafür sein, dass der/die Schüler/in bestimmte physikalische Ideen (noch nicht) verstanden hat? **(U)**

4. Was müsste der/die Schüler/in besser verstehen? Beschreiben Sie so genau wie möglich! **(K)**

Kasten 1:   Exemplarischer Arbeitsauftrag für die Videoanalysen in Physik; (S) Sichten der Daten, (B/D) Beobachtungen und Deutungen, (U) Ursachenforschungen, (K) Formulierung von Konsequenzen

---

Arbeitsauftrag Mathematik

Gegenstand der Analyse: eigene Unterrichtssequenz aus der LernWerkstatt

1. Schauen Sie die Videos zunächst basierend auf Ihren Erinnerungen aus dem LernWerkstatt-Vormittag an. Suchen Sie einige (ca. 3) interessante Stellen aus, die Sie unter dem Schwerpunkt „Diagnose und Förderung" im Folgenden analysieren wollen. **(S)** Achten Sie dabei auf
   - die Schülervorstellungen,
   - Kompetenzentwicklung,
   - Lernschwierigkeiten und Lernmöglichkeiten (wie etwa Sprache) und
   - die Heterogenität in der Gruppe.

   Sie dürfen sich auch Notizen zu Ihrem Verhalten und Ihrer Interaktion sowie zu Ihren Lernanlässen und Arbeitsmaterialien machen. Der Schwerpunkt soll aber auf dem Lernen der SuS liegen.

2. Suchen Sie sich nun einen Schwerpunkt von a) bis c) aus und notieren Sie Ihre Beobachtungen.
   a) Welche Schülervorstellungen zeigen sich im Verlauf des Vormittags? Inwiefern passen diese zu den fachlich intendierten Grundvorstellungen? Geben Sie Beispiele an und beschreiben Sie diese mit fachdidaktischem Vokabular. **(B/D)**
   b) Welche inhaltlichen und allgemein mathematischen Kompetenzen bauen die SuS im Verlauf des Vormittags auf? Woran machen Sie das im Einzelnen fest? Entspricht das den von Ihnen im Vorfeld formulierten Kompetenzerwartungen? **(B/D)**
   c) Welche Lernschwierigkeiten und welche gelungenen Lernmöglichkeiten gab es im Verlauf des Vormittags? Nennen Sie Beispiele. **(B/D)** Worin bestanden die Schwierigkeiten und wie könnten sie zustande gekommen sein? **(U)** Wieso sind bestimmte Lernmöglichkeiten gelungen? Hier würde auch die Sprache der Lernenden ihren Platz finden.

3. Nehmen Sie nun einen übergreifenden Blick in Bezug auf die Heterogenität der SuS ein.
   a) Worin zeigt sich die Heterogenität? Geben Sie Merkmale an. **(B/D)**
   b) Beschreiben Sie anhand einer Videosequenz (können auch mehrere Stücke sein), welche Unterschiede sich in Bezug auf das fachliche Lernen bei den Kindern zeigen. **(B/D)**
   c) Welche Ansatzpunkte ergeben sich daraus für eine weitere Förderung? Erläutern und begründen Sie Ihre Ansätze fachdidaktisch. **(K)**

Kasten 2:   Exemplarischer Arbeitsauftrag für die Videoanalysen in Mathematik; (S) Sichten der Daten, (B/D) Beobachtungen und Deutungen, (U) Ursachenforschungen, (K) Formulierung von Konsequenzen; SuS: Schülerinnen und Schüler

Kasten 1 und 2 stellen fokussierte Aufgaben zu einer realen fremden (Physik) bzw. realen eigenen (Mathematik) Vignette dar (vgl. v. Aufschnaiter et al., 2017). Sie betonen den kriteriengeleiteten Zugang sowie den Fokus auf das Denken und Handeln der Schülerinnen und Schüler als zentraler Gegenstand der Diagnostik und greifen, wie in Kasten 1 und 2 beispielhaft hervorgehoben, auf die in Abbildung 8.1 vorgestellte Modellierung des Diagnoseprozesses zurück: (1) Sichten der Daten, (2, 3) Deutungen sowie diese stützende Beobachtungen, (4) Ursachenforschungen und (5) Formulierung von Konsequenzen. Daraus ergeben sich drei zentrale inhaltliche Dimensionen, die nicht nur zur Strukturierung der Arbeitsaufträge, sondern auf übergeordneter Ebene auch zur Operationalisierung und Beschreibung der diagnostischen Kompetenz der Studierenden und deren Entwicklung genutzt werden können (vgl. Abb. 8.3): Auf welche Komponenten des Diagnoseprozesses greifen die Studierenden zurück, welchen Fokus nehmen sie ein und welche Kriterien werden für die Analyse genutzt (Beobachterrekonstruktion) bzw. vom Studierenden expliziert?

8.2 Diagnose und Förderung *an* Studierenden - Verfahren zur Erfassung diagnostischer Kompetenz

Im Rahmen des Projektes wurden verschiedene Verfahren genutzt, um die Entwicklung der Diagnose- und Förderkompetenz und das Erleben der Studierenden zu erfassen (videographierte Videoanalysen, schriftliche Transkriptanalysen, schriftliche Relevanz- und Selbsteinschätzung, audiographierte Interviews/schriftliche Befragungen zum Erleben der Kurse). Bevor die Verfahren und darin eingesetzte Instrumente im Folgenden im Detail vorgestellt werden, wird in Abbildung 8.2 ein Überblick über deren Einsatz und zeitliche Abfolge in den beiden Seminaren gegeben.

Die vier Zugänge weisen vor dem Hintergrund der Kooperation in den beiden Veranstaltungen zwei Besonderheiten auf. Zum einen wurden in beiden Veranstaltungen die gleichen Instrumente eingesetzt, auch wenn die Einbettung fachspezifisch erfolgte. Bei der fachbezogenen Ausgestaltung wurde versucht, die Instrumente so weit wie möglich zu parallelisieren (z. B. durch modifizierte Vignetten mit gleichen Merkmalen), um eine gute Vergleichbarkeit der Daten zu gewährleisten. Zum anderen erlaubt die Abfolge der Instrumente neben der Vielzahl an Messzeitpunkten insbesondere für die schriftlichen Transkriptanalysen und die Fragebögen zur Relevanz- und Selbsteinschätzung einen prä-post-Vergleich bezüglich jeder Veranstaltung, aber auch über die beiden Veranstaltungen hinweg, sodass eine Veränderungsdiagnostik möglich ist (v. Aufschnaiter et al., 2015).

8.2.1 Schriftliche Transkriptanalysen

Zu Beginn und am Ende jeder Veranstaltung wurden die Studierenden aufgefordert, im Sinne einer Kompetenzmessung in Einzelarbeit schriftlich eine Transkriptvignette zu bearbeiten. Es handelt sich dabei jeweils um eine modifizierte Vignette (vgl. v. Aufschnaiter et al., 2017) im Gesamtumfang von einer Seite (Auszüge in Kasten 3), die einen fach-

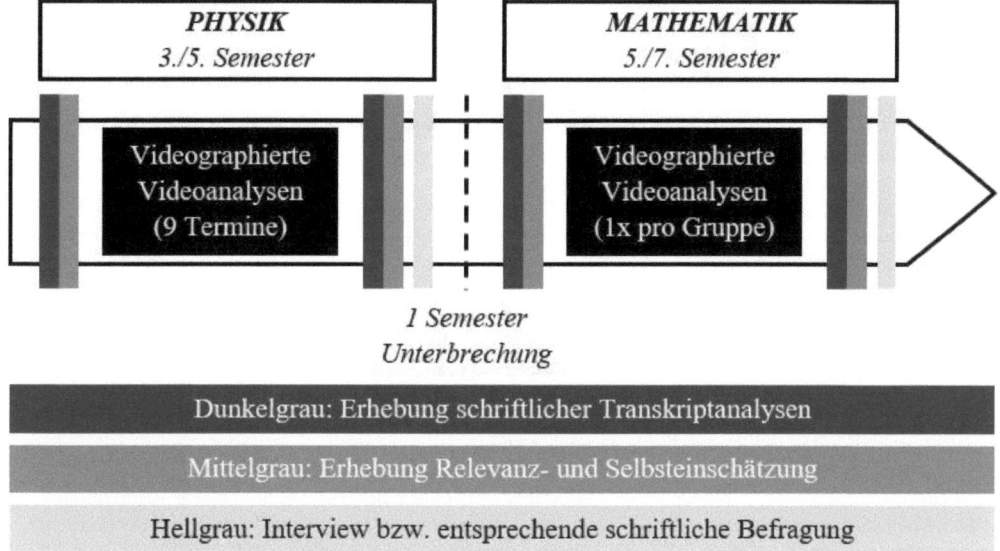

Abb. 8.2: Erhebungsinstrumente und deren zeitliche Abfolge

spezifischen Diskurs einer kleinen Schülergruppe (4–6 Schülerinnen und Schüler) mit einer Lehrkraft dokumentiert. In Physik geht es in den Diskursen um das dritte Newtonsche Axiom aus der Mechanik, in Mathematik um das Beschreiben von Körpern und Figuren aus der Geometrie. Um im Rahmen des prä-post-Einsatzes der beiden Tests Wiederholungseffekte zu vermeiden, wurde nicht zwei Mal dieselbe Vignette eingesetzt, sondern für den zweiten Einsatz auf den Diskurs zu einer leicht abgewandelten Situation zurückgegriffen.

Alle vier eingesetzten Transkriptvignetten wurden gezielt entlang der in den Veranstaltungen thematisierten Kriterien modifiziert. Neben der Erfassung der unterschiedlich ausgeprägten Angemessenheit fachlicher Vorstellungen konnten die Studierenden unterschiedliche Konzeptualisierungs- oder Verständnisstufen, das Erleben der Schülerinnen und Schüler sowie soziale Aushandlungsprozesse diagnostizieren und diese nutzen, um die Heterogenität der Lernenden zu beschreiben. Um die unterschiedlichen Zugänge von Studierenden zu einer Diagnostik zu erfassen, wurde zu Beginn der Analyse ein offener Arbeitsauftrag formuliert. Die Studierenden sollten notieren, was ihnen am Bearbeitungsprozess der Schülerinnen und Schüler auffällt. Nach einer Bearbeitungszeit von ca. 15 Minuten erhielten die Studierenden in jeder Messung einen inhaltlichen Impuls, der sie einerseits daran „erinnerte", aus welchen Schritten sich eine Diagnostik zusammensetzt und ihnen andererseits einen möglichen förderrelevanten Aspekt aus einer vorangegangenen Veranstaltungen nannte, der betrachtet werden konnte (fachliche Angemessenheit und Schülervorstellungen in Physik, Stufen des Begriffslernens in Mathematik). Um die Bearbeitung in beiden Abschnitten unterscheiden zu können, haben die Studierenden eine andere Stiftfarbe für die Weiterarbeit benutzt (zunächst immer

Physik, Eingangsbefragung, Zeilen 56-69	
Eine Gruppe von 6 SuS der 8. Klasse diskutiert mit einer Lehrkraft über folgende Fragestellung zu zwei miteinander kollidierenden Fahrzeugen: Wenn ein kleines Auto mit einem massiven LKW frontal zusammenstößt, welches Fahrzeug erfährt die größere Kraft? Welches Fahrzeug erfährt die größere Beschleunigung?	S3: Oh, ich hab's! Es wär das gleiche ..?.. [unverständlich]. Sie ham die gleiche Kraft. L: Würden sie die gleiche Kraft erfahren? S2: Ja. S1: Nee, wie'n das? S6: Man, weil halt! Kannste unserm Brain hier schon glauben! S4: Aber die ham doch andere Massen! $F=m*a$, also F unterschiedlich. S5: Raff ich net. (zu S2 und S3:) Könnt ihr's mir nochmal erklären? Warum sind die Kräfte gleich groß? S2: (zu S5:) Wegen Newton 3: bei zwei Körpern, die üben immer wechselseitig Kräfte aufeinander aus. S5: Ach so.
Mathematik, Abschlussbefragung, Zeilen 44-52 und 58-69	
Eine Gruppe aus 3 SuS der 5. Klasse sitzt gemeinsam mit einer Betreuerin an einer Stationsarbeit. Auf dem Tisch liegen Säckchen, in denen jeweils eine ebene Pappfigur ist. Die Kinder sind abwechselnd an der Reihe. Sie sollen die in den Säckchen befindlichen Pappfiguren erfühlen und ihren Mitschülern fachsprachlich beschreiben, damit sie diese benennen können. Im vorangegangenen Unterricht wurden verschiedene zweidimensionale Figuren und deren Merkmale erarbeitet und auf Plakaten zusammengestellt.	L: So, was ist jetzt euer Ergebnis? Was habt ihr herausgefunden, was der Unterschied zwischen dem Drachen und der Raute ist? S2: Also bei der Raute sind alle Seiten gleich lang. S1: Ja und beim Drachen sind die zwei gegenüberliegenden gleich. S2: Und bei der Raute sind die auch immer parallel (zeigt am Drachen auf die gegenüberliegenden Seiten). [...] S3: Ja, jetzt bin ich dran! (greift sich ein neues Säckchen) Mh, ich weiß nicht. S1: Lass mich mal! (greift mit in das Säckchen, an S2 gerichtet) Also, wenn du ein Dreieck verdoppelst. Was dann da rauskommt. S2: Hm	 S1: Du hast, grad vorhin ham wir das gesagt. S2: Raute. S1: Ja (holt eine Raute aus dem Säckchen). S3: Aber guck mal, wenn das so liegt (dreht es von der Spitze auf eine Kante), dann sieht das aus wie ein Parallelogramm!

Kasten 3: Auszüge der eingesetzten Transkriptvignetten; SuS: Schülerinnen und Schüler

blau, anschließend immer rot). Dieses zweischrittige Vorgehen schließt den zunächst offenen Arbeitsauftrag und erwirkt eine Fokussierung, die jedoch auch nachteilig sein kann: Sie kann dazu führen, dass die Studierenden die im Transkript abgebildete Heterogenität der Schülerinnen und Schüler in Bezug auf die fachlichen Vorkenntnisse bzw. die Stufung im Begriffslernen zwar erfassen, gleichzeitig aber „übersehen", dass auch in Bezug auf die soziale Dynamik und das Erleben eigener Fähigkeiten förderrelevante Aspekte im Transkript enthalten sind, die unter Umständen sogar zusammenwirken. Auf dieses Dilemma wurden die Studierenden im Anschluss an die Diagnostik nochmal ausdrücklich hingewiesen. Die Analyse wurde nach insgesamt 25 Minuten beendet und die von den Studierenden kommentierten Vignetten zur Aufbewahrung und Auswertung eingesammelt. Letztere erfolgt kategorienbasiert im Sinne einer qualitativen Inhaltsanalyse nach Mayring (2010). Dabei wird sowohl für die Analysen der von den Studierenden bearbeiteten Transkripte als auch für die videographierten Analysen (vgl. 8.2.2) auf ein gemeinsames Kategoriensystem zurückgegriffen.

Neben der soeben beschriebenen Testfunktion der schriftlichen Transkriptanalysen kommt ihrem Einsatz gleichzeitig ein gewisses Potential als ergänzende Lerngelegenheit für Studierende zu. Durch die vielfältigen förderrelevanten Aspekte, die in die Transkriptvignetten eingebaut wurden, bilden sie in unterschiedlichen Facetten Heterogenität der Schülerinnen und Schüler ab, sodass sie trotz Testcharakter ganz im Sinne des Projekttitels als Lerngelegenheiten zur Sensibilisierung für heterogene Lerngruppen genutzt werden können. Doch auch der Analyseprozess selbst kann mithilfe der schriftlichen Transkriptanalysen in den Fokus gerückt werden. In der physikdidaktischen Veranstaltung wurde beispielsweise nach ungefähr zwei Drittel des Kurses die eingesammelte Bearbeitung der ersten Transkriptvignette ausgeteilt, um bei den Studierenden die eigene Analyse zum Gegenstand der Betrachtungen zu machen. Die Vignette, die damit von einer modifizierten, fremden Vignette in eine reale, eigene Vignette überging (vgl. v. Aufschnaiter et al., 2017), sollte sie dazu anregen, ihren eigenen Lernprozess zur Nutzung von diagnostischen Kriterien zu hinterfragen und einen Kompetenzzuwachs in Bezug auf Diagnostik wahrzunehmen, dabei ggf. aber auch sensibel für Beschränkungen einer stark auf festgesetzten Kriterien basierenden Diagnostik zu werden. In Gruppen mit einem vertrauensvollen und fehlertolerantem Klima könnte der Arbeitsauftrag sogar noch insofern erweitert werden, als dass die Studierenden aufgefordert werden, ihre unterschiedlichen Zugänge zur Transkriptvignette zu vergleichen, um nicht nur die Heterogenität der Schülerinnen und Schüler zu diskutieren, sondern auch die ihrer eigenen Zugänge.

8.2.2 Videographierte Analysen von Videodaten aus Lehr-/Lernsituationen

Die durchgehende Aufzeichnung der Studierenden während der Bearbeitung diagnostischer Aufgaben ist ein wesentliches Element des Projektes. Sie soll vertiefte Einblicke in die Zugänge der Studierenden zur Diagnostik und Förderung ermöglichen: das Projekt liefert Daten, die uns differenzierte Diagnosen der Studierenden erlauben und damit erweiterte Einblicke in vorhandene Diagnose- und Förderkompetenzen und Prozesse des Kompetenzaufbaus gewähren. Dies ist nur selten in dieser Breite in der Lehrerbildungsforschung zu finden.

Für die Auswertung der videographierten Videoanalysen wurden zunächst Transkriptionen der studentischen Diskurse angefertigt, die anschließend, wie schon bei den schriftlichen Transkriptanalysen skizziert, kategorienbasiert ausgewertet werden. Dazu wurde für beide Instrumente ein gemeinsames Kategoriensystem entwickelt, das zur Beschreibung diagnostischer Tätigkeiten auf die Theorieelemente der Veranstaltungen zurückgreift, indem es die Komponenten des Diagnoseprozesses, den Fokus und die inhaltsbezogenen Kriterien der Lehrveranstaltungen differenziert (vgl. Abb. 8.3). Diese Auswertung ermöglicht Einblicke in die Vielfalt, Differenziertheit und Tiefe diagnostischer Zugänge, die die Studierenden bei der Analyse von Lehr-/Lernsituationen wählen und kann entlang der zahlreichen Messzeitpunkte im Sinne einer Verlaufsdiagnostik (v. Aufschnaiter et al., 2015) Hinweise zur Entwicklung diagnostischer Kompetenz sowie zur Wirkung der Lerngelegenheiten liefern.

Kategorie I: Komponenten des Diagnoseprozesses	Kategorie II: Fokus diagn. Aussage bezieht sich auf…
– Beschreibung einer Beobachtung – Deutung – Ursachenforschung – Konsequenzen	– Verhalten und/oder Kompetenzen der Lernenden – Verhalten und/oder Kompetenzen der Lehrkraft – Material/Instruktion

Kategorie III: Kriterien
diagn. Aussage betrachtet…

– *fachinhaltlich orientierte Aspekte:*
Angemessenheit/Anschlussfähigkeit von Vorstellungen,
Kenntnissen und Konzepten (Verständnis des Sachverhaltes);
Passung fachlicher Anforderungen; Fachsprache
– *(fach)didaktisch orientierte Aspekte:*
fachspezifische Lernverläufe (Konzeptualisierungsniveaus,
Stufen des Begriffslernens, Erfahrungsbezug); didaktische
Strukturierung der Lehr-/Lernsituation (Reihung, inhaltliche
Breite); Methodik (Unterrichtsmethode, Sozialform,
Arbeitsform, zeitliche Strukturierung)
– *motivationale Aspekte:*
Erleben; Interesse; Mitarbeit
– *soziale Aspekte:*
soziale Interaktion; Gesprächsstruktur
– *übergeordnete Faktoren:*
allgemeine kognitive Merkmale (Lese-, Schreib- und
Kommunikationskompetenz); Organisation der Arbeitsabläufe

+ Heterogenität innerhalb dieser Aspekte

Abb. 8.3: Auszug des entwickelten Kategoriensystems

8.2.3 Fragebögen zur Relevanz- und Fähigkeitsselbsteinschätzung

Wenn es, wie in Kapitel 8.1.1 geschildert, darum geht, die Entwicklung von Diagnose- und Förderkompetenz zu beschreiben, müssen in Anlehnung an den von Weinert geprägten Kompetenzbegriff (2001, S. 27) neben der kognitiven Komponente (inhaltliche und didaktisch-methodische Fähigkeiten und Fertigkeiten zum Erstellen einer Diagnostik mit anschließender Förderung) auch affektive Aspekte berücksichtigt werden. Zur Erfassung entsprechender volitionaler und motivationaler Komponenten wurde im Rahmen des Projektes ein Fragebogen entwickelt, der bei den Studierenden die Wahrnehmung der Relevanz des Lernangebots *Diagnose und Förderung* erhebt (Relevanzeinschätzung; vgl. Tab. 8.2, RE). Außerdem wurde in Ergänzung zu der aus den schriftlichen Transkriptanalysen und den videographierten Analysen resultierenden Fremdeinschätzung (vgl. 8.2.1 und 8.2.2) mithilfe eines zweiten Fragebogens erfasst, welche Kompetenzen sich die Studierenden selbst zuschreiben (subjektive Fähigkeitsselbsteinschätzung zu zentralen inhaltlichen Aspekten von Diagnose- und Förderkompetenz; vgl. Tab. 8.2, FSE). Dies ermöglicht einen Abgleich von Fremd- und Selbsteinschätzung, insbesondere im Hinblick auf die Veränderung der Kompetenz, aus dem sich ggf. Aussagen über die Wirksamkeit der beiden Kurse ableiten lassen. Darüber hinaus regt es dazu an, Zusammenhänge zwischen den Relevanzeinschätzungen und den wahrgenommenen bzw. identifizierten Fähigkeiten zu untersuchen.

Der Einsatz der Fragebögen erfolge im prä-post-Design zu Beginn und am Ende der jeweiligen Veranstaltung. Die Items, die auf einer fünfstufigen Likert-Skala von „trifft überhaupt nicht zu" bis „trifft vollständig zu" beurteilt werden konnten, wurden dabei für beide Veranstaltungen analog formuliert, enthielten häufig aber auf Schlagwortebene einen fachspezifischen Bezug.

Tab. 8.2: Auszüge der Fragebögen zur Relevanz- und Fähigkeitsselbsteinschätzung

	Skala	Beispielitem
RE	**Thematik:** Relevanz von und Interesse an Diagnostik und Förderung	Das Thema „Diagnostik" halte ich mit Blick auf mein späteres Berufsleben für besonders relevant.
	Bisherige fachdidaktische Inhalte: Relevanz bisheriger Inhalte des Studiums	Die Kenntnis themenspezifischer Grund-/Schülervorstellungen ist für mein späteres Berufsleben besonders relevant.
FSE	**Kenntnis Grundbegriffe:** Faktenwissen über Diagnostik, Heterogenität und Förderung	Ich kann erläutern, in welcher Beziehung Heterogenität, Diagnose und Förderung zueinander stehen.
	Diagnostik: Kompetenzeinschätzungen, Identifikation von Präkonzepten	Ich fühle mich zum derzeitigen Zeitpunkt kompetent, den individuellen Lernstand einzelner SuS genau beschreiben zu können.
	Kompetenzorientierung: Berücksichtigung von Lernzielen, Bildungsstandards und Interessen der SuS	Ich traue mir zu, bei einer Aufgabe zu rekonstruieren, zum Aufbau welcher in den Bildungsstandards genannten Kompetenzen sie einen Beitrag leisten soll.
	Förderung: fundierte Anbahnung von Fördermaßnahmen oder Adaptionen	Ich kann mir eine Erklärung überlegen, die einer beobachteten Lernschwierigkeit begegnet.
	Reflexion: Kritische Auseinandersetzung mit Unterricht	Ich traue mir zu, unterrichtliches Vorgehen mithilfe didaktischer Theorien kritisch zu bewerten.

Wie schon die schriftlichen Transkriptanalysen haben auch die Fragebögen neben ihrer eigentlichen Messfunktion das Potential, als Lerngelegenheit zu fungieren, indem sie die Studierenden dazu anregen, ihre eigene Kompetenzentwicklung in Bezug auf Diagnostik und Förderung zu reflektieren. Ein auf statistischen Auswertungen basierender Vergleich der prä- und post-Daten der Selbsteinschätzung (KTT und IRT) könnte Hinweise darauf liefern, in welchen Bereichen messbare Kompetenzzuwächse oder Schwierigkeiten zu erwarten sind und welche Inhalte der Kurse bzw. des Studiums insgesamt als relevant und ertragreich erlebt werden. Diese Erkenntnisse sind besonders für die Förderung an den Studierenden wichtig, da sie aufzeigen, welchen Anforderungen sich die Veranstaltungen bzw. universitäre Ausbildung im Allgemeinen noch intensiver widmen sollten.

8.2.4 Interviews

Zum Abschluss der umfassenden Erhebung war das Projekt an einer individuellen Einschätzung der Studierenden zum Ablauf und den Inhalten der beiden Veranstaltungen interessiert. Eine abschließende Befragung sollte den Studierenden die Gelegenheit zu einer veranstaltungsbezogenen Rückmeldung geben und fokussiert auf ihr Erleben im Hinblick auf die Veranstaltungen, insbesondere auf das Zusammenwirken der Kurse aus Sicht derjenigen Studierenden, die beide besucht haben. Dazu wurde ein Fragenkatalog entwickelt, der verteilt auf drei Schwerpunkte (Relevanz, Beteiligung und Lernen sowie Schwierigkeiten) die in Kapitel 8.1.2 dargestellten Charakteristika der Veranstaltungen aufgreift, indem er beispielsweise eigenen und fremden Unterricht, die Beteiligung einer Lehrkraft sowie den Einsatz von Videos und Transkripten einander gegenüberstellt (Einschätzung der Aussagen auf einer vierstufigen Likert-Skala von „trifft nicht zu" bis „trifft zu"; vgl. Tab. 8.3).

Tab. 8.3:   Auszüge des Interviewfragebogens

	Aussagen
Relevanz	Die mathematikdidaktische/physikdidaktische Veranstaltung vermittelt mir konkrete Anregungen, wie Diagnostik im Schulalltag umsetzbar ist.
	Die Analyse meines eigenen Unterrichts ist mir wichtiger als die Analyse fremden Unterrichts.
	Für die Auseinandersetzung mit dem Lernen der Schülerinnen und Schüler ist die Arbeit mit Videos und Transkripten von Lehr-/Lernsituationen besonders sinnvoll.
Beteiligung und Lernen	Ich lerne mehr aus Lehr-/Lernprozessen, die von mir geplant und durchgeführt wurden, als aus aufgezeichneten Situationen zu bereits vorhandenem Material.
	Ich lerne mehr bei der Diagnostik von Videos bzw. Transkripten, in denen eine Lehrkraft (ggf. ich selbst) beteiligt ist, als an Sequenzen ohne Lehrkraft.
	Die Arbeit mit Videos und Transkripten finde ich zu aufwändig, die Analyse von Schülerprodukten (z. B. dokumentierte Lösungen) reicht in der Regel aus.
Schwierig-keiten	Es fällt mir sehr schwer, die aus der Diagnostik gewonnenen Erkenntnisse in die Planung von Unterricht bzw. eine Förderung einfließen zu lassen.
	Das Analysieren einer Situation ohne Lehrkraft fällt mir leichter als mit Anwesenheit einer Lehrkraft.
	Es fällt mir leichter, Lehr-/Lernprozesse zu analysieren, an denen ich als Lehrkraft beteiligt war, als Prozesse ohne meine Beteiligung.

Der Fragenkatalog wurde in Form einer schriftlichen Befragung im Anschluss an beide Veranstaltungen eingesetzt und so von allen Kursteilnehmerinnen und -teilnehmern bearbeitet. Aufgrund des spezifischen Interesses am Zusammenwirken der Veranstaltungen wurde die schriftliche Befragung im mathematikdidaktischen Kurs zu einer persönlichen Nachbesprechung in den Gruppen der gemeinsam gestalteten Lernumgebungen ausgeweitet. Der Fragenkatalog stellte dabei die Basis für eine Art leitfadengestütztes Interview dar, in dem die Studierenden die Möglichkeit hatten, ihre Einschätzungen aus dem Fragenkatalog zu erläutern und Kommentare, Kritikpunkte oder Anregungen zu den Veranstaltungen zu äußern. Transkriptionen der Besprechungen bilden die Grundlage für die Auswertung, die vor allem auf die Erfassung von Rückmeldungen der Studierenden gerichtet ist (induktive Kategorienbildung), um Erkenntnisse der übrigen Instrumente zu stützen und die Veranstaltungen hinsichtlich der Kritikpunkte zu überarbeiten.

8.3 Erkenntnisse aus dem Projekt – ein Einblick

Der folgende Abschnitt gibt exemplarisch einen Einblick in die Ergebnisse der Befragungen und Analysen und versucht im Sinne eines Ausblicks, erste Implikationen zur Verbesserung der (eigenen) Lehre zu Aspekten von Diagnostik und Förderung aufzuzeigen.

Fachliche Voraussetzungen

Die bisher ausgewerteten videographierten Analysen der Studierenden weisen trotz einer vorbereitenden Auseinandersetzung mit dem fachlichen Inhalt einen bemerkenswerten Anteil fachlicher Klärungen auf, Zeit, die bei jedem Fachinhalt eingeplant werden muss und gleichzeitig nicht für Diagnostik eingesetzt werden kann. Dieses Ergebnis liefert Hinweise darauf, dass fachliche Unsicherheiten und von den Studierenden als fehlend erlebte Kenntnisse deren Diagnostik und die Entwicklung darauf bezogener Förderansätze behindern können. Das legt die Vermutung nahe, dass Fachwissen eine Voraussetzung für diagnostische Kompetenz darstellt. Auf der anderen Seite hat die Thematisierung von Diagnose und Förderung als Lerngegenstand aber auch das Potential, die Studierenden für ihre eigenen, bewussten oder unbewussten, fachlichen Schwierigkeiten zu sensibilisieren und einen Klärungsbedarf auszulösen, sodass Diagnostik umgekehrt einen ertragreichen Zugang zur Verbesserung des fachlichen Lernens der Studierenden darstellen kann. Um der Beobachtung der fachlichen Unsicherheit von Studierenden bei der Diagnostik und Förderung zumindest in Ansätzen Rechnung zu tragen, sollte die fachliche Klärung im Rahmen der Vorbereitung einen hohen Stellenwert einnehmen, beispielsweise durch die gemeinsame Bearbeitung der fachlichen Aufgabe, die in der Vignette enthalten ist. Dabei erweist sich als hilfreich, die Studierenden aufzufordern, Begründungen sowohl für richtige Lösungen der Aufgabe als auch für fachlich nicht angemessene Lösungen anzugeben.

Diagnoseprozess

Die von uns entwickelte und in Kapitel 8.1.1 beschriebene Modellierung des Diagnoseprozesses (Beschreibung, Deutung, Ursachenforschung und Konsequenz) hat sich in zweierlei Hinsicht bewährt. Zum einen ist sie in die inhaltliche Überarbeitung der Veranstaltungen eingeflossen und wird als Gegenstand der Lehrerbildung in den Kursen thematisiert. Durch die Integration der einzelnen Komponenten in die Arbeitsaufträge dienen sie den Studierenden im Sinne einer Strukturierung ihrer diagnostischen Tätigkeiten außerdem als Operatoren. Auf der anderen Seite konnte die Modellierung in das projekteigene Kodiersystem integriert werden. Mithilfe der Komponenten können auch die Diagnosen der Studierenden zielgerichtet erfasst werden, um so zu Konsequenzen für die Förderung der Studierenden in der universitären Lehre zu gelangen. Dabei zeigen die bisherigen Auswertungen, dass die Diskurse der Studierenden überwiegend Deutungen enthalten, die nur selten durch die Beschreibung von Beobachtungen fundiert werden. Dass sich Beschreibungen nur so selten finden lassen, scheint der üblichen Befundlage zu widersprechen, die darauf hindeutet, dass Novizinnen und Novizen in der Regel einen Fokus auf die Beschreibung von Sichtstrukturen einnehmen, während Interpretationen und Schlussfolgerungen eher Expertinnen und Experten kennzeichnen (Plöger, Scholl & Seifert, 2015). Hier deutet sich möglicherweise an, dass die Veranstaltungskonzepte wirksam sind, wenngleich der fehlende Bezug auf Evidenz in weiteren Auswertungen kritisch zu hinterfragen ist. Auffällig ist zudem, dass nur selten kontroverse Deutungen diskutiert werden, sich nur vereinzelt Ursachenforschungen finden lassen und nur wenige Konsequenzen genannt werden. Weitere Analysen müssen, auch vor dem Hintergrund einer verbesserten Unterstützung dieser Prozesse, zunächst klären, was mögliche Ursachen des Fehlens dieser aus unserer Sicht wichtigen Komponenten von Diagnostik sind. Hier ist z. B. denkbar, dass die Situationen nicht hinreichend viel Potential für kontroverse Deutungen liefern oder sich mögliche Ursachen und Konsequenzen aus der Perspektive der Studierenden nur schwer herausarbeiten lassen, weil sie beispielsweise zu wenig über die Schülerinnen und Schüler wissen. Auf den ersten Blick erscheint es aber schon hilfreich, die Studierenden auch in Bezug auf mögliche Ursachen an den kriteriengeleiteten Zugang zu erinnern und sie zu ermutigen, zuvor diskutierte Kriterien auch auf Ursachen zu beziehen, z. B. die Alltagsvorstellungen oder -erfahrungen als potentielle Gründe für ein bestimmtes Denken und Handeln der Lernenden (Kriterium „Erfahrungsbezug") zu identifizieren und so zu Anhaltspunkten für Konsequenzen zu gelangen.

Nutzung von Kriterien in Diagnostik und Förderung

Vor dem Hintergrund des kriteriengeleiteten Zugangs zur Diagnostik und Förderung, der in beiden Veranstaltungen verfolgt wird, können in den studentischen Analysen sowohl die vorgeschlagenen Kriterien als auch nicht explizit thematisierte, eigene Kriterien zu ebenfalls unterrichtsrelevanten Merkmalen identifiziert werden. Je geübter die Studierenden werden, desto besser gelingt es ihnen, im Rahmen einer Diagnostik mehrere förderrelevante Aspekte zu erfassen. Damit deutet sich an, dass der kriteriengeleitete Zugang insgesamt wirksam zu sein scheint, wenngleich prominente Kriterien an bestimmten Stellen nicht in dem Maße genutzt werden, wie wir es erwartet hätten, an anderen dafür mehr. So scheinen die *Konzeptualisierungsniveaus* in Physik oder die *Stufen des Begriffslernens* in Mathematik in den offenen Testsituationen (schriftliche Transkriptanalysen) zwar besonders relevant (häufige Zuweisung), in den offen gestalteten Arbeitsaufträgen der Videoanalysen werden sie dagegen kaum angesprochen. Hervorzuheben ist in diesem Zusammenhang, dass von den Studierenden des Längsschnitts zudem ein passender Transfer der physikdidaktischen Kriterien *Erfahrungsbezug* und *Konzeptualisierungsniveaus* auf das Eingangstranskript der mathematikdidaktischen Veranstaltung zu bemerken ist. Dieser kommt evtl. nur aufgrund einer kurz zuvor geschriebenen Klausur zu Diagnostik in Physikdidaktik zustande, wird aber von den Studierenden des Längsschnitts dazu genutzt, inhaltliche Überschneidungen zu den Stufen des Begriffslernens herauszuarbeiten und beide Kriterien zur Beschreibung spezifischer Lernverläufe zu verbinden. Das scheint nicht zuletzt vor dem Hintergrund angestrebter Querbezüge zwischen den beiden Veranstaltungen sowie einem generellen Rückgriff auf bereits bekannte Kriterien besonders relevant für die adaptive Weiterentwicklung universitärer Lernangebote. Den kontrastierenden Rückmeldungen der Studierenden aus den Interviews ist zu entnehmen, dass vor allem zu Beginn einer Auseinandersetzung mit Diagnose und Förderung der kriteriengeleitete Zugang hilfreich und wertvoll ist, da er die Anforderungen im Umgang mit dem neuen Lerngegenstand reduziert. Eine Abfrage bereits bekannter, ggf. auch fachfremder Kriterien erscheint somit lohnenswert und kann die Analyse bereichern. Mithilfe eines vielfältigen Kriterienpools kann einerseits ein Bewusstsein für den Nutzen und die Relevanz didaktischer Konzepte aus vorangegangenen Lehrveranstaltungen entwickelt werden, andererseits erleichtert es den Studierenden, einen Zugang zum Lernen der Schülerinnen und Schüler zu finden und ermöglicht eine breitere Förderung und die Vernetzung von Wissen. Insgesamt ergibt sich daraus mit Blick auf die Weiterentwicklung universitärer Lernangebote zur Diagnostik die Notwendigkeit zu einem verstärkten Austausch zwischen den (fach-)didaktischen Disziplinen über denkbare diagnostische Kriterien, um diese in die eigene Veranstaltung miteinzubeziehen und Querbezüge zu ermöglichen.

Erleben der Studierenden

Beide Veranstaltungen scheinen zur Entwicklung diagnostischer Fähigkeiten beizutragen, die Studierenden berichten zum einen subjektiv von einem Lernzuwachs (Fähigkeitsselbsteinschätzung), werden im Laufe der Kurse aber auch objektiv sicherer und präziser in Bezug auf ihre Diagnosen (kategoriengestützte Kodierung). Das Erleben beider Veranstaltungen ist insgesamt positiv, die Studierenden empfinden die Kurse zwar als aufwändig und arbeitsintensiv, zugleich aber als sehr ertragreich. Insbesondere die Abfolge der beiden Kurse wird von den Studierenden beider Fächer als stimmig bewertet, die physikdidaktische Veranstaltung liefert theoriebasiert eher das diagnostische Handwerkszeug und bietet zahlreiche Übungsgelegenheiten, während im Rahmen der mathematikdidaktischen Veranstaltung die praxisnahe Anwendung und Umsetzung überzeugt (Rückmeldungen aus den Interviews). Diese Rückmeldungen sprechen dafür, dass sich der Einsatz von Videovignetten zum Aufbau diagnostischer Kompetenz eignet und lohnt. Dennoch betonten die Studierenden auch eine grundlegende Schwäche im Rahmen der Konzeption der beiden Veranstaltungen, die die Gewichtung und Unterstützung der Förderung betrifft. Bereits bei der Auswertung des Diagnoseprozesses ist angeklungen, dass die Studierenden verhältnismäßig wenige Konsequenzen für weiterführenden Unterricht und Förderung aus der jeweiligen Diagnostik ziehen. Die Studierenden sind zwar in der Lage, im Rahmen der Diagnostik zu extrahieren, <u>was</u> den Schülerinnen und Schülern fehlt und im Sinne einer Zielsetzung gefördert werden müsste, fachdidaktische Konzepte, <u>wie</u> das umzusetzen ist, fehlen ihnen aber in beiden Veranstaltungen. Inwiefern die beiden Veranstaltungen dies leisten können, ist jedoch nicht zuletzt aufgrund der zeitlichen Begrenzung fraglich. Beide Veranstaltungen fokussieren inhaltlich darauf, die Studierenden dazu zu befähigen, das <u>Was</u> der Förderung zu bestimmen (Was können die Schülerinnen und Schüler schon, was fehlt/muss noch verstanden werden auf dem Weg zu den nächsten Konzepten?), gehen dafür aber nur wenig auf das Wie, also geeignete Aufgaben und methodische Ansätze der Unterrichtsgestaltung sowie Konzepte zur Binnendifferenzierung ein. Entsprechende Überlegungen müssten entweder in nachfolgende Kurse ausgelagert oder im Kontext eines Praxissemesters thematisiert werden. Denkbar ist auch, dass eine stärkere Abstimmung und Kooperation mit der zweiten Phase angestrebt wird, um eine Schwerpunktbildung zu erreichen. Während die erste Phase der Lehrerbildung Förderung vor allem vorbereitet, indem sie diagnostische Kompetenz aufbaut und Ansätze der Förderung thematisiert sowie exemplarisch in Praxisphasen erprobt, könnte die zweite Phase daran anschließend verstärkt die Unterrichtsgestaltung und den Umgang mit Heterogenität adressieren. Gerade im Übergang vom Was zum Wie ergeben sich damit auch Möglichkeiten, die Lehrerbildungsphasen stärker zu verzahnen und gemeinsame Konzepte zu entwickeln, was in der Mathematikdidaktik durch Besuche von Referendarsklassen und der Auswertung von Videos gemeinsam mit dem Studienseminar bereits angestoßen wurde.

Gesamteindruck

Über die spezifischen Erkenntnisse im Projekt hinaus hat die intensive Auseinandersetzung mit Diagnostik und Förderung auch unseren eigenen Umgang mit den Studierenden nachhaltig beeinflusst. Auch wir selbst wurden durch die Theoriearbeit und die intensiven Auswertungsprozesse dafür sensibilisiert, sowohl bei der Diskussion der Analysen als auch bei der Beschreibung der studentischen Analysen bzw. ihrer Leistungen und Fähigkeiten auf eine saubere Trennung von Beobachtung und Deutung zu achten, alternative, aber vor allem wertschätzende Deutungen vorzunehmen und diese möglichst oft zu belegen sowie über mögliche Ursachen nachzudenken und diese zu explizieren. Eine solche Haltung in der universitären Lehre, das eigene Einlassen auf Diagnostik und die Bereitschaft zur adaptiven Weiterentwicklung der Lehrveranstaltungen ist u. E. eine wesentliche Voraussetzung für eine glaubwürdige Unterstützung des Kompetenzaufbaus in diesem Bereich. Zwar stellte uns das Projekt vor allem durch den wechselseitigen Diskurs über die teils unterschiedlichen Grundverständnisse in den beiden Kulturen der Mathematik- und der Physikdidaktik immer wieder vor Herausforderungen, wir haben dies jedoch durchweg als sehr positiv und bereichernd erlebt. Daher möchten wir der Deutschen Telekomstiftung für die Finanzierung und die damit verbundene Möglichkeit zu einer solch intensiven Auseinandersetzung mit unserer Lehre danken.

Literatur

Abs, H. J. (2007). Überlegungen zur Modellierung diagnostischer Kompetenz bei Lehrerinnen und Lehrern. In M. Lüders & J. Wissinger (Hrsg.), *Forschung zur Lehrerbildung*, S. 63–84. Münster: Waxmann.

Aufschnaiter, C. v. (2007). Lernprozessorientierung als wesentliches Element von Lehrerbildung. In D. Lemmermöhle, M. Rothgangel, S. Bögeholz, M. Hasselhorn & R. Watermann (Hrsg.), *Professionell lehren – erfolgreich lernen*, S. 53–64. Münster: Waxmann.

Aufschnaiter, C. v., Cappell, J., Dübbelde, G., Ennemoser, M., Mayer, J., Stiensmeier-Pelster, J., Sträßer, R. & Wolgast, A. (2015). Diagnostische Kompetenz: Theoretische Überlegungen zu einem zentralen Konstrukt der Lehrerbildung. *Zeitschrift für Pädagogik, 61*(5), 738-757.

Aufschnaiter, C. v. & Rogge, C. (2010). Wie lassen sich Verläufe der Entwicklung von Kompetenz modellieren? *Zeitschrift für Didaktik der Naturwissenschaften, 16*, 95–114.

Aufschnaiter, C. v., Selter, C. & Michaelis, J. (2017). Nutzung von Vignetten zur Entwicklung von Diagnose- und Förderkompetenzen – Konzeptionelle Überlegungen und Beispiele aus der MINT-Lehrerbildung. In C. Selter, S. Hußmann, C. Hößle, C. Knipping, K. Lengnink & J. Michaelis (Hrsg.), *Diagnose und Förderung heterogener Lerngruppen – Theorien, Konzepte und Beispiele aus der MINT-Lehrerbildung* (S. 85–105). Münster: Waxmann.

Hußmann, S. & Selter, C. (2013). *Diagnose und individuelle Förderung in der MINT-Lehrerbildung – Das Projekt DortMINT.* Münster: Waxmann.

Hößle, C. Hußmann, S., Michaelis, J., Niesel, V. & Nührenbörger, M. (2017). Fachdidaktische Perspektiven auf die Entwicklung von Schlüsselkenntnissen einer förderorientierten Diagnostik. In C. Selter, S. Hußmann, C. Hößle, C. Knipping, K. Lengnink & J. Michaelis (Hrsg.), *Diagnose und Förderung heterogener Lerngruppen – Theorien, Konzepte und Beispiele aus der MINT-Lehrerbildung* (S. 19–37). Münster: Waxmann.

Ingenkamp, K. & Lissmann, U. (2008). *Lehrbuch der pädagogischen Diagnostik* (6. Aufl.). Weinheim, Basel: Beltz.

Kang, H. & Anderson, C. W. (2015). Supporting preservice science teachers' ability to attend and respond to student thinking by design. *Science Education, 99* (5), 863–895.

Kleinknecht, M. & Schneider, J. (2013). What do teachers think and feel when analyzing videos of themselves and other teachers teaching? *Teaching and Teacher Education, 33*, 13–23.

Klug, J., Bruder, S., Kelava, A., Spiel, C. & Schmitz, B. (2013). Diagnostic competence of teachers: A process model that accounts for diagnosing learning behaviour tested by means of a case scenario. *Teaching and Teacher Education, 30*, 38–46.

Krauss, S., Neubrand, M., Blum, W., Baumert, J., Brunner, M., Kunter, M. & Jordan, A. (2008). Die Untersuchung des professionellen Wissens deutscher Mathematik-Lehrerinnen und Lehrer im Rahmen der COACTIV-Studie. *Journal für Mathematik-Didaktik, 29* (3), 233–258.

Mayring, P. (2010). *Qualitative Inhaltsanalyse – Grundlagen und Techniken.* Weinheim: Beltz.

Möller, K. & Steffensky, M. (2016). Förderung der professionellen Kompetenz von (angehenden) Lehrpersonen durch videobasierte Lerngelegenheiten. *Unterrichtswissenschaft, 44* (4), 301–304.

Plöger, W., Scholl, D. & Seifert, A. (2015). Analysekompetenz – ein zweidimensionales Konstrukt?! *Unterrichtswissenschaft, 43* (2), 166–184.

Rogalla, M. & Vogt, F. (2008). Förderung adaptiver Lehrkompetenz: eine Interventionsstudie. *Unterrichtswissenschaft, 36* (1), 17–36.

Ruiz-Primo, M. A. & Furtak, E. M. (2007). Exploring teachers' informal formative assessment practices and students' understanding in the context of scientific inquiry. *Journal of Research in Science Teaching, 44* (1), 57–84.

Seidel, T., Stürmer, K., Blomberg, G., Kobarg, M. & Schwindt, K. (2011). Teacher learning from analysis of videotaped classroom situations: Does it make a difference whether teachers observe their own teaching or that of other? *Teaching and Teacher Education, 27* (0), 259–267.

Selter, C., Hußmann, S., Hößle, C., Knipping, C., Lengnink, K. & Michaelis, J. (2017). Konzeption des Entwicklungsverbunds ‚Diagnose und Förderung heterogener Lerngruppen'. In C. Selter, S. Hußmann, C. Hößle, C. Knipping, K. Lengnink & J. Michaelis (Hrsg.), *Diagnose und Förderung heterogener Lerngruppen – Theorien, Konzepte und Beispiele aus der MINT-Lehrerbildung* (S. 11–18). Münster: Waxmann.

Spinath, B. (2005). Akkuratheit der Einschätzung von Schülermerkmalen durch Lehrer und das Konstrukt der diagnostischen Kompetenz. *Zeitschrift für Pädagogische Psychologie, 19*, 85–95.

van Es, E. A. & Sherin, M. G. (2008). Mathematics teachers' "learning to notice" in the context of a video club. *Teaching and Teacher Education, 28,* 244–276.

Weinert, F. E. (2000). Lehren und Lernen für die Zukunft – Ansprüche an das Lernen in der Schule. *Pädagogische Nachrichten Rheinland-Pfalz, 2,* 1–16.

Weinert, F. E. (2001). Vergleichende Leistungsmessung in Schulen – eine umstrittene Selbstverständlichkeit. In F. E. Weinert (Hrsg.), *Leistungsmessung in Schulen* (S. 15–31). Weinheim, Basel: Beltz.

Astrid Fischer, Corinna Hößle, Ulrike-Marie Krause, Julia Michaelis & Verena Niesel

9. Curriculare Verzahnung und didaktisch-methodische Ausgestaltung von fachdidaktischen und bildungswissenschaftlichen Ausbildungssequenzen zum Aufbau diagnostischer Kompetenz

In diesem Beitrag werden Perspektiven für die hochschuldidaktische Planung und Verankerung diagnostischer Elemente in die Lehrerausbildung vorgestellt. Diese Perspektiven gehen zurück auf die curricularen Entwicklungs- und Analysearbeiten an der Universität Oldenburg (Fischer, Hößle, Jahnke-Klein, Kiper, Komorek, Michaelis, Niesel & Sjuts, 2014). Zugrunde gelegt wird eine Systematisierung der Diagnostischen Kompetenz und der daraus abgeleiteten curricularen Beiträge aus den Bildungswissenschaften und den Fachdidaktiken für einen systematischen, kumulativen Kompetenzaufbau bei Lehramtsstudierenden im Bachelor- und Masterstudium.

Diagnostische Kompetenz wird in diesem Beitrag unter einer pädagogisch-ganzheitlichen Perspektive betrachtet. Die ganzheitliche Wahrnehmung der Schülerinnen und Schüler im Fachunterricht wird als Bereicherung der fachbezogenen Perspektive verstanden. Im Laufe der universitären Ausbildung von Lehramtsstudierenden sollen neben der Vermittlung von Inhalten und Methoden auch die Entwicklung von Einstellungen und Haltungen fokussiert werden, die im Folgenden zusammengefasst sind.

• Diagnostizieren und Fördern gehören zusammen: Vor dem Hintergrund des Ziels, Lernprozesse zu begleiten, ist eine Diagnose immer auch mit einer Förderperspektive verbunden, was nicht zuletzt auch eine wertschätzende Haltung für die Schülerinnen und Schüler als Lernende widerspiegelt. Fördern ohne gute Kenntnisse oder ein Gespür für das Denken und Verstehen des Schülers oder der Schülerin läuft ins Leere. Wir orientieren uns daher an einem förderorientierten Verständnis von Diagnostik.

• Das Denken der Schülerinnen und Schüler ist von entscheidender Bedeutung für den Lernprozess und muss von den Lehrenden berücksichtigt werden, wenn der Lernprozess erfolgreich sein soll. In den Lehrkonzepten werden daher die Lernerperspektiven auf Basis der Forschungsstände zu Vorstellungen, Konzeptverständnis und Lernschwierigkeiten besonders fokussiert.

• Um das Denken von Lernenden zu verstehen, müssen Lehrende die Grundannahmen oder -überzeugungen suchen, auf denen das Denken des Lernenden aufbaut. Es gilt, eine suchende Grundhaltung des „Verstehen-/Nachvollziehen-Wollens" einzunehmen und ein Bewusstsein darüber zu entwickeln, dass auch eine diagnostische Suche immer ein wenig spekulativ bleibt und keine absoluten Erkenntnisse widerspiegelt. Es ist aber häufig möglich, plausible, in sich stimmige Gedankengänge zu rekonstruieren, die zum wahrnehmbaren Verhalten geführt haben könnten. Diese sind ein vorläufiges Ergebnis. Der Analyseprozess ist ein kontinuierlich fortzuführender Prozess in der Lernbegleitung von Schülerinnen und Schülern. Zur Unterstützung eines verstehenden Lernens in der Rolle der Lehrenden ist es erforderlich, eine entsprechende Haltung aufzubauen, die das Denken der Schülerinnen und Schüler in den Fokus stellt, um ihre Entwicklung kontinuierlich und individuell zu fördern. Es gilt hier z. B., Denkweisen zu erweitern, die Passung von Denkkonzepten zu hinterfragen, Denkwege ggf. zu korrigieren oder auch zum Entdecken anderer/neuer Denkwege zu motivieren und dazu im Lernprozess individuell angemessene Hilfen und Feedback zu geben.

- Methodische Wissenselemente sollen die Studierenden darin unterstützen, eine diagnostische Analyse selbstständig durchzuführen und sich in die Vorstellungswelt von Schülerinnen und Schülern hineinzudenken. Damit bleibt den Studierenden die Vorläufigkeit und Unsicherheit ihrer Schlüsse über das Denken der Schülerinnen und Schüler bewusst. Das erleichtert ihre *spätere Revision*, falls sich die Schlüsse als falsch/unvollständig herausstellen oder alternative Schülervorstellungen im weiteren Lernprozess überwunden werden müssen. Dieser Ansatz grenzt sich davon ab, Studierenden einen bloßen „Werkzeugkoffer" funktionaler Methoden an die Hand zu geben, nach denen sie die Diagnose und anschließende Förderung ihrer Schülerinnen und Schüler schematisch durchführen können. Stattdessen sollen methodische Wissenselemente die Studierenden gezielt dabei unterstützen, sich in die Vorstellungswelt von Schülerinnen und Schülern hineinzudenken und Lernwege zu antizipieren, um diagnostische Analysen selbstständig zu planen, durchzuführen und die Ergebnisse kritisch einzuschätzen. Zentral sollte stehen, den Studierenden die Vorläufigkeit und Unsicherheit ihrer Schlüsse über das Denken der Schülerinnen und Schüler bewusst zu machen.

Dieser Beitrag stellt eine Übersicht von diagnostischen Teilkompetenzen (Kap. 9.1) und Möglichkeiten ihrer curricularen Einordnung in das Studium (Kap. 9.2) vor. Dabei werden Perspektiven für die Reflexion und (Weiter-)Entwicklung des Ausbildungscurriculums im Lehramtsbereich am Beispiel des Arbeitsprozesses der Oldenburger Curriculumentwicklung aufgezeigt, um Impulse für ähnliche Prozesse an anderen Hochschulen zu geben. Im Anschluss werden im Kap. 9.3 exemplarisch drei Lehrformate mit ihren inhaltlich-methodischen Lehrkonzepten aus den Bildungswissenschaften, der Biologiedidaktik und der Mathematikdidaktik vorgestellt, die spezifische Teilaspekte der Diagnosekompetenz fokussieren.

9.1 Einblick in die Prozessgestaltung der Curriculumentwicklung an der Universität Oldenburg

Fachliteratur zur Curriculumentwicklung befasst sich zumeist mit einer Neugestaltung eines Studiengangs oder Etablierung eines neuen Studiengangs (vgl. u. a. Niethammer, Koglin-Hess, Digel & Schrader, 2014). Die Entwicklung eines Curriculums zur Ausbildung lernförderlicher Diagnosekompetenz an der Universität Oldenburg unterscheidet sich hiervon in zweierlei Weise: Zum einen soll mit diesem Lernziel ein neuer Inhalt in bereits bestehende Studiengänge integriert werden. Dabei ist die Struktur des Studiengangs als stabil anzusehen, während die Didaktik zu dem neuen Inhalt gestaltet werden kann (vgl. Felbinger, 2014). Zum anderen ist eine solche Integration lokal in verschiedenen Modulen bereits erprobt worden (vgl. Fischer et al., 2014). Daher beginnen wir den Prozess der universitären Curriculumentwicklung mit der Analyse des bereits Bestehenden.

Um zu reflektieren, wie ein kumulativer Kompetenzaufbau über den Studienverlauf gestaltet werden kann, gilt es, die thematisch relevanten Ausbildungsanteile zu identifizieren und hinsichtlich ihrer Zielsetzungen und Lerninhalte zu analysieren. Letzteres ist aufgrund der Vielfalt der Studienangebote, aber vor allem auch der unterschiedlichen Kontextbezüge, Begriffsverwendungen oder Fokussierungen zwischen Bildungswissenschaften und Fachdidaktiken wie auch zwischen den verschiedenen Fachdidaktiken, nicht einfach identifizierbar. Vielmehr gilt es, die Teilaspekte der Diagnosekompetenz überfachlich herauszuarbeiten und ein gemeinsam getragenes Verständnis für die konstituierenden Elemente wie auch für begriffliche Klärungen im Diskurs herauszuarbeiten, um eine gemeinsame Analyseperspektive auf die verschiedenen Ausbildungsanteile zu richten und sich über die Ergebnisse verständigen zu können.

An der Universität Oldenburg wurde dieser Prozess folgendermaßen gestaltet: Im interdisziplinären Austausch zwischen Vertreterinnen der Bildungswissenschaften und der mathematisch-naturwissenschaftlichen Fachdidaktiken wurden auf Basis einer Modulabfrage alle Angebote identifiziert, in denen diagnostische Inhalte verortet sind. Diese Ausbildungsmodule wurden in einem curricularen Zeitstrahl abgebildet und zu jedem Modul eine Kurzcharakteristik der jeweiligen Ausbildungsziele und -inhalte angefertigt. Dieses Arbeitsergebnis lieferte einen ersten Überblick über den Stand der Verankerung diagnostischer Inhalte im Studiencurriculum.

Auf dieser Basis erfolgte eine Vertiefung, indem die beteiligten Lehrenden an ausgewählten, charakteristischen Beispielen ihrer Curricula die jeweiligen Ausbildungsziele, die Schwerpunktsetzungen und die inhaltlich-methodische Gestaltung ihrer Ausbildungskonzepte vorstellten. Im Austauschprozess über diese Beispiele stand im Vordergrund, die jeweiligen fachdidaktischen bzw. bildungswissenschaftlichen Perspektiven auf das Thema Diagnose nachzuvollziehen, Gemeinsamkeiten und Unterschiede zu identifizieren sowie ein Verständnis über diagnostische Begriffe, Konzepte und domänenspezifische Schwerpunkte zu erarbeiten. Ebenfalls wurde ausgetauscht, welche methodischen Gestaltungen zur Sensibilisierung für Diagnostik wie auch für die Erarbeitung diagnostischer Inhalte und Methoden genutzt und als wirksam eingeschätzt wurden (z. B. Fallarbeit, Vignetten [Produkt-, Episoden- wie auch Videovignetten], Einbindung von Lehr-Lern-Labor-Aktivitäten, Reflexionsbögen mit diagnostischen Elementen u. v. m.). Der Aufbau diagnostischer Fähigkeiten kann bereits im Bachelorstudium in den Grundlagenmodulen der Bildungswissenschaften und der Fachdidaktik beginnen und erfährt im Masterstudium eine Vertiefung und Ausdifferenzierung (vgl. Abb. 9.1). Dabei können im Bachelorstudium weniger komplexe Instrumente und Inhalte zur Förderung der diagnostischen Fähigkeiten zum Einsatz kommen, deren Komplexität im Masterstudium zunimmt und mit dem Ansatz des forschenden Lernens ausdifferenziert wird.

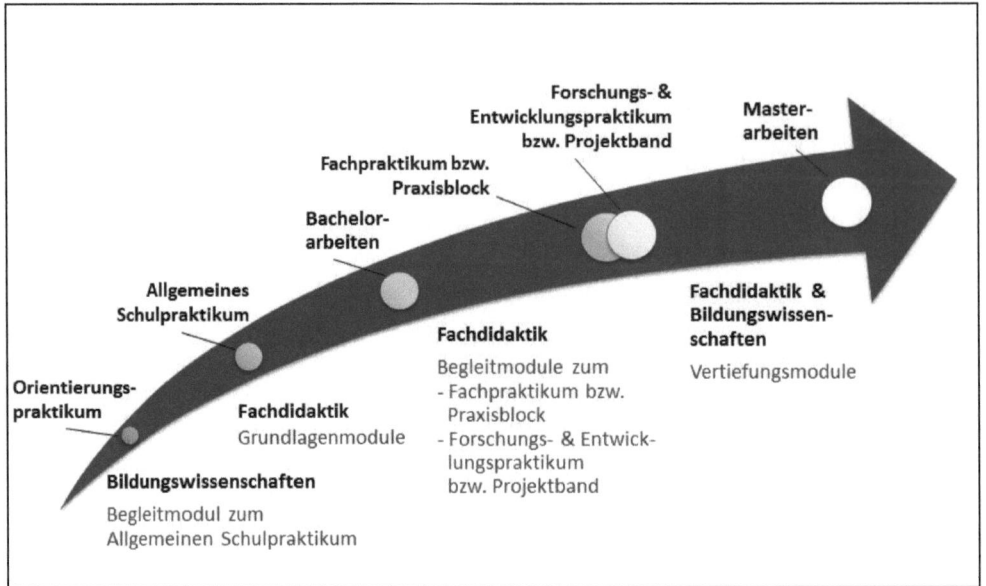

Abb. 9.1: Sukzessive curriculare Entwicklung von Diagnosefähigkeiten über bildungswissenschaftliche und didaktische Ausbildungsanteile

In diesem Austauschprozess stellte sich der Bedarf heraus, eine herausgelöste fachübergreifende Darstellung zur Identifizierung diagnostischer Komponenten in den verschiedenen Ausbildungskontexten zu erarbeiten, um diese wiederum als Perspektivrahmen für die Verständigung und die Identifizierung von Vernetzungs- und Entwicklungspotenzialen zu nutzen. Vor diesem Hintergrund wurde eine Tabellenmatrix mit konstituierenden Teilaspekten von diagnostischer Kompetenz in einer operationalisierten Beschreibung entwickelt, die zugleich als Analyseinstrument für den Austauschprozess über die fachdidaktischen bzw. bildungswissenschaftlichen Perspektiven auf das Thema Diagnose verwendet wurde (vgl. Kap. 9.2, Tab. 9.1).

Anhand dieser Tabellenmatrix konnten nicht nur Teilaspekte von Diagnosefähigkeit transparent herausgearbeitet und beschrieben werden, sie unterstützte als Instrument maßgeblich auch dabei, die exemplarischen Fächerbeispiele besser zu verstehen und z. B. das Potenzial von diagnosebezogenen Lehr-Lern-Aufgaben fokussiert zu diskutieren. Zudem ermöglichte die Matrix, zu prüfen, welche Teilaspekte über welche Ausbildungsanteile abgedeckt werden, Redundanzen oder auch potenzielle Lücken im Curriculum aufzudecken oder auch Schnittmengen und curriculare Anschlussperspektiven zwischen bildungswissenschaftlichen und/oder fachdidaktischen Ausbildungsanteilen zu identifizieren. Vor diesem Hintergrund konnten Ansatzpunkte für die domänenspezifische wie auch für die interdisziplinäre Curriculumentwicklung sowie curriculare Synergie für den systematischen Kompetenzaufbau erarbeitet werden.

Im Sinne einer Progressionsbetrachtung wurde begonnen, die Teilaspekte diagnostischer Kompetenz in Niveaus von Kompetenzausprägungen zu differenzieren und damit unter einer curricularen Perspektive Ansatzpunkte für die Beschreibung des derzeitigen Curriculumstandes wie auch für dessen gezielte Weiterentwicklung und die Herausarbeitung von innercurricularen Vernetzungen zu gewinnen. Kernfragen waren z. B.: „Inwiefern antizipieren oder erwarten wir Progressionen der Fähigkeitsausprägung im Laufe des Studiums? Welche Teilaspekte werden in welchen Studienphasen besonders fokussiert und wie verteilen sich diese über die bildungswissenschaftlichen bzw. fachdidaktischen Ausbildungsangebote? Welche Vernetzungsperspektiven bieten sich im Hinblick auf einen kumulativen Wissensaufbau im Studienverlauf?". In der Bearbeitung dieser Fragen konnten zudem strukturelle Gestaltungsvarianten für den Aufbau eines diagnostischen Curriculums unterschieden werden, die in der analytischen Beschreibung wie auch der gezielten (Weiter-)Entwicklung der Studienstruktur Anregungen geben können.

Im Folgenden werden zentrale Inhalte der Kompetenzmatrix (Teilaspekte diagnostischer Kompetenz) (vgl. Kap. 9.2) vorgestellt und strukturelle Ansatzpunkte für die Analyse und/oder Gestaltung eines diagnostischen Studiencurriculums herausgearbeitet (vgl. Kap. 9.3).

9.2 Aspekte der Diagnosekompetenz

Wie in Kapitel 9.1 ausgeführt, umfasst die diagnostische Kompetenz ein breites Spektrum an Aspekten, die sie als Querschnittkompetenz ausweisen. Die entwickelte Tabellenmatrix (vgl. Tab. 9.1) führt verschiedene Aspekte und Teilaspekte auf, die wir für diagnostische Kompetenzentwicklung im Sinne einer Diagnostik für lernförderlichen Unterricht für zentral halten. Die Inhalte der Tabellenmatrix basieren auf den Standards für die Lehrerbildung (KMK 2003, 2004a, 2004b) und weiteren Publikationen, die sich mit der Beschreibung diagnostischer Kompetenzen befassen (u.a. Abs, 2007; v. Aufschnaiter, Cappell, Dübbelde, Ennemoser, Mayer, Stiensmeier-Pelster, Sträßer & Wolgast, 2015; Hesse & Latzko, 2011; Schrader, 2013).

Die Tabellenmatrix gliedert die Diagnosekompetenz in vier Aspekte, jeder Aspekt wird wiederum durch konstituierende Teilaspekte beschrieben (vgl. Tab. 9.1):

Tab. 9.1:   Tabellenmatrix mit den Aspekten und Teilaspekten von Diagnosekompetenz

Aspekte der Diagnose-kompetenz	Teilaspekte als Ziele/Lernhandlungen von Studierenden Die Studierenden sollen ...
A Diagnostik und ihre Bedeutung für Lehren und Lernen beschreiben und einordnen	Psychologische Grundlagen diagnostischer Prozesse beschreiben
	Kognitive, motivationale und psychosoziale Gegenstände von Diagnostik kennen und operationalisieren
	Die Güte von Diagnosen einschätzen können und mögliche Diagnose-/Urteils-fehler hinsichtlich ihrer Entstehung und Bedeutung erläutern
	Nutzen, Grenzen und Risiken von Diagnosen und Operationalisierungsformen beurteilen
B Lerngegenstände fachlich und fachdidaktisch analysie-ren und beurteilen	Fachlich: über Kompetenzen verfügen, die die Schülerinnen und Schüler im Fachunterricht entwickeln sollen
	Fachdidaktisch: Lerngegenstände erläutern und ihre Komplexität beschreiben und beurteilen
	Typische Vorstellungen, Fähigkeiten und Lernschwierigkeiten von Schüle-rinnen und Schülern kennen (Einstellungen, typische Schülervorstellungen, Übertragung von Konzepten auf neue Zusammenhänge etc.)
	Notwendige Lernvoraussetzungen für die grundsätzliche Gestaltung von curricularen Lernlinien fachlich und fachdidaktisch ableiten
C Diagnose- und Förderins-trumente analysieren und beurteilen	Aufgaben hinsichtlich ihrer Lern- und Diagnosepotentiale beurteilen
	Unterschiedliche Diagnoseinstrumente analysieren, vergleichen, auswählen und im Hinblick auf das Diagnoseziel bewerten
	Die Passung differenziert eingesetzter Fördermaßnahmen diagnostisch über-prüfen und kritisch reflektieren
D Diagnose und Förderung planen und durchführen	Diagnoseinstrumente entwickeln und Individual- und Lerngruppendiagnosen durchführen
	Diagnosedaten analysieren und fachdidaktische Schlussfolgerungen ziehen (Stärken/Schwächen der Schüler, Relevanz für das weitere Lernen etc.)
	Aus den Schlussfolgerungen Feedback ableiten
	Aus den Schlussfolgerungen konkrete Fördermaßnahmen ableiten wie z. B. • Lernaufgaben und Lernumgebungen anpassen oder entwickeln, • differenzierende Aufgabenvarianten für den Einsatz in heterogenen Lern-gruppen entwickeln.

Der **Diagnoseaspekt A** („Diagnose und ihre Bedeutung für Lehren und Lernen be-schreiben und einordnen") umfasst allgemeine, nicht fachspezifische Wissensaspekte zu Diagnose und ihrer Bedeutung für das Lehren. Demgegenüber sind die nachfolgenden Diagnoseaspekte B, C und D fachspezifisch ausgerichtet.

Der **Diagnoseaspekt B** „Lerngegenstände fachlich und fachdidaktisch analysieren und beurteilen" beschreibt fachliches und fachdidaktisches Hintergrundwissen, das oft-mals im Hinblick auf andere Kontexte des Lehrens und Lernens erworben wird, das aber insbesondere auch in Diagnose- und diagnosebasierten Fördertätigkeiten gebraucht wird. Aufbauend auf dem Konzept der „Lernlinien" (vgl. Parchmann, Bünder, Demuth, Freienberg, Klüter & Ralle, 2006) sollen mithilfe der fachlichen und fachdidaktischen Einschätzungen Möglichkeiten einer systematischen Kompetenzentwicklung im Lernen der Schülerinnen und Schüler antizipiert und theoretisch begründet werden.

Der **Diagnoseaspekt C** „Diagnose- und Förderinstrumente analysieren und beurteilen" und der **Diagnoseaspekt D** „Diagnose und Förderung planen und durchführen" beziehen sich unmittelbar auf Aspekte des Diagnostizierens und Förderns von fachlichen Kompetenzen der Schülerinnen und Schüler. Dabei erfasst der Bereich D die Teilaspekte, die für die Durchführung von Diagnose und von diagnosebasierter Förderung erforderlich sind, während der Bereich C Teilaspekte nennt, die für Metaperspektiven des Reflektierens, Vergleichens und Beurteilens von Diagnose- und Fördertätigkeiten relevant sind.

Alle vier diagnostischen Aspekte stellen jeweils Zusammenfassungen dar, die konstituierenden Elemente ließen sich jeweils noch differenzierter ausführen. So beziehen sich die Teilaspekte des Aspektes B jeweils auf alle einzelnen Gegenstände des Schulfachs in einer Jahrgangsstufe, also alle inhaltsbezogenen ebenso wie prozessbezogenen Kompetenzen, die dort entwickelt werden sollen. Die Teilaspekte des Aspektes D sind auf unterschiedliche Datentypen, Diagnoseinstrumente, Auswertungsverfahren und Förderinstrumente zu beziehen. Bereits die verschiedenen Arten von Datenerhebungen, angefangen mit prozessbegleitenden Daten wie Protokollen zu Beobachtungen oder Videoaufnahmen bis zu stärker ergebniserfassenden Daten wie schriftlichen Dokumenten von Schülerinnen und Schülern, geben Hinweise darauf, dass dazu passende Diagnoseaufgaben und Analysemethoden sehr unterschiedlich gestaltet werden müssen.

9.3 Möglichkeiten der curricularen Einordnung der Diagnoseaspekte in das Studium

Die Aspekte und Teilaspekte der Diagnosekompetenz werden zu verschiedenen Zeitpunkten auf unterschiedlichen Niveaus und in unterschiedlicher Breite im Studium gefördert. Die Position der verschiedenen thematischen Lernangebote im Studium variiert dabei, zudem hängen die Lernvoraussetzungen wie auch die Anschlussfähigkeit zwischen den einzelnen thematischen Lernangeboten von vielen verschiedenen Faktoren ab (z. B. Unterschiede der fachbezogenen Curricula je nach Studienfachwahl/-kombination, Positionierung der Lernangebote als Pflicht-, Wahlpflicht- oder Wahlangebote, curriculare Verortung im Studienverlauf, Unterscheidung von einführenden, vertiefenden, erweiternden Lernangeboten etc.). Diese Vielfalt hat zur Folge, dass sich aus der Studierendenperspektive unterschiedliche curriculare Studienverläufe ergeben, deren Varianz in den Studienstrukturen eines jeweiligen Ausbildungsstandortes zu bestimmen wäre.

In der Professionsforschung wird breit diskutiert, welche Zusammenhänge zwischen Wissen und Können bestehen. In diesem Zusammenhang wird gefragt, inwieweit Können als Wissensanwendung verstanden wird und eine Integration von Theorie und Praxis in der Lehrerbildung erforderlich ist (vgl. u. a. Baumert, Beck, Beck, Glage, Götz, Freisel, Hasselhorn, Langefeldt, Lemmermöhle, Nickolaus, Scheunenpflug, Spinner & Werning, 2007; Hedtke, 2000, 2003; Neuweg, 2011; Gröschner & Seidel, 2012). Insgesamt besteht keine empirische Grundlage für die Konzeption eines Studiencurriculums unter der Perspektive der diagnostischen Kompetenzentwicklung.

Es finden sich jedoch Beiträge, die übergeordnete Perspektiven für die Analyse wie auch Gestaltung von Studiencurricula geben (u. a. Felbinger, 2014; Niethammer et al., 2014; Vettori & Schwarzl, 2008; Weiglhofer, 2016). Hier findet sich beispielsweise die Herausarbeitung hochschuldidaktisch determinierender Faktoren, die auf die Gestaltungsentscheidungen bei Studiengangsentwicklungen einwirken und sich auf lehramtsbildende Studiengänge anwenden lassen (vgl. Tab. 9.2) (Felbinger, 2014).

Tab. 9.2: Hochschuldidaktische Determinanten im Rahmen der Studiengangsgestaltung (nach Felbinger, 2014)

Hochschuldidaktische Determinanten	Konsequenz für Gestaltungsentscheidungen
Lernendenzentrierung	Umdenken in der operativen Gestaltung der Lehre
Kompetenzorientierung	Umdenken in der vorwegnehmenden Planung der Lehre
Strukturierung von Curricula	Umdenken im Planungsprozess der Curriculumgestaltung

Unter lehramtsspezifischer Perspektive auf Studiencurricula werden in der Literatur Studien und konzeptionelle Entwicklungen beschrieben, die sich mit dem Fokus einer Theorie-Praxis-Verzahnung, insbesondere mit der Integration und Gestaltung schulpraktischer Ausbildungsanteile befassen (vgl. u. a. Hascher, 2012; Gröschner & Seidel, 2012; Gröschner, Müller, Bauer, Seidel, Prenzel, Kauper & Möller, 2015). In diesem Kontext bieten die Modelldiskussionen einer ausbalancierten Wissenschafts- und Praxisorientierung Ansatzpunkte für die Reflexion der Gestaltung der Curricula in der 1. Lehrerbildungsphase. Neuweg (2007, 2011) beschreibt beispielsweise das Spannungsverhältnis zwischen Wissen und Können in zwei kontrastierenden Modellen: Integrationsmodell und Phasenmodell (vgl. Abb. 9.2).

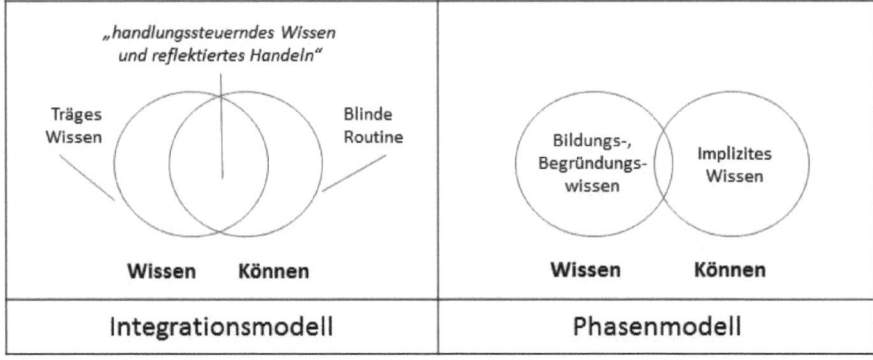

Abb. 9.2: Modellvarianten zur Wissenschafts- und Praxisorientierung (nach Neuweg, 2007, 2011)

Dem Integrationsmodell liegt der Denkansatz zugrunde, die Bereiche des Wissens und Könnens einerseits und die des Handelns andererseits zusammenzuführen. In dieser Schnittmenge wirkt das Wissen in hohem Maße handlungssteuernd und das Handeln reflektiert (Neuweg, 2007). Der dem Phasenmodell zugrunde liegende Denkansatz betrachtet theoretisches Wissen und praktisches Können als in großen Teilen unabhängige Dimensionen.

Vor diesem Hintergrund möchten wir mit diesem Beitrag anregen, über die curriculare Positionierung und konzeptionelle Gestaltung der diagnostischen Ausbildungsangebote zu reflektieren, sich darauf basierend über das vorhandene System an der jeweiligen Hochschule bewusst zu werden und curriculare Vernetzungsperspektiven oder auch Entwicklungen daran auszurichten. Es gilt vorrangig, sich darüber bewusst zu werden, dass aus der jeweiligen curricularen Struktur Konsequenzen für das Lernen der Studierenden wie auch für das Lehren der Hochschullehrenden folgen, derer man sich häufig kaum bewusst ist.

In diesem Abschnitt wird fokussiert, welche strukturellen Gestaltungsperspektiven sich für den Aufbau eines diagnostischen Studiencurriculums prinzipiell unterscheiden lassen und welche Potenziale den jeweiligen Varianten zuzusprechen sind. Welches Modell jeweils passend ist, ist vor dem Hintergrund der standortspezifischen Voraussetzungen und innercurricularen Konzepte zu prüfen. Die nachfolgenden Betrachtungen stellen daher Anregungen für die Analyse, Reflexion und Entwicklungsprozesse der eigenen Hochschulstrukturen dar.

Betrachtet man die vier Aspekte der diagnostischen Kompetenz (A: Diagnose und ihre Bedeutung für Lehren und Lernen beschreiben und einordnen, B: Lerngegenstände fachlich und fachdidaktisch analysieren und beurteilen, C: Diagnose- und Förderinstrumente analysieren und beurteilen sowie D: Diagnose und Förderung planen und durchführen), so kann ein Studiencurriculum diese in unterschiedlicher Reihenfolge abbilden. Auch innerhalb eines Moduls können spezifische Abfolgen der Diagnoseaspekte betrachtet werden. Nachfolgend werden zwei Modellvarianten zur Kontrastierung möglicher Variationen der Curriculumgestaltung dargestellt (vgl. Abb. 9.3), neben diesen sind weitere Varianten möglich, auf die hier jedoch nicht im Einzelnen eingegangen wird. Die Modellvarianten werden die Curriculumgestaltung an einem Hochschulstandort voraussichtlich nur näherungsweise abbilden, da sie in der Regel nicht konzeptionelle Grundlage der Curriculumgestaltung waren bzw. sind.

Die kontrastierende Darstellung zweier Modellvarianten dient daher vorrangig der Reflexion von Gestaltungstendenzen und zur Identifizierung der curricularen Schwerpunktsetzung in den standortspezifischen Curricula der Lehramtsstudiengänge. Des Weiteren lassen sich die in den Modellen skizzierten Kontrastierungen nicht nur auf das Studiencurriculum als Ganzes anwenden, sondern auch im Hinblick auf die Analyse einzelner Module mit ihren innercurricularen Gestaltungen.

Die nachfolgenden Ausführungen fokussieren exemplarisch die Betrachtung des Studiencurriculums anhand von zwei kontrastierenden Modellvarianten. Die Abbildung 9.3 stellt die curriculare Gestaltung der Modellvarianten wie folgt dar: Auf der Zeitachse werden die Schwerpunktsetzungen von Ausbildungsanteilen hinsichtlich der vier Aspekte von Diagnosekompetenz dargestellt. Dabei werden inhaltliche Abschnitte skizziert, die entweder getrennten Modulen entsprechen oder aber integrativ ausgerichtet Schwerpunktsetzungen in verschiedenen Modulen symbolisieren können. Die Aspekte A und B wurden parallel auf der Zeitachse angeordnet, da sie in der Regel in bildungswissenschaftlichen oder fachdidaktischen Modulen fokussiert werden, die in den Studienstrukturen parallel oder in unterschiedlicher Reihenfolge belegt werden können. Eventuelle Änderungen innerhalb der Aspekte, die aus einer spezifischen curricularen Anordnung resultieren, werden in der Darstellung außen vor gelassen.

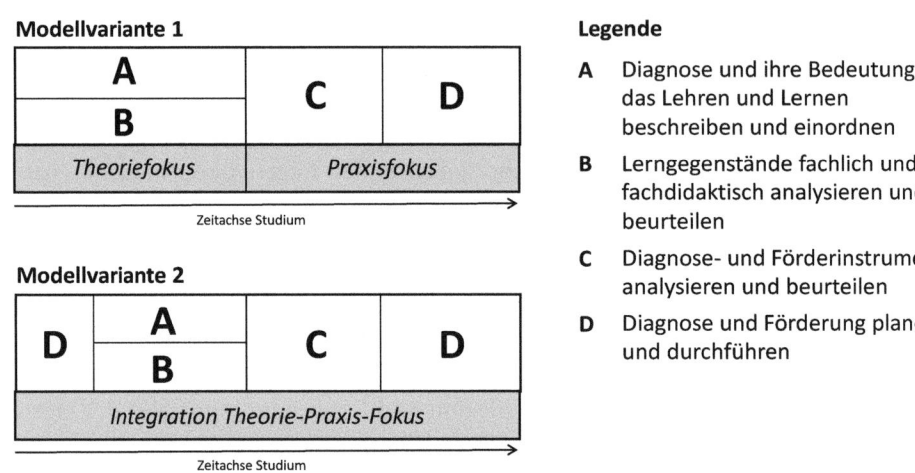

Modellvariante 1

Legende

A Diagnose und ihre Bedeutung für das Lehren und Lernen beschreiben und einordnen

B Lerngegenstände fachlich und fachdidaktisch analysieren und beurteilen

C Diagnose- und Förderinstrumente analysieren und beurteilen

D Diagnose und Förderung planen und durchführen

Abb. 9.3:   Kontrastierende Darstellung curricularer Studienmodellvarianten zum Aufbau diagnostischer Kompetenz

Des Weiteren weisen die Modelldarstellungen Ausprägungen hinsichtlich der theoriebezogenen und praxisbezogenen Schwerpunktsetzungen aus, die in der Kontrastierung von Modellvariante 1 und 2 herausgestellt werden.

Modellvariante 1

Die Modellvariante 1 ist dadurch gekennzeichnet, dass Wissen zunächst in eigenen Schwerpunkten zu den Aspekten A und B aufgebaut wird („Verständnis von Diagnose und ihrer Bedeutung für das Lehren und Lernen entwickeln" sowie „Lerngegenstände fachlich und fachdidaktisch einschätzen"). Im Studiencurriculum schließt sich daran Theorie über Diagnose- und Förderinstrumente mit dem Schwerpunkt C („Diagnose- und Förderinstrumente reflektieren") an, abschließend gefolgt von dem praktisch ausgerichteten Schwerpunkt D („Planung und Durchführung von Diagnose und Förderung"). Demzufolge werden vorab in theoretischen Modulen Grundlagen bereitgestellt, auf die eine anschließende diagnosebasierte Unterrichtstätigkeit aufbauen und zurückgreifen kann.

Diese Modellvariante folgt dem Ansatz einer expliziten bzw. ausgeprägten Trennung von Theorie- und Praxisteilen. Dies ermöglicht eine fokussierte Schwerpunktsetzung, die auch den Studierenden einen deutlichen Perspektivwechsel vermittelt und damit selbigen strukturell betont. Es besteht die Chance, die schulpraktischen Angebote klar im Curriculum zu positionieren und die methodische Gestaltung der verschiedenen Ausbildungsmodule gezielt auf die theoretischen bzw. praxisorientierten Zielsetzungen hin auszurichten.

Bekanntermaßen stellt die Anwendung von isoliert gelernter Theorie in Praxissituationen jedoch auch eine hohe Herausforderung dar (vgl. Bollnow, 1978; Neuweg, 2011). Sehr häufig wird dann nur ein geringer Teil der Theorie in der Praxis erinnert oder als relevant erachtet und findet Berücksichtigung. Zudem fehlt beim Lernen der Theorie der praktische Kontext, der es Lernenden erlauben würde, selbstständig zu gewichten und zwischen wesentlichen und eher nebensächlichen Aspekten der Theorie zu unterscheiden.

Zur exemplarischen Veranschaulichung der Modellvariante 1 wird in Tabelle 9.3 eine mögliche Umsetzung skizziert:

Tab. 9.3:   Exemplarische Skizzierung der Modellvariante 1

Fokus	Curriculare Bausteine	Beschreibung
Theoriefokus	A	Wissenschaftliche Ansätze und Theorien zum Diagnosebegriff in Pädagogik und Psychologie mit ihren jeweiligen Qualitätskriterien und ihren Ansprüchen an Reichweite werden vorgestellt. Dieser Teil ist in der Pädagogik angesiedelt.
	B	Theorien zu den Lerngegenständen werden unter fachlichen und epistemischen Gesichtspunkten mit Erkenntnissen über Grundvorstellungen und typische Fehlvorstellungen von Schülerinnen und Schülern dargestellt. Dies erfolgt z. B. in fachdidaktischen Grundlagenveranstaltungen.
	C	Typen und Charakteristika von Diagnoseaufgaben und von Lernaufgaben werden mit ihren jeweiligen theoretischen Grenzen und Potenzialen erörtert. Dies geschieht in weiterführenden Veranstaltungen der Fachdidaktiken und/oder den Bildungswissenschaften.
Praxisfokus	D	Die Studierenden führen Projekte zur Diagnose von Schülerdispositionen mit anschließenden Förderüberlegungen in bestimmten Kontexten durch. Die Projekte sind an fachdidaktische Lehre mit Unterrichts- oder mit Forschungsfokus angebunden.

Modellvariante 2

Das Wesensmerkmal der Modellvariante 2 ist, dass das Curriculum mit dem handlungsorientierten Schwerpunkt D („Planung und Durchführung von Diagnose und Förderung") beginnt; es folgen die Schwerpunkte A, B („Verständnis von Diagnose und ihrer Bedeutung für das Lehren und Lernen entwickeln" sowie „Lerngegenstände fachlich und fachdidaktisch einschätzen") und C („Diagnose- und Förderinstrumente reflektieren"). Das Studiencurriculum mündet in einen stark praxisorientierten Inhaltsschwerpunkt D („Planung und Durchführung von Diagnose und Förderung"). Charakteristisch ist, dass alle Schwerpunkte der Diagnosekompetenzaspekte unter einem Theorie-Praxis-Fokus gestaltet werden, in dem theoretische und praktische Anteile miteinander verknüpft oder auch in engen, wiederkehrenden Wechselbezügen aufgebaut werden.

Diese Modellvariante folgt dem Ansatz eines kontextorientierten wie auch situierten Lernens, in dem insbesondere handlungsorientierte, problemorientierte und erfahrungsorientierte Ausbildungskonzepte dominieren. Die Ansätze des situierten Lernens im Bereich des schulischen Lernens wurden auf die Lehrerausbildung transferiert (vgl. Parchmann, Paschmann, Huntemann, Demuth & Ralle, 2001; Putnam & Borko 2000; Brown, Collins & Duguid, 1989; Renkl, Mandl & Gruber, 1996). In der Betrachtung des situierten Lernens in der Lehrerausbildung werden die Kontexte und Situationen des Lernens im Lernprozess der Studierenden ins Zentrum gestellt, indem der Erwerb bzw. die Konstruktion von Wissen im Zusammenhang mit Handlungen in einem bestimmten Kontext und in einer sozialen Gemeinschaft betrachtet werden. In einer situierten Sichtweise kommt dabei den Diskursgemeinschaften (z. B. Lerngruppen innerhalb der Module, phasenübergreifende Ausbildungssettings) eine zentrale Bedeutung zu. Sie bestimmen den Prozess des Lernens wie auch das Lernergebnis: die zentralen Konzepte, die Theorien, aber auch die Bewertungsmaßstäbe im Handlungsfeld der förderdiagnostischen Ausbildungsanteile (vgl. auch Gräsel, Fussangel & Parchmann, 2006).

Je näher die Lernsituationen einer späteren Anwendungssituation sind (insb. berufspraktische Bezüge im Kontext der Lehrerprofessionalität), umso leichter kann von den Studierenden ein Transfer des erworbenen Wissens geleistet werden. Für einen Transfer ist es dabei wichtig, grundlegendes Wissen aus der exemplarischen Lernsituation zu abstrahieren, zu vernetzen und in verschiedenen Zusammenhängen erneut anzuwenden (vgl. Parchmann et al., 2001).

Ausgehend von den individuellen und situierten Erfahrungen mit Praxissituationen wird bei den Studierenden theoretisches Wissen entwickelt. Im Sinne eines Spiralcurriculums werden solche situierten Praxissituationen im Laufe des Studiums immer wieder aufgegriffen und die Studierenden haben Lerngelegenheiten, um ihr Verständnis und ihre Handlungskompetenzen in Bezug auf diagnosebasiertes Lehren an Breite und Tiefe zu entwickeln. Charakteristisch für diese Modellvariante ist dabei, dass die Theorie nicht in einem geschlossenen System präsentiert wird. Die Gewichtung der einzelnen Theorieteile erfolgt nach Gesichtspunkten ihrer Bedeutung für die praktischen Aufgabenkontexte.

Auch bei dieser Modellvariante steht am Ende des Curriculums ein Diagnoseprojekt, das die Studierenden eigenständig durchführen und das eine komplexe Anwendung des im Studienverlauf Gelernten erfordert. Die einzelnen Wissensteile werden zuvor im Rahmen von praktischen Bezügen erarbeitet, angewendet und reflektiert.

Die Modellvariante 2 bietet damit besondere Potenziale zur Entwicklung von Überzeugungen und Handlungsfähigkeiten, um als zukünftige Lehrerinnen und Lehrer einen Fachunterricht zu gestalten, in dem die Anregungen zum Lernen an die Schülerfähigkeiten und Schülerdenkweisen anknüpfen und diese im Hinblick auf die fachlichen Ziele des Unterrichts weiterführen.

Zur exemplarischen Veranschaulichung von Modell 2 wird in Tabelle 9.4 eine mögliche Umsetzung skizziert:

Tab. 9.4:   Exemplarische Skizzierung der Modellvariante 2

Fokus	Curriculare Bausteine	Beschreibung
Theorie-Praxis-Fokus	D	Die Studierenden werden mit Schülerverhalten in Begegnung gebracht (z. B. Beobachtungssituationen in Lehr-Lern-Laboren, Schülerproduktvignetten, Fallbeispiele zu Aufgabenbearbeitungen, Videoausschnitte von Gruppenarbeitsphasen). Die Studierenden setzen sich mit dem Schülerverhalten auseinander. Dabei entsteht der Bedarf, dieses nicht nur zu beschreiben, sondern mit Hilfe vermuteter Ursachen wie Absichten, Motive, Vorstellungen, Wissen der jeweiligen Schülerin bzw. des jeweiligen Schülers zu erklären. Dies geschieht in Grundlagenveranstaltungen der Fachdidaktiken und/oder den Bildungswissenschaften.
Theorie-Praxis-Fokus	A	Studierende entwickeln über die Erörterung exemplarischen/r Schülerverhaltens/Schülerprodukte ein Bewusstsein dafür, dass die Art der Lernprozesse und der Erkenntnisgewinn beim Bearbeiten von Aufgaben stark von den individuellen Lernvoraussetzungen und Lerndispositionen abhängen. Es können mögliche Reaktionen aus der Perspektive des Lehrenden erörtert werden, z. B. in Form von Feedback oder weiterführender Aufgaben an die Lernenden. Dies öffnet den Studierenden den Blick für die Potenziale/Notwendigkeiten differenzierter, individueller Lernförderung und ein Verständnis für die Bedeutung von Diagnose für Lehr- und Lernprozesse. Dies geschieht in Grundlagenveranstaltungen der Fachdidaktiken und/oder den Bildungswissenschaften.
Theorie-Praxis-Fokus	B	Die Studierenden werden über Praxisbeispiele dafür sensibilisiert, dass die Fähigkeit zur fachlichen und fachdidaktischen Einschätzung des jeweiligen Lerngegenstands essenziell dafür ist, das Lernen der Schülerinnen und Schüler adäquat zu begleiten und zu unterstützen. Aufgaben zu spezifischen fachlichen Lerninhalten werden hinsichtlich ihrer Schwierigkeiten oder ihres Lernpotenzials wie auch der Bedeutung individueller Lernvoraussetzungen für Denkprozesse oder Lösungsvarianten analysiert. Entsprechende Inhalte werden in fachdidaktischen Ausbildungsanteilen vermittelt.
Theorie-Praxis-Fokus	C	Vor dem Hintergrund ihrer vielfältigen Erfahrungen mit der Analyse von Schülerverhalten im Rahmen diagnostischer Aufgaben werden die Studierenden in ausgewählten Kontexten an die Reflexion von Diagnose- und Förderinstrumenten herangeführt. Dabei lassen sich Lern- und Diagnosepotenziale von Aufgaben einschätzen oder auch unterschiedliche Diagnose- und Förderinstrumente analysieren, vergleichen wie auch im Hinblick auf das Diagnose-/Lernziel bewerten. Möglich sind Schwerpunktsetzungen oder auch eine Verknüpfung von Individual- und Gruppenperspektiven. Entsprechende Inhalte werden in fachdidaktischen und bildungswissenschaftlichen Ausbildungsanteilen vermittelt.
Theorie-Praxis-Fokus	D	Es folgen Ausbildungselemente mit dem Schwerpunkt auf der Planung und Durchführung von Diagnose und Förderung. Studierende entwickeln und erproben auf Basis ihres theoretischen Wissens Diagnose- und Förderinstrumente im Kontext konkreter Lernsituationen (Kombination mit Schulpraktika, Formaten Forschenden Lernens, Lehr-Lern-Laboren, etc. ...). Sie adaptieren ihre Instrumente auf Basis der Erfahrungen und Reflexionen aus der Erprobung. Entsprechende Projekte sind an fachdidaktische und/oder bildungswissenschaftliche Lehrveranstaltungen mit Unterrichts- oder mit Forschungsfokus angebunden.

Standortspezifische Reflexion der Modelle am Beispiel der Universität Oldenburg

An der Universität Oldenburg orientieren sich die einzelnen MINT-Fachdidaktiken in der curricularen Gestaltung an dem zweiten Modell, das Theorie- und Praxisteile integrativ miteinander verknüpft. Allerdings sind wir aus studienorganisatorischen Gründen noch nicht so weit, die Elemente zur Diagnose und Förderung der unterschiedlichen Fächer und auch der jeweiligen Fächer mit der Pädagogik in einem aufeinander aufbauenden Curriculum zu verbinden. Das liegt vor allem an der Vielzahl der Fächerkombinationen unserer Studierenden. Daher stehen diese für die einzelnen Studierenden weitgehend unverbunden nebeneinander. Die Reihenfolge, in der sie studiert werden, ist bei den einzelnen Studierenden unterschiedlich, sodass in Veranstaltungen nichts vorausgesetzt werden kann, was in jeweils anderen Fachbereichen zu dem Thema gelernt werden soll. Die Modellreflexion hat es uns jedoch als ersten zentralen Schritt in der Weiterentwicklung unseres Studiencurriculums ermöglicht, die Potenziale für die interdisziplinäre Vernetzung von einführenden, vertiefenden oder auch erweiternden Anteilen der unterschiedlichen Ausbildungselemente konzeptionell zu erfassen und daraus Leitlinien für die weitere Arbeit zugrunde zu legen.

9.4 Exemplarische Darstellung von Modulkonzepten in den Bildungswissenschaften, in der Biologiedidaktik und in der Mathematikdidaktik

Im Kapitel 13 dieses Bandes wird der Einsatz von Schülervignetten in Oldenburger Lehrveranstaltungen thematisiert (vgl. Brauer, Fischer, Hößle, Niesel, Voß & Warnstedt, 2017, Kap. 13 in diesem Band). Dort werden Einblicke gegeben, wie Studierende anhand einzelner Aufgaben ihre Fähigkeiten in Analyse- und Diagnosetätigkeiten erweitern können und wie sie lernen, Schlussfolgerungen für die Lehre zu ziehen. Dies sind Beispiele, wie wir die Ausbildung der in Tabelle 9.1 aufgeführten Aspekte C unterstützen (Diagnose- und Förderinstrumente analysieren und beurteilen). Solche Tätigkeiten werden in mehrere Module eingebettet. Um zu verdeutlichen, wie größere Einheiten in unserem Curriculum aussehen, zeigen wir in diesem Kapitel exemplarisch Lehrkonzepte von drei Oldenburger Modulen mit unterschiedlicher konzeptioneller und methodischer Ausrichtung. Das erste Beispiel bezieht sich auf Veranstaltungen die grundlegende Theorieelemente mit einem starken theoretisch-systematischen Fokus darstellen und mit Praxisbeispielen im Vortragsstil präsentieren. Das zweite Beispiel ist ein Modul aus der Biologiedidaktik, in dem die Studierenden schrittweise angeleitet und begleitet werden, diagnosebasierten Unterricht zu planen und durchzuführen. Es entwickelt theoretische Wissenselemente ausgehend von praktischen Erfahrungen. Das dritte Beispiel ist ein mathematikdidaktisches Modul, in dem die Studierenden eigenständig diagnosebasierten Unterricht konzipieren und durchführen. Hier werden zuvor gelernte theoretische und praktische Wissenskomponenten verbunden, die sich in der Praxis bewähren müssen.

Diagnostik in bildungswissenschaftlichen Lehrveranstaltungen

In bildungswissenschaftlichen Veranstaltungen werden pädagogische und psychologische Grundlagen schulischer Diagnostik thematisiert. Ein Schwerpunkt liegt u. a. auf der Qualität diagnostischer Urteile.

Es werden verschiedene Bereiche pädagogischer Diagnostik betrachtet (Diagnostik von Kompetenzen, Motivation, Sozialverhalten etc., außerdem Diagnostik von Unterrichtsqualität), mögliche Ziele (z. B. summative Diagnostik als Bewertungsgrundlage am Ende einer Lerneinheit, formative Diagnostik als Bestandteil individueller Förderung), Operationalisierungsformen (Indikatoren, Datenerhebungsverfahren; siehe z. B. Döring & Bortz, 2016), Bezugsnormen und Attributionsmuster (siehe z. B. Heckhausen & Heckhausen, 2010; Rheinberg, 2001). Mit Blick auf die Qualität diagnostischer Urteile werden insbesondere Gütekriterien und mögliche Urteilsfehler (Bestätigungsfehler, Referenzfehler, Attributionsfehler etc.) thematisiert (siehe z. B. Ingenkamp & Lissmann, 2008; Jonas, Stroebe & Hewstone, 2014). Zudem wird auf Formen der Rückmeldung diagnostischer Ergebnisse eingegangen.

Ein weiterer wichtiger Aspekt bezieht sich auf den Sinn von Diagnostik. Es werden einerseits Chancen und Potentiale von Diagnostik aufgezeigt, hierbei wird u. a. auf die Möglichkeit gezielter und frühzeitiger Intervention hingewiesen (siehe z. B. Lauth, Grünke & Brunstein, 2014). Andererseits werden Grenzen und Risiken von Diagnostik diskutiert. Ein Beispiel für die Grenzen ist Underachievement (d. h. die diagnostizierten Leistungen liegen unterhalb dessen, was eine Schülerin bzw. ein Schüler aufgrund vorhandener Kompetenzen leisten könnte). Ein Beispiel für die Risiken ist Stigmatisierung durch die Diagnose von Störungsbildern wie beispielsweise Lernstörungen, Störungen des Sozialverhaltens oder Entwicklungsstörungen (siehe z. B. Knopf & Goertz, 2011). In diesem Zusammenhang werden der Störungsbegriff, der Normalitätsbegriff sowie der Einfluss gesellschaftlicher und struktureller Bedingungen (u. a. sozialer und institutioneller Normen und Referenzrahmen; siehe z. B. Busse, Riedesel & Krause, 2017) auf diagnostische Prozesse kritisch diskutiert.

Im Bereich der Gütekriterien werden insbesondere die Kriterien Validität, Reliabilität und Objektivität erläutert. Es wird erörtert, inwieweit verschiedene diagnostische Verfahren tatsächlich das messen, was gemessen werden soll (Validität), inwieweit sie genau und zuverlässig messen (Reliabilität) und inwieweit die Ergebnisse unabhängig von der durchführenden bzw. auswertenden Person sind (Objektivität). Weitere Kriterien werden ebenfalls thematisiert, z. B. die Nützlichkeit und Durchführbarkeit von Verfahren (siehe z. B. Döring & Bortz, 2016). Die Relevanz der Gütekriterien wird anhand verschiedener Beispiele verdeutlicht. Ein gängiges Beispiel zur Validität bezieht sich auf Textaufgaben im Mathematikunterricht. Bei diesen Aufgaben ist davon auszugehen, dass zum Teil eher das Textverstehen erfasst wird, eine Beurteilung rechnerischer Fähigkeiten kann auf diese Weise in einigen Fällen nur eingeschränkt (oder, bei größeren Schwierigkeiten im Textverstehen, gar nicht) erfolgen.

Hinsichtlich möglicher Bezugsnormen für die diagnostische Urteilsbildung und für Feedback werden die sachliche bzw. kriteriale Bezugsnorm (Vergleich mit einem sachlichen Kriterium, z. B. einem Lernziel), die individuelle Bezugsnorm (intraindividueller Vergleich, Perspektive der individuellen Entwicklung) und die soziale Bezugsnorm (interindividueller Vergleich) thematisiert. Hierbei wird auch auf die motivationale Relevanz der Bezugsnorm eingegangen; es wird z. B. erläutert, dass sich die Berücksichtigung individueller Lernfortschritte bei der Diagnostik und beim Feedback positiv auf die Lernmotivation auswirken kann (vgl. Rheinberg, 2001). Ein weiterer motivational relevanter Aspekt der Diagnostik ist die Kausalattribution (siehe z. B. Heckhausen & Heckhausen, 2010); diesbezüglich werden verschiedene Dimensionen (internal/external, stabil/variabel, global/spezifisch, kontrollierbar/unkontrollierbar) sowie motivationale Konsequenzen verschiedener Attributionsstile bei Erfolg und Misserfolg thematisiert (z. B. geringe Anstrengungsbereitschaft in Folge internal-stabiler Attribution bei Misserfolg).

Bezüglich motivational relevanter Aspekte von Diagnostik und Feedback wird zudem u. a. darauf eingegangen, in welcher Form sich eine ressourcenorientierte Perspektive umsetzen lässt, also die explizite Berücksichtigung von Stärken und Potentialen (statt einer ausschließlich defizitorientierten Perspektive, die nur Fehler und Schwächen in den Blick nimmt). Zugleich wird darauf hingewiesen, dass es auch wichtig ist, individuelle Schwierigkeiten zu diagnostizieren, um gezielt intervenieren zu können. Auch der konstruktive Umgang mit Fehlern wird thematisiert.

b) Biologiedidaktik: Modul „Lehrern und Lernen im Schülerlabor"

Ziel des Moduls „Lehren und Lernen im Schülerlabor der Grünen Schule" ist es, Studierende des Masterstudienganges in ihrer fachdidaktischen Kompetenz unter besonderer Berücksichtigung der Diagnosefähigkeiten zu fördern. Dazu können die Studierenden eine Lerneinheit zum Thema Wirbeltiere planen und im Lehr-Lern-Labor der Grünen Schule mit Schülerinnen und Schülern praktisch erproben und sich im Diagnostizieren von Lernprozessen üben. Die Struktur des Moduls basiert auf der oben dargestellten instruktionsorientierten Modellvariante 1 (Abb. 9.3). Da das Modul in der Fachdidaktik angesiedelt ist, fokussiert es die Diagnosekompetenzaspekte B, C und D.

Der Diagnosekompetenzaspekt B (Lerngegenstände fachlich und fachdidaktisch analysieren und beurteilen) wird in Bezug auf den konkreten Gegenstand thematisiert: Zunächst werden die Studierenden in die fachlichen Inhalte des Unterrichtsthemas Wirbeltiere sowie in die Grundlagen der Diagnose eingeführt. Anschließend erwerben die Studierenden diejenigen naturwissenschaftlichen Kompetenzen, die zum späteren Zeitpunkt schließlich von den Schülerinnen und Schülern im Lehr-Lern-Labor entwickelt werden sollen. In Bezug auf das Thema Wirbeltiere sollen die Studierenden ausgewählte Wirbeltiere in ihrer Lebensweise, ihrem Körperbau und ihrer Verhaltensweise kennen lernen und verhaltensbiologische Experimente selbstständig entwickeln, durchführen und auswerten lernen. Darüber hinaus sollen die Studierenden typische Vorstellungen und Lernschwierigkeiten von Schülerinnen und Schülern in Bezug auf

- das Fachwissen und den verantwortungsvollen Umgang mit lebenden Tieren kennen (z. B. Ekel und Unsicherheiten) und
- das selbstständige Planen, Durchführen und Auswerten eines verhaltensbiologischen Experimentes kennen (z. B. die Unterscheidung von deskriptiven und interpretierenden Verhaltensbeobachtungen).

Es folgt eine Schwerpunktsetzung im Hinblick auf den Diagnosekompetenzaspekt C (Diagnose- und Förderinstrumente analysieren und beurteilen). Die Studierenden werden aufgefordert, eine Lerneinheit zu entwickeln unter besonderer Berücksichtigung geeigneter Lern- und Diagnoseaufgaben. Dazu erhalten die Studierenden bereits erprobte Lerneinheiten, die ihnen als Orientierungsrahmen dienen. Die in den Lerneinheiten auftauchenden Diagnoseinstrumente sollen hinsichtlich ihrer Eignung analysiert und ausgewählt werden. Im Anschluss üben sich die Studierenden im Diagnostizieren von Lernprozessen anhand von Videovignetten (vgl. Brauer et al., 2017).

Abschließend können die Studierenden die entwickelte Lerneinheit im Lehr-Lern-Labor der Grünen Schule erproben (Diagnosekompetenzaspekte D, Diagnose und Förderung planen und durchführen). Dabei können die adaptierten Diagnoseinstrumente eingesetzt, Daten gesammelt und im Anschluss an den Unterricht analysiert werden. Aus den Schlussfolgerungen können Feedback- und Fördermaßnahmen abgeleitet werden. Die Lerneinheit kann letztendlich an die ermittelten Bedürfnisse und die Lernausgangslage der Schülerinnen und Schüler angepasst werden.

c) Mathematikdidaktik: Lernausgangsdiagnose für Mathematikunterricht

Der hier vorgestellte Lehrausschnitt (vgl. Heinrich, 2017) stammt aus dem Modul „Fachpraktikum Mathematik". Dieses wird im Master für Studierende für das Lehramt an Gymnasien angeboten. Es besteht aus einem Vorbereitungsseminar und einer Praxisphase in der Schule, dem sogenannten Fachpraktikum.

Die Studierenden erhalten für das Praktikum die Aufgabe, zunächst eine Unterrichtsstunde für eine bestimmte Klasse zu planen und anschließend eine schriftliche Lernausgangsdiagnose in dieser Klasse durchzuführen, die ihnen hilft einzuschätzen, ob die Voraussetzungen gegeben sind, dass ihre Schülerinnen und Schüler die für die geplante Unterrichtsstunde gesetzten Ziele erreichen können.

Es gibt ein breites Spektrum an Möglichkeiten für die Lernausgangsdiagnosen, das je nach Bedarf für die geplante Stunde und nach diagnostischen Kompetenzen der Studierenden genutzt werden kann. Die Lernausgangsdiagnose kann aus einem simplen Test bestehen, der überprüft, ob bei allen die Rechenfertigkeiten vorhanden sind, die in der geplanten Stunde gebraucht werden und die vorher gelernt worden sein sollten. Sie kann aber auch z. B. nach dem Verständnis von Begriffen oder Verfahren fragen. Die Lernausgangsdiagnose mündet in Schlussfolgerungen bezüglich des Vorhandenseins von notwendigen Voraussetzungen bei den jeweiligen Schülerinnen und Schülern, welche ggf. zu einer Modifikation bei der Stundenplanung führt.

Nach der Auswertung der Lernausgangdiagnosen soll die Stundenplanung überarbeitet werden. Auch hier gibt es viele Handlungsmöglichkeiten für die Studierenden. Sie reichen von der Entscheidung, nichts zu verändern, über kleinere Maßnahmen der Ergänzung einer Information oder einer Wiederholung bis zur Veränderung der zentralen Inhalte und Aufgaben der Stunde. Die Maßnahmen können mehr oder weniger differenzierend ausfallen und so in unterschiedlich ausgeprägter Weise die differenten diagnostischen Voraussetzungen verschiedener Schülerinnen und Schüler oder Schülergruppen berücksichtigen. Anschließend sollen die Studierenden die überarbeitete Stunde durchführen.

In dem zu erstellenden Praktikumsbericht sollen die Studierenden zu einer in solcher Weise geplanten Stunde eine ausführliche Planung mit didaktisch orientierter Sachanalyse, psychologischer Analyse einschließlich ihrer auf der Lernausgangsdiagnose basierenden Erkenntnisse sowie Planung, Darstellung der Durchführung und Reflexion präsentieren.

Die Studierenden sind mit diesem Arbeitsauftrag gefordert, sich für diese Unterrichtsstunde nicht nur über inhaltsbezogene fachdidaktische Fragen und Wissen über allgemeine schülerbezogene Kompetenzen und Schwierigkeiten zu dem gewählten Unterrichtsthema Gedanken zu machen, sondern spezifische Wissenselemente, Vorstellungen und Fähigkeiten ihrer Schülerinnen und Schüler, die sie in die Unterrichtsstunde einbringen können, zu eruieren und zu berücksichtigen.

9.5 Ausblick

Wir haben in diesem Kapitel Perspektiven für die hochschuldidaktische Planung und Verankerung diagnostischer Elemente in die Lehrerausbildung vorgestellt. Dabei wurden insbesondere Strategien und Instrumente fokussiert, die im Rahmen der hochschuldidaktischen Analyse- und Entwicklungsprozesse an der Carl von Ossietzky Universität Oldenburg im Kontext der Stärkung diagnostischer Kompetenzentwicklungen in der Lehrerbildung geleitet und unterstützt haben. Der Beitrag hatte dabei zum Ziel, Anregungen für hochschuldidaktische Analysen und Entwicklung an anderen lehrerbildenden Hochschulstandorten zu geben.

Ein Punkt, den wir besonders betonen, ist die Einsicht für die Notwendigkeit, dass Lehrkräfte auf Lernvoraussetzungen ihrer Schülerinnen und Schüler aufbauen. In unserer eigenen Lehre haben wir Elemente zur Feststellung der Vorstellungen und Denkweisen unserer Studierenden im Rahmen ihrer Entwicklung diagnostischer Kompetenzen jedoch noch nicht systematisch etabliert. Genauso wie die Studierenden lernen sollen, bei dem Wissen, den Vorstellungen und Denkweisen von Schülerinnen und Schülern anzusetzen, wollen wir die Lernausgangslagen wie auch die Kompetenzentwicklungsprozesse unserer Studierenden zum Themenfeld Diagnose und Förderung noch mehr in den Blick nehmen.

Nach unserer Analyse berücksichtigen wir bislang z.B. selten, dass die Lern- und Sprachkultur, die unsere Studierenden erleben, in den einzelnen Fachdidaktiken und der Pädagogik sehr unterschiedlich sein kann. Begriffe werden nicht immer einheitlich verwendet, sondern unterscheiden sich in den jeweiligen fachsprachlichen Bedeutungen.

In der Umsetzung unseres Curriculums ist vieles noch bruchstückhaft und isoliert. Hier müssen wir insbesondere noch Konzepte zur Vernetzung der einzelnen Teile entwickeln. Aus Zeitgründen halten wir es für nicht durchführbar, dass die vier Aspekte der diagnostischen Kompetenz in der potenziell möglichen Tiefe und Breite abgebildet werden. Letztlich wird vieles exemplarisch bleiben müssen, wenn an der einen oder anderen Stelle eine vertiefte Auseinandersetzung stattfinden soll. Wünschenswert ist, dass sich die Fächer und die Pädagogik hier ergänzen. So können in Oldenburg Studierende mit den Fächern Mathematik und Biologie in der Mathematik schwerpunktmäßig lernen, mathematische Aufgaben im Hinblick auf ihr Lern- oder Diagnosepotenzial zu analysieren, solche Aufgaben zu entwickeln, einzelne schriftliche Schülerdokumente zu solchen Aufgaben im Hinblick auf plausible Vorstellungen und Gedankengänge zu deuten und individuell förderliche weiterführende Aufgaben zu stellen. In der Biologie erleben Studierende einen Schwerpunkt in der kriteriengeleiteten Beobachtung von Unterricht, bei dem sie für viele Facetten von Experimentierverhalten von Schülerinnen und Schülern sensibilisiert werden und in dem sie lernen, Unterrichtskonzepte in mehrfachen Zyklen zu optimieren. In der Pädagogik lernen Studierende beispielsweise spezifische Fehlerpotenziale von Diagnosetätigkeiten kennen.

Die kritische Frage ist, wie wir unterstützen können, dass unsere Studierenden erworbene diagnostische Kompetenzen zwischen Bildungswissenschaft und Fachdidaktik wie auch zwischen ihren beiden Fachdidaktiken vernetzen und gewinnbringend nutzen. Werden Studierende ihre Fähigkeit, Lernpotentiale von mathematischen Aufgaben zu erkennen, auf Arbeitsaufträge in Biologie übertragen können? Und werden sie Erfahrungen in der Analyse von Videovignetten zu Experimentierverhalten auch in Beobachtungen von Schülerverhalten im Mathematikunterricht nutzen können? Während manche Studierende die Gleichartigkeit der Anforderung trotz unterschiedlicher Fächer und Unterrichtskulturen erkennen und ihnen der Transfer ihres methodischen Wissens und Könnens leicht fallen wird, ist damit zu rechnen, dass es auch Studierende gibt, die ihre beiden Fächer strikt getrennt wahrnehmen und nicht nach Parallelen oder gar nach der Möglichkeit des Transfers von Methoden fragen. Damit auch sie das Potential der gelernten Methoden und Theorien ausschöpfen können, sind Unterstützungsmaßnahmen, die den Transfer erleichtern, notwendig. Solche Maßnahmen können z. B. sein:

- Die Fachdidaktik-Lehrenden fordern die Studierenden auf, Qualitätskriterien für Diagnoseaufgaben, die sie in der Pädagogik kennengelernt haben, auf eine fachliche Diagnoseaufgabe anzuwenden und sowohl die Aufgabe als auch die Kriterien kritisch zu reflektieren.
- Die Lehrenden diskutieren mit den Studierenden die Übertragbarkeit der vorgestellten Diagnose- und Förderkonzepte auf die anderen Studienfächer der Studierenden. Diese erklären die Ähnlichkeiten und Unterschiede der Fach- und Unterrichtskulturen und entwickeln Vorschläge, wie die gelernten Methoden für das andere Fach adaptiert werden können.
- Die Fachdidaktik-Lehrenden eines Faches verweisen auf Schwerpunkte zu Diagnose und Förderung in anderen Fachdidaktiken und erörtern mit den Studierenden die Möglichkeiten, die Grenzen und das Potential für ein entsprechendes Vorgehen in einem bestimmten Fach. Hier wären auch Referate der Studierenden denkbar, in denen sie die in ihrem anderen Fach gelernten Methoden vorstellen und ihre Anwendbarkeit in diesem Fach reflektieren.

Literatur

Abs, H. J. (2007). *Überlegungen zur Modellierung diagnostischer Kompetenz bei Lehrerinnen und Lehrern*. In M. Lüders & J. Wissinger (Hrsg.), *Forschung zur Lehrerbildung. Kompetenzentwicklung und Programmevaluation* (S. 63–84). Münster: Waxmann.

Aufschnaiter, C. v., Cappell, J., Dübbelde, G., Ennemoser, M., Mayer, J., Stiensmeier-Pelster, J., Sträßer, R. & Wolgast, A. (2015). Diagnostische Kompetenz: Theoretische Überlegungen zu einem zentralen Konstrukt der Lehrerbildung. *Zeitschrift für Pädagogik, 61* (5), 738–757.

Baumert, J., Beck, E., Beck, K., Glage, L., Götz, M., Freisel, L, Hasselhorn, M., Langefeldt, H.-P., Lemmermöhle, D., Nickolaus, R., Scheunenpflug, A., Spinner, K. & Werning, R. (Hrsg.). (2007). *Ausbildung von Lehrerinnen und Lehrern in Nordrhein-Westfalen. Empfehlungen der Expertenkommission zur Ersten Phase.* Düsseldorf: MIWFT. Verfügbar unter: www.innovation.nrw.de – www.bildungsportal.nrw.de [07.07.2017].

Bollnow, O. F. (1978). Theorie und Praxis in der Lehrerbildung. *Zeitschrift für Pädagogik, 15* (Beiheft), 155–164.

Brauer, L., Fischer, A., Hößle, C., Niesel, V., Voß, S. & Warnstedt, J. (2017). Vignettenbasierte Instrumente zur Förderung der diagnostischen Fähigkeiten von Studierenden mit den Fächern Biologie und Mathematik (Sekundarstufe I). In C. Selter, S. Hußmann, C. Hößle, C. Knipping, K. Lengnink & J. Michaelis (Hrsg.), *Diagnose und Förderung heterogener Lerngruppen – Theorien, Konzepte und Beispiele aus der MINT-Lehrerbildung* (S. 257–276). Münster: Waxmann.

Brown, J. S., Collins, A. & Duguid, P. (1989). Situated cognition and the culture of learning. *Educational Researcher, 18* (1), 32–42.

Busse, V., Riedesel, L. & Krause, U.-M. (2017). Anregung von Reflexionsprozessen zur Förderung interkultureller Kompetenz: Ergebnisse einer Interventions- und einer Interviewstudie. *Zeitschrift für Pädagogik, 63,* 362–386.

Döring, N. & Bortz, J. (Hrsg.) (2016). *Forschungsmethoden und Evaluation in den Sozial- und Humanwissenschaften* (5. Aufl.). Berlin, Heidelberg: Springer.

Felbinger, M. (2014). Studiengänge gestalten – Erkenntnisse für das Arbeits- und Selbstverständnis von Hochschulen. *Zeitschrift für Hochschulentwicklung, 9* (2), 50–63.

Fischer, A., Hößle, C., Jahnke-Klein, S., Kiper, H., Komorek, M., Michaelis, J., Niesel, V. & Sjuts, J. (Hrsg.). (2014). *Diagnostik für lernwirksamen Unterricht.* Baltmannsweiler: Schneider.

Gräsel, C., Fussangel, K. & Parchmann, I. (2006). Lerngemeinschaften in der Lehrerfortbildung: Kooperationserfahrungen und -überzeugungen von Lehrkräften. *Zeitschrift für Erziehungswissenschaft, 9* (4), 545–561.

Gröschner, A. & Seidel, T. (2012). Lernbegleitung im Praktikum – Befunde und Innovationen im Kontext der Reform der Lehrerbildung. In W. Schubarth, K. Speck, A. Seidel, C. Gottmann, C. Kamm & M. Krohn (Hrsg.), *Studium nach Bologna: Praxisbezüge stärken?! Praktika als Brücke zwischen Hochschule und Arbeitsmarkt* (S. 171–183). Wiesbaden: Springer.

Gröschner, A., Müller, K., Bauer, J., Seidel, T., Prenzel, M., Kauper, T. & Möller, J. (2015). Praxisphasen in der Lehrerausbildung – Eine Strukturanalyse am Beispiel des gymnasialen Lehramtsstudiums in Deutschland. *Zeitschrift für Erziehungswissenschaft, 18,* 639–665.

Hascher, T. (2012). Forschung zur Bedeutung von Schul- und Unterrichtspraktika in der Lehrerinnen- und Lehrerausbildung. *Beiträge zur Lehrerbildung, 30* (1), 87–98.

Hesse, I. & Latzko, B. (Hrsg.). (2011). *Diagnostik für Lehrkräfte.* Opladen: Barbara-Budrich UTB.

Heckhausen, J. & Heckhausen, H. (Hrsg.). (2010). *Motivation und Handeln.* Berlin: Springer.

Hedtke, R. (2000). Das unstillbare Verlangen nach Praxisbezug. Zum Theorie-Praxis-Problem der Lehrerbildung am Exempel Schulpraktischer Studien. In H. J. Schlösser (Hrsg.), *Berufsorientierung und Arbeitsmarkt.* Wirtschafts- und Berufspädagogische Schriften, Vol 21 (S. 67–91). Bergisch Gladbach: Hobein.

Hedtke, R. (2003). *Das unstillbare Verlangen nach Praxisbezug – Zum Theorie-Praxis-Problem der Lehrerbildung am Exempel Schulpraktischer Studien.* Verfügbar unter: http://www.uni-bielefeld.de/soz/ag/hedtke/pdf/Hedtke_unstillbares-Verlangen-Praxisbezug_2001_opt.pdf [07.07.2017].

Heinrich, M. (Hrsg.). (2017). *Diagnosebasierte Adaptionen von Mathematikunterricht durch angehende Lehrpersonen im fachbezogenen Schulpraktikum.* Unveröffentlichte Dissertation, Carl von Ossietzky Universität Oldenburg in der Reihe: Beiträge zur Didaktischen Reduktion. Hohengehren: Schneider.

Ingenkamp, K.-H. & Lissmann, U. (Hrsg.). (2008). *Lehrbuch der Pädagogischen Diagnostik.* Weinheim: Beltz.

Jonas, K., Stroebe, W. & Hewstone, M. (Hrsg.). (2014). *Sozialpsychologie.* Berlin: Springer.

Knopf, M. & Goertz, C. (2011). Theoretische Grundlagen der Entwicklungsdiagnostik. In L. F. Hornke, M. Amelang & M. Kersting (Hrsg.), *Grundfragen und Anwendungsfelder psychologischer Diagnostik. Enzyklopädie der Psychologie, B/II/1,* S. 87–130. Göttingen: Hogrefe.

Kultusministerkonferenz (2003). *Vereinbarung über Bildungsstandards im Fach Mathematik für den Mittleren Schulabschluss (Jahrgangsstufe 10).* Beschluss der Kultusministerkonferenz vom 4.12.2003. Bonn.

Kultusministerkonferenz (2004a). *Bildungsstandards im Fach Mathematik für den Primarbereich (Jahrgangsstufe 4).* Beschluss der Kultusministerkonferenz vom 15.10.2004. Bonn.

Kultusministerkonferenz (2004b). *Standards für die Lehrerbildung: Bildungswissenschaften.* Beschluss der Kultusministerkonferenz vom 16.12.2004. Bonn.

Lauth, G. W., Grünke, M. & Brunstein, J. C. (Hrsg.). (2014). *Interventionen bei Lernstörungen: Förderung, Training und Therapie in der Praxis.* Göttingen: Hogrefe.

Neuweg, G. H. (2007). Wie grau ist alle Theorie, wie grün des Lebens goldner Baum? LehrerInnenbildung im Spannungsfeld von Theorie und Praxis. bwp@ 12, Juni 2007. Verfügbar unter: http://www.bwpat.de/ausgabe12/neuweg_bwpat12.pdf [07.07.2017].

Neuweg, G. H. (2011). Distanz und Einlassung. Skeptische Anmerkungen zum Ideal einer „Theorie-Praxis-Integration" in der LehrerInnenbildung. *Erziehungswissenschaft, 23* (43), 33–45.

Niethammer, C., Koglin-Hess, I., Digel, S. & Schrader, J. (2014). Herausforderung Curriculumentwicklung: Ein konzeptioneller Ansatz zur Professionalisierung. *Zeitschrift für Hochschulentwicklung, 9* (2), 27–38.

Parchmann, I., Bünder, W., Demuth, R., Freienberg, J., Klüter, R. & Ralle, B. (2006). Lernlinien zur Verknüpfung von Kontextlernen und Kompetenzentwicklung. *Chemie konkret, 3,* 124–131.

Parchmann, I., Paschmann, A., Huntemann, H., Demuth, R. & Ralle, B. (2001). Chemie im Kontext – Begründung und Realisierung eines Lernens in sinnstiftenden Kontexten. *Praxis der Naturwissenschaften Chemie, 1* (50), 2–7.

Putnam, R. T. & Borko, H. (2000). What do new views of knowledge and thinking have to say about research on teacher learning? *Educational Researcher, 29* (1), 4–15.

Renkl, A., Mandl, H. & Gruber, H. (1996). Inert knowledge: Analyses and remedies. *Educational Psychologist, 31* (2), 115–121.

Rheinberg, F. (Hrsg.). (2001). Bezugsnormen und schulische Leistungsmessung. In F. E. Weinert (Hrsg.), *Leistungsmessungen in Schulen* (S. 59–71). Weinheim: Beltz.

Schrader, F.-W. (2013). Diagnostische Kompetenz von *Lehrpersonen. Beiträge zur Lehrerbildung, 31,* 154–165.

Weiglhofer, H. (2016). Curriculumentwicklungen und Organisationsstrukturen im Lehramtsstudium. *Zeitschrift für Hochschulentwicklung, 11* (1), 23–38.

Vettori, O. & Schwarzl, C. (2008). Curricula als work in progress? – Erste Ergebnisse einer lernergebnisorientierten Programmentwicklung. *Zeitschrift für Hochschulentwicklung, 3* (4), 1–15.

Christine Knipping, Yannik Tolsdorf & Silvija Markic

10. Heterogene Schülervorstellungen und fachliche Vorstellungen fokussieren – Beiträge zur praxisnahen Lehramtsausbildung in der Chemie- und Mathematikdidaktik

Im Praxissemester, wenn Studierende selbständig Unterricht planen, durchführen, evaluieren und verantworten, kann die Entwicklung und Gestaltung von differenzierendem Unterricht zur Herausforderung oder auch Überforderung werden. Die Wahl von geeigneter Diagnostik und die adaptive Gestaltung von Unterricht ist für viele dieser Studierenden sehr anspruchsvoll, wenn die Erfassung individueller Lernvoraussetzungen und Lernendenprofile, sowie eine angemessene Differenzierung angestrebt wird (Klafki & Stöcker, 1985; Leuders & Prediger, 2016; siehe auch Kapitel 3). Wie Studierende mit Blick auf diese Herausforderung bereits in der Vorbereitung auf das Praxissemester für den Umgang mit Heterogenität sensibilisiert werden und in fachdidaktischen Begleitveranstaltungen zum Praxissemester in Prozessen des differenzierenden Planens von Unterricht, seiner Durchführung und vor allem auch Reflexion unterstützt werden können (vgl. Lengnink, Bikner-Ahsbahs & Knipping, 2017, Kap. 4 in diesem Band), soll in diesem Kapitel an Beispielen der Veranstaltungen der Mathematik- und Chemiedidaktik der Universität Bremen veranschaulicht werden. Auf diese Weise soll illustriert werden, wie die Entwicklung von Diagnose- und Förderkompetenz im MINT-Lehramtsstudium begleitet und unterstützt werden kann und die Herausforderung damit zu einer Lerngelegenheit wird.

Das Teilprojekt ‚Adaptivität von Mathematik- und Chemieunterricht' hat seinen Schwerpunkt auf die Sensibilisierung für und den Umgang mit Heterogenität im Kontext des Praxissemesters gelegt (vgl. Selter et al., 2017). Aus fachdidaktischer Sicht gelingt die Adaptivität von Unterricht mit Blick auf Heterogenität erst durch die bewusste Fokussiertheit auf die Strukturierung der Lerngegenstände und die Tiefenstrukturen von Unterricht (vgl. Knipping, Korff & Prediger, 2017, Kap. 3 in diesem Band). Wie eine solche Fokussiertheit auch Studierenden gelingen kann und wie fachdidaktische Lehrveranstaltungen dazu beitragen können, soll in diesem Kapitel konzeptionell, aber auch anhand von konkreten Beispielen unserer Erfahrungen im Bereich von Mathematik und Chemie aufgezeigt werden. In den Mittelpunkt stellen wir dabei *Vorstellungen* (fachliche Vorstellungen sowie Schülervorstellungen) und *Sprache*, um mit diesem Fokus Möglichkeiten aufzuzeigen, wie Studierende fachdidaktisch auf den Umgang mit heterogenen Lerngruppen vorbereitet werden können. In den mathematikdidaktischen Beispielen (Kap. 10.1) konzentrieren wir uns zunächst auf die Arbeit mit Studierenden an der Bedeutung von Vorstellungen und zeigen, wie die Diagnostik von Schülervorstellungen auch Studierenden gelingen kann. Im chemiedidaktischen Teil nehmen wir zusätzlich auch die Bedeutung von Sprache und die Erfassung von fachdidaktisch relevanten sprachlichen Voraussetzungen der Lernenden – gerade auch im Zusammenhang mit Schülervorstellungen und fachlichen Vorstellungen - in den Blick (Kap. 10.2). Auch in diesem Kapitel zeigen wir mögliche hochschuldidaktische Interventionen auf, durch die

Studierende im Aufbau diagnostischer Kompetenzen und in der adaptiven Unterrichtsplanung unterstützt werden können.

10.1 Vorstellungsorientierung im Mathematikunterricht

Der gezielte Aufbau von tragfähigen Vorstellungen, die anschlussfähig an fachliche Inhalte sind, spielt in den meisten MINT-Fächern im Sekundarbereich eine entscheidende Rolle (Hammann & Asshoff, 2014; Wiesner, Schecker & Hopf, 2011; Barke, 2006). In
der Mathematikdidaktik werden zusätzlich zu Schülervorstellungen und fachlichen Vorstellungen auch sogenannte Grundvorstellungen unterschieden, ein Konzept das in der
Grundidee auf Johannes Kühnel (1966) zurückgeht. Rudolf vom Hofe (1995) beschreibt
Grundvorstellungen als Beziehungen zwischen Mathematik Individuum und Realität.
Sie unterstützen nach vom Hofe die Sinnkonstituierung eines Begriffs durch Anknüpfung an bekannte Sach- oder Handlungszusammenhänge bzw. Handlungsvorstellungen,
die den Aufbau entsprechender (visueller) Repräsentationen bzw. ‚Verinnerlichenden‘
und ein operatives Handeln auf der Vorstellungsebene ermöglichen. Grundvorstellungen
konstituieren die Fähigkeit zur Anwendung eines Begriffs auf die Wirklichkeit, indem
die entsprechende Struktur in Sachzusammenhängen erkannt oder durch Modellierungen des Sachproblems mithilfe der mathematischen Struktur gesehen wird. Grundvorstellungen sind in der deutschsprachigen Mathematikdidaktik ein anerkanntes Konzept,
das in etlichen mathematischen Teilbereichen bereits ausdifferenziert und konkretisiert
worden ist. Die Vermittlung der grundlegenden Idee von Grundvorstellungen und spezifischen Grundvorstellungen, etwa zum Bruchbegriff, Variablenbegriff, aber auch Operationen wie der Multiplikation oder Division, gehört im deutschsprachigen Raum in
den aktuellen Kanon von einführenden Veranstaltungen der Mathematikdidaktik.

Im Kontext der in diesem Kapitel vorgestellten mathematikdidaktischen Veranstaltungen spielt die Diagnostik von Grundvorstellungen eine zentrale Rolle. Um vorhandene oder abwesende Vorstellungen bei Schülerinnen und Schülern diagnostizieren zu
können, bieten sich als Unterstützung für Studierende im Vorbereitungs- und Begleitseminar auf das Praxissemester praxisnah Vignetten an. Dies wird im Kapitel 10.1.1 an
einem Beispiel illustriert. Auch eigenständige ‚Diagnostische Erkundungen‘ wirken für
Studierende unterstützend, wenn es um Diagnostik von Schülervorstellungen, Grundvorstellungen und eine adaptive Unterrichtsplanung geht. Dies wird in Kapitel 10.1.2 an
einem Fallbeispiel aus dem Bremer Entwicklungsprojekt veranschaulicht.

10.1.1 Vignetten von Schülerprodukten im Vorbereitungsseminar

Vignetten haben den entscheidenden Vorteil, dass antizipierend diagnostische Elemente etwa von differenten Schülervorstellungen und -herangehensweisen auch vor Beginn
der Praxisphasen thematisiert werden können. Komplexe Anforderungen von fachdidaktischer Diagnostik können so transparent werden, indem anhand von Vignetten auf
ausgewählte fachdidaktische Aspekte fokussiert wird. Dies soll im Folgenden illustriert
werden.

Hintergrund zur Entwicklung der Vignette

Die Anregung zur Produktvignette (siehe dazu auch v. Aufschnaiter, Selter & Michaelis, 2017, Kap. 5 in diesem Band), mit der seit dem zweiten Durchgang des Entwicklungsprojektes im Vorbereitungsseminar an der Universität Bremen gearbeitet wurde, war eine Unterrichtssituation einer Studentin einer vorherigen Lehramts-Kohorte. Wir nennen sie im Folgenden Sarah.

Bei der Hospitation einer Unterrichtsstunde von Sarah war offensichtlich geworden, wie herausfordernd Diagnostik in situ für Studierende sein kann. Insbesondere bei fachlichen Inhalten, die sich die Studierenden noch nicht in ihrer notwendigen Tiefe fachdidaktisch erschlossen und angeeignet hatten, fiel vielen unserer Studierenden die Diagnostik von Lernausgangslagen schwer. Sarah, eine Studentin im 2. Mastersemester, war nach einer Gruppenarbeit zufrieden, in der ihre Schülerinnen und Schüler einer 9. Klasse Arbeitsergebnisse schriftlich auf Folien festgehalten und kurz der gesamten Klasse vorgestellt hatten. Im Sinne der *Oberflächenstruktur* von Unterricht (vgl. Knipping, Korff & Prediger 2017, Kap. 3 in diesem Band) hatten die Schülerinnen und Schüler offensichtlich gut gearbeitet. Die Lernenden hatten sich produktiv mit dem Inhalt der Stunde, einer Wiederholung von mehrstufigen Zufallsexperimenten, auseinandergesetzt. Alle Gruppen waren zu einer Lösung gekommen, die sie auch präsentieren konnten.

Überraschend war, dass für Sarah die Schülerprodukte (Arbeitsergebnisse auf Folien, siehe als ein Beispiel das unten abgebildete Baumdiagramm in Abb. 10.2), zunächst nur als Dokumentation der Arbeitsprozesse bzw. zur Unterstützung der Präsentation konzipiert waren. Dass diese Produkte auch als diagnostisches Instrument genutzt werden konnten, war für Sarah nicht offensichtlich, obgleich die Bedeutung von Diagnostik im Vorbereitungsseminar thematisiert worden war. Welches Potenzial in diesen Produkten liegen kann, konnte mit ihr jedoch in der Stundennachbesprechung ansatzweise geklärt werden. Aus dieser eindrücklichen begleitenden Situation im Praxissemester haben wir als Lehrende geschlossen, dass Studierende bereits in der Vorbereitung auf das Praxissemester aus Erfahrungen wie diesen von Sarah lernen können.

Vignette mit fachdidaktischen Aufgaben

Das Schülermaterial von Sarah wurde daher zu einer Produktvignette mit fachdidaktischen Aufgaben aufgearbeitet, sodass dies nach der 1. Kohorte im Entwicklungsverbund in den folgenden auf das Praxissemester vorbereitenden Seminarveranstaltungen genutzt werden konnte. Mithilfe der hier beispielhaft vorgestellten Vignette können Studierende bereits im Vorhinein praxisnah auf fachdidaktische Diagnostik und Schülervorstellungen vorbereitet werden.

Inhaltlich geht es bei dieser Produktvignette um mehrstufige Zufallsexperimente. Ausgangspunkt war ein Arbeitsblatt, das Sarah von ihrem Mentor bekommen hatte. Auf diesem Arbeitsblatt können sich die Schülerinnen und Schüler mit Ausstattungsvarianten des Autos ‚Rasanti‘ (Motorisierung, Farbe, Innenausstattung) oder einem Kombi-Menu ‚Hau Rein‘ (Hauptgericht, Beilage, Getränk) beschäftigen (Informationen der Schüleraufgabe in Abb. 10.1). In beiden Szenarien muss in zwei Kategorien jeweils eine alternative Wahl, in einer dritten Kategorie eine Auswahl aus drei Optionen getroffen werden. Anhand gegebener fiktiver Wahrscheinlichkeiten für Kundenentscheidungen

> Erfahrungsgemäß entscheiden sich 20 % der Käufer für Fish-Burger und 40 % für Cheese-Burger; 20 % für die Obst-Tüte und 40 % für Saft. Paula entscheidet sich für einen Meat-Burger mit Obst-Tüte und Cola. Schätze, wie viele von 1500 Kunden ebenfalls diese Kombination wählen.

Abb. 10.1: Auszug aus der Beispielaufgabe ‚Hau Rein'

soll die Häufigkeit der Entscheidung für eine vorgegebene Kombination geschätzt werden.

Zusätzlich zu der Aufgabenstellung sind ebenfalls drei Schülerlösungen Teil der Vignette (siehe ein Beispiel einer Schülerlösung in Abb. 10.2). In Verbindung mit der Vignette wird ein Arbeitsauftrag in Form eines Arbeitsblattes im Seminar eingesetzt. Die Studierenden sind aufgefordert, Sarah zu beraten, wie sie diese Lösungen als diagnostisches Instrument für Schülervorstellungen nutzen könnte. Auch die adaptive Planung und Gestaltung des weiteren Unterrichts von Sarah soll in den Blick genommen werden. In dem eingesetzten Arbeitsblatt wird auf die *Tiefenstrukturen* von Unterricht fokussiert und die daraus folgende *Strukturierung der Lerngegenstände.*

Vignette 2: Schülerprodukte

zur Pfadmultiplikationsregel (mehrstufige Zufallsexperimente)

> Sarah ist nun bereits zwei Monate an der Schule. Ihr gefällt das Praxissemester sehr gut und auch mit ihrer Schule, ein Gymnasium in der Nähe der Weser, ist sie sehr zufrieden. Bisher hat sie noch keinen Mathematikunterricht gegeben, dafür aber schon in verschiedenen Klassenstufen hospitiert. Die Anfrage ihres Mentors, ob Sie nächste Woche seine 9. Klasse in Mathematik übernehmen und die Unterrichtseinheit zur Stochastik durchführen möchte, kommt für sie überraschend. Doch sie denkt sich, dass dies auch eine Chance sei und sagt daher zu.
>
> Zu Beginn soll sie noch einmal mehrstufige Zufallsexperimente wiederholen, die der Mentor im Jahr zuvor schon einmal mit der Klasse im Jahrgang 8 behandelt hat. Sie gestaltet in Absprache mit ihm ein Arbeitsblatt, mit dem sie in der ersten Stunde in Erfahrung bringen möchte, was die Schülerinnen und Schüler noch zu mehrstufigen Zufallsexperimenten wissen und können.

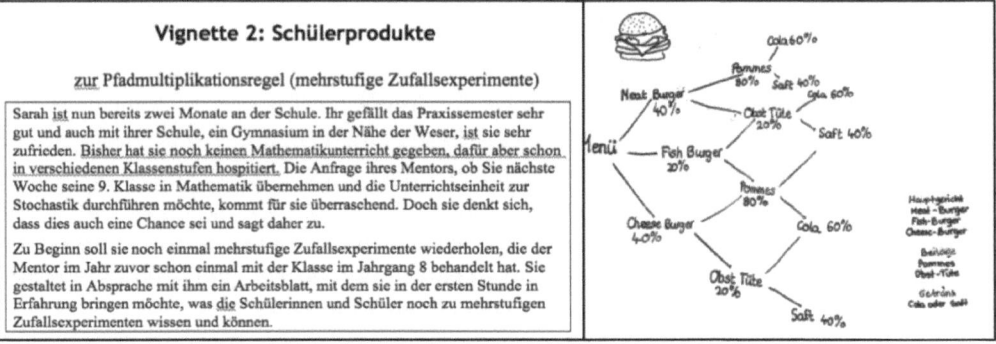

Abb. 10.2: Auszüge aus der Vignette 2: Schülerprodukte von Sarah

In Anlehnung an Hefendehl-Hebeker und Törner (1984) sollen die Studierenden in einem ersten Schritt anhand einer Sachanalyse der Beispielaufgabe „*Hau Rein*" selbst die Produktregel als fundamentales Zählprinzip erkennen. Hefendehl-Hebeker und Törner kritisieren klassische kombinatorische Grundaufgaben (wie etwa die Aufgabe ‚Hau Rein'), in denen ihrer Auffassung nach die hinter den kombinatorischen Regeln stehenden fundamentalen Strategien nicht hinreichend deutlich werden. Diese Kritik wird auf dem Arbeitsblatt zur Vignette explizit thematisiert. Hefendehl-Hebekers und Törners Ziel ist es, Schülerinnen und Schüler „in erster Linie mit den hinter den Regeln stehenden fundamentalen Ideen und Strategien vertraut zu machen" (ebd. S. 245).

Fundamentale Ideen sind eine grundlegende Verstehensgrundlage, auch für Studierende. Kognitiv ist es durchaus anspruchsvoll das fundamentale Zählprinzip als wesentlichen Kern der von Sarah genutzten Aufgaben ‚*Rasanti*' bzw. ‚*Hau Rein*' zu erkennen. Kognitive Aktivierung als Prinzip der *Tiefenstrukturen* von Unterricht kann so auch von den Studierenden im Seminar selbst erfahren werden.

Bei der Analyse der Produktvignette ist der Vergleich der Schülerlösungen, von denen in diesem Artikel aus Platzgründen nur ein Beispiel abgebildet ist, bedeutend, denn dabei werden unterschiedliche Darstellungen des fundamentalen Zählprinzips und differente Schülervorstellungen von diesen deutlich. Das abgebildete Baumdiagramm stellt lediglich eine Möglichkeit der Repräsentation dar. Andere Lernende aus Sarahs Klasse haben eine Darstellung in Form von Listen gewählt, an welchen das fundamentale Zählprinzip ebenso verdeutlicht werden kann. Vergleiche solcher Schülerprodukte sind im Hinblick auf Diagnostik und adaptiver Unterrichtsplanung sehr ergiebig und wertvoll und werden daher auch auf dem Arbeitsblatt zur ‚*Vignette 2: Schülerprodukte*‘ (siehe Abb. 10.2) im Seminar explizit eingefordert. Die mit den möglichen (und gewählten) Darstellungen verbundene Logik unterschiedlicher Schülervorstellungen und Schülerfehler im Bearbeitungsprozess können als Potenzial für den eigenen Unterricht genutzt werden. Diese Erkenntnis impliziert darüber hinaus, den Wert fokussierter fachdidaktischer Kategorien und Werkzeuge zur Diagnose von einzelnen Lernenden bzw. Schülergruppen zu erfahren. Dies wahrzunehmen, erfordert eine zunehmende Sensibilität für typische Ressourcen und Herausforderungen von heterogenen Lerngruppen. So werden adaptive Anschlüsse des eigenen Unterrichts an Schülervorstellungen möglich. Die Vielfalt der Schülerlösungen und die auch darin enthaltenen Fehler können gemeinsam produktiv im Unterricht genutzt werden, um etwa die Produktregel in Form einer beispielhaften Gleichung wie $\frac{3}{5} \cdot \frac{2}{5} \cdot \frac{1}{5}$ zu verstehen. Dies wird auf dem Arbeitsblatt zur ‚*Vignette 2: Schülerprodukte*‘ im Seminar schrittweise verlangt. Diese Überlegungen und vergleichenden Analysen der Schülerprodukte aufgreifend soll schließlich die Planung der nächsten Unterrichtsstunde von den Studierenden antizipiert werden: „Die Lösung der Gruppe hat Sarah überrascht. ... Was würden Sie ihr raten? Wie sollte sie (in der nächsten Stunde) vorgehen? Wie könnte sie die hinter der Produktregel stehende fundamentale Idee und Strategie noch einmal deutlich werden lassen?" (Auszug aus dem Arbeitsblatt zur Vignette)

Meta-Reflexion anhand von Vignetten

In der abschließenden Meta-Reflexion soll die Auseinandersetzung mit der Vignette und das dabei Gelernte von den Studierenden noch einmal zusammengefasst werden:

Reflektieren Sie!

a) Welche Schülerprodukte können Sie in Ihrem Unterricht nutzen? Mit welchen Zielen? Welche Einsichten gewinnen Sie dabei? Was müssen Sie beachten?

b) Warum sollten Sie als Lehrperson obige Analysen durchführen können? Gehen Sie dafür typische Tätigkeiten einer Lehrperson durch und beschreiben Sie, wofür solche Analysen notwendig sind: **(i)** Gesprächsführung im Unterricht **(ii)** Kleingruppenarbeit **(iii)** Hausaufgabenkontrolle **(iv)** Klassenarbeit **(v)** Sonstige

---

Abb. 10.3: Aufgaben zur Meta-Reflexion zur „Vignette 2: Schülerprodukte"

Die hier beispielhaft vorgestellte Aufgabe zur Vignette ‚*Schülerprodukte von Sarah*' (siehe Abb. 10.3) thematisieren zunächst fachlich-inhaltliche Aspekte, vor deren Hintergrund schließlich Schülervorstellungen fokussiert werden können. Eine solche Fokussierung erlaubt, die fachdidaktisch notwendige Strukturierung von Lerngegenständen in den Blick zu nehmen und so Tiefenstrukturen von Unterricht zu begreifen. Eine adaptive Unterrichtsplanung wird so möglich, wie wir es im folgenden Beispiel einer anderen Studentin sehen, die durch eine selbständig durchgeführte diagnostische Erkundung fachlich durchdacht und sensibel gegenüber ihren Lernenden ihren eigenen Unterricht sorgsam adaptiert.

10.1.2 Diagnostische Erkundung im Praxissemester

Im Praxissemester erhalten Studierende kontinuierlich die Gelegenheit im Wechselspiel von Aktivität und Reflexion Lerngelegenheiten ihrer Schülerinnen und Schüler diagnostisch zu nutzen und ihren Unterricht adaptiv auf die Heterogenität der Lernenden einzustellen. *Fachliche Fokussiertheit* ist dabei zentral, um sich in der Vielfalt möglicher Herangehensweisen nicht zu verlieren. Um diese Prozesse im Praxissemester weiter zu unterstützten, sind die Mathematik-Studierenden an der Universität Bremen (Lehramt Gymnasium / Oberschule) aufgefordert, begleitend zu der von ihnen selbst verantworteten Unterrichtseinheit eine sogenannte diagnostische Erkundung durchzuführen. Vor dem Anfang oder zu Beginn der Unterrichtseinheit sollen auf von den Studierenden selbst gewählte Weise Wissensstände, Lernvoraussetzungen und Zugangsweisen ihrer Lernenden ermittelt werden. Schülerprodukte wie in dem Beispiel von Sarah können dabei ein Ausgangspunkt sein, müssen allerdings ausgewertet und in ihren Konsequenzen reflektiert werden. Welche Wirkung eine solche diagnostische Erkundung für eine gelingende adaptive Unterrichtsgestaltung haben kann, soll im Folgenden an einem zweiten Fallbeispiel einer Studentin (im 8. Semester), wir nennen sie Anna, illustriert werden.

Anna unterrichtet einen Kurs der Einführungsphase im beruflichen Zweig des Gymnasiums. Da die Schülerinnen und Schüler den Weg des fachlichen Abiturs mit unterschiedlichem Werdegang eingeschlagen haben, ist die Altersspanne im Kurs sehr groß. Eine 28-jährige Schülerin etwa hat bereits eine Lehre absolviert und konnte einige Jahre Berufserfahrungen sammeln. Die Schülerinnen und Schüler haben ihre Abiturzugangsberechtigung über den Haupt- oder Realschulabschluss erreicht. Bezüglich der fachlichen Wissens- und Leistungsstände ist Anna beim Hospitieren im vorangegangenen Unterricht aufgefallen, dass die Lernenden noch über keinen ausgeprägten Variablenbegriff verfügen. Insbesondere in Sachkontexten muss die Bedeutung der relevanten Variablen jeweils grundlegend geklärt werden, nur wenige Schülerinnen und Schüler können aus einem Sachzusammenhang eine mathematische Formulierung herleiten. Grundvorstellungen zum Variablenbegriff sind noch nicht hinreichend ausgeprägt. Auch bei der Berechnung von Nullstellen und y-Werten scheint den Lernenden die Bedeutung der Variablen nicht klar zu sein. Bei Äquivalenzumformungen treten häufig Fehler auf, selbst bei einfachen Rechenregeln sind die Jugendlichen oft nicht sicher. So bereiten zum Beispiel die Punkt- vor Strichrechnung, das Ausklammern und Ausmultiplizieren von Klammern und auch die Bruchrechnung vielen der Klasse Probleme. Ein heterogener Leistungsstand zeichnet diese Gruppe aus, die das berufliche Abitur mit Schwerpunkt Gesundheit anstrebt.

Die diagnostische Erkundung wurde von Anna zu Beginn der Unterrichtseinheit ‚Besondere Punkte von Funktionen und Extremwertaufgaben' in dem beschriebenen Kurs der Einführungsphase eingesetzt. Anna betrachtet die Analyse der Schülerlösungen als hilfreich, um ihren weiteren Unterricht in der Berufsschulklasse planen und gestalten zu können. Sie kann so bereits vor Beginn ihres eigentlichen Unterrichts Schülerschwierigkeiten antizipieren und sich auf die Lernvoraussetzungen ihrer Lernenden einstellen. Die Diagnostik sollte die Planung und Gestaltung ihrer Unterrichtseinheit unterstützen.

Das Lösen von Extremwertaufgaben erfordert die Bestimmung von Haupt- und Nebenbedingungen, hierfür ist nach Malle der Gegenstandsaspekt als eine Grundvorstellung von Variablen fundamental (siehe hierzu Büchter & Henn, 2010, S. 32). Diese Vorstellung ist auch für das Aufstellen von Gleichungen zentral, das bei Lernenden oft stärker durch alltägliche Sprechweisen als durch mathematische Vorstellungen geprägt wird. „Aus ‚21 mal mehr SuS als Lehrkräfte' wird dann direkt die fehlerhafte Gleichung abgeleitet: $21s = l$ mit s = Anzahl der SuS und l = Anzahl der Lehrkräfte" (Diagnostische Erkundung von Anna; siehe dazu auch Kaput & Sims-Knight, 1983). Um zu überprüfen, inwieweit solche typischen Syntaxfehler auch bei den Schülerinnen und Schülern ihrer Lerngruppe vorkommen, stellt Anna zu Beginn ihrer Unterrichtseinheit folgende klassische Aufgaben, die in der Abbildung 4 (Aufgabe 1) dargestellt ist. Es folgt eine zweite Aufgabe (siehe Abb. 10.4), in der die Grundvorstellung (GV) der Variable als Kalkülaspekt aktiviert werden soll. Hier soll festgestellt werden, inwieweit Annas Schülerinnen und Schüler ein Gleichungssystem auflösen können.

Aufgabe 1: <u>Formuliere</u> folgende Aussage in Form einer Gleichung: Es gibt 21 Mal mehr Schülerinnen und Schüler an einer Schule als Lehrpersonen.

Aufgabe 2: <u>Bestimme</u> a und b mittels folgender gegebener Gleichungen:

$$2a-8b= -16$$

$$3a= 30-6b$$

Abb. 10.4: Schüleraufgaben zur diagnostischen Erkundung von Anna

In zwei weiteren Aufgaben sollen die Lernenden Gleichungen aus einem Sachzusammenhang erstellen (GV Gegenstandsaspekt) und die unbekannten Variablen berechnen (GV Kalkülaspekt). Anna kommentiert zur Auswahl und Zusammenstellung der von ihr eingesetzten Aufgaben zur Diagnostik: „Eine weitere Grundvorstellung, der Einsetzungsaspekt von Variablen, kommt hier ebenfalls zum Tragen, da die zweite unbekannte Variable ermittelt werden muss, indem die Lösung der ersten Variable eingesetzt wird. Diese drei Grundvorstellungen sind ebenfalls ausschlaggebend für das Aufstellen einer Zielfunktion für Extremwertaufgaben." (Diagnostische Erkundung von Anna). In einer fünften Aufgabe werden algebraische Fertigkeiten und Grundvorstellungen hinsichtlich eines funktionalen Zusammenhangs im Kontext eines Ballwurfs diagnostiziert, der mittels einer quadratischen Funktion beschrieben werden kann. Dabei werden auch Kompetenzen bzgl. Nullstellenberechnung, Ablesen von y-Werten usf. erfasst. Die Konzeption dieser diagnostischen Aufgaben von Anna basiert auf Anregungen aus der einschlägigen Fachliteratur und ihrer auf dieser Basis durchgeführten didaktischen Sachanalyse (siehe dazu Jaschke, 2010). Aus diesen fachdidaktischen Analysen ermittelt Anna Diagnosekategorien, mit denen sie die Wissensstände und Fertigkeiten ihrer Schülerinnen und Schüler mit Blick auf ihre Unterrichtseinheit fokussieren kann. In der letzten Aufgabe soll der Lernstand bezüglich der voran gegangenen Unterrichtseinheit zu Ableitungen überprüft werden. Dabei stehen Ableitungsregeln im Vordergrund (siehe Schülerlösungen in Abb. 10.5).

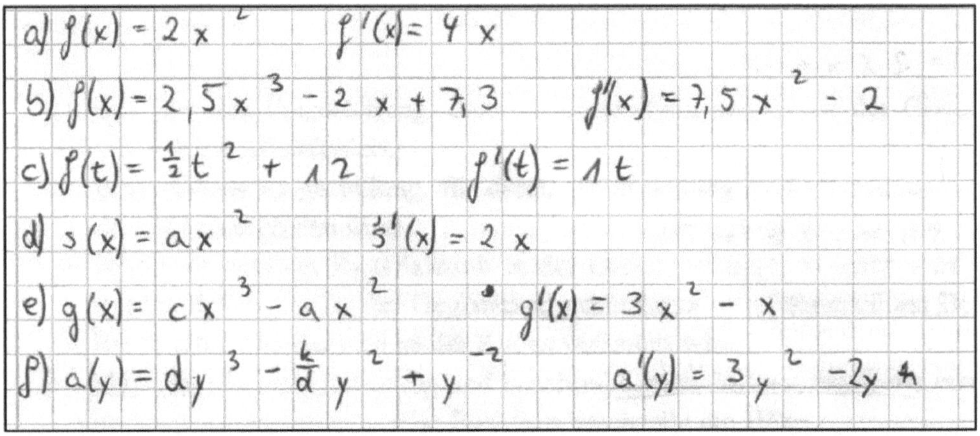

Abb. 10.5: Schülerlösungen – diagnostische Erkundung von Anna

„Das Diagnostizieren dieser Aufgabenbearbeitungen soll somit aufzeigen, wie der Umgang mit Funktionen innerhalb dieser Einheit geplant werden kann und ob hier Schwierigkeiten bei den SuS bestehen." (Diagnostische Erkundung von Anna)

Aufgabenweise führt Anna auf der Grundlage ihrer fachlichen und mathematikdidaktischen Überlegungen sorgfältige Analysen der gesamten Schülerlösungen durch. Dies gibt Anna ernüchternde Einblicke in den Wissensstand und die Fertigkeiten ihrer Lernenden. Keine/r ihrer Schülerinnen und Schüler konnte Aufgabe 1 (Aufstellen einer Gleichung) und Aufgabe 2 (Lösen eines Gleichungssystems) richtig bearbeiten. Aus Annas Sicht verweisen ihre Auswertungen „… auf sehr heterogene Förderbedürfnisse: Während manche Schülerinnen und Schüler die Lösungsverfahren von Gleichungssystemen nicht anwenden können, haben andere SuS Schwierigkeiten bei Äquivalenzumformungen." (Diagnostische Erkundung von Anna). Dies macht Anna deutlich, welche differenzierten Anforderungsstufen und Lernstufungen in ihrem Unterricht erforderlich sind, um die Lernenden entsprechend ihrer individuellen Bedarfe zu fördern bzw. zu fordern. Sie erfährt so konkret die Bedeutung des didaktischen Prinzips der langfristigen Lernstufung im Spiralcurriculum. Auch wird ihr durch die Schülerprodukte und die darin auftretenden Fehler offenbar, dass „die SuS die Aufgabenstellungen aus dem Kalkül heraus bearbeiteten und willkürlich Rechenschritte durchführen. Es scheint die Verständnisorientierung zu fehlen, sodass ebenfalls Defizite bezüglich der einzelnen Grundvorstellungen der Funktionen zu vermuten sind" (Diagnostische Erkundung von Anna). Obgleich die meisten Schülerinnen und Schüler Ableitungen von einfachen Funktionsgleichungen korrekt bilden konnten (siehe zur Bearbeitung dieser Aufgabe exemplarisch Abb. 10.5), findet Anna in den Schülerlösungen vielfältige Hinweise darauf, „dass viele der SuS die Ableitungen von Funktionstermen nicht verständnisorientiert sondern kalkülhaft und regelorientiert bilden" (Diagnostische Erkundung von Anna). Sie schließt daraus:

> „Für die Planung der Einführung von Extremwertaufgaben sollte das stereotypische Lösungsverfahren in den Hintergrund rücken und ein verständnisorientierter Umgang mit den Aufgabenstellungen im Vordergrund stehen, sodass neben dem typischen, analytischen Lösungsverfahren ebenfalls elementare Methoden behandelt werden." (Diagnostische Erkundung von Anna)

Anna empfindet die durchgeführte diagnostische Erkundung bezüglich der Unterrichtsplanung als äußerst nützlich. Sie realisiert, dass die sorgfältige diagnostische Erkundung ihr tiefere Einsichten gewährt, als der zuvor von ihr eingeschätzte Lernstand ihrer Schülerinnen und Schüler durch Beobachtungen in vorausgegangenen Hospitationsstunden. Dennoch sieht sie kritisch auch Grenzen ihres Vorgehens. Ihr schriftlich angelegtes diagnostisches Instrument ermöglicht ihr zunächst keine weiteren Nachfragen zu den Schülerbearbeitungen. Bei einigen Aufgabenstellungen produzieren ihre Lernenden gar keine Aufzeichnungen, sodass bezüglich dieser Aufgabenstellungen nur wenige Lernstände diagnostiziert werden konnten. Sie kommentiert selbstkritisch, dass sich durch anschließende Mini-Interviews möglicherweise konkretere Hinweise auf Problemquellen hätten ermitteln werden können.

Die hier beispielhaft vorgestellte Durchführung von und Auseinandersetzung mit diagnostischen Erkundungen zeigt, wie umsichtig und anspruchsvoll Studierende die Diagnostik und Förderung von eigenen heterogenen Gruppen angehen, wenn sie darauf fachdidaktisch gut und ausreichend vorbereitet sind. Vignetten von Schülerprodukten und die eigene empirische Erhebung von Schülerprodukten können sie darin auf eindrückliche Weise unterstützen und ihnen konkret und praxisnah vermitteln, welche enorme Bedeutung der Berücksichtigung von heterogenen Schülervorstellungen bei der eigenen Planung und Durchführung von Unterricht zukommt. Eine fachdidaktische Fokussierung hilft den Studierenden dabei die Strukturierung von Lerngegenständen im Blick zu behalten und die Tiefenstrukturen von Mathematikunterricht erstmals in der Praxis zu beleuchten. Wie dies in der Chemiedidaktik gelingen kann, soll im folgenden Kapitel aufgezeigt werden. Neben Vorstellungen wird dabei insbesondere auch Sprache ein Fokus sein.

10.2 Seminar zum sprachlichen und fachlichen Lernen in der Chemie

Neben Vorstellungen kommt der Sprache eine fundamentale Bedeutung in Lernprozessen zu (Grabe & Stoller, 1997). Schülerinnen und Schüler können mit Hilfe der Sprache dem Unterricht folgen und nehmen an diesem aktiv teil. Darüber hinaus ist Sprache essentiell für eine grundlegende Begriffsbildung und ein Verständnis von fachlichen Vorstellungen. Elementare Kenntnisse über Sprache und ihre Bedeutung in Lernprozessen sind daher auch für Lehramtsstudierende zentral. In diesem Rahmen ist auch das Wissen über Einflüsse von sprachlicher Heterogenität und die Diagnose von Sprache und Fachsprache bedeutend (Tolsdorf & Markic, 2016). Konkret soll dies in diesem Abschnitt exemplarisch für den Chemieunterricht aufgezeigt werden.

Im Rahmen des Bremer Teilprojektes ‚Adaptivität von Mathematik- und Chemieunterricht' ist einer der Fokusse in der Chemiedidaktik, die Studierenden für die sprachliche Heterogenität von Schülerinnen und Schüler zu sensibilisieren. Dabei werden auch fachliche Schwierigkeiten, etwa das Verständnis von Fachsprache, gezeigt und den Studierenden diesbezüglich Diagnosemöglichkeiten angeboten. Auf dieser Basis sollen die Studierenden selbst diagnostische Instrumente entwickeln, um so auch ihr Wissen über Fördermöglichkeiten zu festigen. Zentrale chemische Begriffe (z. B. Stoff, Atome oder Element) werden in der Lehrveranstaltung aufgegriffen und ihre semantische Komplexität, wie auch Konsequenzen daraus für den Chemieunterricht thematisiert.

Ein Ziel des Bremer Teilprojektes im Bereich der Chemie war herauszufinden, welche Sensibilität Studierende bereits für diese komplexen Anforderungsbereiche zu Beginn des Masterstudiums mitbringen. In einer begleitenden qualitativen Interviewstudie äußerten die Studierenden zu Beginn der auf das Praxissemester vorbereitenden Chemieveranstaltung im Wintersemester, dass sie sprachliche und fachsprachliche Problematiken aus ihrer eigenen Schulzeit nicht kennen, nicht wahrgenommen haben oder sprachliche Defizite bei Schülerinnen und Schülern aus ihrer Sicht nicht Probleme des Chemieunterrichts seien. „Also aus eigener aus der eigenen Schulzeit. (ähm) Also eher auf Leistung bezogen. Also ich glaube da würde ich Heterogenität (ähm) eher als Unterschiedlichkeit in der Leistung […] vielleicht auch wie man den Stoff versteht, den Unterrichtsstoff kapiert!" (Interview mit Sandra, Studentin im 2. M.Ed.-Semester). Daher war es für die weiter zu entwickelnde Chemiedidaktik-Veranstaltung wichtig, den Studierenden einerseits die Vielfalt der Bedeutungen von Worten aufzuzeigen, die im Fachunterricht Chemie verwendet werden. Zudem sollten die Studierenden erkennen, dass sich diese unterschiedlichen Bedeutungen spezifisch im Chemieunterricht und bei Lernprozessen von Schülerinnen und Schülern auswirken können. Diese Sensibilisierung der Studierenden für unterschiedliche Facetten von Heterogenität und Diversität (im Folgenden sprachliche Heterogenität genannt) war eine der zentralen Zielsetzungen des Teilprojektes Chemie im Entwicklungsverbund (vgl. Selter, Hußmann, Hößle, Knipping, Lengnink & Michaelis, 2017, Kap. 1 in diesem Band). In diesem Kapitel soll exemplarisch am Begriff *Stoff* aufgezeigt werden, wie die fachliche und sprachliche Ebene ineinandergreifen und entsprechend vielfältige Fähigkeiten bei Schülerinnen und Schülern aufzubauen sind. Darüber hinaus soll verdeutlicht werden, wie Studierende in Fachdidaktik-Veranstaltungen im Fach Chemie sich einem sprachlichen und fachlichen Problem stellen und welche Umgangsweisen sie damit zeigen.

Das Wort *Stoff* ist im Deutschen schillernd und vielfältig. Seine Bedeutung fußt sowohl in alltagssprachlichen als auch in fachlichen Verwendungsweisen im Chemieunterricht. In der Chemiefachdidaktik wird diese Komplexität und auch ihr Zusammenhang mit der Entwicklung von Fehlvorstellungen diskutiert (Buck, 1986; Stavy, 1991). In der Chemiedidaktik ist der Begriff *Stoff* wie folgt gefasst: Stoffe sind „alles, was man anfassen oder in einem Gefäß aufbewahren kann" (Leerhoff, Kienast, Möllering & Eilks, 2003, S. 365). Diese Definition ist sowohl fachlich anschlussfähig an Definitionen wie sie in der Chemie gegeben werden, als auch kompatibel mit alltagssprachlichen Vorstellungen an denen sich Schülerinnen und Schüler orientieren. Dies macht einen phänomenologischen Zugang im Unterricht möglich, der schließlich zu tragfähigen Definitionen des Begriffs im Chemieunterricht führen kann. Ein solcher didaktisch motivierter Zugang kann progressiv ausgebaut werden, um Schülerinnen und Schülern zunehmend die Möglichkeit zu geben, sich einer enger gefassten fachlichen Definition zu nähern. Auch ihre fachlichen Vorstellungen können Schülerinnen und Schüler so sukzessiv ausschärfen.

Im Alltag erfahren Schülerinnen und Schüler bereits vielfältige Bedeutungen des Begriffs *Stoff* (Krnel, Watson & Glazar, 1998; Leerhoff et al., 2003), die im schulischen Alltag weiter angereichert werden (Barke, Hazaari & Yitbarek, 2009). Diese alltäglichen Bedeutungen bieten aus fachdidaktischer Sicht eine Chance, einen phänomenologischen Zugang zum chemischen Begriff *Stoff* zu wählen. Unterschiedliche Bedeutungen des Begriffs *Stoff*, etwa Textilien, Metalle oder Zigaretten, können zunächst vereinfachend mithilfe der Vorstellung „alles, was man anfassen oder in einem Gefäß aufbewahren kann" zusammenfassen. Ausgehend von dieser zunächst reduzierten fachdidaktischen Definition sollte Studierenden jedoch bewusst sein, welche fachliche Zielrichtung Schülerinnen und Schüler am Ende ihrer Schullaufbahn erreichen sollen und inwieweit dieser Definitionsversuch davon abweicht. Dies zu verstehen, setzt eine fachliche Auseinandersetzung mit dem Begriff voraus. Dies ist jedoch zunächst dadurch erschwert, dass etwa der Begriff *Stoff* in Fachbüchern, die im Lehramtsstudium eingesetzt werden (z. B. Mortimer & Müller, 2010 oder Riedel & Janiak, 2008), sehr unterschiedlich eingeführt, definiert und verwendet wird (Leerhoff et al., 2003). Hinzu kommt, dass der Begriff *Stoff* nicht nur in Fachbüchern, sondern auch in der Fachwissenschaft selbst und ihrer wissenschaftlichen Praxis unterschiedlich gebraucht wird (Buck, 1986). Dieses Spannungsfeld ist in Abbildung 6 angedeutet. Diese Herausforderung semantischer Diskrepanzen ist nicht nur für den Begriff Stoff virulent, sondern ein genuin fachdidaktisches Problem, das zukünftigen Lehrpersonen an dieser Stelle selbst konkret erfahren können. In experimentellen Unterrichtsphasen lässt sich diese Herausforderung umgehen. Chemieunterricht jedoch, der auch Begriffsbildung anstrebt und fachliche Vorstellungen sorgsam aufbauen will, wird sich dieser grundlegenden Problematik stellen müssen. Konkret wird dies in nicht experimentellen Phasen von Unterricht deutlich, wenn Fachtexte aus Schulbüchern oder komplexe Aufgabenstellungen im Unterricht behandelt werden.

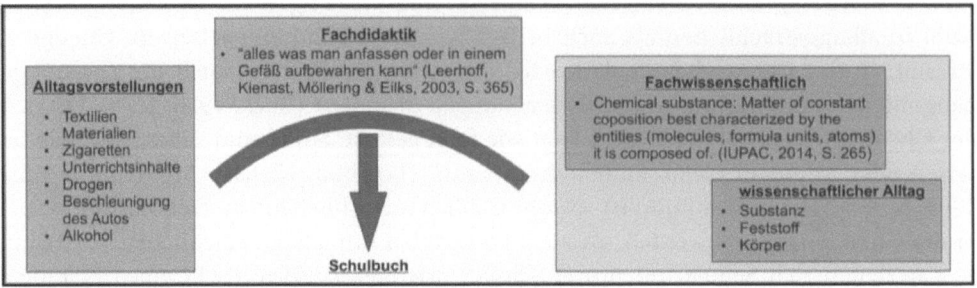

Abb. 10.6: Spannungsfeld Alltagsvorstellungen und fachwissenschaftliche Definition

10.2.1 Sensibilisierung für die Bedeutung von sprachliche Heterogenität für das fachliche Lernen

Ein phänomenologischer Zugang kann nicht nur Studierende, sondern insbesondere auch Schülerinnen und Schüler für diese Problematik sensibilisieren. Fachdidaktisch gut gewählte Beispiele sind hier hilfreich.

Dieses Spannungsfeld könnte eine Erklärung dafür sein, warum gerade in Schulbüchern selten der Begriff Stoff explizit eingeführt wird und von Lehrpersonen oftmals als selbsterklärend beiseitegeschoben wird (Leerhoff et al., 2003). Aus den genannten Gründen fällt es oftmals auch Lehrpersonen schwer, den Begriff selbst unterrichtsangemessen zu definieren, sie greifen daher eher auf Schulbücher zurück, sofern diese entsprechende Definitionen anbieten (Stavy, 1991; Gomez, Pozo & Sanz, 1995). Eine zentrale Aufgabe der Fachdidaktik ist es daher, hier eine Brücke anzubieten und eine fachdidaktisch durchdachte Definition einzuführen. Zusätzlich zu dieser fachdidaktischen Herausforderung ist jede Lehrperson zudem gefordert, methodische Übergänge von alltäglichen Vorstellungen zu im engeren Sinne fachlichen Vorstellungen zu gestalten. Ein entscheidenderer Punkt dabei ist, auf welche sprachlichen Mittel dabei zurückgegriffen wird, die für die jeweilige Lerngruppe gewinnbringend sind (Markic, Broogy & Childs, 2013). Auch dafür müssen Studierende erst sensibilisiert werden (Tajmel, 2010). Im Entwicklungsverbund wurde deutlich, dass Studierenden die sprachlichen Herausforderungen und komplexen Anforderungen häufig zunächst nicht bewusst sind. Die Sensibilisierung für sprachliches und fachsprachliches Lernen war daher ein zentraler Fokus unseres Entwicklungsprojektes.

Methodisch hat sich das fachdidaktische Rollenspiel (vgl. Lengnink, Bikner-Ahsbahs & Knipping 2017, Kap. 4 in diesem Band) mehrfach im Teilprojekt der Chemie bewährt. Konkret bedeutete dies, dass Studierende aufgefordert waren, einen Begriff aus der Chemie (etwa *Stoff*) aus der Sicht von Schülerinnen und Schülern, von denen angenommen wurde, dass diese den Fachbegriff noch nicht kennen, zu belegen. Aus Schülersicht sollten die Studierenden zunächst Assoziationen zu diesem Begriff festhalten (etwa Stoff als Textilie, siehe oben Abb. 10.6) und diesem jeweiligen Gedanken entsprechend Eigenschaften der gefundenen Beispiele nennen. Alltagsvorstellungen sollten so aktiviert und den Studierenden bewusstgemacht werden. Durch diese Alltagsbedeutungen sollte im Seminar deutlich werden, wie auch stoffliche Eigenschaften im Sinne der Chemie gefasst werden können. Ähnlich wie eine Person, die an eine Eiche denkt und daher Holz die Eigenschaft „hart" zuordnet oder eine andere Person eher an weiche Nadelhölzer denkt und deshalb für Holz gerade nicht die Eigenschaft „hart" wählt, können auch im Chemieunterricht analoge, fachlich mitunter nicht tragfähige Zuweisungen auftreten. Auf diese Weise können einem (vermeintlichen) Stoff etwa unterschiedliche Eigenschaften zugeordnet werden. Dies steht einer fachlich korrekten Vorstellung entgegen, denn in der Chemie werden die Eigenschaften von Stoffen im chemischen Sinne als spezifisch aufgefasst, d. h. einem Stoff werden auf makroskopischer Ebene bestimmte Eigenschaften eindeutig zugeordnet. Die Sensibilisierung für eine solche fachdidaktische Problematik, der Spannung zwischen Alltagsbedeutungen von Worten und ihren abweichenden fachlichen Definitionen, soll im Rollenspiel von den Studierenden erfahren werden. Der methodische Kunstgriff des Spiels setzt zunächst an der Oberflächenstruktur von Unterricht an (hier Seminarunterricht, vgl. dazu auch Knipping, Korff & Prediger 2017, Kap. 3 in diesem Band), führt aber gezielt in die Tiefenstrukturen und zu den Lerngegenständen, mit denen sich die Studierenden schnell auf sprachlicher und fachlicher Ebene auseinandersetzen. Sie erfahren konkret dabei auch die Auswirkungen sprachlicher Hürden von Schülerinnen und Schülern beim fachlichen Lernen.

Diese Sensibilisierung wird im nächsten Schritt vertieft. Die Studierenden werden nun in mehrere Gruppen aufgeteilt und arbeiten an einem Textausschnitt aus einem Schulbuch, zu einschlägigen chemischen Begriffen. Auch hier bearbeiten sie zunächst die gestellten Aufgaben in einer fiktiven Schülerrolle. Die Studierenden sind dabei erneut aufgefordert, über den Zusammenhang von Sprache und fachlichem Lernen zu reflektieren (vgl. dazu auch Saric & Markic, 2015). In dem Beispiel „Holz" kann ihre Reflektion direkt durch folgende Fragen gelenkt werden: (i) „Was sind die zentralen Aussagen des Textes, wenn du bei diesem Text an Holz als Stoff denkst?", (ii) „Welche fachlichen Hürden besitzt dieser Text?", (iii) „Welche Fachbegriffe sind mit dieser alltäglichen Bedeutung nur schwer greifbar (verständlich) für dich?" und (iv) „Welchen Einfluss hat die Sprache (alltägliche Bedeutungen) auf das fachliche Lernen?".

Zentrale Punkte werden festgehalten (z. B. Plakat, …) und den anderen Gruppen vorgestellt. Es folgt eine Diskussion in der ganzen Gruppe. In den bisherigen Durchgängen zeigte sich, dass die Studierenden sich bei dieser Sensibilisierung schnell in die Schülerrolle hineinversetzen können. Auch wurde deutlich, dass dieser Ansatz eine zugängliche und aufschlussreiche Methode bzgl. der Sensibilisierung für den Zusammenhang von Sprache und fachlichem Lernen darstellt. Die Studierenden erfahren durch die Vielfalt an Assoziationen und Bedeutungszuschreibungen in der eigenen Seminargruppe auch die mögliche Heterogenität von Schülerinnen und Schülern (vgl. Hößle, Hußmann, Michaelis, Niesel & Nührenbörger, 2017, Kap. 2 in diesem Band). Hierdurch können die Studierenden im Sinne einer Tiefenstruktur von Unterricht (vgl. Kap. 10.1) individuelle Lernwege und Vorstellungen von Schülerinnen und Schülern nachstellen bzw. vermuten.

10.2.2 Diagnosemöglichkeiten von sprachlichen und fachlichen Hürden

Zu Vorstellungen und Fehlvorstellungen im Chemieunterricht existieren diagnostische Instrumente zu zentralen fachlichen Konzepten (z. B. Barke, 2006; GDCh – Fachgruppe Chemieunterricht, 2008). Es existieren jedoch wenige Instrumente, die für den Chemieunterricht sprachliche und fachsprachliche Dimensionen zusammenbringen (Busch & Ralle, 2012). Das Erkennen von sprachlichen und fachsprachlichen Hürden ist jedoch für die Planung, Entwicklung und Durchführung von Fachunterricht zentral (Tolsdorf & Markic, 2016). In dem Dissertationsprojekt von Özcan (2012) wird dieser Einfluss von Fachsprache auf die fachlichen Leistungen von Lernenden untersucht. Özcan entwickelt diagnostische Instrumente für das Fach Chemie, mit denen auch fachsprachliche Fähigkeiten untersucht werden können. Sie nutzt dabei zwei Diagnosemethoden (Triadentest, C-Test) im Kontext von fachlichen Lernprozessen (zu Aggregatzuständen, Stoffgemischen und Trennverfahren).

In unseren Vorbereitungsseminaren auf das Praxissemester haben wir hieran angeknüpft. Unsere Lehramtsstudierenden der Chemie waren angehalten, sich mit den verschiedenen angebotenen Methoden auseinander zu setzen. Dabei sollten fachliche und sprachliche Lernvoraussetzungen von Schülerinnen und Schülern in Form eines Diagnoseprozesses (Jäger, 2006) festgestellt und anschließend der Unterricht auf diese Lernstände hin ausgerichtet werden (Tolsdorf & Markic, 2016). Mithilfe eines fachadaptierten C-Tests (siehe Abb. 10.7) sollen die Studierenden schließlich eine fachspezifische nicht standardisierte Sprachstandserhebung durchführen (Baur, Grotjahn, & Spettmann, 2006). Typisch für einen solchen fachadaptierten Test ist, dass fachspezifische Inhalte und Fachbegriffe explizit vorkommen. Mithilfe eines sogenannten Triadentests (siehe Abb. 10.8) kann das Verständnis der Zusammenhänge von Fachbegriffen und die fachsprachliche Ausdrucksweise untersucht werden (Özcan, 2012).

Aufgabe:

Sarah ist leider der Orangensaft in der Schultasche ausgekippt.

Dadurch sind einige wichtige Wörter verwischt.

Kannst du ihr helfen, die Lücken zu füllen?

Stoffe und Stoffeigenschaften

Stoffe unterscheidet man durch ihre verschiedenen Eigenschaften, die wir mit unseren Sinnen wahrnehmen. Dazu gehören die _____be, der _____mack und der _____uch. Weitere Eigenschaften sind die_____hte, der_____punkt und der_____epunkt. Die Dichte von Wasser beträgt auf der Erde 1 g/cm³. Der _____punkt von Wasser liegt bei 100°C. Manche Eigenschaften können wir auch fühlen.

Abb. 10.7: Ausschnitt eines von Studierenden entwickelten C-Tests

---

Aufgabenstellung:

In den folgenden Aufgaben findest du jeweils drei Begriffe. In welcher Weise stehen die drei Begriffe in Beziehung? Formuliere mit den drei Begriffen Aussagen, sodass diese Beziehung der Begriffe zueinander deutlich wird. Wenn du einen Begriff nicht kennst, dann brauchst du diesen Begriff nicht zu berücksichtigen.

Beispiel mit den Begriffen: *Sonnenbrand – Schatten – Sonne*

Im Sommer scheint die **Sonne** häufig sehr lange. An diesen Tagen bekommt man schnell einen **Sonnenbrand**. Deshalb soll man sich viel im **Schatten** aufhalten und nicht direkt in die **Sonne** legen.

Aufgabe 1: Luft – Feuer – Stoff

_____

_____

_____

Abb. 10.8: Ausschnitt eines von den Studierenden entwickelten Triadentests

Im Seminar setzen sich die Studierenden in Kleingruppen zunächst mit mehreren diagnostischen Instrumenten auseinander. Sie erarbeiten dabei den Aufbau, die Konzeption, die theoretischen Hintergründe sowie die Auswertungsmethoden der ihnen vorgegebenen Werkzeuge. Anschließend diskutieren sie über die verschiedenen Instrumente und gehen folgenden Fragen nach: (i) „Welche Vorteile oder Nachteile hat dieses Instrument beim Einsatz?" und (ii) „Was muss bei der Entwicklung und dem Einsatz beachtet werden?". Sie erkennen dabei, dass z. B. ein C-Test als „zeitökonomischer Test sowohl in der Durchführung als in der Auswertung", eingesetzt werden kann. Auch erhalten sie eine erste „grobe Einschätzung der sprachlichen Fähigkeiten" ihrer Lernenden und können „Probleme bei der Auswertung von Lücken" identifizieren. Sie erfahren, dass ein solcher praktikabler fachlicher Sprachtest „gut modifizierbar für die spezifische Lerngruppe" ist (Beobachtungsprotokoll vom 22.11.2016). Durch die zweite Fragestellung sind die Studierenden angehalten, reflexiv den Sinn der Verwendung solcher Instrumente zu beurteilen und bei der eigenen Entwicklung eines solchen diagnostischen Instruments (siehe Abb. 10.7 und 10.8) auch fachliche Aspekte zu berücksichtigen. Etwa sollten sie bei einem C-Test zu dem Begriff *Stoff* selbst eine fachliche Definition des Begriffs parat haben. Angesichts der fachlichen Herausforderung, dass auch chemische Definitionen nicht immer einheitlich und eindeutig sind, ist eine solche Grundlage zentral.

Durch die selbständige Entwicklung von diagnostischen Instrumenten für den Chemieunterricht wird ihr bisheriger Kompetenzaufbau weiter verstärkt. Dabei sollen die Studierenden neben der fachlichen und sprachlichen Ebene nun auch weitere Dimensionen des Diversity Wheels (Johns Hopkins University Diversity Leadership Council, o.J.) einbeziehen. In der Auswahl ihres diagnostischen Instruments und des fachlichen Themas können sich die Studierenden frei entscheiden. Als Hilfe erhalten sie neben den Fachtexten, Schulbuchausschnitte, die entsprechenden Stellen des Bremer Bildungsplanes und Hinweise, wie verschiedene diagnostische Instrumente aufzubauen sind. Die fachliche Grundlage ist auch wieder entscheidend. Wenn sich etwa die Studierenden für die Entwicklung eines C-Testes zum Begriff *Stoff* entscheiden, dann ist das Verfassen eines Informationstextes, unter Verwendung von Fachbegriffen, ein erster Schritt. Auffällig ist, wie schwer dies einigen Studierenden bereits fällt. Als Hilfe können die Studierenden ein Lesbarkeitsindex-Programm (z. B. Lenhard & Lenhard, 2017) verwenden, das ihnen Problemstellen ihrer komplexen Texte aufzeigt. Nachdem die Studierenden in Gruppen einen solchen Text verfasst haben, sollen mithilfe des Manuals aus der Dissertation von Özcan (2012) alle Fachbegriffe herausgearbeitet und ein C-Test nach Baur, Grotjahn und Spettmann (2006) entwickelt werden. Diese selbst „gestrickten" Instrumente werden später im Praxissemester von den Studierenden in verschiedenen Klassen eingesetzt und erprobt. So erhalten die Studierenden eine Vielzahl an Schülerbearbeitungen der Tests und erhalten die Möglichkeit, ihre eigenen Instrumente auszuwerten. Für die vorbereitende und begleitende Chemiedidaktik-Veranstaltung im Kontext des Praxissemesters war dies für die Studierenden äußerst ergiebig und motivierend. Auf diese Weise konnten Schülerlösungen von selbst erprobten diagnostischen Instrumenten wie auch die Instrumente in die Vorbereitungs- und Begleitveranstaltung integriert werden, was für die Studierenden enorm praxisnah und motivierend war.

10.2.3 Fördermöglichkeiten im sprachsensiblen Chemieunterricht

Die Sensibilisierung für die Bedeutung von Diagnostik mit Blick auf eine gezielte fachliche Förderung steht am Anfang des Seminars. Studierende können so erste Einschätzungen der Potentiale von Diagnostik für einen adaptiven Fachunterricht erkennen lernen. Eine solche Sensibilisierung unterstützt Studierende auch darin, nicht nur alleine sondern auch gemeinsam mit anderen Studierenden fachliche Inhalte, Schülervorstellungen und sprachliche Aspekte gewinnbringend für den eigenen Unterricht im Praxissemester miteinander zu verknüpfen (vgl. Kap. 10.1). Das Praxissemester und die Aufgabe, eine größere eigene Unterrichtseinheit zu entwickeln, stellt die Studierenden vor die Herausforderung, ihr zunächst theoretisches Wissen aus den universitären Veranstaltungen in der Praxis anzuwenden und durch das halbjährige Praktikum so keinen „Praxisschock" zu erleiden (vgl. Hoy & Spero, 2005). Die in diesem Kapitel beschriebene Sensibilisierung und die aufgezeigten fachlichen und sprachlichen Diagnosemöglichkeiten des Vorbereitungsseminars stehen in engem Zusammenhang mit den im Folgenden dargestellten Förderungsansätzen, die einen weiteren zentralen Gegenstand des Vorbereitungs- und Begleitseminars zum Praxissemester in der Chemie bilden.

In der Chemiedidaktik existiert auf internationaler Ebene und auch in Deutschland bereits ein Forschungs- und Entwicklungsstand, der eine Vielzahl an Möglichkeiten der sprachlichen Förderung im Fachunterricht aufzeigt. Beispielsweise haben Leisen (2013) wie auch Markic und Abels (2013) eine Vielzahl von Methoden und komplette Unterrichtseinheiten für einen sprachsensiblen Unterricht entwickelt und beschrieben. An diesen Entwicklungsstand kann und ist in der universitären Lehrerausbildung im Bereich Chemie angeknüpft worden. Die bereits vorliegenden und publizierten Unterrichtseinheiten wurden für die hier beschriebenen universitären Veranstaltungen nach dem Modell der Partizipativen Aktionsforschung (Tolsdorf & Markic, in Begutachtung) weiterentwickelt, sodass der Einsatz dieser Materialien in universitären Veranstaltungen für die Studierenden gewinnbringend ist.

Ausgangspunkt im Seminar war ein Stationenlernen, das uns aufgrund der Vielzahl von gut dokumentierten Beispielen als methodisch besonders geeignet erschien, um Studierenden Lernzugänge zu bereits existierenden Vorschlägen für Fördermöglichkeiten zu eröffnen. Unter Nutzung digitaler Medien wurde in jeder Station eine Förderungsmethode produktiv und anschaulich beschrieben. An ausgewählten Stationen mussten die Studierenden jeweils Unterrichtsmaterialien zu dem von ihnen gewählten Thema entwerfen und weiterentwickeln.

Am bereits erwähnten Beispiel Holz wurde nicht nur der Begriff *Stoff* sondern auch die Idee stofflicher Eigenschaften eingeführt. Dadurch konnte an die fiktiven Erfahrungen der Schülerinnen und Schüler, welche die Studierenden antizipiert hatten, direkt angeknüpft werden. Zur Förderung von Sprache und auch der sprachlichen Differenzierung von Stoffen und Stoffeigenschaften bietet sich die Methode des Textpuzzles an, die u. a. von den Studierenden beim Stationenlernen für bestimmte fachliche Themen genutzt werden soll. Bei der Methode *Textpuzzle* fügen Lernende jeweils zwei Puzzleteile zusammen, um inhaltliche Zusammenhänge herzustellen. Das erste Puzzleteil stellt den Anfang eines Satzes dar, der einen chemischen Stoff benennt. Dieser Satzanfang wird mit der zweiten Satzhälfte verbunden, welche eine Stoffeigenschaft beschreibt. Ein fachlich kritischer Punkt der Text-Puzzle-Methode liegt darin, dass Fehlvorstellungen dadurch aufgebaut werden können, dass Lernende zwischen einem Stoff und seinen Eigenschaften nicht hinreichend unterscheiden. Dies kann dazu führen, dass die Stoffeigenschaften von ihnen auf die submikroskopische Ebene übertragen werden. Durch das Puzzle soll diese Problematik gezielt adressiert werden, indem bewusst beide Ebenen (erstes Puzzleteil – zweites Puzzleteil) voneinander getrennt werden. Dies wird im Seminar gemeinsam mit den Studierenden thematisiert und reflektiert.

Ein wichtiges weiteres Instrument fachlicher und sprachlicher Förderung besteht in der durchgängig korrekten Verwendung von Fachsprache durch die Lehrperson. Die Auseinandersetzung mit der eigenen Sprache wie auch mit den sprachlichen Wendungen von Fachbegriffen und den hinter diesen liegenden Konzepten ist fundamental für die Ausbildung von angehenden Lehrpersonen. So kann auch die Sprache der Lehrperson eine mögliche Ursache für die Entstehung von Problemen, Hürden (vgl. Hattie, 2012, S. 251–254) oder Fehlvorstellungen bei Lernenden sein. Als Grundlage für die Auseinandersetzung mit dieser komplexen und auch persönlichen Problematik werden die gesammelten Erfahrungen aus der Sensibilisierung herangezogen. Eine zentrale Orientierung stellen dabei die in der Literatur gut dokumentierten Ansätze eines sprachsensiblen Chemieunterrichts dar, die an anderer Stelle bereits ausführlich diskutiert werden. Zugleich werden von uns im Seminar spezifische Fehlvorstellungen und auch Experimente thematisiert, die einen kognitiven Konflikt zur expliziten Thematisierung von Fehlvorstellungen auslösen sollen. Ein weiteres methodisches Element, das im Seminar explizit behandelt wird, sind sogenannte *Hilfekarten*. In einer Seminarsitzung werden die Studierenden aufgefordert, eigenständig abgestufte Hilfekarten zu generieren, die im Unterricht begleitend zu einem vorgegebenen Arbeitsblatt eingesetzt werden können. Mit Blick auf die verschiedenen Lernvoraussetzungen (Vorwissen, Sprache, Kultur, …) können dies Hilfekarten sein, die bewusst die alltagsweltlichen Bedeutungen eines Wortes aufgreifen und kontrastiv den chemischen Begriff davon abgrenzen. Auch die Studierenden werden dabei durch Hilfekarten unterstützt und können so die Arbeit mit Hilfekarten selbst erfahren und reflektieren.

Die Lernangebote in den vorbereitenden und begleitenden Veranstaltungen wurden von den Studierenden insgesamt durchweg positiv angenommen. Sie haben mit Interesse und Motivation an der Entwicklung der geforderten Materialien gearbeitet. In den Reflexionen zum Praxissemester zeigte sich ferner, dass viele Studierende die Verzahnung von Sprache, Fachsprache und Fachwissen für einen guten Chemieunterricht als besonders wichtig empfinden und ihre Bedeutung konkret erfahren konnten. In ihren eigenen Unterrichtsentwürfen haben die Studierenden viele gute Instrumente und Fördermöglichkeiten entwickelt, Unterrichtsinhalte und -methoden mit Blick auf heterogene Lerngruppen hin adaptiert und weiterentwickelt. Die im Entwicklungsverbund entstandenen und hier dargestellten hochschuldidaktischen Maßnahmen scheinen somit vielversprechend, auch für andere Fachdisziplinen.

10.2.4 Erfahrungen und Herausforderung bei der Implementation

Im Praxissemester waren die Studierenden angehalten, die unterschiedlichen Lernausgangslagen ihrer Schülerinnen und Schüler zu erfassen und diese gewinnbringend für den eigenen Unterricht zu nutzen. Sie mussten sich im Praxissemester, wie bereits in der vorbereitenden Veranstaltung, erneut mit fachdidaktischen Prinzipien der Tiefenstrukturen von Unterricht auseinandersetzen. Für die eigene Unterrichtplanung und Durchführung eines gewünschten adaptiven Chemieunterrichtes war außerdem die Strukturierung des Lerngegenstandes zentral, die an der phänomenologischen Herangehensweise ansetzt, wie sie in Kapitel 10.2.1 beschrieben worden ist. Dies erlaubt den Studierenden, in ihrem Unterricht unterschiedliche Zugangsweisen der Schülerinnen und Schülern zuzulassen. Ähnlich wie in der Mathematikdidaktik ist somit auch in der Chemiedidaktik die Strukturierung von Lerngegenständen zentral.

Deutlich wurde jedoch bereits im ersten Jahr des Entwicklungsprojektes, dass Studierende diesbezüglich im Praxissemester eine zusätzliche Unterstützung benötigen. Zusätzlich zu den Seminarangeboten schien bezüglich des Einsatzes von diagnostischen Instrumenten auch die individuelle Beratung der Studierenden notwendig. Ab dem zweiten Entwicklungszyklus wurde daher eine individuelle Beratung durch die Hochschullehrenden eingeführt, in der die Studierenden bei der Erstellung von diagnostischen Instrumenten, der Auswertung und Integration dieser im Unterricht begleitet und unterstützt wurden. Die Studierenden empfanden dieses Angebot als sehr hilfreich, besonders bei der Verschränkung von Diagnose und Förderung, d. h. ihrer adaptiven Unterrichtsgestaltung.

Um die Reflexion über die eigenen Lernprozesse, persönlichen Erlebnisse und die Herausforderungen in der eigenen schulischen Praxis weiter zu vertiefen, wurden zudem *begleitende Reflexionsgespräche in Kleingruppen* eingeführt. Die positiven Erfahrungen der Peer-Gruppen-Evaluation in der Mathematikdidaktik aufgreifend (vgl. Fokusgruppen in Bikner-Ahsbahs, Bönig & Korff, 2017, Kap. 6 in diesem Band), wurden Teams aus Studierenden einer oder benachbarter Schulen etabliert, in welchen sich die

Studierenden gegenseitig im Praxisfeld Schule unterstützen konnten. Beide Angebote – Individualberatung und Peer-Gruppen – erfordern zwar von den Studierenden einen hohen zeitlichen Aufwand, sie wurden aber trotzdem von den Studierenden als sehr positiv und hilfreich empfunden. Zusammenzufassend kann festgestellt werden, dass eine tragfähige Sensibilisierung einen langfristigen Prozess umfasst. Im Laufe ihres Studiums müssen die Studierenden immer wieder für die Heterogenität ihrer Schülerschaft, einzelne Facetten von Heterogenität und ihre Relevanz für fachliche Lernprozesse sensibilisiert werden. Die Vorbereitung und intensive Begleitung des Praxissemesters hat dazu einen nachhaltigen Beitrag geleistet, der sich auch in der Evaluation und der qualitativen Interviewstudie des Teilprojektes Chemie nachzeichnen lässt. Nach unserer Erfahrung scheuen (viele) Studierende Herausforderungen dabei nicht. So äußerte Lara, eine unserer Studentinnen am Ende ihres Studiums, dass es für ihre persönliche Entwicklung von besonderem Wert gewesen war, dass sie an einer „schwierigen" Schule ein Praktikum absolvieren musste, erst so hätten sich Theorie- und Praxiselemente für sie gefügt. Auch Tajmel (2010) betont die Notwendigkeit einer sich mehrfach wiederholenden Verzahnung der Sensibilisierung von theoretischen Elementen, d. h. in unserem Entwicklungsverbund die immer wiederkehrende Thematisierung von Diagnose und Förderung. Die Reflexionen der Studierenden als auch die von ihnen entwickelten Unterrichtsmaterialien konnten für die Weiterentwicklung der universitären Lehrveranstaltungen genutzt werden. Beides war sowohl für die Studierenden als auch für uns als Lehrende befruchtend (vgl. Tolsdorf & Markic, in Begutachtung). So konnte praxisnah die Ausbildung von MINT-Lehrpersonen mit Blick auf Diagnose und Förderung von heterogenen Lerngruppen qualitativ verbessert werden.

10.3 Abschluss und Ausblick

Den Blick auf Schülerinnen und Schüler zu richten, ihre Kompetenzen auf vielschichtige Weise zu erkennen und zu verstehen, stellt für Studierende natürlicherweise eine ebenso große Herausforderung dar, wie die auch fachdidaktisch sorgfältig erwogene und begründete Unterrichtsplanung und -durchführung. Die Diagnose und Förderung heterogener Lerngruppen pointiert diese Herausforderung. In dem vorliegenden Buch und Kapitel haben wir versucht aufzuzeigen, welche Möglichkeiten der hochschuldidaktischen Unterstützung in der MINT-Lehrerbildung möglich sind, um diesen Ansprüchen zu begegnen. Aussagen von Studierenden wie die folgende von Sandra ermutigen uns als Lehrende, diesen Weg weiter zu gehen.

> „Ich bin dankbar dafür mit diesen Dingen konfrontiert worden zu sein, also mit Diagnose, mit Heterogenität, Förderung und all dem, weil ich glaube das dadurch der Blick auf die Schüler einfach nochmal verstärkt wurde." (Interview mit Sandra)

Wir hoffen damit ermutigende Ansatzpunkte aufgezeigt zu haben, die in der Lehrerausbildung über den bestehenden Entwicklungsverbund ‚Diagnose und Förderung heterogener Lerngruppen' hinaus weiter ausgebaut und vertieft werden können. Neben den angebotenen fachdidaktischen Fokussierungen auf Vorstellungen und Sprache, wird dabei auch die strukturelle Verankerung dieser Maßnahmen (z. B. durch Prüfungsleistungen und in Form von festgeschriebenen Studienleistungen) eine Rolle spielen. Zentral aber scheint uns, auch die Heterogenität unserer Studierenden dabei nicht aus dem Blick zu verlieren.

Die hier ausgewählten Beispiele zeigen, wie erfolgreich einzelne Studierende fachdidaktische Angebote annehmen und realisieren können. Darüber hinaus wird aus unserer Erfahrung aber auch ein Teil der Studierenden eine weitere zusätzliche Unterstützung und eine noch intensivere Betreuung benötigen, um den aufgezeigten Anforderungen gerecht werden zu können. Auch die Zusammenarbeit mit Kolleginnen und Kollegen an den Schulen und in der zweiten Ausbildungsphase (Referendariat) wird mit Blick auf den fachdidaktischen Umgang mit Heterogenität ein wichtiger Schritt auf diesem Weg sein. Die Förderung von Entwicklungsverbünden an diversen Hochschulstandorten mit der damit verbundenen Erwartung der Zusammenarbeit (auch interdisziplinär, wie hier im Bereich Mathematik und Chemie) ist daher auch für die Zusammenarbeit mit Schulen und Studienseminaren von entscheidender Bedeutung.

Literatur

Aufschnaiter, C. v., Selter, C. & Michaelis, J. (2017). Nutzung von Vignetten zur Entwicklung von Diagnose- und Förderkompetenzen – Konzeptionelle Überlegungen und Beispiele aus der MINT-Lehrerbildung. In C. Selter, S. Hußmann, C. Hößle, C. Knipping, K. Lengnink & J. Michaelis (Hrsg.), *Diagnose und Förderung heterogener Lerngruppen – Theorien, Konzepte und Beispiele aus der MINT-Lehrerbildung* (S. 85–105). Münster: Waxmann.

Barke, H.-D. (2006). *Chemiedidaktik – Diagnose und Überwindung von Schülervorstellungen*. Berlin: Springer.

Barke, H.-D., Hazaari, A. & Yitbarek, S. (2009). *Misconceptions in Chemistry. Addressing Perceptions in Chemical Education*. Berlin: Springer.

Baur, R. S., Grotjahn, R. & Spettmann, M. (2006). Der C-Test als Instrument der Sprachstandserhebung und Sprachförderung. In J.-P. Timm & H. J. Vollmer (Hrsg.), *Fremdsprachenlernen und Fremdsprachenforschung. Kompetenzen, Standards, Lernformen, Evaluation. Festschrift für Helmut Johannes Vollmer* (S. 389–406). Tübingen: Narr Francke Attempto.

Bikner-Ahsbahs, A., Bönig, D. & Korff, N. (2017). Inklusive Lernumgebungen im Praxissemester: Gemeinsam lernt es sich reflexiver. In C. Selter, S. Hußmann, C. Hößle, C. Knipping, K. Lengnink & J. Michaelis (Hrsg.), *Diagnose und Förderung heterogener Lerngruppen – Theorien, Konzepte und Beispiele aus der MINT-Lehrerbildung* (S. 107–128). Münster: Waxmann.

Büchter, A. & Henn, H. (2010). *Elementare Analysis. Von der Anschauung zur Theorie*. Heidelberg: Spektrum.

Buck, P. (1986). Vorstellungen hinter dem Begriff „Stoff". *Naturwissenschaften im Unterricht – P/C*, *34* (13), 136–140.

Busch H. & Ralle B. (2012). Fachsprachliche Kompetenzen prüfen und fördern. In S. Bernholt (Hrsg.), *Konzepte fachdidaktischer Strukturierung für den Unterricht* (S. 578–580). Berlin: LIT.

GDCh – Fachgruppe Chemieunterricht (Hrsg.). (2008). *Diagnostizieren und Fördern im Chemieunterricht*. GDCh, Frankfurt. Verfügbar unter: www.gdch.de/netzwerk-strukturen/fachstrukturen/chemieunterricht/publikationen.html [08.06.2017].

Gomez, M., Pozo, J. & Sanz, A. (1995). Students' ideas on conservation of matter. Effects of expertise and context variables. *Science Education*, *79* (1), 77–94.

Grabe, W. & Stoller, F. L. (1997). Content-based instruction: Research foundations. In M. A. Snow & D. M. Brinton (Hrsg.), *The content-based classroom. Perspectives on integrating language and content* (S. 5–21). White Plains, NY: Longman.

Hammann, M. & Asshoff, R. (2014). *Schülervorstellungen im Biologieunterricht – Ursachen für Lernschwierigkeiten.* Seelze: Friedrich-Verlag.

Hattie, J. (2012). *Visible Learning for Teachers.* London: Routledge.

Hefendehl-Hebeker, L. & Törner, G. (1984). Über Schwierigkeiten bei der Behandlung der Kombinatorik. *Didaktik der Mathematik, 12,* 245–262.

Hofe, R. vom (1995). *Grundvorstellungen mathematischer Inhalte.* Heidelberg: Spektrum.

Hößle, C. Hußmann, S., Michaelis, J., Niesel, V. & Nührenbörger, M. (2017). Fachdidaktische Perspektiven auf die Entwicklung von Schlüsselkenntnissen einer förderorientierten Diagnostik. In C. Selter, S. Hußmann, C. Hößle, C. Knipping, K. Lengnink & J. Michaelis (Hrsg.), *Diagnose und Förderung heterogener Lerngruppen – Theorien, Konzepte und Beispiele aus der MINT-Lehrerbildung* (S. 19–37). Münster: Waxmann.

Hoy, A. W. & Spero, R. B. (2005). Changes in teacher efficacy during the early years of teaching: A comparison of four measures. *Teaching and Teacher Education, 21* (4), 343–356.

IUPAC – International Union of Pure and Applied Chemistry (Hrsg.). (2014). *Compendium of Chemical Terminology. Gold Book. Version 2.3.3.* From: www.goldbook.iupac.org/PDF/goldbook.pdf [08.06.2017].

Jäger, R. S. (2006). Diagnostischer Prozess. In F. Petermann & M. Eid (Hrsg.), *Handbuch der Psychologischen Diagnostik* (S. 89–96). Göttingen: Hogrefe.

Jaschke, T. (2010). Von der klassischen zur didaktischen Sachanalyse. *Mathematik lehren, 158,* 10–13.

Johns Hopkins University Diversity Leadership Council (o.J.). *Diversity Wheel.* Verfügbar unter: www.web.jhu.edu/dlc/resources/diversity_wheel/index.html [08.06.2017].

Kaput, J. & Sims-Knight, J. E. (1983). Errors in translations to algebraic equations: roots and implications. *Focus on Learning Problems in Mathematics, 5* (3), 63–78.

Klafki, W. & Stöcker, H. (1985). Innere Differenzierung des Unterrichts. In W. Klafki (Hrsg.), *Neue Studien zur Bildungstheorie und Didaktik* (S. 119–154). Weinheim: Beltz.

Knipping, C., Korff, N. & Prediger, S. (2017). Mathematikdidaktische Kernbestände für den Umgang mit Heterogenität – Versuch einer curricularen Bestimmung. In C. Selter, S. Hußmann, C. Hößle, C. Knipping, K. Lengnink & J. Michaelis (Hrsg.), *Diagnose und Förderung heterogener Lerngruppen – Theorien, Konzepte und Beispiele aus der MINT-Lehrerbildung* (S. 39–59). Münster: Waxmann.

Krnel, D., Watson, R. & Glazar, A. (1998). Survey of research related to the development of the concept of 'matter'. *International Journal of Science Education, 20* (3), 257–289.

Kühnel, J. (1966). *Neubau des Rechenunterrichts* (11. Aufl.). Bad Heilbrunn: Klinkhardt.

Leerhoff, G., Kienast, S., Möllering, J. & Eilks, I. (2003). Der Stoffbegriff und die Stoffeigenschaften – Zentrale Problemfelder bei der Vermittlung der chemischen Reaktion im frühen Chemieunterricht. *Der mathematische und naturwissenschaftliche Unterricht, 56* (5), 301–304 & 364–368.

Leisen, J. (2013). *Handbuch Sprachförderung im Fach. Sprachsensibler Fachunterricht in der Praxis. Grundlagenteil.* Stuttgart: Ernst Klett.

Lengnink, K., Bikner-Ahsbahs, A. & Knipping, C. (2017). Aktivität und Reflexion in der Entwicklung von Diagnose- und Förderkompetenz im MINT-Lehramtsstudium. In C. Selter, S. Hußmann, C. Hößle, C. Knipping, K. Lengnink & J. Michaelis (Hrsg.), *Diagnose und Förderung heterogener Lerngruppen – Theorien, Konzepte und Beispiele aus der MINT-Lehrerbildung* (S. 61–83). Münster: Waxmann.

Lenhard, W. & Lenhard, A. (2017). *Berechnung des Lesbarkeitsindex LIX nach Björnson.* Verfügbar unter: www.psychometrica.de/lix.html [05.04.2017].

Leuders, T. & Prediger, S. (2016). *Flexibel differenzieren und fokussiert fördern im Mathematikunterricht.* Berlin: Cornelsen.

Markic, S. & Abels, S. (2013). Die Fachsprache der Chemie. Ein gemeinsames Anliegen von heterogenen Klassen. *Naturwissenschaften im Unterricht – Chemie, 135* (24), 10–14.

Markic, S., Broggy, J. & Childs, P. (2013). How to deal with linguistic issues in the chemistry classroom. In I. Eilks & A. Hofstein (Hrsg.), *Teaching chemistry – A studybook* (S. 127–152). Rotterdam: Sense.

Mortimer, C. E. & Müller, U. (2010). *Chemie, Das Basiswissen der Chemie* (10. Aufl.). Stuttgart: Thieme.

Özcan, N. (2012). *Zum Einfluss der Fachsprache auf die Leistung im Fach Chemie. Eine Förderstudie zur Fachsprache im Chemieunterricht.* Unveröffentlichte Dissertation, Universität Duisburg-Essen.

Riedel, E. & Janiak, C. (2008). *Anorganische Chemie* (7. Aufl.). Berlin: De Gruyter.

Saric, L. & Markic, S. (2015). Educational theories and how students learn chemistry: practice what you preach. In I. Maciejowska & B. Byers (Hrsg.), *A Guidebook of Good Practice for the Pre-service Training of Chemistry Teachers* (S. 9–26). Krakow: Drukarnia.

Selter, C., Hußmann, S., Hößle, C., Knipping, C., Lengnink, K. & Michaelis, J. (2017). Konzeption des Entwicklungsverbunds ‚Diagnose und Förderung heterogener Lerngruppen'. In C. Selter, S. Hußmann, C. Hößle, C. Knipping, K. Lengnink & J. Michaelis (Hrsg.), *Diagnose und Förderung heterogener Lerngruppen – Theorien, Konzepte und Beispiele aus der MINT-Lehrerbildung* (S. 11–18). Münster: Waxmann.

Stavy, R. (1991). Children's ideas about matter. *School Science and Mathematics, 91* (6), 240–244.

Tajmel, T. (2010). DaZ-Förderung im naturwissenschaftlichen Fachunterricht. In B. Ahrenholz (Hrsg.), *Fachunterricht und Deutsch als Zweitsprache* (S. 167–184). Tübingen: Narr.

Tolsdorf, Y. & Markic, S. (2016). Dealing language in science classroom – Diagnosing student´ linguistic skills. In S. Markic & S. Abels (Hrsg.), *Science Education towards Inclusion* (S. 23–42). New York: Nova.

Tolsdorf, Y. & Markic, S. (in Begutachtung). Förderung der Lesefähigkeit naturwissenschaftlicher Texte – Adaption und Entwicklung des Models der Partizipativen Aktionsforschung für die Hochschullehre. *CHEMKON.*

Wiesner, H., Schecker, H. & Hopf, M. (Hrsg.). (2011). *Physikdidaktik kompakt.* Köln: Aulis.

Susanne Prediger, Carina Zindel & Christian Büscher

11. Fachdidaktisch fundierte Förderung und Diagnose – ein Leitthema auch im gymnasialen Lehramt

Wie die Einführungsbeiträge dieses Buches bereits argumentiert haben, bilden fachdidaktisch fundierte Förderung und dazu passende Diagnose ein bedeutsames und sinnstiftendes Leitthema für das Lehramtsstudium. Dabei sollte jede Diagnose von der Förderung aus geplant werden (Häsel-Weide & Prediger, 2017).

Auch das *gymnasiale* Lehramtsstudium soll zur Förderung und Diagnose befähigen, allerdings stehen für diese ambitionierten Professionalisierungsziele weniger Lernzeit zur Verfügung, da der fachdidaktische Anteil im Lehramtsstudium für das Gymnasium geringer ist als in anderen Schulformen (z. B. 9 Leistungspunkte (LP) Mathematikdidaktik im Dortmunder Bachelorstudium Gymnasium im Vergleich zu 26 LP im Haupt- und Realschulbereich). Um trotz knapper Lernzeit fruchtbare Professionalisierungsprozesse initiieren zu können, müssen die allgemeinen und gegenstandsbezogenen Lerngelegenheiten mit denen zur Förderung und Diagnose konsequent verzahnt werden. Der Beitrag stellt dazu konzeptionelle curriculare Überlegungen vor sowie Konkretisierungen, die in einem Dortmunder Teilprojekt des Entwicklungsverbunds „Diagnose und Förderung in heterogenen Lerngruppen" iterativ entwickelt wurden. Kapitel 11.1 erläutert dazu die curricularen Überlegungen und Rahmenbedingungen, Kapitel 11.2 gibt exemplarisch Einblick in die fachdidaktische Einführungsveranstaltung mit Vorlesung und Übung, in der Förderung und Diagnose für die Studierenden als Leitthema eingeführt und fachdidaktisch fundiert werden. Kapitel 11.3 zeigt am Beispiel zweier Seminare „Diagnose und individuelle Förderung" (im Folgenden DiF-Seminare), wie die Konzepte für bestimmte Gegenstände und Zielgruppen erlernt und erprobt werden können; ein Ausblick in Kapitel 11.4 skizziert Anschlussmöglichkeiten im Masterstudium.

Zentrale Botschaft des Artikels ist, dass die fachdidaktische Fundierung von Förderung und Diagnose stets durch gegenstandsspezifische didaktische Kategorien erfolgen muss. Diese explizit sowohl auf die ganze Klasse als auch spezifisch auf mathematische Schwierigkeiten und Potentiale einzelner Lernender zu beziehen, bedarf studentischer Lerngelegenheiten, weil ohne Unterstützungen die Übertragungen noch nicht gelingen kann. Dies gilt besonders bei der begrenzten Lernzeit der Gymnasialstudierenden, aber auch für Studierende anderer Schulformen.

11.1 Förderung und Diagnose fachdidaktisch fundieren trotz wenig Lernzeit – curriculare Überlegungen für das gymnasiale Lehramt

11.1.1 Förderung und Diagnose als Leitthema des fachdidaktischen Studiums

Die verschiedenen Beiträge dieses Bandes haben die Professionalisierungsziele in Bezug auf Diagnose und Förderung unterschiedlich strukturiert, das hier beschriebene Teilprojekt folgt einer Strukturierung von Häsel-Weide & Prediger (2017), der folgende Ausgangsannahmen zugrunde liegen:

- Zentraler Dreh- und Angelpunkt für Förderung und Diagnose sind die fachlichen Vorstellungen und Kompetenzen, die aufgebaut werden sollen (Wember, 1999). Ohne diese sehr gründlich zu spezifizieren ist keine fokussierte Förderung oder Diagnose möglich (Häsel-Weide & Prediger, 2017; Sleep, 2012).
- Diagnose und Förderung sollten nicht nacheinander betrachtet, sondern in ihrer engen Verwobenheit stets iterativ aufeinander bezogen werden (vgl. Abb. 11.1).
- Förderung und Diagnose bezieht sich sowohl auf die gesamte Klasse als auch auf spezifische fachlichen Schwierigkeiten und Potentiale einzelner Lernender. Dabei gebietet das Leitbild der Inklusion, die Lernenden nicht in Kinder und Jugendliche mit Schwierigkeiten *oder* Potentialen einzuteilen, sondern bei jedem Lernenden auf beides zu achten. Die Planungsfragen für die drei Bereiche sind allerdings unterschiedlich.

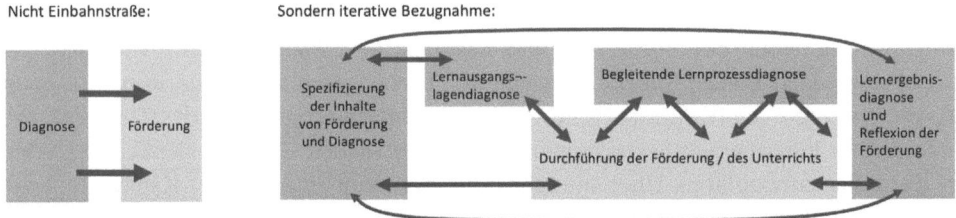

Abb. 11.1: Förderung und Diagnose iterativ aufeinander beziehen statt sequentiell trennen

Lehrkräfte, die solche Planungsfragen für jeden Unterricht formulieren und gegenstands- und lerngruppenangemessen beantworten können sollen, müssen folgende Aspekte berücksichtigen:

A1. fachübergreifende, lerntheoretisch begründete Einsicht in die Bedeutsamkeit genauer diagnostischer Blicke auf Lern*prozesse* (weil Lernen stets am Bestehenden anknüpft und die Prozesse entscheidend sind, z.B. Reinmann-Rothmeier & Mandl, 2001),

A2. eine wertschätzende und neugierige pädagogische Grundhaltung gegenüber dem Denken der Lernenden und eine interpretative Grundkompetenz zum Nachvollziehen von Binnenperspektiven ohne Defizitorientierung (Selter & Spiegel, 2001),

A3. gegenstandsübergreifende *fach*didaktische Kenntnisse zum Denken der Lernenden und zu Lernprozessen (z.B. Unterschied von konzeptuellen und prozeduralen Fähigkeitsaspekten oder das Kategorienpaar Fehlermuster – Fehlerursache, vgl. Prediger, 2010),

A4. zu jedem Lerngegenstand *gegenstandsspezifische* didaktische Kenntnisse von Kategorien und Details zu relevanten Inhaltsaspekten und typischem Denken der Lernenden zu dem Thema (vgl. Hößle, Hußmann, Michaelis, Niesel & Nührenbörger, 2017, Kap. 2 in diesem Band),

A5. Kenntnis unterrichtstauglicher Ansätze zur Diagnose (dies umfasst weitaus mehr als die Kenntnis von standardisierten „Instrumenten", z. B. Gesprächsführungstechniken wie aktives Zuhören, Schweigen aushalten, kognitive Konflikte anregen, Potentiale erkennen und aufgreifen, etc.),

A6. Kenntnis unterrichtlicher Ansätze zur Förderung (mögliche Aufgaben oder Aufgabensequenzen und Lernumgebung zur fokussierten Förderung spezifizierter Inhalte),

A7. und schließlich die hoch anspruchsvolle, integrierende Kompetenz, die verschiedenen Kenntnisse und Ansätze zur Diagnose und Förderung in komplexen Handlungssituationen tatsächlich situationsangemessen zu aktivieren.

11.1.2 Umsetzung bei begrenzter Lernzeit im gymnasialen Lehramt

Das Lehrerausbildungsgesetz (MSW 2009) hat Diagnose und Förderung zum Ausbildungsziel des Bachelors erklärt, für das Dortmunder gymnasiale Lehramt in Mathematikdidaktik stehen dafür allerdings nur 9 LP zur Verfügung. Daher wird eine Einführungsveranstaltung (2 SWS Vorlesung + 2 SWS Übung, 6LP) genutzt, um eine fachdidaktische Fundierung zu legen, ein Seminar (2 SWS, 3LP) für erste selbständige Fördererfahrungen mit Paaren von Lernenden.

Zwar bringen viele Studierende eine wertschätzende und neugierige Grundhaltung bereits mit oder entwickeln sie in frühen erziehungswissenschaftlichen Veranstaltungen, gleichwohl muss sie auch konkret für das Fach Mathematik etabliert werden. Dies erfolgt mit den anderen übergreifenden Aspekten A1–A3 aus Kapitel 11.1.1 in der Einführungsveranstaltung. Thematisiert werden sie jedoch nicht isoliert, sondern unmittelbar verwoben mit gegenstandsspezifischen didaktischen Kategorien und Kenntnissen (A4), auf denen der Schwerpunkt zur fachdidaktischen Fundierung von Förderung und Diagnose in der Einführungsveranstaltung liegt (vgl. Kap. 11.2). Allerdings werden gegenstandsspezifische Kategorien und Kenntnisse lediglich für ausgewählte Lerngegenstände der Themenfelder Zahlbereiche, Algebra und Geometrie thematisiert. Welche Beschränkungen dies mit sich bringt, sollen die Beispiele der folgenden Kapitel aufzeigen.

In dem DiF-Seminar im 6. Semester werden die Aspekte A1–A4 spiralförmig aufgegriffen und angereichert durch exemplarische unterrichtstaugliche Ansätze für Diagnose und Förderung (A5 und A6). Auch hier wird nur sehr ausschnitthaft gearbeitet. Die Kapitel 11.3.2 und 11.3.3 zeigen an Beispielen aus dem DiF-Seminar, dass die integrierende Kompetenz aus A7 ausgesprochen anspruchsvoll und nur schwer zu erreichen ist, selbst bei Beschränkung auf Lehr-Lernsituationen mit zwei Lernenden.

11.2 Förderung und Diagnose gegenstandsbezogen fundieren – Einblicke in die Einführungsveranstaltung

11.2.1 Organisatorischer und curricularer Rahmen der Veranstaltung

Die Einführungsveranstaltung in die Mathematikdidaktik wird im 2. Semester mit Vorlesung und Übung gehalten. Für i.d.R. 60–80 Teilnehmende werden 2–3 Übungsgruppen eingerichtet. Tabelle 11.1 zeigt eine grobe Inhaltsübersicht für Vorlesung und Übung und welche Beiträge jeweils zu den in 11.1.1 genannten Aspekten angeboten werden. Dabei zeigt sich der große Anteil der gegenstandsübergreifenden Konstrukte (A3) *kognitive Aktivität* und *inhaltliche Vorstellungen* zur Spezifizierung aller Inhalte für Diagnose und Förderung. Ihre Rolle wird im Beitrag von Knipping, Korff und Prediger (vgl. ebd., 2017, Kap. 3 in diesem Band) genauer erläutert.

Nach einer kurzen allgemeinen Einführung (A1–A3) nimmt die gegenstandsspezifische Konkretisierung für verschiedene Gegenstände der Themenfelder Zahlbereiche und Algebra den breitesten Raum ein (A4), auch mit exemplarischen Ansätzen für Diagnose (A5) und Förderung (A6). In der zweiten Hälfte erfolgt eine Ausweitung auf weitere Kernbestände, die jenseits von Diagnose und Förderung zur fachdidaktisch fundierten Unterrichtsplanung und -gestaltung leitend sind für eine Integration in die Komplexität von Unterricht (A7), hier jedoch nicht ausgeführt werden (nur knapp benannt ohne Übungen).

Tab. 11.1: Fahrplan zur Einführungsveranstaltung Mathematikdidaktik (Vorlesung und Übung) (grau sind die in Kapitel 11.2.2 und 11.2.3 erläuterten Beispiele)

Thema und math. Gegenstand		Beitrag zu Aspekten von Förderung und Diagnose (neben anderen mathematikdidaktischen Aspekten)
Einführung fachdidaktischer Kernbestände am Themenfeld Zahlbereiche		
V1	Eindenken in mathematik-didaktische Konstrukte und Grundverständnis von Lernprozessen an Natürlichen Zahlen	• Fundierung der Bedeutsamkeit der Diagnose – Lerntheorie (A1) • Einblick in reichhaltige Lernprozesse am Video (A2) • Konstrukte der kognitiven Aktivitäten und inhaltlichen Vorstellungen zur Analyse von Modellierungsprozessen (A3) • Grundvorstellungen (GV) zu Natürlichen Zahlen & Operationen (A4)
Ü1	Aufgaben analysieren und konstruieren	• GV zu Natürlichen Zahlen in Aufgaben identifizieren (A4) • Kognitive Aktivitäten hinter Lernendenprodukten identifizieren (A4) • Fokussierte Aufgaben zur Anregung kogn. Aktivitäten konstruieren (A3)
V2	Inhalt und Kalkül zu Brüchen	• Prinzip „inhaltliches Denken vor Kalkül" (A3/6) • Diagnose von Lernenden-Vorstellungen am Video (A1, A2, A4) • Bedeutsamkeit von Diagnose (A1/2) • GV zu Brüchen und Gleichwertigkeit von Brüchen (A4) • Prinzip der fortschreitenden Schematisierung beim Fördern (A6)
Ü2	Aufgaben konstruieren und Lernendenvorstellungen diagnostizieren	• Konstruktion diagn. Aufgaben durch Darstellungsvernetzung (A5) • Diagnose individueller Vorstellungen zur Bruch-Addition (A4) • Diagnose eines Schematisierungsprozesses am Video (A2/4)

V3	Vorstellungen aufbauen für Bruchoperationen und negative Zahlen	• Vertiefung zu fortschreitender Schematisierung (A5) • GV zum Rechnen mit Brüchen sowie neg. Zahlen ordnen (A4) • Konstrukte der Fehleranalyse (-muster, -ursache) (A3) • Kogn. Aktivitäten am Veranschaulichungszyklus (A3)
Ü3	Vorbereitende Übung zur Subtraktion negativer Zahlen	• verschiedene Zugänge und GV Subtr. negativer Zahlen (A4/6) • Darstellungsvernetzung als Förderprinzip (A6)
V4	Vorstellungen zu negativen und reellen Zahlen und Grenzen	• GV zum Operieren mit negativen Zahlen (A4) • Grenze der GV für Multiplikation negativer & reeller Zahlen (A4) • Spiralprinzip quer durch die Zahlbereichserweiterungen (A7)

Konkretisierung fachdidaktischer Kernbestände für die Algebra (Variable, Termen, Gleichungen)

Ü4	Vorbereitende Übung zu Variablen	• Vorverständnisse zu Variablen aus Aufgaben rekonstruieren (A4) • HA: Diagnose typischer Schwierigkeiten zu Variable & Term (A4)
V5	Inhaltliche Vorstellungen zu Variablen und Termen	• GV zu Variablen & Termen als Verstehensgrundlagen (A4) • Förd. durch systematischen Aufbau vom Inhalt zum Kalkül (A3/6)
Ü5	Lernumgebungen analysieren	• Lernumgebungen bzgl. GV zu Variable/ Term analysieren (A4/6) • Vorgriff auf inhaltliches Gleichungslösen • HA: Fehleranalysen
V6-8	Inhalt und Kalkül zu Termen und Gleichungen	• GV zur Gleichwertigkeit von Termen / Gleichungen (A4) • inhaltliche Basis der Umformungen als Verstehengrundlage (A3) • Fehleranalyse mit Fehlermuster und -ursache in Algebra (A3/4/5)
Ü6-8	Lerngelegenheiten und Lernstände zu Terme und Gleichungen analysieren	• Schulbuchkapitel bzgl. Inhalt und Kalkül analysieren (A5) • Überblick zu GV im Themenfeld für Spiralprinzip • HA: GV zu Variablen / Gleichheit zur Diagnose nutzen (A4)

Unterrichtsplanung und -gestaltung an Beispielen der Themenfelder Zahlentheorie und Geometrie

VÜ9	Erarbeiten I: Sätze entdecken und begründen	• Kognitive Aktivierung durch Prinzip des entdeckenden Lernens (A6) • Funktionen des Begründens (A4) • Diagnostizieren von Begründungen bzgl. unterschiedlicher Exaktheitsstufen und Darstellungsformen (A3/4)
VÜ10	Erarbeiten II: Begriffe	• Kognitive Aktivierung durch das genetische Prinzip (A6) • Unterscheidung Vorschau- und Rückschauperspektive (A2) • Kernideen und Kernfragen • Wissensfacetten für Begriffe (A3)
VÜ11	Systematisieren	• Kognitive Aktivierung durch eigentätiges Ordnen (A6) • Kognitive Aktivitäten in Lernprozessen identifizieren (A3) • Wissensfacetten für konzept. & prozedurale Wissensarten (A3/6)
VÜ12	Üben	• Kognitive Aktivierung durch intelligentes Üben (A6) • Geschlossene und offene Differenzierung durch Aufgaben (A6) • kriteriengeleitete Aufgabenkonstruktion und -variation (A6)
VÜ13	Lineare Algebra & Analytische Geometrie	• Kernideen & Grundvorstellungen der Lin. Alg & an. Geo. (A4) • typische Fehlvorstellungen zur analytischen Geometrie • Spiralprinzip und fundamentale Ideen (A3)
VÜ14	Kontextbezüge	• Kontextbezüge als Lernmedium, Lernziel und Lernprinzip
VÜ15	Umgang mit heterogenen Lerngruppen	• erste Integration der Konstrukte, Prinzipien und Ansätze für phasenspezifische Differenzierung (Ausblick auf dem Weg zu A7)

Die letzte Vorlesung zum Umgang mit Heterogenität bündelt die fachdidaktischen Kernbestände (im Sinne von Knipping et al., 2017) und bereitet sie auf für einen ersten integrierenden Schritt hin zum anspruchsvollsten Professionalisierungsziel: der integrierenden Kompetenz, die thematisierten Ansätze zur Diagnose und Förderung in komplexen Handlungssituationen tatsächlich situationsangemessen zu aktivieren. Gerade dieser Aspekt bleibt allerdings die zentrale Herausforderung für alle Folgeveranstaltungen bis zum Master.

Während im Grundschul- und Haupt- und Realschullehramt die Dortmunder Mathematik-Studierenden zunächst vier Semester lang in spezifischen Themenfeldern elementarmathematische und didaktische Erfahrungen sammeln und danach in einer Überblicksveranstaltung die gegenstandsübergreifenden Konstrukte und Prinzipien gebündelt und systematisiert werden, bleibt im gymnasialen Lehramt weniger Zeit. Daher werden die gegenstandsspezifischen und gegenstandsübergreifenden Aspekte direkt integriert. Größere Mühe machen den Studierenden erfahrungsgemäß die gegenstandsspezifischen Konkretisierungen, die allerdings für die Qualität der Tiefenstruktur von Diagnosen und Förderungen zentral sind (vgl. Sleep, 2012; Prediger & Zindel, 2017).

Wie diese in den Übungen integriert werden und welche Herausforderungen dabei sichtbar werden, soll im Folgenden am Beispiel zweier Hausübungen gezeigt werden, die mit einer real-fremden Produkt- und einer modifizierten Transkriptvignette (vgl. v. Aufschnaiter, Selter & Michaelis, 2017, Kap. 5 in diesem Band) arbeiten, beide thematisieren individuelle Vorstellungen und Schwierigkeiten mit Variablen, Termen und Gleichungen.

11.2.2 An Diagnosen mit gegenstandsspezifischen Kategorien heranführen: Beispiel einer vorbereitenden Hausaufgabe

Als Hausübung zur 4. Übung erhalten die Studierenden die Aufgabe in Abbildung 11.2. Zunächst muss der Bearbeitungsprozess zum Mathematisieren mit einem algebraischen Term selbst vollzogen und reflektiert werden (a), um dann individuelle Kategorien zur Beschreibung des Lösungsprozesses zu generieren (b). Mit diesen Kategorien sollen anschließend schriftliche Lernendenprodukte analysiert werden (c–e).

Ein exemplarischer Einblick in studentische Bearbeitungen der Lehramtsstudierenden Anna und Tim (2. Semester) zu den Aufgabenteilen b) und d) in Abbildung 11.3 illustriert, welches Potential in der Auseinandersetzung mit dieser offenen Aufgabe liegt. Anna und Tim konnten in Aufgabenteil b) zur *Reflexion und Analyse des eigenen Bearbeitungsprozesses* im Vergleich zu ihren Mitstudierenden bemerkenswert passende und präzise Einsichten herausarbeiten und diese in Aufgabenteil d) zur fokussierten und kategoriengeleiteten (d.h. im Abgleich zu diesen intendierten Einsichten) Analyse der beiden Schülerlösungen von Nils und Paul nutzen. Da in der Aufgabenstellung explizit nach einem *kompetenzorientierten* Blick auf die falschen Schülerlösungen gefragt ist, finden sie auch kompetenzorientiert Anknüpfungspunkte.

Auftrag: Diagnose individueller Beschreibungen in Termen

Die nebenstehende Aufgabe zur Mathematisierung einer Punktmusterfolge war Bestandteil eines schriftlichen Tests.
Die Aufgabenteile i.) und ii.) sind fast ausnahmslos richtig gelöst worden.
Zu Aufgabenteil iii.) haben 51 Personen 22 verschiedene Lösungen erzeugt.

Aufgabe:

1. Position 2. Position 3. Position 4. Position

?

i.) Wie viele Plättchen liegen an der 4. Position?

ii.) Wie viele Plättchen liegen an der 16. Position?

iii.) Geben Sie einen Term an, der die Plättchen-Zahl an der n-ten Position beschreibt.

a.) Lösen Sie die Aufgabe selbst.

b.) Um Aufgabenbearbeitungen anderer bewerten zu können, muss man sie zunächst genau analysieren. Analysieren Sie Teilaufgabe iii.) anhand Ihrer Lösung daraufhin, welche Elemente / Einsichten eine vollständig richtige Bearbeitung erfordert.
Versuchen Sie die Elemente / Einsichten möglichst genau und kleinteilig zu fassen.

c.) Analysieren Sie die 18 Lösungen zu iii.), indem Sie kompetenzorientiert schauen, welche der von Ihnen formulierten Einsichten die Personen in Ihre Lösung integrieren konnten (x) und welche noch fehlen (f) oder nur zum Teil (z.T.) vorhanden sind.

d.) Analysieren Sie zwei falsche Lösungen genauer und versuchen Sie zu rekonstruieren, was sich die Person wohl gedacht hat.
Welche vernünftigen Gedanken stecken in der falschen Lösung, wo steckt das eigentliche Problem?

e.) Lässt sich nach dieser Analyse ihr Analyseraster weiter entwickeln?

18 Lösungen zum Aufgabenteil iii):

Adriana
$P_n = (P_1 + 4)^{15}$

Bert
$a_1 + (a_{n-1} \cdot d) = a_n$

Cora
$4(n-1) + 10 = x$

David
$n + (n_1 + 4) + (n_2 + 4) + (n_3 + 4)...$

Eva
$n + 2n + 1 = (n + 1) \cdot n$

Florian
$4n + 6$

Gina
$n+7$

Hans
$n+4$

Inga $10+4 = 14 \quad 14+4=18 \quad 18+4=22 ...$
$a + n_0 = a \, n_1 \quad an_1 + n_2 = an_2 \, ... \quad a + n_0 = a_n$

Johannes
$n + (n+1) + (n+2) + (n+3)$

Karla
$(10 + 4 \cdot n) - 4$

Linus
es wird immer um 4 erweitert

Nils
$10 \cdot 4^n$

Uwe
$(x+4)^n$

Olga
$x = n \cdot 6 + 4$

Paul
$4x + 10$

Rita
$x = 10 + [(4 \cdot n) - 4)]$

Tine
$10 + 4n$ (1. Position: n = 0, 2. Position: n=1)

Abb. 11.2: Auftrag an die Studierenden zur Diagnose von Vorstellungen zu Variablen und Termen (Lösungen aus einer Erhebung von S. Prediger in Bremen 2004)

Eine solche Diagnose, die durch die selbst spezifizierten Kategorien geleitet ist, gelingt in der 4. Übung bereits 7 von 23 Studierendenpaaren explizit, weitere 7 nehmen implizit Bezug auf die zuvor selbst formulierten Einsichten. Die anderen 9 analysieren noch ohne Bezug zu Kategorien.

Das kategoriengeleitete Analysieren ist jedoch ein wichtiges Kennzeichen einer fachdidaktisch fundierten Diagnose (Helmke et al., 2003, S. 19), das den Aspektreichtum und die Ausgewogenheit einer Analyse stärken kann, wie in einer Analyse von 318 diagnostischen Urteilen von Studierenden zu einer weiteren Vignette empirisch nachgewiesen wurde (Prediger & Zindel, 2017). Darin zeigte sich, dass Haltungen, diagnostizierte Aspekte und dabei zugrunde gelegten Kategorien keineswegs in ganz einfachem statistischen Zusammenhang stehen. Dennoch erwies sich das Anbieten und Aktivieren von gegenstandsspezifischen didaktischen Kategorien als signifikant wirksam, um die Adäquatheit und Aspektfülle der Diagnosen zu steigern. Aber es wurden bei weitem nicht alle Kategorien in den ersten Nutzungsversuchen adäquat eingesetzt und vor allem nicht tragfähig kombiniert.

Bearbeitung zum Analyseauftrag durch zwei Studierende
b) Auflistung der notwendigen Einsichten:

1. Einsicht: Es gibt einen Startwert (dieser ist 10)

2. Einsicht: Bei jedem Schritt kommen vier Plättchen dazu

3. Einsicht: Der konstante Term ist nicht die Plättchenzahl auf der ersten Position
(sondern auf der „nullten" Position), es muss korrigiert werden.

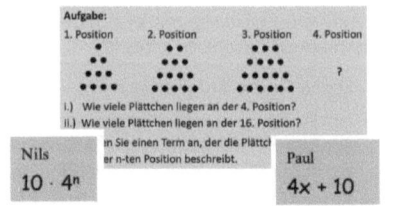

4. Einsicht: In der Lösung muss eine Art von n vorkommen, da die Position über die Anzahl der Punkte entscheidet

5. Einsicht: Der Startwertteil von dem Term darf als Konsequenz der 1. Einsicht nicht von n abhängen (oder von einem anderen Faktor, falls n nicht vorhanden)

6. Einsicht: Das n muss als Konsequenz von Einsicht 2 mit vier multipliziert werden.

---

d) „Nils ($10 \cdot 4^n$): Nils hat wesentliche inhaltliche Einsichten gewonnen. Da in seiner Lösung die Zahl 10 vorkommt, ist anzunehmen, dass er diese Zahl aus der ersten Position durch Zählen gewonnen hat. Außerdem war ihm klar, dass dieser Zahlenwert eine besondere Rolle spielt. Auch lässt sich vermuten, dass Nils die Steigung von vier Punkten pro Position inhaltlich klar ist. Allerdings gelingt es Nils nicht, sein inhaltliches Wissen zu mathematisieren. Genau genommen scheitert er dabei sowohl an der mathematischen Umsetzung des Startwerts (etwas Festes + etwas Variables) als auch an der mathematischen Umsetzung des Zuwachses (Faktor von 4 auf die Variable).

Paul ($4x + 10$): Abgesehen davon, dass er statt n ein x als Unbekannte verwendet, was ihm wohl geläufiger ist, ist seine Lösung sehr durchdacht. Die inhaltliche Vorstellung des Viererzuwachses pro Schritt und der Startwert von zehn sind vermutlich beide vorhanden und auch mathematisch korrekt umgesetzt. Paul einziges Defizit ist möglicherweise eine mangelnde Validierung seines Ergebnisses: Durch Überprüfung der Ergebnisse aus den vorangegangenen Aufgabenteilen hätte er feststellen können, dass und wie sein Startwert korrigiert werden muss."

Abb. 11.3: Auszüge der Analyse der Lehramtsstudierenden Anna und Tim (2. Semester)

11.2.3 Diagnose mit etablierten Kategorien üben: Beispiel einer abschließenden Hausaufgabe

Die Beispiele deuten bereits an, dass die kategoriengeleitete Analyse immer wieder geübt und durch Bereitstellung von Kategorien in den Veranstaltungen auch fundiert werden muss. Für das Themenfeld Variablen und Gleichungen bietet die Veranstaltung zum Beispiel folgende Kategorien an und übt sie in mehreren Varianten mit zunehmender Komplexität ein:

Grundvorstellungen für Variablen in Abgrenzung zum Kalkülaspekt (vgl. Malle, 1993):
- Einsetzungsaspekt
- Gegenstandsaspekt der Unbestimmten (zum Ausdrücken von allgemeinen Zusammenhängen)
- Gegenstandsaspekt der Unbekannten (z. B. in Bestimmungsgleichungen)
- Gegenstandsaspekt der Veränderlichen
- Kalkülaspekt (ohne inhaltliche Deutung)

Unterschiedliche Deutungen des Gleichheitszeichens (Prediger, 2010):
1. Operationszeichen (Aufgabe-Ergebnis-Deutung), z. B. „24: 6 – 3 = 1 "
2. Relationszeichen:
    2a. arithmetische, aber symmetrisch verstandene Gleichheit, z. B. „5 + 7 = 7 + 5"
    2b. Bestimmungsgleichungen, z. B. „Löse $x^2 = x + 6$"
    2c. allgemeingültige Formeln im Sachzusammenhang (inhaltliche Gleichheit), z. B. „$V = \pi\, r^2\, h$" oder „Im rechtwinkligen Dreieck mit Kathete a, b und Hypotenuse c gilt gilt $a^2 + b^2 = c^2$."
    2d. Gleichwertigkeit von Termen (formale Gleichheit), z. B. „$(a - b)(a + b) = a^2 - b^2$"
3. Setzungszeichen (Definition), z. B. „$y := 2x + 52$"

Wie diese in der Vorlesung und Übung eingeführt werden können, wurde andernorts dargestellt (Prediger 2010). Abbildung 11.4 zeigt, wie eine abschließende Analyseaufgabe in Übung 8 aussehen kann, die anhand einer leicht modifizierten Transkriptvignette (die Dialoge wurden verdichtet) die Nutzung verschiedener zuvor erarbeiteter Kategorien in einer komplexen diagnostischen Situation integriert.

Die Analyse könnte zum Beispiel so aussehen:
- Zeile (1) drückt eine inhaltliche Gleichheit aus mit Variablen als Unbestimmten.
- Zeile (2) nutzt den Einsetzungsaspekt, das Gleichheitszeichen hat dabei eher den Charakter des Operationszeichens (oder der symmetrisch verstandenen arithmetischen Gleichheit). Am Ende steht dort eine Bestimmungsgleichung mit g als Unbekannte, die es nach g aufzulösen gilt.
- zur Zeile (3) und (4) hin werden Termumformungen vorgenommen, d. h. die Bedeutung des Gleichheitszeichens wird zur formalen Gleichheit verändert. Die Variable wird dann vermutlich im Kalkülaspekt gedacht.
- Zur Zeile (5) hin wird wieder nach Kalkülregeln (diesmal Gleichungsumformungsregeln) formal operiert, die Variable dabei im Kalkülaspekt behandelt. Am Ende ist die Unbekannte aus der Bestimmungsgleichheit dann bekannt.
- Lynn äußert in (6) eine Vorstellung der Formel in Aufgabe-Ergebnis-Deutung, in der g lediglich im Einsetzungsaspekt, aber nicht als Unbekannte zu nutzen ist. Paul stimmt dem in (7) zu.

Auftrag: Kategoriengeleitete Analyse eines Fallbeispiels zu Deutungen der Gleichheit

In dieser Aufgabe ist zu analysieren, welche Schwierigkeiten mit Variablen und Gleichungen sich bei Lynn und Paul im nebenstehenden Fallbeispiel offenbaren.

	Variablenaspekt	Bedeutung der Gleichheit
(1)		
(2)		
...		

a) Analysieren Sie den Tafelanschrieb, indem Sie eine Tabelle mit den zugeordneten Aspekten aufstellen und dazu Begründungen schreiben (in Tabelle oder Fließtext):

- Geben Sie für jede Zeile (1) – (5) an, welcher Variablenaspekt aktiviert wird.
- Geben Sie für jede Zeile (1) – (5) die Bedeutung des Gleichheitszeichens an.

b) Welche Deutungen der Variablen und der Gleichheitszeichen aktivieren dagegen Lynn und Paul in (6) – (10)?

Wie erklärt Hamit es ihnen?

Wie würden Sie weiter vorgehen?

Fallbeispiel Bedeutungen bei Dreiecksberechnungen

Die Gesamtschulklasse 8 bearbeitet folgende Aufgabe:

Aufgabe: Ein Dreieck mit der Höhe $h = 3$ cm hat einen Flächeninhalt von 6 cm². Wie lang ist die Grundseite g?

An der Tafel wird im Klassengespräch folgender Lösungsweg gemeinsam erarbeitet:

(1) Wir wissen: $F = \dfrac{g}{2} \cdot h$

(2) Also bei uns $6 = \dfrac{g}{2} \cdot 3$

(3) $= \dfrac{3}{2} \cdot g$

(4) $= 1{,}5 \cdot g$

(5) damit ist $g = 4.$

Als die Lösung fertig an der Tafel steht, melden Lynn und Paul Bedenken an:

(6) Lynn: Ich verstehe das nicht! Klar, mit $F = \dfrac{g}{2} \cdot h$ rechnen wir sonst F aus. Aber das geht hier gar nicht, weil wir g nicht benutzen können.

(7) Paul: Genau! Wieso können wir dann sagen, dass $6 = \dfrac{g}{2} \cdot 3$ ist?

(8) Hamit: Das haben wir einfach eingesetzt.

(9) Lynn: Hm, na gut…. *[4 sec Pause]* Aber Moment: In welche Formel denn? $F = \dfrac{g}{2} \cdot h$ oder? $F = \dfrac{h}{2} \cdot g$ Das wird ja irgendwie zweimal eingesetzt, da stimmt doch was nicht?

(10) Hamit: Nee, das ist nicht zweimal eingesetzt, das *[zeigt auf „="in (3)]* ist ein anderes Gleich!

Abb. 11.4: Kategoriengeleitete Analyse einer komplexen Transkript-Vignette bzgl. Schwierigkeiten

- Nachdem Hamit in (8) erklärt, dass man einsetzen darf, wundert sich Lynn in (9) über die Umformung von (2) nach (3), denn Formeln im Einsetzungsaspekt zu interpretieren ermöglicht nicht automatisch die Umdeutung zu Termen, für die man formale Gleichheiten mit Termumformungen erhält. D. h. der Übergang vom Einsetzungs- zum Kalkülaspekt bleibt für Lynn unklar, sie realisiert dies selbst durch die andere Bedeutung des Gleichheitszeichens.
- Hamit deutet in (10) auf die Umdeutung des Gleichheitszeichnens hin, ohne dafür eine genaue Sprache zu haben.
- Eine Förderung ansetzend an Lynns Problem müsste also Variablen als Unbekannte, im Kalkül- und Einsetzungsaspekt unterscheiden und die Übergänge verdeutlichen. Daran ansetzend können auch die Deutungen der Gleichheitszeichen getrennt werden.

Bearbeitung zum Analyseauftrag durch zwei Studierende

„(6) Lynn betrachtet die Gleichung vor allem mit dem Kalkülaspekt. Sie sieht nur eine Rechenmöglichkeit und für sie ist das „F" immer das Ergebnis. Dass aber dieses Mal eine andere Variable unbestimmt ist, sieht sie wahrscheinlich nicht sofort ein.

(7) Paul ist es möglicherweise nicht mehr klar, wieso sie einfach die angegebenen Werte aus der Aufgabe in die Gleichung einsetzen können und wieso die unbekannte Variable nicht mehr „F", sondern „g" ist. Beim Gleichheitszeichen ist nicht mehr die Aufgabe-Ergebnis-Deutung im Vordergrund, sondern die Gleichheit als Bedingung. Es ist das „g" gesucht, dass die Gleichung erfüllt.

(8) Hier hebt Hamit den Einsetzungsaspekt hervor. Er erklärt Lynn und Paul, dass sie die Zahlen einfach aus der Aufgabe eingesetzt haben. Dabei mussten sie nicht unbedingt den Sachzusammenhang verstehen, sondern sollten alleine die Gleichheit als Bedingung erkennen.

(9) Lynn ist die Äquivalenz gleichwertiger Terme möglicherweise noch nicht ganz bewusst. Sie erkennt nicht mithilfe des Kalküls, dass die beiden angegebenen Gleichungen gleichwertig sind. Es wirkt so, als denke sie, dass die beiden Gleichungen komplett unterschiedlich sind.

(10) Hamit bringt Lynn auf die Idee, das das Gleichheitszeichen verschiedene Bedeutungen haben kann, in diesem Fall sollt die Äquivalenz gleichwertiger Terme erkannt werden."

Fallbeispiel Bedeutungen bei Dreiecksberechnungen

Die Gesamtschulklasse 8 bearbeitet folgende Aufgabe:

Aufgabe: Ein Dreieck mit der Höhe $h = 3$ cm hat einen Flächeninhalt von 6 cm². Wie lang ist die Grundseite g?

An der Tafel wird im Klassengespräch folgender Lösungsweg gemeinsam erarbeitet:

(1) Wir wissen: $\quad F = \frac{g}{2} \cdot h$

(2) Also bei uns $\quad 6 = \frac{g}{2} \cdot 3$

(3) $\qquad\qquad = \frac{3}{2} \cdot g$

(4) $\qquad\qquad = 1{,}5 \cdot g$

(5) damit ist $\qquad g = 4.$

Abb. 11.5: Kategoriengeleitete Analyse der Transkript-Vignette durch Studierende Daniel und Linda

Von den 21 Studierendenpaaren, deren Hausübungen zum Auftrag aus Abbildung 11.4 analysiert wurden, haben neun alle fünf Variablenaspekte und elf vier Variablenaspekte in der Analyse des Tafelanschriebs, also der Schritte (1)–(5), richtig benannt. Die Analyse eines solchen *fachlich tragfähigen* Bearbeitungsprozesses, in dem für jeden Bearbeitungsschritt entscheidbar ist, welche Grundvorstellung an dieser Stelle gefordert ist, scheint den Studierenden also nach dem entsprechenden Abschnitt in der Veranstaltung zu gelingen.

Schwerer scheint den Studierenden die Analyse des Transkriptausschnitts zu fallen. Nur zwei der 21 Studierendenpaare haben die didaktischen Kategorien der Variablenaspekte tragfähig genutzt, um den Transkriptausschnitt passend zu analysieren. Sieben Studierendenpaare haben die Kategorien nicht tragfähig genutzt und die übrigen 13 teilweise tragfähig.

Die Analyse von Daniel und Linda (in Abb. 11.5) ist ein Beispiel für eine teilweise tragfähige Anwendung der didaktischen Kategorien. Sie differenzieren zwischen den drei Lernenden und treffen im Unterschied zu einigen anderen Studierenden keine Aussagen über die Lernenden zusammen. Die Variablenaspekte werden teilweise tragfähig benannt, aber nicht in Bezug gesetzt zum intendierten Lernpfad.

Zusammenfassend zeigen die Beispiele und die weiteren Analysen von Studierendendiagnosen (hier und in Prediger & Zindel, 2017), dass die Anwendung von didaktischen Kategorien die studentischen Diagnosen und Fördervorschläge substantiiert, jedoch für Studierende durchaus eine Herausforderung darstellen kann.

Die Aktivierung von individuellen Kategorien kann dabei einen guten Anknüpfungspunkt bieten. Bei der Analyse der Produktvignetten (in Abb. 11.2) hat mehr als die Hälfte der Studierenden diese individuellen Kategorien explizit oder implizit aufgegriffen. Um auch kompliziertere vorgegebene didaktische Kategorien in komplexeren Situationen nutzen zu lernen, wurde in dem Auftrag in Abbildung 11.4 ein fokussierterer Analyseauftrag gestellt. Dabei konnten die Studierenden Variablenaspekte in dem fachlich tragfähigen Tafelanschrieb identifizieren (zur Hälfte auch begründet), aber erst eingeschränkt tragfähig bei der Analyse von komplexeren Lernsituationen nutzen, in denen die Denkweisen der Lernenden den intendierten Kategorien noch nicht vollständig entsprechen. Die Feststellung der Passung individueller Vorstellungen zu intendierten Vorstellungen war auch in der historischen Entwicklung der Mathematikdidaktik ein früherer Schritt (vom Hofe, 1992) als die Rekonstruktion individueller Sichtweisen aus der Binnenperspektive. Diese interpretative Grundhaltung mit fachdidaktisch fundierten Kategorien tragfähig zu verknüpfen (A2 mit A4), ist daher ein weiteres Beispiel für Professionalisierungsziele, die mehr Lernzeit brauchen als der Einführungsveranstaltung zur Verfügung steht.

Der Vergleich beider Aufträge kann auch als Hinweis dienen, dass die grundsätzliche diagnostische Haltung nicht ausreicht, wenn die Schwierigkeiten der Schülerinnen und Schüler fachdidaktisch subtil sind. Es könnte sich dabei lohnen, Studierende individuelle Kategorien zu etablierten didaktischen Kategorien nacherfinden zu lassen, damit sie den Sinn der Kategorien als Analysewerkzeuge verstehen und sie auch tragfähig anwenden können. Die Reflexion über eigene Bearbeitungsprozesse ist ein notwendiger, aber nicht hinreichender Schritt, um fachdidaktisch fundierte, bewährte didaktische Kategorien mit Bedeutung zu füllen. Darauf muss auch das Seminar zur Diagnose und Förderung vertieft eingehen.

11.3 Förderung und Diagnose erlernen und erproben – Einblicke in zwei Seminare

11.3.1 Organisatorischer und curricularer Rahmen der DiF-Seminare

Die zweistündigen Seminare „Diagnose und Förderung" werden mit unterschiedlichen Fokussierungen im 5./6. Semester für jeweils etwa 20-25 Teilnehmende angeboten. Tabelle 11.2 zeigt exemplarisch den Fahrplan des Seminars zu mathematischen Potentialen, das in Kapitel 11.3.2 vorgestellt wird. Das parallel angebotene Seminar zu mathematischen Vorstellungen und Schwierigkeiten ist mit einer thematischen Einführung zum Basiswissen, der Vorbereitung und Durchführung eigener Erhebungen, der Analyse von Lernprozessen und daran anschließender Förderung sowie der abschließenden Reflexion ähnlich strukturiert.

Tab. 11.2: Fahrplan zum DiF-Seminar am Beispiel Diagnose & Förderung von Potentialen

Block	Sitzung	Inhalt
Basiswissen Diagnose & Aufgabendesign	1	• Einstieg, Organisatorisches, defizit- vs. kompetenzorientierte Diagnose • Erarbeitung einer Arbeitsdefinition von mathematischem Potential • Festlegung des Fokus auf Förderung von Potentialen
	2	• Diagnosetypen insb. Lernprozessdiagnose, Verhältnis von Förderung und Diagnose • Vertiefung zu produktiven Übungsaufgaben
	3 / 4	• Analyse von Schulbuchaufgaben hinsichtlich Kriterien des produktiven Übens • Erstellung einer eigenen Aufgabe zum produktiven Üben
Vorbereitung & Durchführung eigener Erhebungen	5	• Bearbeitung der Treppenaufgabe als reichhaltige Erkundungsaufgabe • Analyse und Reflexion des eigenen Bearbeitungsprozesses anhand von kognitiven Aktivitäten während epistemischer Handlungen in interessendichten Situationen
	6	• Analyse kognitiver Aktivitäten von Lernenden in Videos zur Treppenaufgabe • Einarbeitung in Designexperimente, Interviewerverhalten in Designexperimenten, Spannungsfeld zwischen Offenlegung der Denkwege und Lenkung der Prozesse • Erarbeitung eines Interviewleitfadens für die Treppenaufgabe
	7 / 8	• Durchführung eines Designexperiments mit der Treppenaufgabe
Analyse von Lernprozessen & Förderung von Potential	9	• Gemeinsame Reflexion von Interviewerverhalten bzgl. Prinzip minimaler Hilfe • Gemeinsame Analyse von Potential in den Designexperimenten
	10	• Analyse der Impulse gemäß Prinzip minimaler Hilfe • Relevanz fachdidaktischer Kategorien für Analyse der Lernenden-Prozesse • Analyse selbstgewählter Transkriptausschnitte bzgl. mathematischer Potentiale
	11	• Überarbeitung der produktiven Übungsaufgabe auf Basis der Beobachtungen
	12	• Durchführung eines 2. Designexperiments zur Förderung von Potential mit eigener produktiver Übungsaufgabe
	13 / 14	• Vertiefen verschiedener Potentialbegriffe, Situativität des Potentialbegriffs • Analyse selbstgewählter Transkriptausschnitte bzgl. mathematischem Potential
Abschluss	15	• Abschluss, Reflexion, Möglichkeiten und Grenzen der Übertragung auf Schule

Während die Einführungsveranstaltung einen breiten Überblick über viele didaktische Kategorien und Prinzipien und ihr Zusammenspiel gibt, erfolgt im Seminar eine exemplarische Vertiefung, die durch die eigenen Erhebungen zu einem vorgegebenen Themengebiet eine andere Intensität erlangt. Je zwei Studierende gestalten dazu jeweils zwei Erhebungen, ein Diagnoseinterview und ein Designexperiment zur adaptiven Förderung, und beobachten sich dabei gegenseitig. Die Komplexität des Classroom Management wird dabei reduziert auf ein Laborsetting mit zwei Schülerinnen und Schülern, erst im späteren Praxissemester wird eine ganze Klasse adressiert.

Die Studierenden lernen in den Seminarsitzungen durch Wiederholung oder Vertiefung von Basiswissen, durch gemeinsame Planung, durch die paarweise Ausschärfung der Designexperiment-Leitfäden, durch die gegenseitigen Rückmeldungen nach den Erhebungen, durch gemeinsame Analyse der real-eigenen Videovignetten und die vertiefte Analyse einzelner Stellen. Dabei steht zunächst ein (grobes) Förderziel im Fokus. Dementsprechend wählen die Studierenden Aufgaben aus, um Schwierigkeiten und Potentiale als Anknüpfungspunkte zu rekonstruieren. Darauf aufbauend kann eine fokussierte Förderung geplant und durchgeführt werden. Dabei ist immer wieder eine Hilfestellung durch die Seminarleitung erforderlich, um die in der Einführungsveranstaltung gelernten Kategorien und Prinzipien auf die neue Situation tatsächlich anzuwenden, denn eine Vorlesung erzeugt zunächst träges Wissen.

11.3.2 Einblicke ins Seminar zu Diagnose und Förderung von mathematischen Potentialen

Im Seminar zu mathematischen Potentialen, das der dritte Autor zweimal durchgeführt hat, wurde nach dem Fahrplan in Tabelle 11.2 gearbeitet. Im Seminar wurden Ansätze und Materialien aus dem Projekt doMath (Rösike & Schnell, 2017; Schnell & Prediger, 2017) verwendet. Mit den Studierenden wurde herausgestellt, dass Potential sich nicht zwangsläufig in guten Noten oder Produkten zeigt, sondern in guten mathematischen Denkwegen und Bearbeitungsprozessen von Lernenden (A1). Daher wurde als Aufgabe des Seminars formuliert, die wertvollen, aber situativ geprägten und instabilen Ansätze im Denken von Lernenden aufdecken und aufgreifen zu lernen (Schnell & Prediger, 2017). Das Seminar zielt somit auf die Ausbildung einer Haltung, Potentiale aufzudecken (A2), und auf das Erlernen von Ansätzen zu ihrer Förderung und Diagnose (A5-6). Potential wird dabei nicht an einem spezifischen Lerngegenstand festgemacht, sondern gegenstandsübergreifend in reichhaltigen kognitiven Aktivitäten gesucht (A3).

Die diagnostische Erhebung der Potentiale führten die Studierenden anhand der graphisch gestützten Treppenaufgabe durch (Schwätzer & Selter, 1998): Welche Zahlen lassen sich additiv zerlegen in die Summe aufeinanderfolgender Zahlen wie 2+3+4 oder 4+5? Die vollständige Lösung der Aufgabe ist der Satz von Sylvester: Außer für die Zweierpotenzen lassen sich für alle Zahlen Treppen bauen, d.h. sie lassen sich additiv in Summen aufeinander folgender Zahlen zerlegen, und zwar für jeden ungeraden Teiler eine Treppe/Zerlegung. Die Lösung muss nicht vollständig erreicht werden, denn die Aufgabe erlaubt vielfältige kognitive Aktivitäten des Vermutens, Systematisierens und Begründens (Schelldorfer, 2007) und Entdeckungen reichhaltiger Zwischenlösungen.

Die Aufgabe wurde von den Studierenden eingesetzt mit dem Ziel, eben diese vielfältigen Prozesse anzuregen, aufzudecken und gezielt aufzugreifen und zu fördern. Impulse, die Potential dabei fördern können, müssen (1) am *Denken der Lernenden* ansetzen und nicht vorgegebene Denkwege aufzwingen (A2, A5) und (2) *Rampen bauen*, die ein autonomes Aufsteigen der Lernenden vom eigenen Denken zu mathematisch anspruchsvollerem Denken ermöglichen (A6, A7).

Im Folgenden werden zu diesen zwei Anforderungen einige Impulse von zwei Studierenden, Georg und Ricardo, vorgestellt. Beide Studierenden sind Novizen in der Förderung von Potential; während Ricardo allerdings die Impulse gelingen, zeigt Georg, wie herausfordernd diese Anforderungen sind, sodass die Universität dafür Lerngelegenheiten schaffen muss:

(1) Am Denken der Lernenden ansetzen

Situation: Die Lernenden haben über längere Zeit viele Treppenzahlen gefunden, zählen diese allerdings nur auf, anstatt allgemeinere Vermutungen über ihre Form anzustellen. Nach einem Impuls des Studierenden, auf Nicht-Treppenzahlen zu achten, findet der Schüler Hassim doch noch ein Muster.

Hassim: „Mit 8 kann man nicht, mit 16… und dann 40 geht auch nicht […] Man kann mit allen Zahlen, außer der Achterreihe nicht, legen."

Georg: „Was ist mit 4?"

An dieser Stelle zeigt Hassim zum ersten Mal eine Verallgemeinerungsleistung, in dem er nicht mehr Aussagen über einzelne Zahlen, sondern über die gesamte 8er-Reihe macht. Damit zeigt er eine potentialhaltige Aktivität. Impulse, die an das Denken des Schülers anknüpfen und weitere Aktivität anregen, könnten etwa nach Begründungen dieser Aussage fragen. Georg hingegen verlässt die Struktur der 8er-Reihe und bietet ein Gegenbeispiel an. Dieser Impuls knüpft zwar an der Aussage des Schülers an, der potentialhaltige Moment geht dabei allerdings verloren, da nicht an der konkreten Verallgemeinerung des Schülers weitergearbeitet wird.

Situation: Die Schülerin Caja hält (irrtümlich) 11 und 13 für keine Treppenzahlen und stellt die Vermutung an, dass manche Primzahlen keine Treppen sind. Der Schüler Leon findet heraus, dass 5 eine Treppenzahl ist.

Ricardo: „Also du *(an Caja)* sagst jetzt du hast die Vermutung, dass einige Primzahlen nicht funktionieren […] Und du *(an Leon)* sagtest aber, mit 5 funktioniert's, also für bestimmte Primzahlen nur nicht. Könnt ihr das mit 11 nochmal überprüfen?"

Im Gegensatz zu Georg erkennt der Student Ricardo das Potential in Leons gefundenem Muster, um Cajas falsche Vermutung zu einem Konflikt zu führen. Er greift beide Aussagen der Lernenden wertschätzend auf und bringt sie miteinander in Verbindung. Damit stellt er sicher, dass am Denken der Lernenden gearbeitet wird und die falsche Aussage thematisiert wird, dies aber ohne die Autonomie der Lernenden einzuschränken.

(2) Rampen bauen

Situation: Die Lernenden nutzen Münzen, um eine große Treppe zu legen, beginnend bei einer Höhe von 1. Für jede angelegte neue Reihe finden sie so eine neue Treppenzahl: 1, 3, 6, 10, … 66.

Georg: „Ihr legt die jetzt da aus. Die Frage ist allerdings, was ist mit Zahlen, die ihr nicht mehr legen könnt. Weil das viele sind, weil die Zahl zu groß ist."

Während die Lernenden noch Beispiele für Treppenzahlen sammeln, versucht Georg, sie zum Systematisieren anzuregen. Der Verweis auf eine unpraktisch große Zahl könnte dafür durchaus geeignet sein – Georg gelingt es aber nicht, damit eine Rampe zu bauen. Sein Impuls greift nicht die gefundenen Zahlen der Lernenden auf, sondern verändert die Fragestellung: „eigentlich" ging es ihm um größere Zahlen.

Situation: Die Lernenden haben in selbstständiger Arbeit bereits mehrere kleinere Regeln (u. a. ab 3 alle ‚verdoppelten Zahlen', alle durch 10 teilbaren Zahlen) gefunden. Sie stellen (fälschlicherweise) fest, dass sie für 26 noch keine passende Regel haben, und versuchen nun, eine Treppe aus 26 Plättchen zu legen.

Ricardo: „Genau, ihr könnt ja mal gucken, ob ihr da noch was findet. Und dann könnt ihr vielleicht mal überlegen, dass ihr diese Regeln vielleicht noch ein bisschen verallgemeinert. Vielleicht findet man ja noch eine präzisere Regel."

Schüler: „Genau, die dann vielleicht alles so ein bisschen zusammenfasst."

In dieser Situation fallen die Lernenden von der komplexeren Aktivität des Regeln-Entdeckens zurück in das Überprüfen einer einzelnen Zahl. Ricardo bemerkt dies, lässt diese Tätigkeit zu und gibt gleichzeitig die Anregung für einen nächsten Schritt: Das Systematisieren der bereits gefundenen Regeln, die eigentlich auch Aussagen über die 26 zugelassen hätten. Auf diese Weise greift er erneut auf das Denken der Lernenden wertschätzend zurück und zeigt eine Rampe zu komplexerer Aktivität auf.

Die gemeinsame Diskussion mitgebrachter (d. h. real-eigener) Video-Vignetten ermöglicht, mit den Studierenden über solche Feinstrukturen wie die Impulse zu reflektieren. Dies gilt für Potentiale ebenso wie für Schwierigkeiten.

Dass Studierende die Lernfortschritte selbst wahrnehmen und reflektieren können, zeigt ein Ausschnitt aus Ricardos abschließender Reflexion der Lernerfolge im Seminar-Portfolio:

> „Die Lernerfolge durch das Seminar lassen sich grob mit den Stichworten ‚sensibel sein und genau hinschauen' auf den Punkt bringen. Zu dieser Erkenntnis kommt man durch die umfangreiche Arbeit mit einer Aufgabe inklusive Erstellung, Validierung, Durchführung und Auswertung, wie im Seminar geschehen. Durch eben diese intensive Beschäftigung erkennt man nach und nach Aspekte, die man zuvor gar nicht zu sehen vermochte [...] Auch zunächst unsinnig erscheinende Ansätze können sehr durchdacht sein, machen eben nur nicht den Anschein, weil dem Aufgabensteller eben ganz andere Strategien bekannt sind. Hieraus lässt sich auch der Schluss ziehen, dass man nach Möglichkeit keine Erwartungshaltung einnehmen und keine vorab pauschalisierenden Aussagen machen sollte, um möglichst gut Schülerstrategien zu verstehen" (Reflexion von Ricardo in seinem Seminar-Portfolio).

Ricardo hebt hier insbesondere die intensive Beschäftigung mit der Aufgabe und Lernprozessen hervor, die es ihm ermöglicht, die individuellen Denkwege von Lernenden zu verstehen und wertzuschätzen. In der Reflexion des Studierenden Lennart findet sich ein weiterer Aspekt der Seminargestaltung:

> „Weiter rückte durch die Aufgabe, mathematisches Potential in seinen Interviews zu erkennen, eine kompetenzorientierte Sicht in den Vordergrund. In der Schule selbst hat man ja eher die defizitorientierte Bewertung kennengelernt. Dass man aber bei der letzteren Sichtweise oft wichtige Fähigkeiten und Interventionsmöglichkeiten übersieht, ist mir vor allem aufgefallen, als ich bei Lernenden gezielt nach Potential und nicht nach Fehlvorstellungen gesucht habe" (Reflexion von Lennart).

Lennart, der in seinen Interviews ein ähnliches Verhalten wie Ricardo zeigte, betont die Auswirkungen des Fokus auf Potentiale. Die Vermittlung einer kompetenzorientierten Grundhaltung (A2) ist eine der schwierigsten, aber auch wichtigsten Aufgabe einer fachdidaktischen Ausbildung. Ein Fokus auf Potentiale, der das Bauen von Rampen in den Vordergrund rückt, scheint Lerngelegenheiten für den Erwerb einer solchen Sichtweise zu ermöglichen. Je besser sie durch gegenstandsspezifische Fundierungen gestützt sind (A4), desto leichter fällt es den Studierenden, die Sichtweise einzunehmen.

Insgesamt zeigt sich auch in diesem Seminar, dass das Arbeiten am Denken der Lernenden und das Bauen von Rampen Novizen der Fachdidaktik vor große Herausforderungen stellt – erneut zeigt sich auch die tatsächliche situationsangemessene Anwendung (A7) als besonders schwierig. Zwei Prinzipien des Seminars erwiesen sich dabei als unterstützend für die Studierenden: Zum einen die intensive Auseinandersetzung mit Aufgaben von der eigenen Bearbeitung und Analyse der Aufgabe, um aufgabenspezifisch einen tiefgehenden Blick zu ermöglichen (A4), hin zur Beobachtung und Steuerung von Lernprozessen (A5/A6). Zum anderen erweist sich der Fokus auf Potentiale anstatt auf Fehlvorstellungen von Lernenden als hilfreich, um kompetenzorientiert zu analysieren. Studierende, die die Lerngelegenheiten annahmen, konnten in ihren Interviews die Denkwege der Lernenden wertschätzend aufgreifen und Rampen bauen, ohne die Autonomie der Lernenden zu beschränken. Somit konnten sie den Lernenden Erfahrungen in Selbstwirksamkeit, Autonomie und Kompetenz ermöglichen, die die Potential- und Interessenförderung als zentral herausgestellt hat (Schnell & Prediger, 2017 nach Deci & Ryan, 2002). Das Beispiel von Georg zeigt allerdings auch, dass weitere Lerngelegenheiten bzgl. der Förderung von Potential sein Repertoire noch erweitern können, um auch die Umsetzung tragfähig zu gestalten.

11.3.3 Einblicke ins Seminar zu Diagnose und Förderung von mathematischen Vorstellungen bei Schwierigkeiten

Im Seminar zu mathematischen Vorstellungen wurde auf das gemeinsame Oberthema Funktionen fokussiert. Nachdem im Seminar die didaktischen Kategorien der Grundvorstellungen und Darstellungen zu Funktionen erarbeitet wurden (Aspekt A4), haben die Studierenden Schulbuchaufgaben hinsichtlich dieser Kategorien analysiert. Darauf aufbauend wurden Aufgaben und Leitfäden für halbstandardisierte Diagnoseinterviews entwickelt. Die Ergebnisse dienen als Grundlage für eine adaptive Förderung (Aspekt A6 und A7). In den Interviews hatten die Studierenden die Möglichkeit, ihre Gesprächsführungstechniken zu erweitern (Aspekt A5). Dies wurde durch gegenseitiges Feedback der Tandempartner unterstützt. Die Ergebnisse halten die Studierenden abschließend in einem Bericht fest (vgl. Auszüge in Abb. 11.6).

Der Bericht der Studierenden Daniela und Mark (9. und 5. Semester) ist ein gutes Beispiel für eine gelungene fokussierte und zielgerichtete Abstimmung von den zwei hier gewählten Schlüsselstellen:

---

(1) Konkretisierung der Diagnose-Frage

Forschungsfrage: „Inwieweit erkennen die SuS [Anm: Schülerinnen und Schüler] den Zusammenhang zwischen der Funktionsgleichung und der Aufgabensituation?"

„Die oben beschriebene Konstruktion der Diagnoseaufgabe zielt darauf ab, eine möglichst gute und umfangreiche Einsicht in die mathematischen Kompetenzen und Denkweisen der SuS in Hinblick auf lineare Funktionen zu erhalten. Anhand der durch die Diagnoseaufgabe angeregten Darstellungswechsel, soll analysiert und diagnostiziert werden, inwieweit die SuS einen Zusammenhang zwischen der Funktionsgleichung und der Aufgabensituation – also zwischen symbolischer und sprachlicher Darstellung – herstellen können. Es geht ebenfalls darum zu erkennen, ob die SuS die verschiedenen Darstellungen ausreichend vernetzen können, um zu einer geeigneten Lösung der Aufgabe zu gelangen. Dabei spielen die im theoretischen Rahmen genannten Grundvorstellungen zu Funktionen eine entscheidende Rolle. Neben der eigentlichen Forschungsfrage wird also auch beobachtet, inwiefern die SuS die verschiedenen Grundvorstellungen verinnerlicht haben."

(2) Adaptive Planung der fokussierten Förderung

„Das zweite Interview zielt darauf ab, die SuS soweit zu fördern, dass sie am Ende des Interviews zu einer gegebenen Aufgabensituation eine passende Funktionsgleichung aufstellen können – ohne dabei auf den Funktionsgraphen zurückgreifen zu müssen. Dafür wurden drei Aufgaben erstellt. Zunächst soll mit 2 Übungsaufgaben das Verständnis für den Zusammenhang der sachlichen und der symbolischen Darstellung einer Funktionsgleichung gezielt geschult werden, während anhand der dritten Aufgabe überprüft werden soll, ob das gesetzte Ziel erreicht werden konnte."

Aufgabe 1: In einem Whirlpool sind 220 Liter Wasser. Nachdem der Stöpsel herausgezogen wurde, fließen pro Minute zwölf Liter Wasser ab. Welche der folgenden Funktionsgleichungen beschreibt diese Situation? Überlegt auch gemeinsam, welche der Gleichungen nicht passen können und warum nicht.

(a) $f(x) = 12x + 220$ (b) $f(x) = 220x + 12$ (c) $f(x) = -12x + 220$ (d) $f(x) = 12x - 220$"

Abb. 11.6: Auszüge aus dem Seminarbericht zweier Studierender zu Schwierigkeiten mit Funktionen

(1) der Herleitung der Diagnosefrage für die erste Erhebung und (2) die adaptive Planung der Förderung. Bei der Transkriptanalyse ihrer real-eigenen Videovignetten der Diagnoseinterviews haben sie herausgefunden, dass die Lernenden den Weg über den Funktionsgraphen wählen, um die Frage zu beantworten und somit die direkte Darstellungsvernetzung von Funktionsgleichung und Aufgabensituation umgehen. An diese Beobachtung knüpft ihr Förderplan in treffsicherer Weise an, die Förderung erfolgt so fachdidaktisch fundiert.

Die Dozentin (in diesem Fall die zweite Autorin, C.Z.) hat im Anschluss an die Designexperimente zur Förderung individuelle Planungsgespräche zur Analyse dieser Designexperimente mit den Studierenden geführt. Diese individuelle Unterstützung war insbesondere notwendig, um von den informellen Eindrücken und individuell gebildeten Analysekategorien der Studierenden zu einer Anbindung an etablierte Kategorien zu kommen. Der Zusatzaufwand der individuellen Planungsgespräche hat bei vielen Studierenden eine hohe Akzeptanz erfahren, wie sich in der Evaluation des Seminars und in den Reflexionen am Ende der Seminarberichte zeigt (vgl. Abb. 11.7).

Die knappen Einblicke in die Lernprozesse der Studierenden ermöglichen weitere Einsichten in die Bedeutsamkeit des Zusammenspiels der Aspekte A1–A4 aus Kapitel 11.1.1:

- Studierende sollten die Nützlichkeit von didaktischen Kategorien erkennen: Es kommt darauf an, einen differenzierten Blick auf Aufgaben und die Bearbeitungsprozesse zu werfen, dafür braucht man differenzierte Kategorien (und auch ein Bewusstsein dafür seitens der Studierenden). (Zusammenhang von A2 und A4)

- Die Studierenden sollten die didaktischen Kategorien insbesondere nicht nur *kennen*, sondern auch passend (d. h. flexibel, aber dennoch fokussiert und zielgerichtet) *anwenden* können. Wichtig ist, dass Lehrenden bewusst ist, dass die Anwendung didaktischer Kategorien gezielt geübt werden muss (Auswahl und Umsetzung) (A7).

Selbstreflexionen und Rückmeldungen zum eigenen Lernprozess

„Ein möglicher Rückschluss für die eigene unterrichtliche Praxis des Interviewers (die sich bislang allerdings auf die Fächer Chemie und Physik beschränkt) ist, dass nachdem bestimmte Aspekte wie Grundvorstellungen und Darstellungen bei den Schülern explizit im Detail herausgearbeitet wurden, diese in Zukunft schnell und zuverlässig bei Schülerinnen und Schülern festgestellt werden können, da der entsprechende Blickwinkel jetzt beim Interviewer vorhanden ist." (Claudius)

„Insbesondere dem „Kompetenzorientierten Ansatz" stand ich anfänglich sehr kritisch gegenüber, da ich es gewohnt bin, dass „Wissenslücken" der SuS aufgedeckt und „behoben" werden müssen. Dies kann so aber nur über „externes Input" geschehen. Durch geschickt gewählte Aufgaben, die an die gefestigten Kompetenzen der SuS anknüpfen, haben diese hingegen die Möglichkeit, eine eigenständige Lösung zu erarbeiten, die dann bekanntlich besser in Erinnerung bleibt und zu einem „tieferen" Verständnis des Gelernten führt. Diese Erkenntnis konnte ich beim Erstellen der Förderaufgabe gewinnen, was mich dann auch von dem Ansatz überzeugte." (Johanna)

„Um diagnostisch aktiv werden zu können, ist es wichtig, gut gestellte Aufgaben, die ein Merkmal untersuchen, zu erstellen. Hieraus lassen sich Rückschlüsse über die vorhandenen Kompetenzen und Grundvorstellungen bei den Lernenden erkennen, die im Anschluss daran gezielt gefördert werden können. Sollten Kompetenzen nicht ausreichend vorhanden sein, können diese geschult werden und nicht vorhandene Grundvorstellungen können aufgebaut werden." (Anja & Marcel)

Abb. 11.7: Reflexionen am Ende des Semesters

Als Konsequenz für die (Hochschul-)Praxis ergibt sich damit die Forderung, einerseits Lerngelegenheiten zu schaffen, in denen Studierende didaktische Kategorien nacherfinden können (z. B. aufbauend auf einer Reflexion des eigenen Lösungsprozesses), und diese Prozesse andererseits auch auf Mikroebene zu unterstützen (z. B. durch individuelle Planungsgespräche). Offene Aufgaben zur Analyse von Vignetten sind dem Unterrichtsalltag am nächsten. Doch zuvor können fokussierte Aufgaben die Studierenden unterstützen, den Fokus auf bestimmte didaktische Kategorien zu richten.

Eine Erhebung im Laborsetting hat natürlich seine Grenzen und ist nicht direkt auf das Klassensetting übertragbar, doch die Begrenzung auf zwei Lernende hat sich bewährt für den Aufbau von Diagnose- und Förderfähigkeiten. Diese sind eine notwendige Voraussetzung dafür, später im komplexen Unterrichtsalltag auch bei noch größerer Komplexität sensibel und fachdidaktisch treffsicher auf individuelle Schwierigkeiten eingehen zu können.

11.4 Ausblick auf das Masterstudium

Die Lerngelegenheiten der Studierenden im Bachelor zeichnen sich durch die Beschränkung auf die Themenfelder Zahlbereiche, Algebra und Geometrie aus, sowie durch einen Fokus auf Lehr-Lernsituationen mit zwei Lernenden. Im Masterstudium wird auf diese Grundlage systematisch aufgebaut (Abb. 11.8).

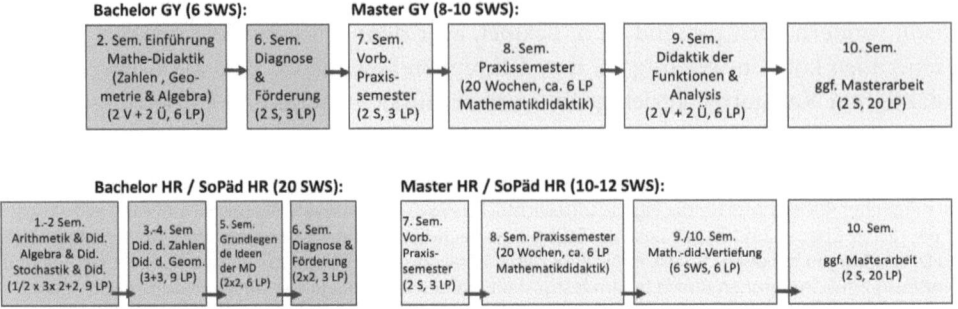

Abb. 11.8: Verteilung der Lernzeit für Mathematikdidaktik im Gymnasiallehramt

Dabei wird das Repertoire der fachdidaktischen Fundierung erweitert durch Beispiele aus dem Themenfeld Funktionen und Analysis, womit allerdings dieser wichtigste Bereich der gegenstandsspezifischen Kategorien und Kenntnisse weiterhin exemplarisch bleibt. Der Komplexität der gesamten Klasse stellen sich die Studierenden im Praxissemester im Master zum ersten Mal, in größerer Breite ist dies erst eine Aufgabe des Referendariats.

11.5 Fazit

Insgesamt konnten durch das Teilprojekt
- die ambitionierten Professionalisierungsziele der fachdidaktisch fundierten Förderung und Diagnose in Anbetracht der begrenzten Lernzeit im gymnasialen Lehramt fokussiert werden (natürlich mit thematischen Einschränkungen),
- Lerngelegenheiten geschaffen werden, die auch zwischen den Lehrveranstaltungen eine zunehmende Kohärenz entfalten,
- die Professionalisierungsziele in ihrem komplexen Zusammenspiel unterschiedlicher Aspekte besser verstanden werden, dies trifft gerade auch das Zusammenspiel von allgemeinen Haltungen, Hintergrundwissen und den gegenstandsspezifisch notwendigen Aspekten. Letzteres ist gerade wichtig, um bei den Studierenden auch für das Erreichen integrierender Kompetenzen mehr Unterstützung anbieten zu können.

Literatur

Aufschnaiter, C. v., Selter, C. & Michaelis, J. (2017). Nutzung von Vignetten zur Entwicklung von Diagnose- und Förderkompetenzen – Konzeptionelle Überlegungen und Beispiele aus der MINT-Lehrerbildung. In C. Selter, S. Hußmann, C. Hößle, C. Knipping, K. Lengnink & J. Michaelis (Hrsg.), *Diagnose und Förderung heterogener Lerngruppen – Theorien, Konzepte und Beispiele aus der MINT-Lehrerbildung* (S. 85–105). Münster: Waxmann.

Deci, E.L. & Ryan, R. M. (Hrsg.) (2002). *Handbook of self-determination research.* Rochester: University of Rochester Press.

Häsel-Weide, U. & Prediger, S. (2017). Förderung und Diagnose im Mathematikunterricht. In M. Abshagen, B. Barzel, J. Kramer, T. Riecke-Baulecke, B. Rösken-Winter, & C. Selter

(Hrsg.), *Basiswissen Lehrerbildung: Mathematik unterrichten* (S. 167–181). Seelze: Friedrich / Klett Kallmeyer.

Helmke, A., Hosenfeld, I., & Schrader, F.-W. (2003). Diagnosekompetenz in Ausbildung und Beruf entwickeln. *Karlsruher Pädagogische Beiträge, 55*, 15–34.

Hößle, C. Hußmann, S., Michaelis, J., Niesel, V. & Nührenbörger, M. (2017). Fachdidaktische Perspektiven auf die Entwicklung von Schlüsselkenntnissen einer förderorientierten Diagnostik. In C. Selter, S. Hußmann, C. Hößle, C. Knipping, K. Lengnink & J. Michaelis (Hrsg.), *Diagnose und Förderung heterogener Lerngruppen – Theorien, Konzepte und Beispiele aus der MINT-Lehrerbildung* (S. 19–37). Münster: Waxmann.

Knipping, C., Korff, N. & Prediger, S. (2017a). Mathematikdidaktische Kernbestände für den Umgang mit Heterogenität – Versuch einer curricularen Bestimmung. In C. Selter, S. Hußmann, C. Hößle, C. Knipping, K. Lengnink & J. Michaelis (Hrsg.), *Diagnose und Förderung heterogener Lerngruppen – Theorien, Konzepte und Beispiele aus der MINT-Lehrerbildung* (S. 39–59). Münster: Waxmann.

Malle, G. (1993). *Didaktische Probleme der elementaren Algebra*. Wiesbaden: Vieweg.

MSW – Ministerium für Schule und Weiterbildung (2009). *Gesetz zur Reform der Lehrerausbildung. Gesetz- und Verordnungsblatt für das Land NRW*, Nr. 14 vom 25.05.2009.

Prediger, S. (2010). How to develop mathematics for teaching and for understanding: the case of meanings of the equal sign. *Journal of Mathematics Teacher Education, 13* (1), 73–93.

Prediger, S. & Zindel, C. (2017). Deepening prospective mathematics teachers' diagnostic judgments – Interplay of videos, focus questions, and didactic categories. *European Journal of Science and Mathematics Education, 5* (3), 222–242.

Reinmann-Rothmeier, G. & Mandl, H. (2001). Unterrichten und Lernumgebungen gestalten. In A. Krapp & B. Weidenmann (Hrsg.), *Pädagogische Psychologie* (S. 601–646). Weinheim: Beltz.

Rösike, K.-A. & Schnell, S. (2017). Do math! – Lehrkräfte professionalisieren für das Erkennen und Fördern von Potentialen. In J. Leuders, T. Leuders, S. Prediger & S. Ruwisch (Hrsg.), *Mit Heterogenität im Mathematikunterricht umgehen lernen* (S. 223–234). Springer: Wiesbaden.

Schelldorfer, R. (2007). Summendarstellungen von Zahlen. Ein Feld für differenzierendes entdeckendes Lernen. *Praxis der Mathematik in der Schule, 17* (49), 25–27.

Schnell, S. & Prediger, S. (2017). Mathematics enrichment for all – Noticing and enhancing mathematical potentials. *Eurasia Journal of Math., Science & Techn. Education, 13 (1)*, 143–165.

Schwätzer, U., & Selter, C. (1998). Summen von Reihenfolgezahlen – Vorgehensweisen von Viertklässlern. *Journal für Mathematikdidaktik, 19* (2/3), 123–148.

Selter, C. & Spiegel, H. (2001). Der kompetenzorientierte Blick auf Leistungen. *Die Grundschulzeitschrift, 15* (147), 120–121.

Sleep, L. (2012). The work of steering instruction towards the mathematical point: A decomposition of teaching practice. *American Educational Research Journal, 49* (5), 935–970.

Vom Hofe, R. (1992). Grundvorstellungen mathematischer Inhalte als didaktisches Modell. *Journal für Mathematik-Didaktik, 13* (4), 345–364.

Wember, F. B. (1999). Mathematik unterrichten – eine subsidiäre Aktivität? In P. Scherer (Hrsg.), *Produktives Lernen für Kinder mit Lernschwächen.* (Bd. 1) (S. 270–287). Leipzig: Klett.

Johanna Brandt, Annabell Gutscher & Christoph Selter

12. Nutzung von Vignetten in einer Großveranstaltung für Mathematikstudierende der Primarstufe

Die Anbahnung und Entwicklung fachbezogener Diagnose- und Förderkompetenzen ist ein wichtiges Ziel der Lehrerausbildung. Studierende in MINT-Fächern in diesem Bereich auszubilden und zu fördern, ist das zweite der drei zentralen Ziele des Entwicklungsverbundes. Um eine Motivation zur Auseinandersetzung mit fachbezogener Diagnose und Förderung von Lernenden herzustellen, sollen Studierende für unterschiedliche Dimensionen von Heterogenität sensibilisiert werden. Dieser Entwicklungsprozess kann und sollte bereits in der Grundausbildung durch universitäre Veranstaltungen initiiert und begleitet werden, denn Diagnose- und Förderkompetenzen sind bei angehenden Lehrpersonen nicht per se vorhanden, sie sollten frühzeitig erlernt werden. Hierzu sollten die Kompetenzen kontinuierlich im Rahmen von Praktika und Seminaren genauso wie in Großveranstaltungen mit dreistelligen Teilnehmerzahlen aufgebaut werden.

Wie aber kann eine Veranstaltung, die zur Entwicklung der Diagnose- und Förderkompetenzen von Studierenden beitragen soll, für hohe Teilnehmerzahlen konzipiert sein? Ist es in einem solchen universitären Rahmen darüber hinaus überhaupt möglich, normativen Forderungen nach Theorie-Praxis-Verknüpfung oder Aktivität gerecht zu werden? Der vorliegende Beitrag stellt das diesbezügliche Konzept der Veranstaltung ‚Grundlegende Ideen der Mathematikdidaktik der Primarstufe' (330 Studierende) mit seinen theoretischen Grundlegungen vor, gibt Einblicke in konkrete Umsetzungen und präsentiert exemplarisch Ergebnisse der empirischen Begleitforschung zur Akzeptanz dieses Konzeptes seitens der Studierenden.

12.1 Theoretischer Hintergrund

Vor dem Hintergrund der großen Heterogenität der Schülerschaft (Prenzel & Burba, 2006) und dem schlechten Abschneiden der deutschen Schülerinnen und Schüler in Schulleistungstests, wie TIMSS, IGLU und PISA (vgl. u.a. Frey, Heinze, Mildner, Hochweger & Asseburg, 2010), hat das Thema Diagnose und individuelle Förderung (DiF) in den bildungspolitischen, didaktischen und professionstheoretischen Diskussionen sowie in Entwicklung und Forschung zunehmend an Bedeutung gewonnen (vgl. Becker, Horstkemper, Risse, Städel, Werning & Winter, 2006; Hußmann & Selter, 2013a). Unzureichende Schülerleistungen werden u.a. mit mangelnder diagnostischer Kompetenz von Lehrpersonen in Verbindung gebracht (Hesse & Latzko, 2011, S. 14). Studien in der Unterrichtsforschung stützen diesen Zusammenhang, indem sie zeigen, dass Lehr-/ Lernprozesse effektiv und nachhaltig gestaltet werden können, wenn sie an den individuellen Lernständen der Schülerinnen und Schüler anknüpfen und diese adaptiv weiterentwickeln (Helmke, 2012; Hattie, 2013).

Es ist weitgehend unstrittig, dass Diagnose und Förderung von zentraler Bedeutung für das Lehren und Lernen von Schülerinnen und Schülern in fachlichen Unterrichtsprozessen sind und der Entwicklung von Diagnose- und Förderkompetenzen im Lehramtsstudium entsprechend ein hoher Stellenwert eingeräumt werden muss (vgl. u.a. v. Aufschnaiter, 2007; Hascher, 2008). Curricular verankert im aktuellen Lehrerausbildungsgesetz NRW, stellt die Entwicklung von Diagnose- und Förderkompetenzen dementsprechend ein verpflichtendes Ausbildungselement in den Bildungswissenschaften sowie allen Fächern dar (LABG, 2009, §2 Abs. 2). Im Folgenden wird zunächst geschildert, was konkret unter Diagnose- und Förderkompetenzen verstanden wird. Daran anschließend wird diskutiert, welche hochschuldidaktischen Settings sich zu ihrer Entwicklung anbieten.

12.1.1 Diagnose- und Förderkompetenzen

Welche Kompetenzen müssen Studierende entwickeln, um in der späteren Berufspraxis erfolgreich diagnostizieren und fördern zu können? Zur Beschreibung werden im derzeitigen professionstheoretischen Diskurs unterschiedliche Begrifflichkeiten, wie u.a. „Diagnostische Fähigkeiten", „Diagnostische Kompetenz" oder „Diagnostische Expertise", verwendet und auf verschiedene Weise konzeptualisiert (vgl. u.a. Helmke, 2012, S. 119; v. Aufschnaiter, Cappell, Dübbelde, Ennemoser, Mayer, Stiensmeier-Pelster, Sträßer & Wollgast, 2015).

Von Aufschnaiter et al. (2015) stellen als Gemeinsamkeit vieler Ansätze heraus, dass „Diagnostische Kompetenz" die Kompetenzen einschließt, Merkmale von Lernenden (sprachliche und kulturelle Voraussetzungen, Leistungsstand, Motivation und Interessen oder Lernentwicklung und Lernbeeinträchtigungen) angemessen genau zu erfassen und aus den Ergebnissen adressatenspezifische Fördermaßnahmen abzuleiten. Dem Verständnis einer förderorientierten Diagnose folgend, wird Förderung hier als Ziel von Diagnose mitgedacht. Auch Hußmann & Selter (2013b) heben hervor, dass Diagnose und Förderung aufeinander zu beziehen sind, da Förderung ohne vorausgehende Diagnose häufig unspezifisch erfolgt, Diagnose ohne anknüpfende Förderung meist wirkungslos bleibt und darüber hinaus die Gefahr von Stigmatisierung birgt. Wesentlich für eine enge Verknüpfung von Diagnose und Förderung ist „die fachdidaktisch-inhaltliche Passung der Lernangebote zu den Lernständen und Lernbedürfnissen der Lernenden" (Prediger, Wessel, Tschierschky, Seipp & Özdil, 2013, S. 172). Durch eine Auseinandersetzung mit den Denkwegen der Lernenden können fördernde Handlungen an individuellen Lernpotentialen und -bedürfnissen sowie Schwierigkeiten der Lernenden ansetzen (vgl. Prediger & Selter, 2008).

Die Betonung einer förderorientierten Diagnose und der tiefen Auseinandersetzung mit den Denkwegen der Lernenden berücksichtigen Prediger et al. (2013) in ihrer Konzeption der „diagnostischen Tiefenschärfe", die sie über folgende Komponenten charakterisieren (zur genaueren Betrachtung vgl. auch Hößle, Hußmann, Michaelis, Niesel & Nührenbörger, 2017, Kap. 2 in diesem Band):
1. Bereichsunabhängige Haltung: Interesse am Denken der Lernenden
2. Interpretative Grundkompetenz zum Nachvollziehen von Binnenperspektiven

3. Allgemeines theoretisches Hintergrundwissen über fachliche Lernprozesse
4. Gegenstandsspezifisches fachdidaktisches Hintergrundwissen (Prediger et al., 2013, S. 174).

Der Erwerb diagnostischer Tiefenschärfe vollzieht sich auf drei Ebenen und erfordert bei angehenden Lehrpersonen den Aufbau lernförderlicher Haltungen (Komponente 1), Grundkompetenzen (Komponente 2) sowie theoretischer Wissenselemente (Komponenten 3 und 4) (vgl. Prediger et al., 2013, S. 175). Auch in der Konzeption von Diagnosekompetenz nach von Aufschnaiter, Selter & Michaelis (2017, Kap. 5 in diesem Band) finden sich diese drei Ebenen wieder. Die Autoren beschreiben „Diagnosekompetenz" als Konstrukt, welches sich aus drei zentralen Komponenten zusammensetzt: Kenntnisse und Kompetenzen im methodischen Bereich, inhaltsspezifische Kenntnisse sowie Einstellungen und Bereitschaften zur Diagnostik (vgl. ebd.).

Äquivalent wird Förderkompetenz über einen methodischen und inhaltlichen Bereich über Einstellungen und Bereitschaften zur Förderung definiert (vgl. v. Aufschnaiter et al., 2017). Kompetenzen zur Förderung berücksichtigen Prediger et al. (2013) in ihrer Konzeptualisierung von „adaptiver Handlungsfähigkeit". Adaptive Handlungsfähigkeit beinhaltet, neben der Initiierung und Begleitung von Lernprozessen, zunächst die Fähigkeit von Lehrpersonen, „ihre Förderangebote passend zu den Lernständen und Lernangeboten zu planen" (ebd., S. 172). Die Planung einer adaptiven und förderorientierten Weiterarbeit mit dem Kind kann in diesem Verständnis nur gelingen, wenn an den individuellen Denkwegen der Kinder angesetzt wird. Dazu sollte die Fehlererkennung und Fehlerbeschreibung durch ein prozessorientiertes Nachgehen der kindlichen Denkwege gekennzeichnet sein. Unter Berücksichtigung des fachlichen und fachdidaktischen Wissens werden hieraus begründete Ursachenhypothesen abgeleitet.

(1) Fehlererkennung und Fehlerbeschreibung, (2) Ableitung einer fachdidaktisch begründeten Ursachenhypothese und (3) Planung förderorientierter Weiterarbeit scheinen demnach wesentliche Teilschritte im Prozess von Diagnose und Förderung zu sein und werden daher im Rahmen des hier beschriebenen Projektes fokussiert. Jedem Teilschritt lassen sich, in Anlehnung an die oben beschriebenen Komponenten nach von Aufschnaiter et al. (2017), Kompetenzfacetten auf den drei Ebenen (a) Fähigkeiten, (b) inhaltsspezifische Kenntnisse und (c) Einstellungen und Bereitschaften zuordnen. Die Kompetenzfacetten sowie deren Verortungen werden in der Tabelle 12.1 skizziert. In dieser sind die drei Ebenen in den Spalten und die drei Teilschritte in den Zeilen abgebildet. Die Zellen der Tabelle enthalten jeweils exemplarische Kompetenzfacetten.

Tab. 12.1: Kompetenzfacetten von Diagnose- und Förderkompetenzen in Anlehnung an Prediger et al. (2013) und von Aufschnaiter et al. (2017)

Ebenen DiF-Teilschritte	a) Fähigkeiten	b) Inhaltsspezifische Kenntnisse	c) Einstellungen und Bereitschaften
1) Fehlererkennung und Fehlerbeschreibung	– Nachvollziehen von Denkwegen – Verstehen von Vorgehensweisen – Erkennen von Fehlern – Genaue Beschreibung von Vorgehensweisen und Fehlern – Hinterfragen der eigenen diagnostischen Tätigkeit – …	– Kenntnisse über fachliche Inhalte – Kenntnisse über inhaltsspezifische Schülervorstellungen, Lernpfade, Entwicklungsverläufe – Kenntnisse über typische Vorgehensweisen und Schwierigkeiten – …	– Interesse am Denken des Kindes – Wahrnehmung von Heterogenität und Bereitschaft diese zu berücksichtigen – Bewusstsein und Wahrnehmung der Mehrdeutigkeit von Diagnose – Bewusstsein über Grenzen von Diagnose – …
2) Fachdidaktische Ableitung einer Ursachenhypothese	– Deutung der Vorgehensweise und des Fehlermusters – Begründete Ableitung einer Ursachenhypothese unter Einbezug fachdidaktischer Kenntnisse – Hinterfragen der eigenen diagnostischen Tätigkeit – …	– Kenntnisse über fachliche Inhalte – Kenntnisse über inhaltsspezifische Schülervorstellungen, Lernpfade, Entwicklungsverläufe – Kenntnisse über typische Vorgehensweisen und Schwierigkeiten – Kenntnisse über beobachtbare Indikatoren von Schwierigkeiten – …	– Bereitschaft kindliche Vorgehensweisen zu verstehen und fachdidaktisch zu ergründen, mit dem Ziel das Kind in seiner Weiterentwicklung zu unterstützen – Wahrnehmung und Bewusstsein des subjektiven und hypothetischen Charakters diagnostischer Urteile – …
3) Planung förderorientierter Weiterarbeit	– Passgenaue Planung von Förderansätzen für das Kind auf Basis diagnostischer Ergebnisse – Identifizierung und Modifizierung von unterstützenden Materialien, Aufgaben und Methoden – Analyse, Reflexion und Modifizierung der Passung von Diagnose und geplanter Förderung – …	– Kenntnisse über fachliche Inhalte – Kenntnisse über inhaltsspezifische Schülervorstellungen, Lernpfade, Entwicklungsverläufe – Kenntnisse zu grundsätzlich lernförderlichen Lernarrangements – Kenntnisse zu Material, Aufgaben, Arbeitsformen etc. und deren fachdidaktischen Potentialen – …	– Interesse und Bereitschaft das Kind entlang kleinerer Lernfortschritte in seiner individuellen Entwicklung zu fördern – Bewusstsein über Grenzen von Förderung – Wahrnehmung von Fehlern als produktiven Ausgangspunkt für die weitere individuelle Entwicklung – …

In Kapitel 12.2 und 12.3 dieses Beitrags wird unter Rückbezug auf Tabelle 12.1 exemplarisch dargelegt, mit welchen Maßnahmen die Entwicklung der einzelnen Kompetenzfacetten bei Studierenden im Rahmen der Großveranstaltung ‚Grundlegende Ideen der Mathematikdidaktik der Primarstufe' angestrebt wurde. Vorab wird jedoch in Kapitel 12.1.2 beschrieben, welche theoretischen Überlegungen bei der Konzeption von Lerngelegenheiten zur Entwicklung von Diagnose- und Förderkompetenzen allgemein zu berücksichtigen sind. Diese Überlegungen waren maßgebend für die Konzeption der in Kapitel 12.2 und 12.3 beschriebenen Maßnahmen.

12.1.2 Diagnose- und Förderkompetenzen in der Hochschule entwickeln

Hascher (2008) geht davon aus, dass Diagnose- und Förderkompetenzen angesichts der Schwerpunktsetzungen in der gegenwärtigen universitären Ausbildung größtenteils erst in der Berufstätigkeit erworben werden können. Hiermit verbindet sie die verstärkte Gefahr, dass der Erwerb von Kompetenzen überwiegend unreflektiert bleibt und so zu semi- oder unprofessionellem Handeln führen kann. Zur Vermeidung dessen sollten diagnostische Kompetenzen bereits in der Grundausbildung angebahnt werden (vgl. ebd., S. 79). Aufgrund der empirisch nachgewiesenen Bereichs- und Inhaltsspezifität diagnostischer Kompetenzen (vgl. Lorenz & Artelt, 2009) empfiehlt es sich, die Ausbildung in den Fachdisziplinen an spezifische Inhaltsbereiche zu knüpfen. Selter & Hußmann (2013b) fordern zudem die kontinuierliche Ausbildung diagnostischer Kompetenzen zu verschiedenen Zeitpunkten und in allen Bereichen des Studiums (vgl. ebd., S. 17). So ist vermeidbar, dass Diagnose und Förderung auf ein „Inselthema" reduziert wird, welches isoliert, beispielsweise in Praxisphasen am Ende des Studiums, angesprochen wird (vgl. Brandt, Ocken & Selter, 2017).

Zur Frage, welche hochschuldidaktischen Settings sich zur Ausbildung von Diagnose- und Förderkompetenzen eignen – und auch innerhalb von Großveranstaltungen realisierbar sind – sprechen erste positive Befunde u.a. für die Wirksamkeit fallbasierten Lernens (Hascher 2011, S. 426f.). ‚Fälle' werden in diesem Zusammenhang als „problemhaltige Darstellungen von Lehr-/Lernsituationen, [welche] häufig, aber nicht immer, der unterrichtlichen Wirklichkeit [entstammen]" (v. Aufschnaiter et al., 2017, S. 88) verstanden. Ziel des Einsatzes solcher Fälle ist es, ‚Praxis', die durch die beschriebenen Fälle repräsentiert wird, und ‚Theorie' miteinander zu verknüpfen (vgl. ebd.).

Die Forcierung einer möglichst engen Theorie-Praxis-Verbindung bildet in der aktuellen Forschung zur Lehrerprofessionalisierung eine wesentliche Gemeinsamkeit zahlreicher Ansätze zum Aufbau professioneller Kompetenzen. Um das Berufsfeld der angehenden Lehrpersonen bereits früh in das Studium zu integrieren und einen konstruktivistischen Zugang in der Lehrerbildung zu ermöglichen (vgl. Reich, 1999), werden möglichst authentische Lernanlässe angestrebt, die Studierende theoriebasiert nutzen können (vgl. Lengnink, Bikner-Ahsbahs & Knipping, 2017, Kap. 4 in diesem Band).

Wachsende Bedeutung gewinnen in diesem Zusammenhang das Konzept des ‚Forschenden Lernens' (vgl. Schwingen, Schneider & Wildt, 2013) und die Initiierung theoriebasierter Reflexion. Insbesondere die enge Verknüpfung beider Ansätze konnte sich in der Lehrerprofessionsforschung bereits als wirksam in der Veränderung von Wissen, Können und der Selbsteinschätzung künftiger Fachlehrkräfte erweisen (vgl. Prediger et al., 2013). Wie das Wechselspiel von Aktivität und Reflexion zur Entwicklung der Diagnose- und Förderkompetenzen von Studierenden konkret beitragen kann, wird in Kapitel 4 näher dargestellt. Als wesentliche Bedingung für seine Initiierung können im Rahmen von universitären Lehrveranstaltungen authentische Gelegenheiten (‚Fälle') geschaffen werden, die Studierende zu Aktivitäten im Bereich Diagnose und Förderung herausfordern und zu deren Reflexionen anregen.

Neben der Diskussion um wirksame Konzepte, widmet sich der professionstheoretische Diskurs auch der Frage, welche Gegenstände sich zur Professionalisierung von Lehrpersonen eignen. Normative Empfehlungen sprechen u. a. für die Auseinandersetzung mit Schülerprodukten, Videos und der praktischen Arbeit mit Kindern (vgl. Ball & Cohen, 1999; Empson & Jacobs, 2008). Besonders präsent im aktuellen Diskurs und Gegenstand zahlreicher empirischer Untersuchungen sind Vignetten. Hierbei handelt es sich um Darstellungen von in sich abgeschlossenen Fällen, die Erfahrungsmomente aus dem schulischen Alltag bzw. einer Lehr-/Lernsituation erfassen und verdichtet wiedergeben (vgl. Schratz, Schwarz & Westfall-Greiter, 2012). Darunter können beispielsweise schriftliche Dokumente, Protokolle, Videos, Transkripte o. ä. gefasst werden. Bei der Entwicklung von Diagnose- und Förderkompetenzen können Vignetten mit unterschiedlichen Funktionen, z. B. als Diagnoseanlässe, zum Nachvollzug von Analysen oder als Ausgangspunkt für die Entwicklung von Förderansätzen und -zielen, eingesetzt werden. Eine besondere Stärke des Vignetteneinsatzes ist die Möglichkeit des mehrfachen Betrachtens und Reflektierens einer Situation ohne direkten Handlungsdruck (vgl. Krammer, Lipowski, Pauli, Schnetzler & Reusser, 2012, S. 71), dadurch kann eine „fallbezogene Beschreibung und Deutung von kindlichen Verstehensprozessen" (Girulat, Nührenbörger & Wember, 2013, S. 153) besondere Tiefe erlangen.

Damit eine Vignette für die Lehrerbildung wirksam werden und dieses Potential entfalten kann, muss sie mit zielgerichteten Aufgaben verknüpft werden (vgl. v. Aufschnaiter et al., 2017). Dabei können verschiedene *Funktionen & Formate von Aufgaben* sowie verschiedene *Ziele des Einsatzes von Vignetten und zugehörigen Aufgaben* unterschieden werden (vgl. ebd.). Zudem können die Vignetten selbst bezüglich verschiedener Aspekte klassifiziert werden. So werden verschiedene *Typen* von Vignetten (Produkt-, Episoden-, Transkript-, Video-/Audiovignetten), deren *Herkunft* (u. a. real eigen, real fremd, modifiziert, konstruiert) sowie deren *Fokus* (Lerngegenstand, Instruktion, Lernende, Unterrichtsplanung/-analyse) unterschieden (vgl. ebd.). In diesem Zusammenhang betonen die Autoren, dass die entsprechende Klassifikation und Ausgestaltung der Vignette sowie die mit ihr verknüpfte Aufgabenstellung wesentlich von der Funktion („Lernpotential" oder „Testpotential") und dem Ziel des Einsatzes der Vignetten abhängig sind (vgl. ebd.). Zur Entwicklung und Förderung der oben dargestellten Teilkompetenzen im Bereich Diagnose und Förderung auf unterschiedlichen Ebenen (vgl. Tab. 12.1) können demnach verschiedene Formen von Vignetten angemessen sein und sollten entsprechend vielfältig zum Einsatz kommen. Wie dies gelingen kann, wird in Kapitel 12.3 dieses Beitrags exemplarisch dargestellt.

Zusammenfassend kann festgehalten werden, dass die Entwicklung von Diagnose- und Förderkompetenzen bereits in der Grundausbildung der Fachdisziplinen an spezifischen Inhalten kontinuierlich angebahnt werden sollte. Im Sinne einer engen Theorie-Praxis-Verzahnung empfehlen sich hierzu fallbasierte, forschende Zugänge mit vielfältigen Reflexionsanlässen, wie es beispielsweise der Einsatz von Vignetten ermöglicht.

12.2 Rahmenbedingungen und Konzeption der Veranstaltung

Vorgestellt wird das Konzept der fachdidaktischen Großveranstaltung ‚Einführung in die grundlegenden Ideen der Mathematikdidaktik in der Primarstufe' (kurz: GIMP) an der TU Dortmund, welche sich an Studierende des Lehramts Grundschule und des Lehramts Sonderpädagogik im 5. Fachsemester richtet. Studierende, die im Lernbereich mathematische Grundbildung vertiefen, besuchen die Veranstaltung bereits im 3. Fachsemester. Die Veranstaltung gliedert sich in zwei Semesterwochenstunden (SWS) Vorlesung und zwei SWS Übung, welche die wöchentliche Bearbeitung eines Übungsblattes einschließt. Im Wintersemester 2014/15 besuchten die GIMP 330 Lehramtsstudierende, verteilt auf zwölf Übungsgruppen. Zur Konzeption der Veranstaltung sind sowohl inhaltliche als auch methodische Aspekte relevant.

Inhaltliche Konzeption: Die vier inhaltlichen Schwerpunkte der Veranstaltung waren
1. zentrale mathematikdidaktische Prinzipien (‚Entdeckendes Lernen', ‚Produktives Üben', ‚Spiralprinzip', ‚Zunehmende Mathematisierung' und ‚Natürliche Differenzierung'),
2. Konzeptionen und Konkretionen von Diagnose und Förderung in unterrichtsnahen Kontexten,
3. Hintergrundwissen und Methoden zur lernförderlichen Leistungsfeststellung sowie
4. unterrichtsbezogenes Basiswissen.

In den Veranstaltungskapiteln zum Bereich Diagnose und Förderung war insbesondere der Kontext ‚Diagnose und Förderung heterogener Lerngruppen' von zentraler Bedeutung. Die Thematisierung von leistungsstarken, leistungsschwachen, sprachlich benachteiligten sowie inklusiv unterrichteten Kindern sollte für die Breite der Heterogenität sensibilisieren, der angehende Lehrpersonen im späteren Berufsleben begegnen. In unterrichtsnahen Kontexten wurde Diagnose und Förderung an diesen Gruppen konkretisiert. Ein besonderes Augenmerk in diesem Block richtete sich dabei auf ‚leistungsschwache Kinder'.

Methodische Konzeption: Hintergrund der Veranstaltungskonzeption auf methodischer Ebene waren die theoretischen und empirischen Ergebnisse aus dem Projekt dortMINT (2009–2017). Hier wurden inhaltliche und strukturelle Maßnahmen zum Aufbau und zur Förderung der Fähigkeiten und Kenntnisse angehender Lehrpersonen zu den Themen ‚Diagnose und individuelle Förderung' (DiF) in Form eines Dreischritts zur Professionalisierung in fachwissenschaftlichen, fachdidaktischen und in schulpraktischen Bereichen des Studiums konzipiert:
- „*Erleben* von DiF im eigenen Lernprozess in der fachwissenschaftlichen Ausbildung,
- *Erlernen* theoretischer (allgemeiner und fachbezogener) Hintergründe, empirischer und praktischer Konstrukte und Instrumente für DiF in der fachdidaktischen Ausbildung sowie
- *Erproben* erworbener Kompetenzen in der schulpraktischen Ausbildung" (Hußmann & Selter, 2013b, S. 17).

Zur Anbahnung und Entwicklung fachbezogener Diagnose- und Förderkompetenzen wurden in der GIMP Maßnahmen aus den Bereichen ‚DiF *erlernen*' und ‚DiF *erleben*' implementiert. Genauere Ausführungen zum Bereich ‚DiF *erleben*' finden sich in Gutscher (i.V.). Der Fokus des vorliegenden Artikels richtet sich auf die Maßnahmen aus dem Bereich ‚DiF *erlernen*', welche im folgendem Kapitel ausführlicher dargestellt werden.

12.3 Maßnahmen zu ‚DiF *erlernen*'

Die Maßnahmen zu ‚DiF *erlernen*' in der Veranstaltung GIMP sind darauf ausgerichtet, die Diagnose- und Förderkompetenzen der Studierenden themenbezogen weiterzuentwickeln. Hierzu sollen die Studierenden zum einen diagnostische Verfahren und vorhandene Konzepte aus dem Bereich Diagnose und Förderung erlernen und analysieren und zum anderen neue Verfahren und Konzepte entwickeln und reflektieren (vgl. Hußmann & Selter, 2013b).

Die konkrete Konzeption der Maßnahmen zu ‚DiF *erlernen*' für deren Einsatz in der Veranstaltung GIMP, war insbesondere von der normativen Forderung geleitet, eine enge Verzahnung von Theorie und Praxis herzustellen. Zur Realisierung dieses Zieles im Rahmen einer Großveranstaltung war der Einsatz von Vignetten – als ausschnitthafter Zugang zur Praxis – zentral. Grundpfeiler für deren zielgerichteten Einsatz waren gestalterische und methodische Rahmenbedingungen. Zum einen wurden Vignetten zur Aktivierung der Studierenden im Rahmen der Vorlesung eingebunden, zum anderen wurde insbesondere im Rahmen der Übungen, methodische Vielfalt mit dem Einsatz von Vignetten verbunden (vgl. Abb. 12.1). Im Folgenden sollen zunächst diese drei rahmenden Elemente der Abbildung 12.1 (hellgraue Elemente) beschrieben werden.

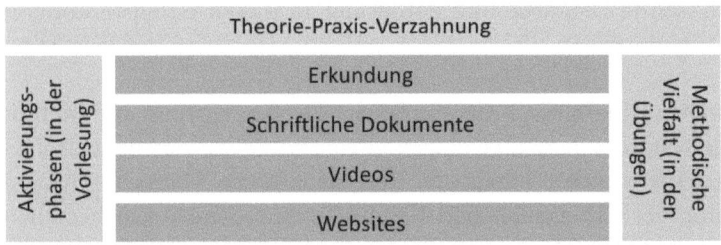

Abb. 12.1: Maßnahmen aus dem Bereich „DiF *erlernen*"

Theorie-Praxis-Verzahnung: Um angehende Lehrpersonen frühzeitig auf das spätere Berufsfeld vorzubereiten, bildete die enge Verknüpfung von Theorie und Praxis das übergeordnete Prinzip bei der Konzeption der Maßnahmen. Hierzu wurden die Studierenden im Rahmen der Übungen beispielsweise angeregt, ausgewählte Unterrichtsphasen konkret zu planen und zu simulieren, Elternbriefe zu formulieren, Schulbuchauszüge themen- und kriterienbezogen zu analysieren sowie mathematische Hintergründe von Aufgaben selbstständig zu erfassen. Konkret bezogen auf Diagnose- und Förderung haben die Studierenden anhand von Fallbeispielen Förderziele formuliert, fachdidaktische

Analysen und Bewertungen von Fördermaterialien vorgenommen sowie in der Auseinandersetzung mit verschiedenen Formen von Vignetten zahlreiche diagnostische und förderorientierte Tätigkeiten ausgeführt, welche in den Kapiteln 3.1 bis 3.4 genauer ausgeführt werden.

Aktivierungsphasen (in der Vorlesung): Eine Verzahnung von Theorie und Praxis wurde bereits in der Vorlesung angebahnt. Dies geschah vor allem in Phasen zur Aktivierung der Studierenden. Der Input-Anteil in den Vorlesungen wurde reduziert und durch zahlreiche *Aktivierungsphasen* durchbrochen, in denen die Studierenden u. a. angeregt wurden, Vignetten zu analysieren und zu interpretieren, Aufgabenformate eigenständig zu erkunden, Stellung zu vorbereiteten Texten zu nehmen, Pro-Contra-Diskussionen zu aufgestellten Thesen zu entwickeln oder kleine Selbstversuche durchzuführen. In der Vorlesung zum Thema ‚Entwicklung des Stellenwertverständnisses' wurden die Studierenden beispielsweise aufgefordert, sich vorzustellen, die Buchstaben des Alphabets seien Zahlworte: 1=a, 2=b, usw. Zudem seien die Zahlen in einem Stellenwertsystem zur Basis ‚k' geordnet. Anschließend sollten die Studierenden Zahlen dieses Systems lesen, schreiben und der Größe nach ordnen (vgl. auch PIKAS-Team, 2014). Ziel dieses Selbstversuches war es, die Studierenden für die Herausforderungen und Hürden unseres Stellenwertverständnisses zu sensibilisieren, denen Kinder im Lernprozess begegnen. Zur Vorbereitung auf die spätere Berufspraxis, sollten Studierende bereits in dieser Phase des Studiums Denkwege und Vorgehensweisen von Kindern nachvollziehen, typische Fehler identifizieren und verstehen sowie Wege kennen lernen, wie man Kinder in deren Lernprozess verstehensorientiert unterstützen kann.

Methodische Vielfalt (in den Übungen): Die Realisierung praxisnaher Aktivitäten wurde insbesondere im Rahmen der Übungen methodisch vielfältig umgesetzt. Das Prinzip der Methodenvielfalt hatte die Funktion, unterschiedliche Aktivitäten zu initiieren, die Studierenden zu motivieren und kooperativen sowie inhaltlichen Austausch untereinander zu ermöglichen. Zum Einsatz kamen Methoden wie Table-Set, Fishbowl, Rollenspiele, Gruppenpuzzle, etc. Im Sinne einer engen Theorie-Praxis-Verzahnung sollte mit dem Einsatz dieser Methoden ein erprobter Methodenpool für die spätere Unterrichtspraxis aufgebaut werden. Grundannahme ist, dass das eigene Erleben der Methoden später zu einem reflektierten Einsatz führen kann, der die Potentiale der jeweiligen Methoden ausschöpft.

Der Einsatz vielfältiger Methoden erforderte eine enge und regelmäßige Absprache der Leiterinnen und Leiter der einzelnen Übungsgruppen. In wöchentlich stattfindenden Übungsleiterbesprechungen wurden somit, neben den Inhalten, die methodischen Umsetzungen für die anstehende Übung besprochen und festgehalten. Hier waren insbesondere die Rückmeldungen und Reflexionen der Erfahrungen aus den zurückliegenden Übungen hilfreich, um Methoden zu finden, die sowohl eine zielführende Erarbeitung, Vertiefung oder Übertragung von Inhalten gewährleisteten als auch von den Studierenden akzeptiert wurden.

Im Folgenden werden Konzeption und Einsatz der in der Übung und Vorlesung genutzten Vignetten (vgl. dunkelgraue Elemente in Abb. 12.1) näher beschrieben und in der Klassifikation von Vignetten (vgl. v. Aufschnaiter et al., 2017) verortet. Gemeinsame Funktion des Einsatzes aller Vignetten war – unter Nutzung des „Lernpotentials" von Vignetten (vgl. ebd.) – Diagnose- und Förderkompetenzen anzubahnen und aufzubauen. Aufgrund ihres jeweiligen Formats und gemäß ihrer Klassifikation setzten die Vignettenformen dabei unterschiedliche Schwerpunkte in der Entwicklung der einzelnen Kompetenzfacetten (vgl. Tab. 12.1). Die Ziele des Einsatzes der verschiedenen Vignetten werden transparent gemacht, indem unter Rückbezug auf Tabelle 12.1 jeweils dargelegt wird, welche Kompetenzfacetten durch die einzelne Vignette im Besonderen angesprochen werden.

Die Erprobung des Veranstaltungskonzeptes wurde flankiert durch eine empirische Begleitstudie. Ziel dieser Begleitforschung war, die Veranstaltungskonzeption zur Ausbildung der Diagnose und Förderkompetenzen von Studierenden weiterzuentwickeln. Zu diesem Zweck wurde der erste Durchlauf im Wintersemester 2014/15 von einer Fragebogenstudie in Kombination mit einer vertiefenden Interviewstudie begleitet. Im Interesse der Evaluationsforschung standen zwei Fragen: (1) Inwiefern wurden die eingesetzten Maßnahmen aus dem Bereich ,DiF *erlernen*' von den Studierenden angenommen und wie bewerteten sie diese (*Akzeptanz*)? (2) Inwiefern konnten diese Maßnahmen zur Entwicklung von Diagnose- und Förderkompetenzen der Teilnehmenden beitragen (*Wirksamkeit*)?

Die Akzeptanz der Maßnahmen wurde u. a. im Rahmen halbstandardisierter Interviews mit zehn Studierenden am Ende der Veranstaltung erhoben. In diesen wurden die Teilnehmenden zu den eingesetzten Vignetten näher befragt. Der Fokus lag dabei auf der Nutzung und Wahrnehmung der Vignetten sowie deren Relevanz für den individuellen Lernprozess. In den Erklärungen der Studierenden traten verschiedene Begründungsfaktoren hervor, die sich stärkend oder schwächend auf die Akzeptanz der Studierenden, bezüglich der eingesetzten Vignetten, ausgewirkt haben. Diese werden anhand exemplarischer Auszüge aus den Interviews illustriert. Genauere Ausführungen hierzu werden im Rahmen einer Qualifizierungsarbeit dargelegt (vgl. Brandt, i.V.).

12.3.1 Durchführung und Analyse eines Erkundungsprojektes

Im Rahmen der zwei Veranstaltungskapitel zum Thema ,Rechenschwierigkeiten' haben die Studierenden ein Erkundungsprojekt durchgeführt, in welchem sie ,Standortbestimmungen' (kurz: SOBen) als exemplarisches Diagnoseinstrument kennengelernt, eigenständig erprobt und ausgewertet haben. Hierzu sind die Studierenden in Tandems an Schulen gegangen und haben in ausgewählten Klassen der dritten Jahrgangsstufe SOBen zu den Themenbereichen ,Operationsverständnis der Division' und ,Stellenwertverständnis' durchgeführt.

Die eingesetzten SOBen entstammten dem Projekt ,Mathe sicher können', welches in enger Kooperation mit Studierenden Unterrichtsstrukturen, -konzepte und konkrete Materialien zur Förderung und Sicherung mathematischer Basiskonzepte entwickelt, erprobt und evaluiert (vgl. Selter, Prediger, Nührenbörger & Hußmann, 2014). Die SOBen, welche aus diesem Projekt hervorgegangen sind, waren den Studierenden in Form von Kopiervorlagen (vgl. Abb. 12.2) zugänglich.

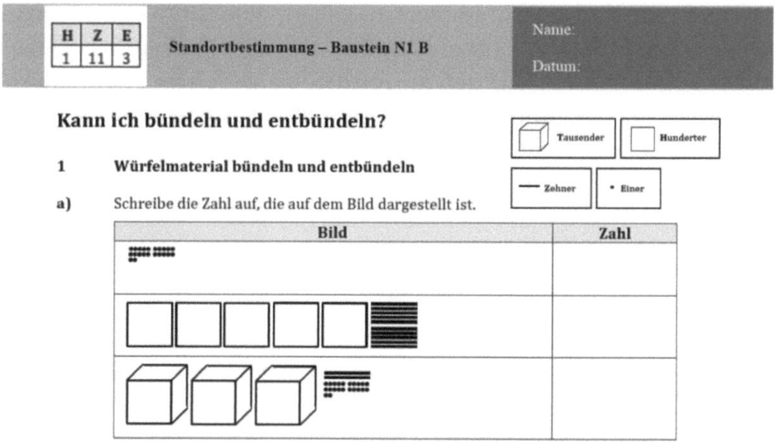

H	Z	E
1	11	3

Standortbestimmung – Baustein N1 B

Name:

Datum:

Kann ich bündeln und entbündeln?

Tausender | Hunderter | Zehner | Einer

1 **Würfelmaterial bündeln und entbündeln**

a) Schreibe die Zahl auf, die auf dem Bild dargestellt ist.

Bild	Zahl

Abb. 12.2: Auszug aus der Standortbestimmung ‚Stellenwertverständnis' (Selter et al., 2014, S. 163)

Zusätzlich standen den Studierenden – in Ergänzung zu den Vorlesungsinhalten – fachliche und fachdidaktische Hintergrundinformationen sowie konkrete Bausteine für die Förderung aus dem Projektmaterial von ‚Mathe sicher können' zur Verfügung. Zu typischen Fehlermustern gab es Verweise zu geeigneten Förderaufgaben. Dadurch konnten die Studierenden einen gezielten diagnosegeleiteten Ansatz zur Förderung erstellen und nutzen.

Die Realisierung der Erkundung für 330 Studierende war organisatorisch besonders herausfordernd. Daher wurden die Studierenden in einem Vorabinformationsschreiben schon vor Semesterbeginn über Organisation, Ziele sowie inhaltliche Vorbereitung zur Erhebung und Auswertung der Erkundung informiert. Dennoch bereitete die eigenständige Suche nach kooperativen Schulen den Studierenden teilweise Schwierigkeiten, weswegen der organisatorische Aufwand in den Interviews als akzeptanzschwächender Faktor herausgestellt wurde, wie an dem folgenden Interviewauszug zu erkennen ist.

> „Denn es ist halt das Problem mit den Schulen. Also viele haben da Probleme Schulen zu finden [...], die überhaupt da mitmachen und sich bereiterklären."

Um die Studierenden zu entlasten und auch den Ansturm auf die umliegenden Schulen zu reduzieren, wurden in späteren Veranstaltungsdurchläufen die Erhebungen auf eine SOB beschränkt und statt im Zweierteam, von sechs Studierenden gemeinsam durchgeführt.

Erhöhte Anforderungen stellte die Erkundung auch an die studentischen Leiterinnen und Leiter der Übungsgruppen, die in der Übung mit den unbekannten Produkten aus den SOBen der Studierenden umgehen mussten. Hierauf wurden sie im Rahmen der vorausgehenden Übungsleitertreffen vorbereitet. So wurden inhaltsspezifische Schülervorstellungen, Entwicklungsverläufe, typische Fehlermuster sowie entsprechend adaptive lernförderliche Materialien und Aufgaben thematisiert. Dabei bot die Lehrerhandreichung aus dem Material ‚Mathe sicher können', mit den entsprechenden Hintergrundinformationen zu den durchgeführten SOBen, eine wichtige Unterstützung.

Den Studierenden wurde durch die Erkundung ermöglicht, den Einsatz eines Diagnoseinstruments in einer realen Situation zu erproben und gleichzeitig eine Vielzahl authentischer Produktvignetten, mit Fokus auf den Lernenden, zu generieren. Diese wurden dazu genutzt, die Fähigkeiten, Kenntnisse sowie Einstellungen und Bereitschaften der Studierenden zur Diagnose und Bildung von Ursachenhypothesen sowie zur Erarbeitung fallbasierter Förderansätze zu entwickeln (vgl. die Teilschritte in Tab. 12.1 auf allen drei Ebenen). Aufgrund der eigenständigen Erhebung handelte es sich für die Studierenden um ‚real eigene' Vignetten von großer Authentizität. Diese Authentizität, stellte für die Studierenden einen wesentlichen Faktor dar, der ihre Akzeptanz stärkte.

> „Es war gut, dass uns nicht Schülerdokumente vorgesetzt wurden, sondern dass wir das selber herausgefunden haben. […] Es entstehen nicht so Musterbeispiele wie in der Vorlesung."

Gleichzeitig barg die Arbeit an individuellen Fallbeispielen die Gefahr, dass sich in der selbstständigen Auswahl für die Analysen keine geeigneten Beispiele fanden bzw. ungeeignete Beispiele, ohne Fokus auf relevante fachspezifische Aspekte, gewählt wurden. Diese Aspekte wahrzunehmen und zu identifizieren, stellt auch in der späteren Berufspraxis eine wesentliche Voraussetzung für eine zielgerichtete Diagnose und Förderung dar.

Der Einsatz der Vignette erfüllte damit die Funktion des ‚Lernpotentials', welche ihren Fokus insbesondere auf das Entdecken spezifischer Aspekte und Merkmale für die Diagnose und die anknüpfende Entwicklung von Förderansätzen richtete. Hierzu wurden die erhobenen und sehr vielfältigen Fallbeispiele im Rahmen der schriftlichen Abgabe der begleitenden Übung mit den folgenden Fragestellungen verknüpft:

a) *Analyse*: Was kann das Kind bereits gut, was kann es noch nicht?
b) *Mögliche Ursachen*: Wie kann es zu den Problemen oder Fehlern kommen, die das Kind zeigt?
c) *Förderung*: Welche Maßnahmen sind geeignet, um dieses Kind in seiner Entwicklung zu unterstützen?

Die Dreigliederung der Aufgabenstellungen folgte den drei *Teilschritten* aus Tabelle 12.1. Dabei wurden durch die Erfahrungen während der realen Erhebung und der anschließenden Auswertung insbesondere die Fähigkeiten der Studierenden bezüglich dieser drei Teilschritte angesprochen (vgl. Tab. 12.1, 1–3a). So mussten die Studierenden beispielsweise die Denkwege und Vorgehensweisen der Kinder nachvollziehen und beschreiben sowie ggf. Fehler erkennen. Dies fiel den Studierenden nicht immer leicht, dennoch wurde die Herausforderung gleichzeitig als relevant für die eigene Lernentwicklung eingeschätzt, was zur stärkeren Akzeptanz der Maßnahme beitrug.

> „Das war teilweise schwierig das nachzuvollziehen, wie die Kinder da vorgegangen sind, aber es bringt einem auch was, wenn man sich damit mal genauer beschäftigt."

Zudem mussten die Beobachtungen mit Kenntnissen über typische inhaltsspezifische Schülervorstellungen, Schwierigkeiten und Entwicklungsverläufe in Beziehung gesetzt werden (vgl. Tab. 12.1, 1–3b). Diese Kenntnisse wurden in der Vorlesung grundgelegt. Ergänzend hierzu konnten die Studierenden das ‚Mathe sicher können'-Material nutzen.

Zur Bearbeitung der obigen Fragestellungen zu Analyse, möglichen Ursachen und Förderung sollten die Studierenden die gesamte SOB mit ihren einzelnen Teilaufgaben in den Blick nehmen. Dadurch wurden die Anforderungen an die Studierenden deutlich erhöht. Gleichzeitig konnte die Diagnose jedoch an Aussagekraft gewinnen, da sie nicht auf eine isolierte Aufgabe beschränkt blieb und so einer Realsituation näherkam. Dabei machten die Studierenden insbesondere die Erfahrung, dass Diagnosen in der Realität sehr komplex sind und Fehlermuster häufig nicht auf *eine* Ursache zurückgeführt werden können.

Die Auseinandersetzung mit den Fallbeispielen war zentraler Gegenstand der zugehörigen Übung. Hier tauschten sich die Studierenden über verschiedene beobachtete Fehlermuster sowie Ursachenhypothesen aus und nutzten die gemeinsame Zeit insbesondere zur Entwicklung konkreter adaptiver Förderansätze. Mit der Methode des ‚Partnerchecks' tauschten zwei Tandems ihre Fallbeispiele aus und hatten so erstens die Möglichkeit, ihre eigenen Analyseergebnisse mit den Ergebnissen anderer zu vergleichen und zu reflektieren sowie zweitens die eigenen Diagnose- und Förderkompetenzen auf ein weiteres fremdes Fallbeispiel zu übertragen. Dabei machten sie im Austausch mit anderen u. a. die Erfahrung, dass Diagnose und Förderung nicht eindeutig und häufig subjektiv geprägt sind.

Neben den Fähigkeiten und inhaltsspezifischen Kenntnissen wurden die Einstellungen und Bereitschaften der Studierenden durch die reale Begegnung mit den Kindern und deren Heterogenität im besonderen Maße angesprochen (vgl. Tab. 12.1, 1–3c). Das Interesse und die Bereitschaft, Kinder in ihrer Lernentwicklung zu unterstützen, wurden durch den persönlichen Kontakt zu den Kindern geweckt. Weiter wurde die Motivation der Studierenden durch einen engen Bezug zur Praxis verstärkt. Die Auswertung der Fallbeispiele sowie eine tabellarische Grobanalyse der Bearbeitung der gesamten Klasse wurden abschließend an die unterrichtenden Lehrpersonen zurückgetragen. ‚Praxisnähe' wurde von den Studierenden besonders häufig als akzeptanzstärkender Faktor betont.

> „Es war gut praktisch zu arbeiten, was man später auch macht. Das mal selber machen und sehen wie das durchgeführt wird, nicht nur theoretisch."

Insgesamt bildeten die Aktivierung der Studierenden und die Erfahrung einer authentischen und bedeutsamen Auseinandersetzung mit Diagnose und Förderung die besonderen Potenziale dieser Maßnahme. Die Erkundung im Rahmen der Großveranstaltung zu realisieren, setzte eine hohe Einsatzbereitschaft aller Beteiligten voraus. Die Studierenden konnten mithilfe der beschriebenen Maßnahmen ihre Kompetenzen auf Fähigkeiten- und Kenntnisebene sowie insbesondere ihre Einstellungen und Haltungen – durch die reale Begegnung mit den Kindern – weiterentwickeln. Aufgrund der großen Heterogenität und Unvorhersehbarkeit der selbstgenerierten Schülerdokumente wurden gezielt ergänzende Vignetten eingesetzt, um stärker auf ausgewählte fachspezifische Aspekte zu fokussieren, worauf im Folgenden näher eingegangen werden soll.

12.3.2 Kontinuierliche Nutzung von schriftlichen Schülerdokumenten

Eine weitere Maßnahme im Rahmen der Veranstaltung GIMP stellte die kontinuierliche Nutzung von fremden schriftlichen Schülerdokumenten dar. Es handelte sich hierbei um Produktvignetten, welche Arbeitsprodukte von Lernenden, beispielsweise eine vollständige oder ausschnitthafte Aufgabenbearbeitung, abbildeten. Im Gegensatz zu den selbst erhobenen umfangreichen Ergebnissen aus der Erkundung stellen diese weniger komplexe Dokumente dar. Dadurch kann die Aufmerksamkeit der Studierenden bewusst auf ausgewählte fachspezifische Aspekte und Kriterien gelenkt und die Fähigkeiten der Studierenden gezielter weiterentwickelt werden. Bei den Vignetten handelte es sich u. a. um ausgewählte Aufgabenbearbeitungen aus zuvor real durchgeführten Standortbestimmungen oder Produkte wissenschaftlicher Erhebungen (Herkunft: real fremd; vgl. v. Aufschnaiter et al., 2017). Ebenso umfassten sie Beispiele aus der Literatur oder Ausschnitte real existierender Kontexte, die für den inhaltsspezifischen Einsatz angepasst wurden (Herkunft: modifiziert; vgl. v. Aufschnaiter et al., 2017). Auch bezüglich der schriftlichen Dokumente stellen die Studierenden ‚Authentizität' als wesentlichen stärkenden Faktor für die Akzeptanz der Maßnahme heraus.

> „Was ich auch schön finde ist einfach, dass es so im Original beibehalten wird. Also, dass die Lösungen quasi abfotografiert werden [...]. Das macht das Ganze einfach ein bisschen authentischer."

Die Schülerdokumente wurden in der Veranstaltung kontinuierlich genutzt. Zum einen wurden sie, insbesondere im Rahmen der Vorlesung, zur exemplarischen Veranschaulichung inhaltlicher Aspekte eingesetzt (Funktion: Nachvollzug von Analysen; vgl. v. Aufschnaiter et al., 2017), zum anderen dienten sie der gemeinsamen oder eigenständigen Analyse (Funktion: Entdecken spezifischer Aspekte/Merkmale; vgl. v. Aufschnaiter et al., 2017).

Ziel des kontinuierlichen Einsatzes der Vignetten war es, die Diagnose- und Förderkompetenzen der Studierenden auf verschiedenen Ebenen (vgl. Tab. 12.1) zu entwickeln. Vignetten, die unter der Funktion „Nachvollzug von Analysen" eingesetzt wurden, zielten dabei insbesondere auf den Ausbau der inhaltsspezifischen Kenntnisse der Studierenden. Dazu wurden gezielt Vignetten gewählt, in denen bestimmte fachspezifische Schülervorstellungen, Entwicklungsverläufe oder typische Fehlermuster erkennbar sind. Die diagnostischen Beobachtungen hierzu können die Grundlage für die fachdidaktische Ableitung von Ursachenhypothesen und die Entwicklung von Förderansätzen bilden (vgl. Tab. 12.1, 1–3b).

Vignetten, welche im Sinne der Funktion „Entdecken spezifischer Aspekte/Merkmale" eingesetzt werden, adressierten hingegen stärker Kompetenzfacetten auf Ebene der Fähigkeiten und handlungsbezogenen Kenntnisse. Durch den wiederholten Einsatz solcher Vignetten konnten sich die Studierenden in einer genauen Fehlerbeschreibung üben und so ein tieferes Verständnis kindlicher Denkwege entwickeln (vgl. Tab. 12.1, 1a). Die Reduktion der Komplexität lenkte die Aufmerksamkeit der Studierenden auf einzelne fachspezifische Kriterien und sollte deren Fähigkeiten insbesondere dahingehend ausschärfen, Fehlermuster zu erkennen sowie diese fachdidaktisch und kriterienbezogen einzuordnen (vgl. Tab. 12.1, 2a, 2b). Weiterführend dienten die spezifischen Fallbeispiele als Ausgangspunkt für die Entwicklung adaptiver Förderansätze (vgl. Tab. 12.1, 3a).

Auf Ebene der Einstellungen und Haltungen trug die Vielzahl der Dokumente dazu bei, die Studierenden für die Heterogenität von Lernenden zu sensibilisieren (vgl. Tab. 12.1, 1c, 2c). Indem die Studierenden die Fallbeispiele gemeinsam mit ihren Kommilitoninnen und Kommilitonen betrachteten und sich über diese austauschten, konnten die Mehrdeutigkeit und Subjektivität diagnostischer Tätigkeiten bewusstgemacht werden, denn Denkwege und Vorgehensweisen ließen sich nicht immer eindeutig erschließen. Vor allem die Möglichkeit, das Kind tiefergehend zu befragen, war nicht gegeben. Die Studierenden stießen damit an die Grenzen der verwendeten Diagnoseverfahren. Folgendes Zitat weist auf die erlebte Diskrepanz zwischen dem Wunsch das „Richtige" zu finden und der Subjektivität von Interpretationen hin:

> „Obwohl ich das auch immer sehr subjektiv finde irgendwie was man da hineininterpretiert und das schwierig finde, wenn man dann sagt, so ja das ist jetzt das Richtige und das ist jetzt das Falsche."

Zusammenfassend liegt das Potenzial des Einsatzes von Produktvignetten insbesondere in der Möglichkeit der bewussten Auswahl von Vignetten, so dass die Aufmerksamkeit der Studierenden gezielt auf ausgewählte fachspezifische Aspekte gelenkt werden kann. Die vorwiegende Nutzung ‚real fremder' Vignetten erzeugte bei den Studierenden gleichwohl eine Wahrnehmung von Authentizität und Realitätsnähe. Produktvignetten ließen sich ohne erhöhten organisatorischen Aufwand in eine Veranstaltung mit hoher Teilnehmerzahl integrieren. Die begrenzte Aussagekraft einer schriftlichen Vignette sollte jedoch thematisiert werden. Auch können sie durch den Einsatz von Videovignetten ergänzt werden, die diesbezüglich Vorteile aufweisen, worauf im nachfolgenden Abschnitt eingegangen wird.

12.3.3 Nutzung von Videos in Vorlesung und Übung

Ein weiteres Element der Veranstaltungskonzeption bilden Videovignetten, welche gleichermaßen in Vorlesung und Übung einbezogen wurden. Es handelt sich hierbei u. a. um Videoaufzeichnungen von Lehr-/Lernprozessen, beispielsweise im Rahmen einer Interview- oder Unterrichtssituation. Im Vergleich zu Produktvignetten kann eine Videovignette mehr Aspekte abbilden (beispielsweise Verbalisierungen von Denkprozessen oder Gestik und Mimik), die bei einer Diagnose und Förderung berücksichtigt werden sollten.

> „Man kann sehen, was das Kind macht, hören, was es spricht."

Die Videovignette kommt dadurch der Repräsentation einer realen Situation näher und regt die Studierenden an, sich in einen schulnahen Kontext zu versetzen.

Damit einher geht jedoch auch eine erhöhte Komplexität von Videovignetten, welche Studierende überfordern kann. Diese Gefahr kann durch eine gezielte Auswahl von

Ausschnitten reduziert werden, die den Fokus der Studierenden auf ausgewählte fachspezifische Aspekte lenken.

Ähnlich wie bei dem Einsatz schriftlicher Dokumente, wurden Videovignetten unter Fokussierung unterschiedlicher Funktionen eingesetzt. Der Einsatz von ,Fallbeispielen' hatte primär die Funktion, Studierende spezifische Aspekte in der Analyse selbst identifizieren zu lassen. Der Fokus der Vignette lag dabei auf den Lernenden. Die Herkunft dieser Vignetten war in der Regel ,real fremd' und wurde ggf. durch die Wahl des Ausschnittes geringfügig modifiziert. So wurden bei den Studierenden insbesondere Fähigkeiten und Fertigkeiten im handlungsbezogenem Bereich angesprochen. Die Studierenden konnten an den Fallbeispielen ihre Fähigkeiten zur Diagnose und Hypothesenbildung weiter ausschärfen und die Vorteile von Beobachtungen und Befragungen von Kindern – insbesondere im Gegensatz zur alleinigen Betrachtung von Produktvignetten – erfahren (vgl. Tab. 12.1, 1a und c, 2a und c). Die Relevanz dessen für die eigene Lernentwicklung wurde von den Studierenden erkannt und als akzeptanzstärkender Faktor betont.

> „Da hat man dann irgendwann wirklich gemerkt, wie so der Gedankengang von dem Kind ist und ich selbst konnte auch erst mit dem Video dann nachvollziehen, was das Kind gemacht hat."

Neben ,Fallbeispielen' wurden ,Lehr-/Lernsituationen' durch überwiegend ,real fremde' Videovignetten aufgegriffen. Diese wurden mit der Funktion eingesetzt, Analysen oder Lehrerverhalten für die Studierenden nachvollziehbar zu machen. Der Fokus richtete sich bei diesen Vignetten vorrangig auf Instruktionen bzw. das allgemeine Verhalten einer Lehrperson oder auf Unterrichtsplanungen. Auch mit Hilfe solcher Vignetten konnten Fertigkeiten auf handlungsbezogener Ebene gefördert werden, indem sie den Studierenden Orientierung in Form von ,Positivbeispielen' boten (vgl. Tab. 12.1, 1a, 2a). Gleichzeitig bauten sie die inhaltsspezifischen Kenntnisse der Studierenden aus, indem Videovignetten insbesondere Vorgehensweisen von Lernenden bei der Bearbeitung von Aufgaben sehr detailreich sichtbar machen können (vgl. Tab. 12.1, 1b, 2b).

Stärker als mit anderen Vignetten kann mit Videovignetten der Fokus auf den dritten Teilschritt (Entwicklung förderorientierter Weiterarbeit) gerichtet werden. Beispielsweise wurden die Studierenden aufgefordert, nach Betrachtung und Analyse eines Fallbeispiels Förderziele zu formulieren oder Fördersituationen zu entwickeln. Sie konnten sich dabei auf sehr viel mehr Aspekte beziehen, als beispielsweise auf Grundlage einer reinen Produktvignette. Anders als in realen Situationen stehen die Studierenden bei der Entwicklung von Förderansätzen hier jedoch nicht unter unmittelbarem Handlungsdruck (vgl. Krammer et al., 2012). Es entsteht Distanz, die mit vertiefter Sorgfalt einhergehen kann. Eine organisatorische Maßnahme zur Herstellung einer solchen Distanz war beispielsweise der ,Video-Stopp'. Vignetten, die eine Lehr-/Lernsituation abbildeten, wurden nach einer Schüleräußerung unterbrochen und die Studierenden aufgefordert, zu beschreiben, wie Sie als Lehrperson darauf reagieren würden. Nach Formulierung eigener Handlungsoptionen wurde das Video fortgesetzt und die Studierenden konnten das ,Positivbeispiel' der Lehrerreaktion zur Selbstreflexion nutzen. Dieses Vorgehen wurde von den Studierenden als relevant für den eigenen Lernzuwachs eingeschätzt.

„Um mich selbst dahingehend zu reflektieren, […] wie man selbst reagiert. Wenn ich dann sehe, wie andere das machen […] kann ich mich auch selbst betrachten, wie habe ich das jetzt gemacht."

Kritik äußerten die Studierenden auf organisatorischer Ebene bezüglich des Einsatzortes und des Umfangs der Vignetten. Äußere Form und Einbindung der Vignette schwächten demnach teilweise die Akzeptanz der Studierenden.

„Also in der Vorlesung [fand ich den Einsatz] nicht ganz so gut, weil es da öfter laut wurde und viele nicht aufgepasst haben, da wurde es dann sehr unruhig und es fiel mir dann schwer mich zu konzentrieren"

Andere beschrieben den Einsatz von Videos im Rahmen der Vorlesung teilweise als „Bruch", insbesondere wenn es sich um längere Videos handelte. Die Wahl des Ausschnitts einer Videovignette sollte daher dahingehend geprüft werden, ob alle relevanten Aspekte einer diagnostischen Situation abgebildet sind, eine Zeitspanne von ca. zwei bis drei Minuten aber dennoch nicht überschritten wird. Darüber hinaus sollten Rahmenbedingungen, wie gute Bild- und Tonqualität sowie eine ruhige Umgebung, vorausgesetzt sein.

Unter Berücksichtigung dieser organisatorischen Aspekte, insbesondere beim Einsatz in einer Großveranstaltung, bietet der Einsatz von Videovignetten durch die komplexe und vielschichtige Abbildung einer realen Situation die Chance, Praxisnähe herzustellen und tiefere diagnostische Einblicke in die Denkwege der Lernenden zu gewähren, als es beispielsweise eine Produktvignette ermöglicht. Mit dieser Voraussetzung bieten Videovignetten einen guten Ausgangspunkt für die Entwicklung förderorientierter Weiterarbeit und die Ausbildung der entsprechenden Kompetenzen bei den Studierenden.

12.3.4 Nutzung der Websites Kira und PIKAS

Eine weitere Maßnahme der Veranstaltungskonzeption war der kontinuierliche Einbezug der Websites Kira und PIKAS[1]. Diese Maßnahme stellt im engeren Sinne keine eigenständige Vignette dar, sondern bildet vielmehr einen Pool verschiedener Vignetten – überwiegend bestehend aus Produkt- und Videovignetten, aber auch Episoden- und Transkriptvignetten (beispielsweise in Form von Unterrichtsverlaufsplänen und -materialien oder wörtlichen Transkriptionen aus Lehr-/Lernprozessen).

Das Projekt Kira (Kinder rechnen anders) entwickelt und evaluiert Materialien, welche die Studierenden in die Lage versetzen sollen, Denkwege von Kindern in der Grundschule besser zu verstehen. Angehende Lehrpersonen können so in ihrer Ausbildung besser lernen, wie Kinder mathematisch denken (vgl. Götze & Selter, 2011). Ein solches Verständnis bildet die Grundlage, um individuell auf Lernende eingehen zu können.

---

1   Kira, ein Projekt zur Weiterentwicklung der Grundschullehrer-Ausbildung: http://kira.dzlm.de; PIKAS, ein Kooperationsprojekt zur Weiterentwicklung des Mathematikunterrichts an Grundschulen: http://pikas.dzlm.de

Das Projekt PIKAS erarbeitet Materialien zur Weiterentwicklung des Mathematikunterrichts in der Primarstufe. Die Website hält Fortbildungs-, Unterrichts- und Informationsmaterial zu verschiedenen unterrichtsbezogenen Themen (u. a. ,Lernstände wahrnehmen', ,Umgang mit Rechenschwierigkeiten' und ,Heterogene Lerngruppen') bereit (vgl. PIKAS-Team, o. J.). Weiter werden unter anderem theoretische Hintergründe zu Diagnose und Förderung sowie konkrete Konzeptions- und Einsatzmöglichkeiten diagnostischer Instrumente aus der Schulpraxis dargestellt.

Die Websites KIRA und PIKAS wurden auf unterschiedliche Weise in die Veranstaltung eingebunden. Zum einen wurden ausgewählte Vignetten zur Analyse durch die Studierenden in die Vorlesung und den Übungsbetrieb einbezogen. Zum anderen bot der öffentliche Zugriff über die Websites in besonderer Weise die Möglichkeit des eigenverantwortlichen Lernens im Selbststudium bzw. zur inhaltlichen Nachbereitung der Veranstaltungskapitel. Diese Eigenverantwortlichkeit für die eigene Lernentwicklung wurde von den Studierenden besonders geschätzt und akzeptanzstärkend herausgestellt.

> „Ich fand auch gut, dass es dann so ein Selbststudium war – es wurde darauf verwiesen, da können Sie es nochmal nachlesen. Ja und wer es dann halt machen wollte, der konnte es machen. Wer halt dann nicht, der ist dann auch selber schuld.“

Durch die heterogenen Vignetten konnten eine Vielzahl der Teilfähigkeiten im Bereich Diagnose und Förderung angesprochen werden. Besonders hervorzuheben sind jedoch die inhaltsspezifischen Kenntnisse, deren Erwerb durch den Einsatz dieser Maßnahme besonders gefördert wurde (Tab. 12.1, 1–3b). Zu zahlreichen Inhaltsbereichen werden auf den Websites Informationen zu Schülervorstellungen, Lernpfaden und Entwicklungsverläufen sowie typischen Schwierigkeiten und Fehlern bereitgestellt, welche exemplarisch an Vignetten nachvollzogen werden können. Darüber hinaus werden fachdidaktische Themen, wie beispielsweise ,Umgang mit Rechenschwierigkeiten' oder ,Diagnosegeleitet fördern' vertieft und an Vignetten illustriert. Die inhaltliche Relevanz dessen schätzten die Studierenden nicht nur hinsichtlich der individuellen Nacharbeitung und Klausurvorbereitung, sondern auch in Hinblick auf die spätere Berufspraxis.

> „Für die Klausurvorbereitung ist es immer sehr sinnvoll. Ich denke aber spätestens, wenn man ins Referendariat geht, wird es natürlich noch sinnvoller werden, dass man einfach auch die Materialien nutzen kann.“

Die offene und freiwillige Einbindung der Websites in die Veranstaltung hatte den Vorteil, den Studierenden eigenverantwortlich die Möglichkeit zu geben, Inhalte individuell nachzuarbeiten oder zu vertiefen, was sich insbesondere im Umgang mit einer großen heterogenen Teilnehmerschaft förderlich zeigte. Auf der anderen Seite wurde das Lernangebot ob seiner Freiwilligkeit nicht von allen Studierenden genutzt.

12.4 Fazit und Ausblick

Am Beispiel der vorgestellten Konzeption konnte gezeigt werden, wie Diagnose- und Förderkompetenzen von Studierenden auch im Rahmen einer universitären Großveranstaltung angeregt werden können und wie durch eine solche Konzeption normative Forderungen wie Theorie-Praxis-Verknüpfung, Anregung von Aktivität und Reflexion oder Fachspezifität und Fallbasiertheit realisiert werden können.

Die exemplarischen Einblicke in die Aussagen der Studierenden illustrieren, dass insbesondere ein aktiver und enger Praxisbezug, aber auch inhaltliche Relevanz und Authentizität sowie Selbstverantwortung für die eigene Lernentwicklung die Akzeptanz der Maßnahmen gestärkt haben.

> „Ansonsten fand ich die Veranstaltung echt super, also ich habe ‚glaube ich‘ noch keine so praxiorientierte Veranstaltung gehabt und das hat mir einfach echt gut gefallen.“

Besonders herausfordernd in der Konzeption waren organisatorische Aspekte bezüglich der einzelnen Maßnahmen. Für den Einsatz der Vignetten in einer Großveranstaltung sind, neben unterschiedlichen äußeren Rahmenbedingungen (wie Raum- und Zeitkapazitäten, Darbietungsqualitäten, etc.), insbesondere auch Motivation und Einsatzbereitschaft auf Seiten der Lehrenden und Lernenden erforderlich.

Des Weiteren zeigten die unterschiedlichen Formen von Vignetten verschiedene Chancen und Grenzen auf. Aus diesem Grunde scheint ein vielfältiger Einsatz im Sinne einer gegenseitigen Ergänzung und eines Zusammenwirkens der verschiedenen Vignetten sinnvoll. Eine Konzeption wie die der Veranstaltung GIMP, bei der auf verschiedene Vignetten zurückgegriffen wurde, scheint somit geeignet, die Diagnose- und Förderkompetenzen der Studierenden vielschichtig aufzubauen und zu entwickeln. Für weiterführende Ergebnisse hinsichtlich der Wirksamkeit der Veranstaltungskonzeption bezüglich der Kompetenzentwicklung bei den Studierenden sei auf die bereits genannte Qualifizierungsarbeit (Brandt, i.V.) verwiesen.

Literatur

Aufschnaiter, C. v. (2007). Lernprozessorientierung als wesentliches Element von Lehrerbildung. In D. Lemmermöhle, M. Rothgangel, S. Bögeholz, M. Hasselhorn & R. Watermann (Hrsg.), *Professionell lehren – erfolgreich lernen* (S. 53–64). Münster: Waxmann.

Aufschnaiter, C. v., Cappell, J., Dübbelde, G., Ennemoser, M., Mayer, J., Stiensmeier-Pelster, J., Sträßer, R. & Wolgast, A. (2015). Diagnostische Kompetenz: Theoretische Überlegungen zu einem zentralen Konstrukt der Lehrerbildung. *Zeitschrift für Pädagogik, 61* (5), 738–758.

Aufschnaiter, C. v., Selter, C. & Michaelis, J. (2017). Nutzung von Vignetten zur Entwicklung von Diagnose- und Förderkompetenzen – Konzeptionelle Überlegungen und Beispiele aus der MINT-Lehrerbildung. In C. Selter, S. Hußmann, C. Hößle, C. Knipping, K. Lengnink & J. Michaelis (Hrsg.), *Diagnose und Förderung heterogener Lerngruppen – Theorien, Konzepte und Beispiele aus der MINT-Lehrerbildung* (S. 85–105). Münster: Waxmann.

Ball, D.L. & Cohen, D.K. (1999). Developing practice, developing practitioners: Toward a practice-based theory of professional education. In G. Sykes & L. Darling-Hammond (Hrsg.),

Teaching as the learning profession: Handbook of policy and practice (S. 3–32). San Francisco: Jossey Bass.

Becker, G., Horstkemper, M., Risse, E., Stäudel, L., Werning, R. & Winter, F. (Hrsg.). (2006). Diagnostizieren und Fördern. Stärken entdecken – können entwickeln. *Friedrich Jahresheft* 24.

Brandt, J. (i. V.). *Entwicklung und Erforschung einer Lernumgebung zum Erlernen von Diagnose und Förderung. Untersuchung im Rahmen einer mathematikdidaktischen Großveranstaltung für Studierende der Primarstufe.* Unveröffentlichte Dissertation, TU Dortmund.

Brandt, J., Ocken, A. & Selter, C. (2017). Diagnose und Förderung erleben und erlernen im Rahmen einer Großveranstaltung für Primarstufenstudierende. In J. Leuders (Hrsg.), *Tagungsband Heterogenität & Inklusion 2015 – 4. Fachtagung der Gemeinsamen Kommission Lehrerbildung der GDM, DMV und MNU* (S. 53–64). Mainz: Springer Spektrum.

Empson, S. & Jacobs, V. (2008). *Learning to listen to Children's Mathematics* (Vol. 2). Rotterdam: Sense.

Frey, A., Heinze, A., Mildner, D., Hochweber, J. & Asseburg, R. (2010). Mathematische Kompetenz von PISA 2003 bis PISA 2009. In E. Klieme, C. Artelt, J. Hartig, N. Jude, O. Köller, M. Prenzel, W. Schneider, P. Stanat (Hrsg.), *PISA 2009. Bilanz nach einem Jahrzehnt* (S. 153–176). Münster: Waxmann.

Girulat, A., Nührenbörger, M. & Wember, F. (2013). Fachdidaktisch fundierte Reflexion von Diagnose und individuelle Förderung im Unterrichtskontext – am Beispiel des Faches Mathematik unter Beachtung sonderpädagogischer Förderung. In S. Hußmann & C. Selter (Hrsg.), *Diagnose und individuelle Förderung in der MINT-Lehrerbildung. Das Projekt dortMINT* (S. 150–166). Münster: Waxmann.

Götze, D. & Selter, C. (2011). Mathematikdidaktische diagnostische Kompetenzen erwerben. In K. Eilerts, A. Hilligus, G. Kaiser & P. Bender (Hrsg.), *Kompetenzorientierung in Schule und Lehrerbildung* (S. 307–321). Münster: Lit.

Gutscher, A. (i. V.). *Kompetenzlisten und Lernhinweise zur Diagnose und Förderung – Eine Untersuchung zu Nutzungsweisen und Akzeptanz von Studierenden.* Unveröffentlichte Dissertation, TU Dortmund.

Hascher, T. (2008). Diagnostische Kompetenzen im Lehrberuf. In C. Kraler & M. Schratz (Hrsg.), *Wissen erwerben, Kompetenzen entwickeln. Modelle zur kompetenzorientierten Lehrerbildung* (S. 71–86). Münster: Waxmann.

Hascher, T. (2011). Forschung zur Wirksamkeit der Lehrerbildung. In E. Terhart, H. Bennewitz & M. Rothland, (Hrsg.), *Handbuch der Forschung zum Lehrberuf* (S. 418–440). Münster: Waxmann.

Hattie, J. (2013). *Lernen sichtbar machen.* Baltmannsweiler: Schneider.

Helmke, A. (2012). *Unterrichtsqualität und Lehrerprofessionalität: Diagnose, Evaluation und Verbesserung des Unterrichts* (4. Aufl.). Seelze: Klett-Kallmeyer.

Hesse, I. & Latzko, B. (2011). *Diagnostik für Lehrkräfte.* Opladen: Barbara Budrich.

Hößle, C., Hußmann, S., Michaelis, J., Niesel, V. & Nührenbörger, M. (2017). Fachdidaktische Perspektiven auf die Entwicklung von Schlüsselkenntnissen einer förderorientierten Diagnostik. In C. Selter, S. Hußmann, C. Hößle, C. Knipping, K. Lengnink & J. Michaelis (Hrsg.), *Diagnose und Förderung heterogener Lerngruppen – Theorien, Konzepte und Beispiele aus der MINT-Lehrerbildung* (S. 19–37). Münster: Waxmann.

Hußmann, S. & Selter, C. (Hrsg.) (2013a). *Diagnose und individuelle Förderung in der Lehrerbildung. Das Projekt dortMINT.* Münster: Waxmann.

Hußmann, S. & Selter, C. (2013b). Das Projekt dortMINT. In S. Hußmann & C. Selter (Hrsg.), *Diagnose und individuelle Förderung in der MINT-Lehrerbildung. Das Projekt dortMINT* (S. 15–26). Münster: Waxmann.

Krammer, K., Lipowsky, F., Pauli, C., Schnetzler, C. & Reusser, K. (2012). Unterrichtsvideos als Medium zur Professionalisierung und als Instrument der Kompetenzerfassung von Lehrpersonen. In M. Kobarg, C. Fischer, I. Dalehefe, F. Trepke & M. Menk (Hrsg.), *Lehrerprofessionalisierung wissenschaftlich begleiten – Strategien und Methoden* (S. 69–86), Münster: Waxmann.

Ministerium für Schule und Weiterbildung des Landes Nordrhein-Westfalen (Hrsg.) (2009). *Gesetz über die Ausbildung für Lehrämter an öffentlichen Schulen (Lehramtsausbildungsgesetz – LABG)*, Frechen: Ritterbach.

Lengnink, K., Bikner-Ahsbahs, A. & Knipping, C. (2017). Aktivität und Reflexion in der Entwicklung von Diagnose- und Förderkompetenz im MINT-Lehramtsstudium. In C. Selter, S. Hußmann, C. Hößle, C. Knipping, K. Lengnink & J. Michaelis (Hrsg.), *Diagnose und Förderung heterogener Lerngruppen – Theorien, Konzepte und Beispiele aus der MINT-Lehrerbildung* (S. 61–83). Münster: Waxmann.

Lorenz, C. & Artelt, C. (2009). Fachspezifität und Stabilität diagnostischer Kompetenz von Grundschullehrkräften in den Fächern Deutsch und Mathematik. *Zeitschrift für Pädagogische Psychologie, 23*, 3–4.

PIKAS-Team (2014). *Modul 3.4: Entwicklung des Stellenwertverständnisses.* Verfügbar unter: http://pikas.dzlm.de/198 [28.04.2017].

PIKAS-Team (o.J.). Material PIK. Verfügbar unter: http://pikas.dzlm.de/material-pik [28.04.2017].

Prediger, S. & Selter, C. (2008). Diagnose als Grundlage für individuelle Förderung im Mathematikunterricht. *Schule NRW, 60* (3), 113–116.

Prediger, S., Wessel, W., Tschierschky, K., Seipp, B. & Özdil, E. (2013). Diagnose und Förderung schulpraktisch erproben – am Beispiel Mathematiklernen bei Deutsch als Zweitsprache. In S. Hußmann & C. Selter (Hrsg.), *Diagnose und individuelle Förderung in der MINT-Lehrerbildung* (S. 193–213). Münster: Waxmann.

Prenzel, M. & Burba, D. (2006). PISA-Befunde zum Umgang mit Heterogenität. In G. Opp, T. Hellbrügge & L. Stevens (Hrsg.), *Kindern gerecht werden. Kontroverse Perspektiven auf Lernen in der Kindheit* (S. 23–33). Bad Heilbrunn: Klinkhardt.

Reich, K. (1999). Interaktionistischer Konstruktivismus – ein Versuch, die Pädagogik neu zu erfinden. *System Schule, 3* (3), 75–85.

Schratz, M., Schwarz, J. & Westfall-Greiter, T. (2012). *Lernen als bildende Erfahrung.* Innsbruck: Studienverlag.

Schwingen, M., Schneider, R. & Wildt, J. (2013). Die dortMINT- Forschungswerkstatt – ein innovativer Lernort in der Lehrerbildung. In S. Hußmann & C. Selter (Hrsg.), *Diagnose und individuelle Förderung in der MINT-Lehrerbildung* (S. 193–213). Münster: Waxmann.

Selter, C., Prediger, S., Nührenbörger, M. & Hußmann, S. (2014). *Mathe sicher können. Handreichungen für ein Diagnose- und Förderkonzept zur Sicherung mathematischer Basiskompetenzen – Natürliche Zahlen.* Berlin: Cornelsen.

Lea Brauer, Astrid Fischer, Corinna Hößle, Verena Niesel, Sebastian Voß &
Julia Aline Warnstedt

13. Vignettenbasierte Instrumente zur Förderung der diagnostischen Fähigkeiten von Studierenden mit den Fächern Biologie und Mathematik (Sekundarstufe I)

Den Blick auf das fachliche Verhalten von einzelnen Schülerinnen und Schülern zu richten und deren fachbezogene Gedanken, Motive und Lernprozesse zu eruieren, kann für angehende Lehrkräfte im Rahmen erster Unterrichtserfahrungen schwierig sein. Zum einen liegt das daran, dass vieles versteckt vor sich geht, dass die Lernenden ihre Unsicherheiten, Fragen und Schwächen, die sie in der Auseinandersetzung mit neuen kognitiven Herausforderungen erleben, nicht immer offensichtlich zeigen. Zum anderen verlangt ein Verstehen der Schülerperspektive von den Studierenden, sich gedanklich in die Situation der Schülerinnen und Schüler zu begeben, sowie die fachlichen Vorgänge unter deren Wissensvoraussetzungen zu betrachten und damit auf den eigenen Wissensvorteil bewusst zu verzichten. Dabei wurde die Bedeutung der Fähigkeit, Lernprozesse der eigenen Schülerinnen und Schüler zu verstehen, für die Gestaltung adaptiven Unterrichts verschiedentlich betont (Artelt & Gräsel, 2009; Hußmann, Leuders & Prediger, 2007; Schrader, 2001; Weinert, 2000; Girulat, Nührenbörger & Wember, 2013).

Im Rahmen der hochschuldidaktischen Lehre bietet der Einsatz von Vignetten zur Analyse von Schülerverhalten oder -produkten, aus denen ein Verständnis für dahinterliegende Motive und Überlegungen gewonnen werden soll, eine gute Übungsmöglichkeit, um zu lernen, sich auf die Schülerperspektive einzulassen und um Verständnis für das Denken und Handeln von Schülerinnen und Schülern im Fachunterricht zu entwickeln (vgl. Selter, Hußmann, Hößle, Knipping, Lengnink & Michaelis, 2017, Kap. 1 und v. Aufschnaiter, Selter & Michaelis, 2017, Kap. 5 in diesem Band). Gleichzeitig können Vignetten auch genutzt werden, um den Blick auf das unterrichtliche Lehrerhandeln zu richten (Oser, Heinzer & Salzmann, 2010), das im Anschluss an die Diagnose adaptiv an die Lernvoraussetzungen der Schülerinnen und Schüler erfolgen sollte. Dieser Fokus von Vignetten bietet den Studierenden die Möglichkeit, Unterricht aus der Lehrerrolle heraus Kriterien geleitet zu reflektieren und zu bewerten.

Im Folgenden zeigen wir mit zwei Beispielen aus der Biologie und einem Beispiel aus der Mathematik drei Möglichkeiten auf, wie Schülervignetten für die universitäre Lehre genutzt werden können. In allen Beispielen werden die Studierenden angeleitet, eine zunehmend tiefere Analyse des Schülerverhaltens und -handelns anzufertigen. An die Analyse der Schülervignetten schließen jeweils Aufgaben an, die weiterführendes Lehrerhandeln betreffen, sei es in Form einer Benennung von Stärken und Schwächen und damit den Förderbedarf der Lernenden zu erkennen oder in Form einer anschließenden Unterrichtsplanung. Zudem werden wir aufzeigen, in welchem Rahmen wir Arbeitsaufträge an Studierende stellen und welches Lernpotential dies für Studierende darstellt.

13.1 Mathematik – eine Vignette zum algebraischen Denken

Aus der Mathematik zeigen wir ein Beispiel für den Einsatz einer Produktvignette, die aus der schriftlichen Bearbeitung einer mathematischen Aufgabe durch einen Siebtklässler und dessen Erläuterungen zu seinem Vorgehen besteht. Beim Einsatz der Vignette erhalten die Studierenden die Aufgabe, sie mit dem Ziel zu analysieren, das Denken des Schülers plausibel zu rekonstruieren, um anschließend Schlussfolgerungen über situierte Stärken und Schwächen des Schülers zu ziehen, also über das Fähigkeitsspektrum, das im Kontext der Aufgabe zum Tragen kommt. Daran kann dann eine Aufgabe anschließen, die eine Entscheidung über das weitere unterrichtliche Arbeiten erfordert, z. B. in Form einer Rückmeldung oder weitergehenden Aufgabenstellung für den Schüler. Mit diesem Aufgabensetting ist ein Bündel von Zielen verbunden: Die Studierenden lernen Schülerdokumente unter verschiedenen fachdidaktischen Perspektiven zu lesen. Insbesondere lernen sie, dass von Schülerinnen und Schülern explizit Niedergeschriebenes nicht ohne weiteres identisch ist mit dem Gedachtem. Die Studierenden sammeln so Erfahrungen in der Rekonstruktion von Gedankengängen. Dabei werden sie sich der Unsicherheiten der Rekonstruktion bewusst und für die Tatsache der Vorläufigkeit ihres Urteils sensibilisiert. Zugleich erfahren sie, dass solche Rekonstruktionen nicht beliebig sind, sondern dass es Kriterien gibt, um plausiblere von weniger plausiblen Rekonstruktionen zu unterscheiden. Darüber hinaus erleben sie am Beispiel des unten vorgestellten Schülerdokuments (Abb. 13.1), dass eine Analyse, die nicht an der Oberfläche stehen bleibt, sondern auch die unbequemen Äußerungen des Schülers ernst nimmt, zu einer Unterstützungsmaßnahme führen kann, die sehr genau am spezifischen Bedarf des Schülers ansetzt.

Eine siebte Gymnasialklasse erhielt eine Aufgabe (Abb. 13.1), die in Einzelarbeit im Unterricht zu bearbeiten war. Die Vignette stammt von einem Schüler dieser Klasse. Zur Analyse dieser Vignette ist es hilfreich, die algebraischen Denkhandlungen des Erkennens von Strukturen, des Formalisierens und des Transformierens von formalen algebraischen Darstellungen in ihren spezifischen Herausforderungen und ihren gegenseitigen Bezügen zu kennen (Fischer, Hefendehl-Hebeker & Prediger, 2009; Meyer & Fischer, 2013).

Es ist sinnvoll, die Vignette in mehreren Analysedurchgängen unter jeweils unterschiedlichen Perspektiven zu betrachten.

Analyseperspektive I:

Es bietet sich an, sich in einer ersten Annäherung auf die Darstellungsebene, also die unmittelbar der Wahrnehmung zugänglichen Notizen zu fokussieren, und diese in Bezug zum Aufgabentext zu deuten. Dies kann unterschiedlich elaboriert erfolgen. So kann direkt das im Antwortsatz des Schülers formulierte Ergebnis am Aufgabentext überprüft und als richtig erkannt werden. Die Schülerfehler werden dabei allerdings nicht bemerkt. Bleiben Studierende auf dieser Ebene stehen, werden sie dem Schüler als Konsequenz gute Fähigkeiten im Lösen von Sachaufgaben mit Hilfe einer algebraischen Gleichung attestieren, auch wenn Fehler im Vorgehen bestehen.

Diagnoseaufgabe mit Schülervignette (Mathematik, Algebra)

Schüleraufgabe:

In 16 Jahren wird eine Mutter doppelt so alt wie ihre Tochter sein. Zusammen sind sie heute 40 Jahre alt.

a. Wie alt ist jede Person?

b. Beschreibe ausführlich: Wie bist du vorgegangen? Anhand deiner Beschreibung sollten deine Mitschüler lernen können, wie man solche Aufgaben löst.

a.

$T = x$

$M = x + 16 \cdot 2$

$x + x + 16 \cdot 2 = 40 \mid -16$

$\Leftrightarrow x + x \cdot 2 = 24$

$\Leftrightarrow 3x = 24 \mid :3$

$x = 8 \qquad L = \{8\}$

$40 - 8 = 32$

Die Mutter ist 32, die Tochter 8.

Aufgabe für Studierende:

1. Analysieren Sie die Antwort des Schülers zu a) und geben Sie einen plausiblen Gedankengang an, der hinter seinen Notizen stehen könnte.

   Geben Sie anschließend eine (vorläufige) Einschätzung zu den algebraischen Stärken und Schwächen, soweit seine Antwort in a) Hinweise darauf gibt.

2. Vergleichen Sie Ihre Analyse mit der Beschreibung des Schülers zu seiner Berechnung in b).

b. Da man von der Tochter keinerlei Angaben hat, benennt man sie mit x. Die Mutter ist in 16 Jahren doppelt so alt. Daher benennt man sie mit x+16 und x·2. Man muss die Zahl, die zu keiner Variablen gehört (z.B: x·2), je nach dem addieren oder subtrahieren. Dieses Ergebnis dividiert man durch die Anzahl der Variablen, in diesem Fall x+x·2 = 3x. Da beim subtrahieren der Zahlen 40 und 16 24 herauskommt, und man 24 durch die Anzahl der x, also 3, dividiert, ist die Lösungsmenge der Aufgabe 8. Dann muss man die Lösungsmenge mit 40 subtrahieren und man bekommt raus, dass die Mutter 32 und die Tochter 8 Jahre ist.

Abb. 13.1: Diagnoseaufgabe mit Schülervignette (Mathematik, Algebra)

Ausführlicher fällt die Analyse aus, wenn jeder einzelne vom Schüler notierte Schritt berücksichtigt wird. Der notierte Lösungsweg wird dabei als ein zusammenhängender Gedankengang aufgefasst. So werden die einzelnen Lösungsschritte in ihrer vermuteten Abfolge betrachtet und es wird berücksichtigt, dass spätere Fehler auf früheren beruhen können. Es wird festgestellt, dass der Schüler zwei gravierende Fehler macht, deren Wirkungen sich zufällig aufheben, nämlich bei dem Term für „M" und bei der ersten Gleichungsumformung, während der Fehler in der ersten Gleichung als Folgefehler angesehen wird.

Basierend auf dieser Analyse würden dem Schüler dennoch von den Studierenden kompetenzorientiert auch folgende Stärken zugeschrieben: Ihm gelingt ein Ansatz zu einer Termdarstellung mit Deklarierung der Variablen und des mit ihr erzeugten Terms, ebenso gelingen ihm einige Schritte in der Umformung der Gleichung, nämlich das Zusammenfassen von Variablen und die Umkehrung der Vervielfachung einer Variablen.

Analyseperspektive II

Dieser Analysedurchgang versucht zu erklären, welche Überlegungen des Schülers jeweils zu den notierten Schritten geführt haben können. Dabei fällt auf, dass es zwei kritische Stellen gibt, die schwer zu deuten sind. Die erste bezieht sich auf das Erfassen und Formalisieren der im Aufgabentext gegebenen Beziehungsstruktur der Daten, die zweite auf das Transformieren der vom Schüler erstellten Gleichung. Daraus ergeben sich zwei Fragen, die zentral für die Deutung sind:

(i) Warum beschreibt er die Mutter mit $x + 16 \cdot 2$?

(ii) Was denkt er sich bei der ersten Umformung seiner Gleichung?

Eine *erste Deutungsperspektive* sieht beide Fragen *isoliert* voneinander. Zu Frage (i): Der Schüler hat die Zahlen im Aufgabentext eher zufällig zu einem Term zusammengestellt, ohne sich weitergehende Gedanken dazu zu machen. Zu Frage (ii): Bei der ersten Umformung zieht er die 16 aus dem Term, um sie mit der 40 zusammenzufassen, damit der Term einfacher wird (das entspricht bei Rüede (2012) der Motivation „Herstellen von syntaktischen Bezügen".) Dabei verletzt er die Umformungsregeln. Dies könnte theoretisch das Denken des Schülers widergeben. So kommt es durchaus vor, dass Schülerinnen und Schüler etwas Zufälliges tun.

Basierend auf dieser Analyse würden Studierende die Stärken und Schwächen nun, im Gegensatz zur 1. Analyseperspektive, eher im Verstehen als im Tun sehen. Begnügt man sich mit der Interpretation als vermutlicher Zufälligkeit und Irrationalität des Handelns, wird die Einschätzung eher defizitär ausfallen: Der Schüler hat nicht verstanden, wie die gegebenen Beziehungen mit einem algebraischen Term beschrieben werden können. Er hat außerdem zentrale Regeln noch nicht begriffen, die für die Umformung einer Gleichung gelten.

Diese Deutung muss von den Studierenden kritisch reflektiert werden. Sie ist unbefriedigend, denn:

- Der Schüler deklariert einige Teile seiner Terme sehr explizit, nämlich den Zusammenhang der Variablen und des Variablenterms zur Tochter „T" und Mutter „M". Zudem verbindet er die Zahlen 2 und 16 mit den zum Text passenden Operatoren. Das sieht nicht nach einem zufälligen Term aus.
- Bei der ersten Umformung wird nicht eine bestimmte Regel falsch angewendet, sondern es werden mehrere Regeln in scheinbar absurder Weise verletzt. Verblüffend ist, dass dann jedoch die beiden anderen Umformungen in den weiteren Schritten ganz korrekt und sehr zielgerichtet angewendet werden. Da scheint die Unkenntnis einer Regel oder ihrer Verwendungsmöglichkeiten keine plausible Erklärung zu sein.

Nun muss nach einer anderen Deutung gesucht werden, die das Schülerverhalten in plausiblerer Weise erklärt.

Eine *zweite* Deutungsperspektive auf die beiden Fragen (i) und (ii) bringt beide *Verhaltensweisen zusammen*: Die erste Umformung der Gleichung deutet darauf hin, dass der Schüler 2 gedanklich auf x, nicht aber auf 16, wo der Operator steht, bezieht. Das kann mit dem Text erklärt werden: Der Schüler beginnt mit dem Alter der Tochter, für das er „x" schreibt. Aus diesem will er das Alter der Mutter berechnen. Dazu entnimmt er dem Text zwei Informationen: „in 16 Jahren", was er im Term mit „+16" umsetzt, und „doppelt so alt", was er mit „·2" darstellt. Beide Prozesse bezieht er auf das Alter der Tochter. In seinem Term setzt er das in der Reihenfolge um, in der es im Text aufgeführt ist, also erst „+16" und dann „·2". Dabei beachtet er nicht, welche Bezüge in seinem so entstehenden Term gemäß den konventionellen Regeln zu lesen sind.

Auch diese Deutung muss kritisch reflektiert werden: Zu ihr passt, dass der Schüler in einigen Details aus dem Text genau, in anderen jedoch ungenau ist. So lässt er bei seiner Deklarierung der Terme die Information, auf welche Zeit sie sich beziehen, weg. Er geht in keiner Weise auf die Tatsache ein, dass Mutter und Tochter gleichzeitig 16 Jahre älter werden. Zu dieser Deutung passt außerdem, dass die weiteren Umformungen der Gleichung korrekt sind, denn bei diesen passen die vom Schüler bei der Termerstellung gemeinten Bezüge zu den Bezügen, wie sie gemäß den Konventionen zu lesen sind.

Diese Deutung führt die Studierenden zu einem anderen Schluss über Stärken und Schwächen des Schülers, nämlich: Er erkennt teilweise die im Text gegebenen Datenbeziehungen und verwendet einen Variablenterm zur Beschreibung dieser erkannten Beziehungen. Dabei wendet er nicht die algebraischen Konventionen an, sondern deutet die Bezüge in seiner Darstellung anders. Er formt seine Gleichung gemäß den Bezügen, die er bei der Erstellung des Terms gemeint hat, um.

Ob eine der gegebenen Deutungen zutreffend ist, kann nicht abschließend geklärt werden. Auch die oben zuletzt vorgeschlagene Deutung ist lediglich eine plausible Hypothese, der möglicherweise andere, ebenso plausible oder bessere Hypothesen gegenübergestellt werden können. In diesem besonderen Beispiel haben wir allerdings mit der Antwort zu b. eine Erklärung des Schülers vorliegen, die weiteren Aufschluss geben kann. Hier bestätigt sich, dass der Schüler, wie in der letzten Deutung vermutet, gedanklich den Operator 2 ebenso wie den Operator +16 auf x bezieht. Das beweist die zuletzt gegebene Hypothese zwar nicht, erhöht aber ihre Plausibilität.

13.1.1 Der Einsatz der Vignette in der Lehre

Die Analyse dieser Vignette stellt hohe Ansprüche an Studierende, da hier Zusammenhänge zwischen scheinbar getrennten Überlegungen herzustellen sind und ein Verständnis von Lernhürden bei der Entwicklung algebraischen Denkens erforderlich ist. Die Vignette wurde daher erst im Masterstudium in einem Modul zur Didaktik der Algebra eingesetzt.

Die Studierenden erhalten zunächst nur die mathematische Aufgabe und deren Bearbeitung durch den Schüler (also Aufgabe a.) und bekommen dazu den Arbeitsauftrag 1. Von den Studierenden werden verschiedene Deutungshypothesen entwickelt, unter denen sich jeweils spezifische Vermutungen über die algebraischen Stärken und Schwächen des Schülers ergeben. Die Plausibilitäten der Deutungen werden diskutiert. Erst anschließend erhalten die Studierenden die Erklärung des Schülers, um zu überprüfen, ob ihre Deutungen dazu passen und um gegebenenfalls eine neue Deutung zu versuchen. Alternativ dazu könnte man die Erklärung des Schülerhandelns natürlich auch von Anfang an mit in die Analyse einbeziehen. Dann wird jedoch der Aspekt der Unsicherheit, der jeder solchen Analyse anhaftet, weniger stark betont. Zudem bietet die

Erklärung eine Anregung, sich mit vorschnellen Deutungen, die Sperriges als nicht rational erklärbar ansehen, nicht zufrieden zu geben, sondern eine bessere Deutung zu suchen, da zu ihnen die Erklärung des Schülers, „man benennt sie mit x+16 und x·2" nicht passt.

Die Studierenden können am Beispiel dieser Schülerantwort verstehen, dass eine tiefergehende Analyse zu einer gezielteren Unterstützung des Schülers führen kann. So wird hier deutlich, dass dem Schüler nicht geholfen wird, wenn ihm erklärt wird, dass seine Umformung falsch ist, denn das ist sie bei seiner Lesart nicht. Mit einer solchen Erklärung würden Lehrperson und Schüler aneinander vorbeireden. Stattdessen muss dem Schüler gezeigt werden, dass seine Darstellung der Operationen nicht den Konventionen entspricht, und wie man die Beziehung, die er ausdrücken will, algebraisch notieren kann.

13.1.2 Vorbereitende Arbeiten für die Lehrenden

Um Vignetten wie oben vorgestellt in der Hochschullehre zum Einsatz zu bringen, brauchen Dozentinnen und Dozenten einige Vorbereitung. Sie besteht zunächst darin, geeignete Aufgaben und Vignetten auszuwählen. Diese sollen ermöglichen, das Analysieren und Rückschließen auf Schülerdenkweisen zu üben. Im Idealfall passen sie zugleich zu anderen fachdidaktischen Inhalten des Moduls. So wurde die hier vorgestellte Aufgabe ursprünglich mit einem anderen Diagnoseziel (nämlich Problemlösefähigkeiten) gestellt. Mit der gegenseitigen Beeinflussung von sehr verschiedenen algebraischen Denkhandlungen, die nacheinander und scheinbar isoliert voneinander vollzogen werden, zeigt die Schülerantwort aber auch interessante Aspekte algebraischen Denkens, die eine Veranstaltung zum Thema Herausforderungen beim Lernen der Algebra vertiefen können. Die Vignette kann mit dem Ziel eingesetzt werden, theoretisches Wissen über algebraische Denkhandlungen in praxisnahem Kontext anzuwenden, aber auch theoretisches Wissen durch die praxisnahe Erfahrung kritisch zu reflektieren und zu vertiefen (vgl. v. Aufschnaiter et al., 2017, Kap. 5.1).

Sodann gehört zur Vorbereitung für die Lehrenden, sich intensiv mit den Analyseperspektiven und Deutungsalternativen zu der gewählten Vignette auseinander zu setzen. Natürlich müssen nicht notwendigerweise alle Deutungen, die von den Studierenden angeboten werden könnten, antizipiert werden. Aber man muss damit rechnen, dass die Studierenden Anregungen brauchen, um sich nicht zu schnell mit einer ersten, eher oberflächlichen Deutung zufrieden zu geben. Solche Anregungen sollten vorbereitet werden. Dazu kann z.B. auf sperrige Äußerungen in der Vignette oder auf Inkonsistenzen in Deutungen der Vignette aufmerksam gemacht werden.

Schließlich müssen die Lehrenden methodische Überlegungen anstellen, in welchem Rahmen und wofür die Vignette analysiert werden soll. Sollen die Studierenden sich in Einzelarbeit im Rahmen einer schriftlichen Hausübung mit der Vignette befassen? Oder sollen sie in Gruppenarbeiten in einer Seminarsitzung die Vignette diskutieren? In beiden Fällen muss ein Arbeitsauftrag, der auch mehrstufig sein darf, entworfen werden. In der Seminarsitzung können in einem anschließenden Plenumsgespräch Plausibilitäten von Hypothesen abgewogen und die Konsequenzen verschiedener Analysen kritisch reflektiert werden. Die Vignettenanalyse kann auch exemplarisch in einer Vorlesung vorgestellt werden, um Alternativen in Deutungen aufzuzeigen und zu erklären, was tiefgehende Analysen von oberflächlichen unterscheidet.

13.2 Biologie – transkribierter Ausschnitt einer Videovignette zur Sinneswahrnehmung von Schnecken

Aus der Biologiedidaktik zeigen wir hier ein Beispiel für den Einsatz von videografierten Vignetten, die in einem Seminar des Masterstudienganges zur Erhebung und Förderung der diagnostischen Fähigkeiten von Studierenden eingesetzt wurde. Das Seminar mit dem Titel „Lehren und Lernen im Lernlabor Wattenmeer" umfasst vier Phasen:
a) Einführung in das fachliche Unterrichtsthema und in die Theorie und Praxis der Diagnose.
b) Entwicklung einer Lerneinheit
c) Erprobung der Lerneinheit mit Schülern im Lehr-Lern-Labor Wattenmeer (lernlabor-wattenmeer.de)
d) Diagnose der Lernaktivitäten und Entwicklung von Fördermöglichkeiten

Um zu erfassen, ob und wie sich die diagnostischen Fähigkeiten der Studierenden entwickeln, wurde das Seminar mit einer Begleitforschung flankiert. Es wurde ein Vignettentest entwickelt, der sowohl schriftliche als auch videografierte Vignetten umfasst, anhand derer die diagnostischen Fähigkeiten der Studierenden ermittelt wurden. Im Rahmen eines Prä-Post-Test-Designs wurden die Studierenden vor und nach dem Besuch des Seminares aufgefordert, die in den Vignetten dargestellten Experimentierkompetenzen von Schülerinnen und Schülern schriftlich zu diagnostizieren. Die Ergebnisse geben Aufschluss darüber, welche Fähigkeiten und Schwierigkeiten die Studierenden beim Diagnostizieren von Experimentierkompetenzen zu Beginn und am Ende des Seminares aufweisen (Brauer & Hößle, 2016).

An dieser Stelle soll exemplarisch ein transkribierter Ausschnitt aus der validierten Videovignette vorgestellt werden. Der Ausschnitt zeigt eine Experimentiersituation von vier Schülerinnen und Schülern einer neunten Klasse, die aufgefordert wurden, zu der Fragestellung „Können Schnecken riechen?" einen Versuch anhand vorgegebener Materialien zu planen und durchzuführen (Abb. 13.2). Die Studierenden wurden mit der Videovignette konfrontiert und erhielten zusätzlich das Transkript (Abb. 13.3), um die experimentellen Kompetenzen der Schülerinnen und Schüler schriftlich zu diagnostizieren (Aufgabenstellung s. Abb. 13.2).

Diagnoseaufgabe mit Schülervignette (Biologie, Sinne der Tiere)

Können Schnecken riechen?

Marie hat an einem schönen sonnigen Sommertag neue Erdbeeren in ihrem kleinen Garten gepflanzt. Abends gießt sie die Erdbeeren und geht schlafen. Am nächsten Morgen will sie diese nochmals gießen und muss mit großem Schrecken feststellen, dass diese von Bänderschnecken zerfressen worden sind. Marie wundert sich und fragt sich, ob Schnecken wohl in der Lage sind zu riechen. Oder wie ist es möglich, dass Schnecken ihre Nahrung finden?

Marie will ihrer Frage auf den Grund gehen und ein Experiment planen. Sie weiß jedoch noch nicht genau, wie sie anfangen soll. Helft ihr dabei!

Schüleraufgabe:

Stellt eine Vermutung zu Maries Frage auf!

Plant ein entsprechendes Experiment, um eure Vermutung zu überprüfen. Dazu könnt ihr euch an dem Materialtisch bedienen.

Baut euren Versuch entsprechend der Versuchsskizze auf.

Aufgabe für die Studierenden:

1. Schauen Sie sich die Aufgabe, die Schüler einer 9. Klasse erhalten haben, an.
2. Schauen Sie sich dazu das Video an und machen Sie sich Notizen (zur Hilfe und Orientierung dient das Transkript).
3. Schauen Sie sich das Video ein zweites Mal an und beschreiben Sie genau, welche Lernaktivitäten Sie bezüglich des Experimentierens erkennen können.

Abb. 13.2: Diagnoseaufgabe zur Schülervignette „Können Schnecken riechen?"
Video verfügbar unter https://www.uni-oldenburg.de/diagnose-foerderung/

In der dargestellten transkribierten Vignette (Abb. 13.3) ist zu erkennen, dass die Schülerinnen und Schüler sowohl experimentelle Fähigkeiten als auch experimentiertypische Schwierigkeiten besitzen (Hammann, Thi & Ehmer, 2006) welche folgend als *Erwartungshorizont* für die Diagnose vorgestellt werden:

Die bereitgestellten Materialien werden von den Schülerinnen und Schülern spontan angeordnet und auch die erste Schnecke wird ohne jeglichen Plan auf der Glasplatte positioniert. Diesen zu diagnostizierenden Aspekt sollten die Studierenden schon bei einer oberflächlicheren Diagnose erkennen können, da dieser Aspekt direkt zu identifizieren ist.

Den Studierenden sollte ebenso bei einer oberflächlicheren Diagnose auffallen, dass die Schülerinnen und Schüler den Versuch aktiv beeinflussen wollen, indem sie das Kaffeepulver direkt vor die Schnecke streuen und die Schnecken anders positionieren. Bei einer tieferen Betrachtung sollten sie zudem erkennen, dass Schülerin 2 anfangs darüber nachdenkt, ob die Schnecke in ihrer Position verändert werden solle. Allerdings werden keine weiteren Argumente zu diesem sehr wichtigen Aspekt des Eingriffes ausgetauscht. Es wird nicht darüber gesprochen, ob und unter welchen Bedingungen in den laufenden Versuch korrigierend eingegriffen werden darf bzw. nach welchen Kriterien die Schnecke positioniert werden.

Transkript zur Diagnoseaufgabe				
Zeit	Schülertranskript	Zeit	Schüleraktivität	Schneckenaktivität
1:05	S2: Ja, Kaffeepulver vielleicht.			
1:07		1:07	S1: streut Kaffeepulver auf Glasplatte, Schnecke & Erdbeere vorhanden	Schnecke (S.) bewegt sich zum Rand der 1. Platte hin (1:05 -1:10)
1:09	S2: Du kannst die nicht drehen!			
1:10	S2: Vielleicht sollten wir sie so drehen, dass sie das auch riechen kann. Vielleicht kann sie das nicht riechen!	1:10	S2: legt zweite Glasplatte dazu	
1:15	S1: Sie muss das ja riechen.	1:15	S2: legt Erdbeere auf 2. Glasplatte und streut Kaffeepulver dazu	S. bewegt sich auf der 2. Platte und weicht dem Kaffeepulver aus (1:11 – 1:40)
1:22	S2: Aber vielleicht kann sie das ja nicht!	1:22	S1: streut Kaffeepulver direkt vor die Schnecke	
1:26	S2: Vielleicht kann sie das auf die Entfernung nicht riechen?			
1:32	S1: Die geht aber in die Richtung!			Schnecke zieht Fühler ein (1:41)
1:34	S4: Ich finde, die sieht eher als sie was isst.			
1:42	S3: Kaffee mag sie nicht!	1:42	S2: streut Kaffeepulver vor die Glasplatte, direkt vor die S.	S. bewegt sich Richtung Ende der 2. Glasplatte und etwas auf dem Tisch (1:43 – 1:56)
1:43	S1: Soll ich…?			
1:44	S4: Lass mal stehen.			
1:46	S1: Den da dran.			
1:48	S4: Ach so, ja.	1:48	S3: schiebt Platte 1 vor die Schnecke, damit sie nicht von der 2. Glasplatte kommt. Dadurch liegt der Kaffee wieder direkt vor der Schnecke	
1:50	S1: Die läuft sonst runter.			
1:51	S3: Verschwinde!			
1:56	S:1 Sollen wir da jetzt schon den Apfel hinlegen?			S. wendet sich vom dem Kaffeepulver ab und bewegt sich Richtung Erdbeere (1:57-2:26)
2:01	S3: Ja, ich würde auf der anderen Platte…die riecht ja jetzt schon den Kaffee.			
2:08	S4: Die sind nicht so leistungsfähig….die sind so ekelig! …Alter, wie die ausreißt!			
2:09		2:09	S1: zweiter Ansatz mit einem Apfelstück und einer weiteren Schnecke	
2:32	S2: Ich glaube, die mag keine Erdbeere!	2:33	S4: legt die Erdbeere direkt vor die Schnecke	S. bewegt sich an der Erdbeere vorbei (ab 2:27)

Abb. 13.3: Transkript zu einem Ausschnitt von 90 Sekunden aus der Videovignette im Fach Biologie, Sinne der Tiere.

Es wird von den Schülerinnen und Schülern die Vermutung entwickelt, dass die Schnecke nicht riechen kann. Den Studierenden sollte es gelingen, diese Vermutung zu diagnostizieren, da diese direkt geäußert wird. Der Vermutung gehen die Schülerinnen und Schüler jedoch nicht nach, da ein weiterer sehr wichtiger Punkt von der Schülerin 4 thematisiert wird: Es wird darüber spekuliert, ob die Schnecke sich anhand ihres Geruchs- oder ihres Sehsinnes orientiert. Damit formuliert diese Schülerin eine wichtige Fragestellung, die eigentlich vorab hätte geklärt werden müssen, um das Experiment reflektiert planen zu können. Um auszuschließen, dass sich die Schnecke anhand des Sehsinnes orientiert, hätten die Schülerinnen und Schüler den Klassenraum verdunkeln müssen. Die Studierenden sollten fähig sein, diese neu aufgestellte Fragestellung zu erkennen sowie den fachdidaktischen Aspekt, dass diese Fragestellung unberücksichtigt bleibt.

Es fällt auf, dass die Schülerinnen und Schüler im Gespräch miteinander durchaus gemeinsam in der Lage sind, die Grenzen ihres Experimentes zu erkennen. Jedoch sind sie nicht fähig, die wichtigen Aspekte der Planung des Experimentes zu berücksichtigen. Dieser recht indirekte Aspekt sollte Studierenden bei einer tieferen Diagnose auffallen.

Im weiteren Verlauf des Versuches stellt der Schüler 3 fest, dass die Schnecke keinen Kaffee mag. Aus der Beobachtung, dass die Schnecke beim Kontakt mit dem Kaffee die Fühler einzieht, schlussfolgert der Schüler diese Geschmackseinstellung der Schnecke. In der Verhaltensbiologie wird Wert daraufgelegt, die Verhaltensbeobachtung von der Verhaltensinterpretation zu trennen. Die Studierenden sollten fähig sein diesen fachdidaktischen Aspekt zu erkennen, was wiederum zeigt, dass die eigenen Kenntnisse über das Experimentieren und die Verhaltensbiologie unabdingbare Voraussetzungen für eine reflektierte Diagnose sind.

Im Anschluss wird von den Schülerinnen und Schülern erneut korrigierend in den Aufbau des Versuches eingegriffen, indem eine weitere Platte hinzugenommen wird und eine weitere Schnecke mit einem neuen Nahrungsmittel (Apfel) konfrontiert wird. Allein die Schüler 1 und 3 entscheiden darüber, dass Apfel und Schnecke auf eine neue Platte gesetzt werden sollen. Bei einer oberflächlichen Diagnose sollten Studierende fähig sein, diesen neuen Planungsansatz zu erkennen. Eine tiefere Beobachtung lässt jedoch die Erkenntnis zu, dass die Schülerinnen und Schüler vorab nicht über die Kriterien des Eingriffes und der vergleichenden Positionierung von Schnecke II und Apfel nachgedacht haben und so zwei Variablen verändert haben. So wurde eine neue Schnecke mit einem neuen Lebensmittel konfrontiert. Um einen Vergleich zu ermöglichen, hätte Schnecke I mit einem neuen Lebensmittel oder aber Schnecke II in die Position von Schnecke I gebracht werden müssen.

Abschließend wird deutlich, dass die Schülerinnen und Schüler ungeduldig werden und möglichst schnell ein eindeutiges Ergebnis im Hinblick auf das Verhältnis Schnecke und Erdbeere wünschen. Folglich wird die Erdbeere nun direkt vor die Schnecke I gelegt, um ein eindeutiges Verhalten zu initiieren. Dieses Verhalten sollten Studierende bei einer tieferen Diagnose erkennen.

Das Vorbeiziehen der Schnecke an der Erdbeere wird spontan und abschließend dahingehend gedeutet, dass Schnecken eben doch keine Erdbeeren mögen. Allerdings wird damit die Ausgangsfrage, ob Schnecken riechen können, nicht beantwortet. Auch diesen recht direkten Aspekt sollten die Studierenden schnell erkennen können.

Zusammenfassend fällt auf, dass die Schülerinnen und Schüler keine konkrete Planung des Versuches vornehmen und stattdessen gleich spontan in Aktion treten. Vielmehr entwickeln die Schülerinnen und Schüler aus dem Handeln heraus neue Handlungsmöglichkeiten. Dabei wird nicht daran gedacht, einen Kontrollversuch anzulegen, anhand dessen sie das Verhalten der Schnecken in Abhängigkeit von den angebotenen Nahrungsmitteln vergleichen könnten. Dieser fachdidaktische Aspekt des fehlenden Kontrollversuches sollte von den Studierenden anhand einer tiefergründigenen Diagnose erkannt werden. Um jedoch einen (fehlenden) Kontrollversuch erkennen zu können, müssen experimentelle Fähigkeiten bei den Studierenden vorhanden sein.

13.2.1 Darstellung diagnostischer Urteile von Studierenden

Die Auswertung der Diagnoseberichte zeigt, dass es den Studierenden des Seminares unterschiedlich gut gelungen ist, die in der Videovignette dargestellten Schüleraktivitäten zu diagnostizieren. Dabei konnte anhand eines zusätzlichen Tests nachgewiesen werden, dass die Qualität des Diagnoseberichtes abhängig ist von den eigenen Experimentierkompetenzen (Behrends & Hass, 2013). Die Studierendenantworten unterscheiden sich darin, wie vielseitig die fachdidaktischen Perspektiven sind, die sie bei ihren Diagnosen einnehmen.

Einige Studierende zeigen Schwierigkeiten bei der Diagnose von typischen Experimentierfehlern sowie vorhandenen Fähigkeiten (Erwartungshorizont), indem sie keinen Diagnosebericht erstellen oder lediglich Verbesserungsvorschläge anmerken.

Studierende, die eine weitere Perspektive einnehmen, diagnostizieren einige fachdidaktische Aspekte, wie das spontane Handeln der Schülerinnen und Schüler ohne jeglichen Plan, aufgestellte Fragestellung/Vermutungen zum Verhalten der Schnecken, das Starten des zweiten Versuchsansatzes. Unerkannt bleiben meistens das Fehlen des Kontrollversuches sowie das Eingreifen in den Versuch. Zum Beispiel diagnostiziert die Studierende HELIX folgende Fähigkeiten:

> „(Sie) legen einfach irgendetwas hin und warten ab, ob die Schnecke dahingeht. Es wurde vorher nicht genau genug überlegt, wie man es am besten rausfinden kann, ob Schnecken riechen. (Sie) lassen (die) Schnecken einfach loslaufen und legen dann Sachen hin beziehungsweise neue Dinge dazu, ohne einen Plan zu haben."

Studierende, die eine andere Perspektive einnehmen, zeigen kaum Schwierigkeiten eine Diagnose, angelehnt an den Erwartungshorizont, zu erstellen. Der Studierende ARION beschreibt zum Beispiel in seiner Diagnose: *„kein geplanter Versuchsaufbau. Sind noch in der Planung, ungeduldig und greifen in das Experiment ein; Kaffee direkt vor die Schnecke streuen, Beeinflussen der Variablen, verändern zu schnell viele Variablen, unstrukturiertes Vorgehen, Fehlende Vermutungen/Hypothesen, keine konkrete Hypothese die überprüft wird, fehlende Kontrolle"*

13.2.2 Einsatz der Vignette in der Lehre

Die Biologie-Vignette kann in fachdidaktischen Seminaren oder Vorlesungen eingesetzt werden, um die diagnostischen Fähigkeiten der Studierenden a) zu erheben und b) zu fördern. Ziel ist es, Studierende durch das Arbeiten mit alltagsnahen und komplexen Vignetten für die Diagnose experimenteller Fähigkeiten von Schülerinnen und Schülern zu sensibilisieren und somit ihnen das Bewusstsein für die Diagnose zu vermitteln. Mit dieser Grundlage können die Studierenden auf das Berufsfeld Schule vorbereitet werden.

Im Seminar bietet es sich an, dass Studierende die Vignette zunächst individuell bearbeiten, um ihre Ergebnisse dann in Kleingruppen auszutauschen und anschließend vergleichend im Plenum vorzustellen. Dabei kann die Vignette gekürzt oder vollständig eingesetzt werden (vollständige Vignette in der Dissertation von Brauer, 2018). Im Anschluss an die Diagnose sollten Fördermöglichkeiten abgeleitet werden. Dabei kann der Fokus auf die Fortführung des Unterrichts gesetzt werden bzw. welche Fähigkeiten/ Schwierigkeiten durch welche konkreten Unterrichtsschritte (Aufgaben, Modelle, Methoden etc.) angegangen werden. Die Studierenden werden aufgefordert, ihre Überlegungen hierzu zu verschriftlichen und zu begründen.

Eine weitere Möglichkeit besteht darin, dass den Studierenden nach der ersten Diagnose die eigenen Diagnoseberichte zur Verfügung gestellt werden. Die Studierenden können in Kleingruppen jeweils einen Diagnosebericht reflektieren und gegebenenfalls ergänzen oder korrigieren. Dies schult den eigenen diagnostischen Blick.

In der Vorlesung wäre es möglich, die Vignette zu präsentieren und den Studierenden kurz Zeit zu geben, um spontan Fähigkeiten und Schwierigkeiten der Schülerinnen und Schüler in Kleingruppen herauszuarbeiten (Typ Blitzaufgabe). Im Anschluss können die Ergebnisse der Studierenden mit denjenigen der Dozentin/des Dozenten verglichen werden und Fördermöglichkeiten abgeleitet werden.

Die Vignette hat durch ihre unterschiedliche Einsatzmöglichkeit in der Lehre Parallelen zur Schule. Wenn die Vignette einer eher oberflächlichen Diagnose unterzogen wird, kann dies mit der Diagnose einer ganzen Klasse gleichgesetzt werden, denn Lehrpersonen können im alltäglichen Unterricht nicht jede Lernsituation präzise und zeitaufwändig diagnostizieren. Dies gleicht dem impliziten Diagnostizieren, das in der Regel weniger kriteriengeleitet, eher subjektiv und unter Zeitdruck erfolgt. Ziel kann es sein, die Leistungsfähigkeit in einer Klasse zu unterschiedlichen Zeitpunkten zu erfassen.

Eine differenzierte Diagnose der Vignette nimmt wiederum mehr Zeit in Anspruch und folgt gewissen Maßstäben und Kriterien. Sie sollte möglichst objektiv erfolgen. Dies kann mit der Situation verglichen werden, wenn eine Lehrperson eine kleinere Gruppe von Schülerinnen und Schülern über einen längeren Zeitraum und unter einem vorab bestimmten Kriterium beobachtet und die Lernaktivitäten diagnostiziert (explizite Diagnose). Dies erfolgt häufig unter dem Aspekt der individuellen Förderung. Ziel kann es sein, Schülerinnen und Schüler hinsichtlich ihres individuellen Förder- oder Forderbedarfs kennen zu lernen.

Abschließend kann man festhalten, dass Studierende anhand der vorgestellten Videovignette hinsichtlich eines reflektierten sowie bewussten Diagnostizierens von Schüleraktivitäten zum Experimentieren sensibilisiert und geschult werden können.

13.3 Biologie – eine schriftliche Vignette zum Einfluss von Neobiota auf ein Ökosystem

Um die diagnostischen Fähigkeiten von Studierenden im Rahmen fachdidaktischer Seminare fallorientiert und praxisnah zu unterstützen, können neben videobasierten Vignetten auch schriftliche Produktvignetten eingesetzt werden. Letztere sind komplexitätsreduzierter und eignen sich daher, um den diagnostischen Blick konkret auf einzelne Aspekte zu lenken (vgl. v. Aufschnaiter et al., 2017).

An dieser Stelle wird exemplarisch eine schriftliche Unterrichtsvignette mit inhaltlichem Bezug zur Ökologie vorgestellt. Dabei handelt es sich um die Vignette „Einfluss von Neobiota auf ein Ökosystem", die im Rahmen der Studie von Warnstedt & Hößle (2016) validiert wurde. Die in der Vignette enthaltene Schüleraussage wurde modifiziert und basiert auf einer Studie von Jelemenska (2002) zur empirischen Untersuchung von Schülervorstellungen zum Thema Ökologie. Die Schüleraussage ist in eine fiktive Unterrichtssituation eingebettet, um eine Identifikation der Befragten mit der dargestellten Situation zu erleichtern. In der Vignette werden auch die im Unterricht bereits behandelten Inhalte genannt.

13.3.1 Einsatz der Vignette in der Lehre

Die dargestellte Vignette wird unter anderem im Seminar "Lehren und Lernen im Schülerlabor Wattenmeer" des Studienganges Master *of Education* der Biologiedidaktik Oldenburg eingesetzt. Im Rahmen des Seminars werden, abgestimmt auf die Lernvoraussetzungen der Schülerinnen und Schüler, Lerneinheiten zum Thema Wattenmeer von den teilnehmenden Studierenden eigenständig geplant und im Schülerlabor umgesetzt. Um die Studierenden fachdidaktisch auf die Arbeit im Schülerlabor vorzubereiten, wird das praktische Diagnostizieren anhand unterrichtlicher Vignetten geübt. In diesem Rahmen wird auch die Vignette „Einfluss von Neobiota auf ein Ökosystem" eingesetzt. Hierzu erhalten die Studierenden die Aufgabe, die dargestellte Unterrichtssituation im Hinblick auf vorhandene Schülervorstellungen zu diagnostizieren.

Diagnoseaufgabe mit Schülervignette
(Biologie, Einfluss von Neobiota auf ein Ökosystem, Teil 1)

In einer Biologiestunde (Sek. I) der Referendarin Frau D. zur Unterrichtseinheit Ökosysteme differenziert eine Schülerin den Einfluss neuer Arten in einem Ökosystem folgendermaßen:
Sabine: „Wenn man eine fremde Art z.B. in das Meer setzen würde, dann würde es dort das Leben beeinflussen. Die Art müsste sich ja von irgendwas ernähren, [...]. Wenn es ein Wal ist, ist es nicht mehr das gleiche Ökosystem. Aber sobald es ein kleiner Krebs, [...] oder ein ähnliches Tier ist, bleibt es so. Der Unterschied liegt darin, dass der Wal ein mächtiges Tier ist, das über allem im Meer steht."
(Quelle: Verändert nach Jelemenska, 2002; S. 58)

Hintergrundinformationen:
Folgende Begriffe und Themen wurden im Unterricht zuvor behandelt: Ökosystem, Lebensraum, biotische und abiotische Faktoren, ökologische Nische und Populationsbiologie. Auch eine Einteilung in Produzenten und Konsumenten wurde bereits vorgenommen sowie Nahrungsnetze und Nahrungsketten erarbeitet.

Aufgabe für die Studierenden:
Beschreiben Sie die vorliegende Schülervorstellungen in der dargestellten Unterrichtssituation.

Abb. 13.4: Modifizierte Produktvignette „Einfluss von Neobiota auf ein Ökosystem" mit begleitenden Aufgaben für die Studierenden

Um die Antworten der Studierenden zur Diagnose der Schülervorstellungen nachvollziehen zu können, bietet es sich hier zunächst an, die zugrundeliegenden Schülervorstellungen der dargestellten Vignette zu betrachten.

Beschreibung der in der Vignette zu erkennenden Schülervorstellungen:
Um ökologische Zusammenhänge verstehen und ökologische Probleme lösen
zu können, ist eine systemische Denkweise notwendig (Hammann & Asshoff,
2015). Diese erfordert die Berücksichtigung einer großen Zahl von Systemele-
menten, deren indirekte und direkte Wechselbeziehungen sowie die Betrachtung von Rückkopplungskreisen (ebd., 2015). In der Vignette betrachtet die
Schülerin Sabine hingegen einseitig gerichtete Wirkungen: Der Wal als „mächtiges Tier" dezimiert schwächere Glieder in der Nahrungskette und beeinflusst
dadurch das Ökosystem. Für Sabine scheint dabei die Größe des Tieres ein
wichtiges Einflusskriterium zu sein, die mit der Menge der Nahrungsaufnah-
me des Tieres im direkten Zusammenhang steht. Hiernach hierarchisiert Sabine
die Organismen eines Ökosystems und geht weniger von einer Vernetzung aus.
Zudem wird nach Sabines Aussage die Aufrechterhaltung eines Ökosystems
maßgeblich durch das „Fressen und Gefressen werden bestimmt" (Jelemenska,
2002; Warnstedt & Hößle, 2016). Weitere Faktoren, wie die Angepasstheit an
den Lebensraum und Konkurrenzbeziehungen werden nicht betrachtet.

13.3.2 Darstellung diagnostischer Perspektiven von Studierenden

Über die in Abbildung 13.4 dargestellte Aufgabe wird die Fähigkeit der Studierenden,
vorhandene individuelle Vorstellungen der Schülerinnen und Schüler wahrzunehmen
und im Hinblick auf deren Struktur und Ursachen zu analysieren, abgefragt. Im Folgenden werden ausgewählte Antworten von Studierenden, die im Rahmen der Dissertation
von Warnstedt erhoben worden sind, vorgestellt.

> Studentin PHOCOENA: „Die Schülerin weiß, dass Organismen Lebensräume be-
> einflussen, [...]. Dabei [...] habe der Wal als „mächtiges Tier" großen Einfluss,
> der kleine Krebs jedoch keinen Einfluss."

Das Zitat der Studentin PHOCOENA charakterisiert sich weitestgehend durch eine Reproduktion der Schüleraussage und weniger durch analytische Elemente. Dabei gibt die
Studentin PHOCOENA an, dass Organismen im Allgemeinen Ökosysteme beeinflussen,
ohne diese Aussage weiter auf wesentliche Einflussfaktoren einzugrenzen. Allerdings erkennt und beschreibt die Studentin die Vorstellung der Schülerin, dass Organismen ihre
Lebensräume beeinflussen. Die Studentin nimmt bei ihrer Deutung jedoch keine Inter-
pretationsperspektive, sondern vielmehr eine oberflächlichere Fachperspektive ein. Sie
hinterfragt nicht, welche ursächlichen Denkprozesse der Schülervorstellung zugrunde
liegen könnten. Die daraus resultierenden Implikationen für die hochschuldidaktische
Lehre werden im Kapitel 13.3.4 erläutert.

Die Antwort der Studentin PAGURUS ist ebenfalls durch eine Reproduktion der Schüleraussage gekennzeichnet, dennoch geht sie tiefenanalytischer vor, indem sie überlegt,
auf welchen Ursachen die Vorstellung basieren könnte und bezieht die Gedanken der
Schülerin auf ein fachdidaktisches Vermittlungskonzept.

> Studentin PAGURUS: „Die Schülerin glaubt, dass nur große und damit „mäch-
> tige" Tiere ein Ökosystem verändern können und sagt, dass der Wal über al-

lem im Meer steht. Ein kleines Tier wie der Krebs habe keinen Einfluss. Sie hat recht in der Annahme, dass eine neue Art das Ökosystem beeinflussen würde. […] Vermutlich erinnert sie sich dabei an eine Nahrungspyramide, bei der der Wal ganz oben zu sehen ist."

Zudem erkennt die Studentin PAGURUS, dass Vermittlungs- und Darstellungsformen, die im Biologieunterricht bzw. in Lehrbüchern gewählt werden, Schülervorstellungen unterstützen und festigen können. Die Studentin PAGURUS nennt hierfür das Beispiel der „Nahrungspyramide" in der Organismen eines Ökosystems auf verschiedenen Trophieebenen grafisch dargestellt und geordnet sind. Konsumenten höchster Stufe (hier: Wal) werden an der Spitze platziert. Diese Darstellung kann die Schülervorstellung unterstützen, dass eine Hierarchisierung, damit einseitig gerichtete Wirkung und weniger eine Vernetzung der Arten innerhalb eines Ökosystems vorliegt. Letzteren Aspekt erkennt die Studentin.

> Student CRANGON: „Die Schülerin geht davon aus, je größer und somit mächtiger ein Tier erscheint, desto größer ist der Einfluss (z. B. durch größeren Nahrungsbedarf), wodurch sich das Ökosystem verändert. Dass kleine Tiere durch z. B. eine besonders gute Anpassung oder fehlende Konkurrenz und dadurch eine ansteigende Individuenzahl ebenso großen Einfluss haben, wird nicht erkannt. Außerdem vermute ich, dass das Ökosystem als stabil und nicht als offenes, sich veränderten System wahrgenommen wird."

Der Student CRANGON betrachtet die Schüleraussage sehr differenziert und mehrperspektivisch, indem er häufig auftretende fachbedingte Fähigkeiten und Schwierigkeiten von Schülerinnen und Schülern einschließt. Der Student bezieht die Aussage der Schülerin auf unterschiedliche fachliche Konzepte und erkennt, dass die Schülerin Sabine den Einfluss von Arten in einem Ökosystem allein auf Nahrungsbeziehungen eingrenzt und dabei weitere Faktoren, wie eine „gute Anpassung oder fehlende Konkurrenz […]" nicht einbezieht. Zudem nennt der Student CRANGON eine häufig beobachtete Schülervorstellung, die des „statischen Gleichgewichtszustandes eines Ökosystems". Hiernach gehen Lernende davon aus, dass sich funktionierende Ökosysteme durch Stabilität und nicht durch ein dynamisches Zusammenspiel der einzelnen Systemelemente auszeichnen (Sander, 1998). Auch Sabine geht davon aus, dass durch neu hinzukommende Tierarten automatisch das vorhandene Ökosystem und das ökologische Gleichgewicht gestört werden. Sie sagt, es sei dann „nicht mehr das gleiche Ökosystem".

13.3.3 Bewertung von Handlungsmöglichkeiten zur Förderung von schülerbezogenen Lernprozessen

Um den Studierenden ein breites Spektrum an Möglichkeiten der Unterrichtsfortführung (abgestimmt auf die dargestellte Unterrichtsituation) zu eröffnen, können ihnen Handlungsmöglichkeiten erfahrener Lehrpersonen mit der Aufforderung vorgelegt werden, diese nach ihrer Eignung zu bewerten. Diese Aufgabenstellung eignet sich, wenn der Schwerpunkt des Seminars nicht nur auf der Diagnose von Lernvoraussetzungen und -prozessen liegt, sondern auch auf der Sensibilisierung für a) die Adaption von Unterricht an die Lernbedingungen der Schülerinnen und Schüler und b) für die Vielfalt an Möglichkeiten der Fortführung von Unterricht. In Abbildung 13.5 wird eine vorgeschlagene Handlungsmöglichkeit mit einer Aufgabe für Studierende vorgestellt, die Studierendenantworten werden reflektiert.

Beispielhafte Handlungsmöglichkeit
(Biologie, Einfluss von Neobiota auf ein Ökosystem, Teil 2)

Basierend auf der Schülervignette von Teil 1 dient diese Aufgabe der Bewertung von anschließenden Handlungsoptionen.

Die Lehrkraft schreibt folgende Hypothese an die Tafel: Der Krebs hat keinen Einfluss auf das Ökosystem Nordsee. Weitere Hypothesen der Schülerinnen und Schüler werden notiert. Sie sollen sich über die Wechselbeziehungen (Nahrung, Konkurrenz, Anzahl der Feinde etc.) zwischen einem beispielhaften Krebs bzw. einem Wal und ihrer Umwelt in ausgewählten Büchern informieren. In Form eines Gedankenexperimentes konstruieren sie in Kleingruppen Wirkketten, anhand derer sie die Auswirkung der Populationszunahme der jeweiligen neuen Art diskutieren. Die Ergebnisse werden im Plenum der Klasse reflektiert, um schließlich die Hypothesen anzunehmen bzw. zu verwerfen. In der folgenden Stunde leitet die Lehrkraft die Stunde mit dem Satz ein: „Ohne Plankton wären unsere Meere ohne Leben!"

Aufgabe für die Studierenden:
Bewerten Sie die vorgeschlagene Handlungsmöglichkeit nach ihrer Eignung, einen Lernprozess bei Sabine und ggf. anderen Lernenden zu bewirken. Nennen und begründen Sie hierfür geeignete und ungeeignete Aspekte.

Abb. 13.5: Von erfahrenen Lehrkräften vorgeschlagene und modifizierte Handlungsmöglichkeit mit begleitenden Aufgaben für die Studierenden

Reflexion von Studierendenaussagen

> Student FUCUS: „Sabines Meinung wird nicht gleich als falsch abgestempelt. Das stärkt ihr Selbstvertrauen. [...] In Büchern eigenständig informieren, ob das wirklich alle SuS verlässlich machen, ist fraglich."

> Studentin CARCINUS: [...] Ich finde nicht so gut, dass ein Gedankenexperiment verwendet wird, da viele Schülerinnen und Schüler keine Motivation dazu haben. [...] Zur Recherche in Büchern, viele Schülerinnen und Schüler beschäftigen sich mit anderen Gegebenheiten."

Für die Studierenden CARCINUS und FUCUS sind die Schülerinnen und Schüler entscheidend für den Unterrichtserfolg und weniger die Handlungen der Lehrkraft. Vielmehr wird die Wirkungsmächtigkeit der handelnden Lehrkraft in Frage gestellt. Dabei wird die Eignung einer Handlungsmöglichkeit zur Förderung eines schülerbezogenen

Lernprozesses nicht anhand von objektiven, fachdidaktischen Kriterien beurteilt, sondern anhand von Vermutungen über die potentiellen Verhaltensweisen und subjektiven Empfindungen der Schülerinnen und Schüler. Hierfür antizipieren die Studierenden mögliches Schülerverhalten und -handeln ohne dieses aus der fachdidaktischen Perspektive einer Lehrkraft zu reflektieren. Dies wird insbesondere an diesen Textstellen „[…], *ob das wirklich alle SuS verlässlich machen, ist fraglich"* und „[…], *da viele Schülerinnen und Schüler keine Motivation dazu haben"* deutlich.

Die Studentin PHOCOENA betrachtet die Handlungsmöglichkeit hingegen differenzierter und nimmt die Förderung von Lernprozessen besonders in den Blick.

> Studentin PHOCOENA: „Positiv ist, dass die Schülerinnen und Schüler klar im Mittelpunkt des Unterrichts stehen, so werden ihr Vorwissen und ihre Vorstellungen aktiviert und eingebunden. Durch diese Vorgehensweise über die Bildung von Hypothesen und dem Gedankenexperiment wird auch das naturwissenschaftliche Arbeiten gefördert. Gut ist auch, dass verschiedene Methoden z. B. Plenumsarbeit angewendet werden, da hier ein abwechslungsreicher Unterricht entsteht und viele Schülerinnen und Schüler erreicht werden. Besonders gut finde ich, dass in der nächsten Stunde das Thema und die Vorstellung der Schülerin wieder aufgegriffen wird, so wird das Vorwissen aktiviert und die Inhalte können sich festigen."

Zudem nennt die Studentin PHOCOENA wesentliche Aspekte eines auf die Lernvoraussetzungen von Schülerinnen und Schülern abgestimmten adaptiven Unterrichts. Dabei erkennt sie die Bedeutung eines auf Schülervorstellungen konsequent, konstruktivistisch aufbauenden Verfahrens, das hier mit der Exploration von Vorwissen und Vorstellungen beginnt, diese über unterschiedliche methodische und didaktische Herangehensweisen aufgreift und schließlich auch in nachfolgenden Stunden berücksichtigt (vgl. Lawson, 1989; Widodo & Duit, 2004; s.a. nächstes Kapitel).

13.3.4 Empfehlungen für die Praxis

Die hier vorgestellte Vignette mit ausgewählten Handlungsmöglichkeiten kann in fachdidaktischen Seminaren eingesetzt werden, in denen die Studierenden für die Diagnose von Lernprozessen sowie die Adaption des Unterrichts an die Lernvoraussetzungen der Schülerinnen und Schüler sensibilisiert werden sollen. Gleichzeitig sensibilisiert die Vignette samt der vielen Möglichkeiten der Unterrichtsfortführung für die Breite an Lehrvarianten. Im dargestellten Fall handelt es sich um eine domänenspezifische Vignette, deren Einsatz sich besonders in biologiedidaktischen Seminaren eignet, deren fachlicher Schwerpunkt im Bereich der Ökologie liegt. Dabei sollte die Bearbeitung der Vignette mit Handlungsmöglichkeiten mindestens zwei Seminarstunden à 90 Minuten umfassen. Die hier vorgestellte Vignette wurde bereits mehrmals in fachdidaktischen Seminaren genutzt. Hieraus ergeben sich folgende Empfehlungen für den Einsatz in der Praxis:

- *Schülervorstellungen wahrnehmen lernen:* Wie im Kapitel 13.3.2 vorgestellt, zeigte sich in der Praxis, dass von den Studierenden bei der Interpretation von Schüleraussagen je nach diagnostischer Perspektive unterschiedliche zugrunde liegende

Schülervorstellungen genannt werden. Es bietet sich daher an, diese im Plenum zu sammeln und zu diskutieren. Die Studierenden werden so für Schülervorstellungen sensibilisiert und können ihren diagnostischen Blick schärfen. Gleichzeitig sollte die Interpretation von Schüleraussagen gemeinsam geübt werden, indem die Vorstellungen der Lernenden der fachwissenschaftlichen Perspektive gegenübergestellt sowie Gemeinsamkeiten und Abweichungen herausgearbeitet werden.

- *Schülerperspektiven antizipieren und aus der Lehrerrolle reflektieren*: Auch wenn eine Lehrkraft bei der Planung von Unterricht die Perspektive und Rolle von Schülerinnen und Schülern stetig antizipieren sollte, ist es dennoch notwendig, diese aus fachdidaktischer Sicht zu reflektieren und nicht mögliches Schülerverhalten und -handeln als alleinige Kriterien für die Bewertung von Unterricht heranzuziehen.
- *Kriterien eines an Schülervorstellungen orientierten Unterrichts transparent machen und anhand praxisnaher Beispiele veranschaulichen*: Es bietet sich an, sich exemplarisch Unterrichtsmodelle anzusehen (z. B. Petermann, Friedrich & Oetken, 2008), die speziell auf Schülervorstellungen zugeschnitten wurden. Hier sollten die Merkmale des Unterrichts herausgearbeitet und im Hinblick auf ihre Wirksamkeit zur Förderung eines Lernprozesses reflektiert werden. Gleichzeitig können diese Kriterien genutzt werden, um die hier vorgestellten Handlungsmöglichkeiten kritisch zu bewerten und zu vergleichen.

13.4 Rückmeldungen von Studierenden zum Einsatz der dargestellten Vignetten

Aufgaben der Art, wie sie in den drei Beispielen beschrieben werden, werden von Studierenden gerne angenommen, denn sie erkennen diese Aufgaben als hochgradig relevant für ihr späteres Arbeiten mit Schülerinnen und Schülern. Die Analyse von Schülerproduktvignetten oder von Videovignetten, die Verhalten im Unterricht zeigen, mit dem Ziel, Lern- und Denkprozesse von Schülerinnen und Schülern zu diagnostizieren, wird von den Studierenden als authentische Simulation von Anforderungen von Unterricht an Lehrkräfte angesehen und als wichtige Hilfe, um in Unterricht schülergerecht reagieren zu können. Dazu trägt insbesondere auch die Beschäftigung mit Handlungsalternativen für die Planung und Gestaltung anschließender Unterrichtsstunden bei, wie sie im dritten Beispiel gezeigt wurde.

Literatur

Aufschnaiter, C. v., Selter, C. & Michaelis, J. (2017). Nutzung von Vignetten zur Entwicklung von Diagnose- und Förderkompetenzen – Konzeptionelle Überlegungen und Beispiele aus der MINT-Lehrerbildung. In C. Selter, S. Hußmann, C. Hößle, C. Knipping, K. Lengnink & J. Michaelis (Hrsg.), *Diagnose und Förderung heterogener Lerngruppen – Theorien, Konzepte und Beispiele aus der MINT-Lehrerbildung* (S. 85–105). Münster: Waxmann.

Artelt, C. & Gräsel, C. (2009). Diagnostische Kompetenz von Lehrkräften – Gasteditorial. *Zeitschrift für pädagogische Psychologie, 23* (3–4), 157–160.

Behrends, M. & Haß, E. (2013). *Entwicklung und Pilotierung eines Diagnoseinstrumentes zur Erfassung der Experimentierkompetenz von Biologie-Lehramtsstudierenden.* Masterarbeit, Universität Oldenburg.

Brauer, L. (in Bearbeitung). *Erwerb diagnostischer Fähigkeiten von Lehramtsstudierenden.* Dissertation Biologiedidaktik. Universität Oldenburg.

Brauer, L. & Hößle, C. (2016). Erwerb diagnostischer Fähigkeiten im Bereich des Experimentierens im Lehr-Lern-Labor Wattenmeer. In D. Krüger, P. Schmiemann, A. Möller, A. Dittmer, H. Weitzel (Hrsg.), *Erkenntnisweg Biologiedidaktik* (S. 85–101). Verfügbar unter: http://www.bcp.fu-berlin.de/biologie/arbeitsgruppen/didaktik/Erkenntnisweg/2016/Projekt-4-Brauer-_-Hoessle-final.pdf [27.06.2017].

Fischer, A., Hefendehl-Hebeker, L. & Prediger, S. (2009). Mehr als Umformen: Reichhaltige algebraische Denkhandlungen im Lernprozess sichtbar machen. *Praxis der Mathematik*, 1–7.

Girulat, A., Nührenbörger, M. & Wember, F. B. (2013). Fachdidaktisch fundierte Reflexion von Diagnose und individueller Förderung im Unterrichtskontext – am Beispiel des Faches Mathematik unter Beachtung sonderpädagogischer Förderung. In S. Hußmann & C. Selter (Hrsg.), *Diagnose und individuelle Förderung in der Lehrerbildung* (S. 150–166). Münster: Waxmann.

Hammann, M. & Asshoff, R. (2015). *Schülervorstellungen im Biologieunterricht – Ursachen für Lernschwierigkeiten.* Seelze: Friedrich.

Hammann, M., Thi, T. H. P. & Ehmer, M. (2006): Fehlerfrei Experimentieren. *Der mathematische und naturwissenschaftliche Unterricht, 59* (5), 292–299.

Hußmann, S., Leuders, T. & Prediger, S. (2007). Schülerleistungen verstehen – Diagnose im Alltag. *Praxis der Mathematik, 15*, 1–8.

Jelemenska, P. (2002). Schülervorstellungen zur „Einheit in der Natur". In H. Vogt & C. Retzlaff-Fürst (Hrsg.), *Erkenntnisweg Biologiedidaktik* (S. 53–62). Verfügbar unter: http://www.bcp.fuberlin.de/biologie/arbeitsgruppen/didaktik/Erkenntnisweg/2002/2002_04_Jelemenska.pdf [27.06.2017].

Lawson, A., Abraham, M. & Renner, J. (1989). A theory of Instruction. Using the Learning Cycle to Teach Science Concepts and Thinking Skills. National Association for Research in Science Teaching. *Narst Monograph, 1,* 1-89.

Meyer, A. & Fischer, A. (2013). Wie algebraische Symbolsprache die Möglichkeiten für algebraisches Denken erweitert – Eine Theorie symbolsprachlichen algebraischen Denkens. *Journal für Mathematik-Didaktik, 34* (2), 177–208.

Oser, F., Heinzer, S. & Salzmann, P. (2010). Die Messung der Qualität von professionellen Kompetenzprofilen von Lehrpersonen mit Hilfe der Einschätzung von Filmvignetten. *Unterrichtswissenschaft, 38*, 5–28.

Petermann, K., Friedrich, J. & Oetken, M. (2008). Das an Schülervorstellungen orientierte Unterrichtsverfahren. *Chemkon*, 110–118.

Rüede, C. (2012). Strukturieren eines algebraischen Ausdrucks als Herstellen von Bezügen. *Journal für Mathematik-Didaktik, 33* (1), 113–142.

Sander, E. (1998). *Das Verständnis des biologischen Gleichgewichts in der Fachwissenschaft und in den Vorstellungen von Schülerinnen und Schülern.* Didaktisches Zentrum (Hrsg.), Oldenburger Vordrucke Nr. 366.

Schrader, F.-W. (2001). Diagnostische Kompetenz von Eltern und Lehrern. In D. Rost, *Handwörterbuch Pädagogische Psychologie.* Basel: Beltz.

Selter, C., Hußmann, S., Hößle, C., Knipping, C., Lengnink, K. & Michaelis, J. (2017). Konzeption des Entwicklungsverbunds ‚Diagnose und Förderung heterogener Lerngruppen'. In C. Selter, S. Hußmann, C. Hößle, C. Knipping, K. Lengnink & J. Michaelis (Hrsg.), *Diagnose und Förderung heterogener Lerngruppen – Theorien, Konzepte und Beispiele aus der MINT-Lehrerbildung* (S. 11–18). Münster: Waxmann.

Warnstedt, J. & Hößle, C. (2016). Entwicklung und Erprobung von Testinstrumenten zur Untersuchung der diagnosebasierten Handlungskompetenz von Lehramtsstudierenden der Biologie. In D. Krüger, A. Upmeier zu Belzen, P. Schmiemann & A. Sandmann, (Hrsg.),

Erkenntnisweg Biologiedidaktik. Verfügbar unter http://www.bcp.fu-berlin.de/biologie/arbeitsgruppen/didaktik/Erkenntnisweg/2016/Projekt-2-Warnstedt-_-Hoessle-final.pdf [27.06.2017].

Weinert, F. E. (2000). Lehren und Lernen für die Zukunft – Ansprüche an das Lernen in der Schule. *Pädagogische Nachrichten Rheinland-Pfalz (2)*, 1–16.

Widodo, A. & Duit, R. (2004). Konstruktivistische Sichtweisen vom Lehrern und Lernen und die Praxis. *Zeitschrift für Didaktik der Naturwissenschaften, 10*, 233–255.

Stephan Hußmann, Corinna Hößle, Christine Knipping, Katja Lengnink, Julia Michaelis & Christoph Selter für das Team des Entwicklungsverbundes

14. ‚Diagnose und Förderung heterogener Lerngruppen' – Rückblick und offene Fragen

Studierende bereits in ihrer universitären Ausbildung für unterschiedliche Dimensionen von Heterogenität zu sensibilisieren, sie mit fachbezogener Diagnose soweit vertraut zu machen, dass sie schließlich eigenständig diagnosegeleitete Förderkonzepte entwickeln und in ihrem Unterricht anwenden können, war das Anliegen des im vorliegenden Buch vorgestellten Entwicklungsverbundes ‚Diagnose und Förderung heterogener Lerngruppen'. Die vier beteiligten Universitäten in Bremen, Dortmund, Gießen und Oldenburg haben für die Lehrerbildung in einem dreijährigen Prozess fachdidaktische Konzepte und Materialien entwickelt, erprobt und überarbeitet, die hiermit einer breiteren Öffentlichkeit zugänglich gemacht werden. Impulse kommen in diesem Band vor allem aus den sognannten MINT Fächern, hier insbesondere Biologie, Chemie, Mathematik und Physik. Prominent sind darüber hinaus Anstöße, Anregungen und Ansätze aus der inklusiven Pädagogik und Didaktik, die wesentlich die Zusammenarbeit im Verbund geprägt und vorangebracht haben. Inklusive fachdidaktische Anliegen sind somit in den vorgestellten Ansätzen, Konzepten und Materialien durchgehend mitgedacht. Dies zeigt sich in den vier Querschnittskapiteln wie auch in den Kapiteln zu den Teilprojekten, in denen hochschuldidaktisch erprobte Ansätze der vier Standorte vorgestellt werden. Zudem hat die stufenübergreifende Kooperation die Arbeit im Verbund wesentlich geprägt. Die eingebrachten fachdidaktischen Expertisen aus der Sekundarstufe und Primarstufe konnten essentiell voneinander profitieren. Diese so weiter gewachsene Zusammenarbeit kommt damit nicht zuletzt auch Schülerinnen und Schülern sowie ihren Lehrkräften zugute, welche schulischen Übergänge als entscheidende und kritische Momente von individuellen Bildungsbiographien erleben. Studierende in ihrer universitären Ausbildung für derartige Anforderungen des zukünftigen Berufs im Spannungsfeld von unterschiedlichen Schulstufen und unterschiedlichen Fächern zu sensibilisieren, setzt eine entsprechende hochschuldidaktische Kooperation voraus, die im Entwicklungsverbund angelegt und lebendig umgesetzt wurde. Zugegeben fokussieren die in diesem Band vorgestellten fachdidaktischen Ansätze den allgemeinbildenden schulischen Bereich, dort vornehmlich Jahrgangsstufen bis zum mittleren Schulabschluss. Ausgewiesene fachdidaktische und inklusionsdidaktische Konzepte stellen jedoch vor allem in der beruflichen Bildung ein Desideratum dar, damit Studierende bereits früh auch auf die besonderen Anforderungen in diesem besonderen Bildungsbereich von berufsbildenden Schulabschlüssen adäquat vorbereitet werden können. Transfer und Kooperationen mit diesem Bereich sind in den nächsten Jahren noch auszuarbeiten.

Praxisnahe und –relevante fachdidaktische Elemente der MINT-Lehrerbildung zu Diagnose und Förderung werden in den einzelnen Kapiteln des vorliegenden Bandes ausgehend von den Erfahrungen im Entwicklungsverbund anschaulich vorgestellt. Übergreifend haben sich einige Themen als besonders zentral für die Lehrerprofessionalisierung im Umgang mit heterogenem Unterricht herausgestellt. Diese werden im Folgenden kurz vorgestellt und offene Fragen beschrieben, die weiterer Forschung und Entwicklung bedürfen.

Im Rahmen der Lehrerprofessionalisierung wurde nach dem Wissen und Können gefragt, über das Lehrpersonen verfügen sollten, um diagnostische Erkenntnisse und theoretisch fundierte Förderungen aufeinander abzustimmen und an einzelnen Schülerinnen und Schülern auszurichten. Zudem wurde fokussiert, welche Kernprozesse universitärer Lehre dazu beitragen könnten, dieses Wissen und Können sowie eine diagnostische Grundhaltung aufzubauen, die Förderung im Blick hat (vgl. Kap. 2). Es bleibt die Frage offen, wie die im Studium exemplarisch an Themen und Fallbeispielen entwickelten Kompetenzen auf andere Themenfelder in der unterrichtlichen Praxis übertragen werden können und wie ein solcher Prozess vorbereitet und institutionell begleitet werden kann.

Diagnose- und Förderkompetenz im Lehramtsstudium sollten zu den zentralen Kompetenzen in einem Lehramtsstudium gehören, die es zu entwickeln gilt. In Kapitel 2 wurde Diagnose- und Förderkompetenz mit unterschiedlichen Schwerpunktsetzungen beschrieben und mit hochschuldidaktischen Beispielen aus den beteiligten Fächern illustriert. Dabei wurde der Stellenwert der Förderung als Zielperspektive aber auch als Ausgangspunkt für eine tragfähige Diagnostik herausgearbeitet. Eine solche an einer fachlich fundierten Förderung orientierte Diagnose setzt spezifische stoffdidaktische Analysen voraus, die jedoch noch nicht für alle Lerngegenstände vorliegen. Um eine zugleich an den Bedarfen der Lernenden und der fachlichen Struktur des Lerngegenstandes ausgerichtete effiziente Förderung zu gewährleisten, sollten in den nächsten Jahren relevante Lerngegenstände weiter spezifiziert und strukturiert werden.

Das spezifische Wissen und Können in Bezug auf diagnostische Prozesse wurde mit Blick auf einen fachdidaktisch qualitätsvollen Umgang mit heterogenen Lerngruppen auf eine fundierte Ausbildung in den pädagogischen und fachdidaktischen Kernbeständen sowie deren Vernetzung untereinander ausgeweitet. Dies ist wichtig, damit angehende Lehrpersonen nicht angesichts der überfordernden Komplexität im heterogenen Unterricht in Spezialdidaktiken für „besondere Fälle" abgleiten. Eine Spezifizierung solcher pädagogischen und fachdidaktischen Kernbestände, die im Lehramtsstudium bearbeitet werden sollten, wurde in Kapitel 3 vorgenommen. Es bleibt die Frage, wie die Lehrerbildung solche Kernbestände im Curriculum systematisch integrieren kann.

Das Wechselspiel von unterrichtsnaher Aktivität und Reflexion kann bereits im Studium dazu beitragen eine reflektierende Grundhaltung bei den zukünftigen Lehrpersonen zu entwickeln (Kap. 4). Es wurden Elemente universitärer Lehre herausgearbeitet, in denen ein solches Wechselspiel von Aktivität und Reflexion in Bezug auf Kernprozesse des Erlebens, Erlernens und Erprobens von Diagnose und individueller Förderung umgesetzt werden konnte. Es bleibt die Weiterarbeit an universitären Konzepten, die bei Studierenden eine reflektierende Grundhaltung kultivieren.

In der Arbeit im Entwicklungsverbund hat sich ein Einsatz von Vignetten in allen Projekten als hilfreich und bereits etabliert herausgestellt. Die Vielfalt der Realisierungen und die vorgelegte Systematisierung dieses Einsatzes (Kap. 5) soll auch anderen lehrerbildenden Universitäten und Instituten Anlass dazu bieten, sich mit der Entwicklung und gezielten Nutzung qualitativ hochwertiger Vignetten zu beschäftigen. Ein Forschungsanliegen für die Zukunft ist es, die dabei im Rahmen universitärer Lehre gemachten Erfahrungen auch systematisch zu evaluieren und den Beitrag von Vignetten zum Aufbau von Diagnose- und Förderkompetenz gezielt zu untersuchen.